[redacted]

Otto Fenichel
Psychoanalytische Neurosenlehre
Band II

WV

OTTO FENICHEL

Psychoanalytische Neurosenlehre

Walter-Verlag Olten und Freiburg im Breisgau

The Psychoanalytic Theory of Neurosis

Die Übersetzung aus dem Amerikanischen besorgte
Klaus Laermann

Satz: Druckerei und Verlagsanstalt Konstanz Am Fischmarkt
Druck: Walter-Verlag AG, Olten
Einbandarbeiten: Walter-Verlag, Buchbinderei Heitersheim
Printed in Switzerland

ISBN 3-530-20302-5

INHALT

C. PSYCHONEUROSEN, MECHANISMEN DER SYMPTOMBILDUNG UND SPEZIELLE NEUROSEN

Anmerkung des Übersetzers:

Arabische Zahlen verweisen auf die Titel der Bibliographie im ersten Band. Römische Zahlen bezeichnen die Kapitel des dritten Bandes. K. L.

C. PSYCHONEUROSEN, MECHANISMEN DER SYMPTOMBILDUNG UND SPEZIELLE NEUROSEN

Kapitel XI: Angst als neurotisches Symptom: Angsthysterie

1. Das Wesen des psychoneurotischen Symptoms

Eine Veränderung des psychischen Stauungszustands, der durch einen neurotischen Konflikt verursacht wird, scheint nur möglich zu sein, wenn die ursprüngliche Triebregung hervorbricht oder die Abwehr gegen sie verstärkt wird. Es gibt jedoch die dritte Möglichkeit, die auf den ersten Blick paradox erscheint, daß nämlich beides zugleich geschehen kann. Es findet in solchen Fällen ein Kompromiß statt, mit dessen Hilfe die verpönte Triebregung ersatzweise an anderer Stelle zutage treten kann, wobei dann allerdings dieser Ersatz dazu dient, den Rest der ursprünglichen Triebregung abzuwehren. Ein Teil der aufgestauten Energie wird in einer Weise abgeführt, die es erlaubt, die Abwehr gegen die restliche Energiemenge zu intensivieren. Das typische neurotische Symptom drückt den Trieb und die gegen ihn gerichtete Abwehr zugleich aus. Versprecher, Irrtümer und Symptomhandlungen sind vergleichsweise einfache Beispiele, an denen diese Art der Kompromißbildung sich relativ isoliert untersuchen läßt (553).

Tagträume bilden das große Reservoir der Ersatzbildungen. Wunscherfüllungsphantasien, die als spielerischer Rückzug aus der Realität und als Ersatz für unangenehme Erfahrungen entwickelt werden (vgl. Bd. 1 S. 77), können von abgewehrten Triebregungen unschwer wie Abkömmlinge behandelt werden. Solche Phantasien können, wenn sie durch die Verschiebung der Besetzung abgewehrter Triebregungen intensiviert werden, einen Ersatz für eine Triebabfuhr bieten. Wachsen sie jedoch zu sehr an oder nähern sie sich zu sehr dem verdrängten Inhalt, können sie ihrerseits abgewehrt werden. Neurotische Symptome sind also nicht immer ein direkter Ausdruck verdrängter Triebregungen, sie werden vielmehr oft indirekt in ihrer besonderen Form durch Tagträume bestimmt, die zwischen die ursprüngliche Triebregung und das Symptom treten (590).

Das einfachste Beispiel eines Abkömmlings, der nur unter besonderen Bedingungen zu einer Abfuhr gelangen kann, stellt sich uns in einem übertriebenen oder qualitativ veränderten Affekt dar. Reagiert jemand auf ein Ereignis übertrieben oder mit einem unangemessen erscheinenden Affekt, so ist das das Zeichen einer Verschiebung. Der Affekt gehört dann tatsächlich zu einer anderen Situation, die abgewehrt wurde.

Die Produktion von Abkömmlingen und der Kampf dieser Abkömmlinge um Zugang zur Motilität werden durch besondere Mechanismen der Symptombildung geregelt. Die vorherrschenden Mechanismen der Symptombildung bestimmen die Symptomatologie und den klinischen Verlauf einer Neurose. Daher werden die folgenden Kapitel, die die Mechanismen der Symptombildung behandeln, zugleich die Eigenarten spezieller Psychoneurosen untersuchen.

Es muß jedoch betont werden, daß praktisch alle Neurosen verschiedene Mechanismen der Symptombildung nebeneinander aufweisen. Freud erklärte, daß in jeder Zwangsneurose der Kern einer Konversionshysterie stecke (599) und daß sich hinter jeder Neurose eine infantile Angsthysterie verberge (618). Den heutigen Charakterstörungen, bei denen das Ich seinerseits in die Krankheit hineingezogen wird, liegen vielfältige Mechanismen zugrunde. Es ist daher wissenschaftlich exakter, eine Diagnose dieser Mechanismen als eine Diagnose der Neurosen zu geben.

In jedem Zweig der Medizin indes sind Diagnose und spezielle Pathologie nur von relativem Wert. In keinem klinischen Fall stellt sich eine Krankheit so dar, wie sie im Lehrbuch beschrieben ist. Nichtsdestoweniger wird die theoretische und praktische Bedeutung von Diagnose und spezieller Pathologie allgemein anerkannt. Bestimmte Züge mögen vom Typischen abweichen, aber dieses herrscht dennoch vor, und nur wer das Typische versteht, gewinnt eine Grundlage für das Verständnis des Atypischen. Bei einer psychoanalytischen Untersuchung geht man in der Regel so vor, daß man die gewöhnlich komplizierten seelischen Phänomene durch eine vorläufige Untersuchung der eher ungewöhnlichen, aber durchsichtigeren Züge zu verstehen sucht. Bei der Untersuchung von Neurosen sind dies die Mechanismen der Symptombildung. Sie stellen typische Komponenten dar, deren atypische Verbindungen die Mehrzahl aller individuellen Neurosen bilden. Auf diesem Wege geht unsere Untersuchung von den einfachen zu den komplexen Phänomenen. Die Darstellung der einzelnen Mechanismen, die im folgenden gegeben wird, unterstellt nicht, daß diese Mechanismen stets oder auch nur sehr häufig isoliert auftreten. Daß sie in dieser Form aufgeführt werden, geschieht allein aus heuristischen Gründen.

2. *Die Angst bei der Angsthysterie*

Der einfachste Kompromiß zwischen Trieb und Abwehr besteht in einer Angst, durch die die Abwehr manifest wird, während der Grund dieser Angst verdrängt bleibt.

Bei der Angstneurose zeigt sich eine allgemeine innere Spannung als gleichbleibende, frei flottierende Angst oder Angstbereitschaft. Bei der Angsthysterie dagegen ist die Angst an eine besondere Situation gebunden, die den neurotischen Konflikt repräsentiert.

Bei der Angsthysterie versagt die Fähigkeit des Ich, angesichts bestimmter Situationen oder Triebhandlungen vor der Möglichkeit von Kastration oder Liebesverlust zu warnen. Was beim normalen Ich darauf angelegt ist, ein Trauma zu verhindern, führt es hier herbei. Dieser Sachverhalt wurde bereits in Verbindung mit der dreifachen Schichtung der Angst erwähnt. Es wurde dort gezeigt, daß in solchen Fällen die warnende Funktion der Angst verlorengeht und eine Regression zu panischer Angst einsetzt (vgl. Bd. 1, S. 192). Dieses Versagen der warnenden Funktion des Ich findet seine Erklärung in dem Umstand, daß erhöhte innere Spannung (ein Stauungszustand) zuvor eine allgemeine Angstbereitschaft geschaffen hat, ein Pulverfaß gleichsam, in dem das Angstsignal des Ich wie ein brennendes Streichholz wirkt.

Wer verspannt ist, reagiert auf eine Gefahrensituation anders als jemand, der normal ist. Wer normal reagiert, entwickelt eine gewisse Angst, die das Ich in seinen Dienst stellen kann. Wer dagegen verspannt ist, entwickelt eine latente Bereitschaft zur Explosion, die ihn paralysiert, sobald aufgrund der Wahrnehmung einer Gefahr zusätzliche Angst auftritt. Wie jemand, der «nervös» ist, auf eine konkrete Gefahr mit einer Panik statt mit der entsprechenden Angst reagiert, so reagiert jemand, der verspannt ist, auch auf imaginäre Gefahren mit einer Panik.

Zumeist hat bei Angstneurotikern eine diffuse Angstbereitschaft von der Art einer Angstneurose bereits für eine gewisse Zeit bestanden. Dann geschieht plötzlich etwas, das im Unbewußten den grundlegenden pathologischen Konflikt mobilisiert. Das Ich versucht zu warnen, aber die Warnung schlägt fehl, und es tritt ein erster Anfall von Angsthysterie auf. Von nun an bleibt die Bereitschaft, Angst zu entwickeln, an die besondere Situation gebunden, die den ersten Angstanfall ausgelöst hat. Die Begrenzung und Spezifizierung der angstauslösenden Situation kann als eine Art sekundärer Bindung der primär diffusen Angst an einen besonderen Inhalt beschrieben werden (392, 873, 875). Die fortdauernde Gefahr eines Angstanfalls bleibt dann solange unter Kontrolle, wie nicht eine Anspielung auf die besondere Situation einen neuen Ausbruch herbeiführt. Werden jedoch diese besonderen Situationen berührt, wird die Angst manifest. Sekundär entwickelt das Ich Schutzmaßnahmen, die einen Versuch darstellen, auch diese Angst zu bekämpfen. Die Angsthysterie, bei der die Angst, die die Abwehr motivierte, noch manifest ist, ist die einfachste Art der Psychoneurose. Die ersten neurotischen Reaktionen bei Kindern haben daher in der Regel den Charakter einer Angsthysterie. In allen anderen Neurosen stellt sich die Angst ausgearbeiteter dar.

3. Die Verschiebung bei der Angsthysterie

Was bestimmt nun die Wahl des besonderen Inhalts einer Neurose? Welche Personen oder Situationen werden als gefährlich betrachtet?

In manchen Fällen findet nur eine geringe Verschiebung statt. Angst wird hier nur in Situationen empfunden, auf die jemand, der nicht gehemmt ist, entweder mit sexueller Erregung oder mit Wut reagieren würde. Bei der Erörterung der verschiedenen Hemmungen haben wir darauf hingewiesen, daß eine Hemmung sich gelegentlich in einer bestimmten Angst darstellt, die auftritt, sobald das Gebiet berührt wird, auf das sich die Hemmung bezieht. Neben Impotenz und Frigidität gibt

es eine Sexualphobie. Sie tritt besonders häufig bei Frauen auf, die angesichts sexueller Versuchungen von Angst befallen werden und ihnen daher aus dem Wege zu gehen trachten. Es gibt allgemeine Phobien der Nahrungsaufnahme und besondere Phobien, die sich auf bestimmte Speisen richten, die entweder durch lebensgeschichtlich bedingte Assoziationen oder aufgrund ihrer symbolischen Bedeutung mit unbewußten Konflikten in Verbindung gebracht werden. Es gibt anale Phobien, die um jeden Preis eine anale Erregung zu vermeiden suchen. Ferner gibt es eine Phobie vor Auseinandersetzungen, die man bei Personen antrifft, die immer dann von Angst befallen werden, wenn aggressives Verhalten angebracht wäre. In diesen Fällen gilt eine Formel, die bei anderen, komplizierteren Fällen eine unzulässige Vereinfachung wäre: wovor einer sich ängstigt, das wünscht er sich unbewußt herbei.
Bei anderen einfachen Phobien stellt die gefürchtete Situation keine gefürchtete Versuchung dar. Bei ihnen verursacht die Drohung mit Kastration oder Liebesverlust die Angst vor einer Versuchung. Bei Messer- und Scherenphobien weckt die Berührung oder sogar der Anblick dieser Instrumente die Angst vor einer möglichen Kastration (und natürlich in den meisten Fällen eine unbewußte Versuchung zu verdrängter Feindseligkeit). Bestimmte Personen fürchten sich davor Krüppel zu sehen oder Zeugen eines Unfalls zu werden. Ihre Einstellung besagt, daß sie nicht an das erinnert werden möchten, was auch ihnen geschehen könnte; und auch bei ihnen kann die Angst daraus entstehen, daß ein solcher Anblick für sie eine Versuchung zu unbewußten feindseligen Wünschen darstellt. Kleine Kinder fürchten sich davor, alleingelassen zu werden; denn allein zu sein bedeutet für sie, nicht mehr geliebt zu werden.

Die Angst, durch verbotenen Anblick zu Stein verwandelt zu werden, verweist nicht nur auf Tod (und Kastration), sondern drückt auch die Angst vor den Angstempfindungen selbst aus. Die Vorstellung, versteinert zu sein, repräsentiert das Lähmende der Angst.

In all diesen Fällen findet keine Verschiebung statt. Häufiger jedoch sind Fälle von Angsthysterie, bei denen die Abwehrkräfte mehr als eine bloße Angstentwicklung mit anschließender phobischer Einstellung verursacht haben. Die Verbindung zwischen der gefürchteten Situation und dem ursprünglichen Triebkonflikt ist in ihnen undeutlicher geworden. In der Regel ängstigen sich Patienten dieses Typus nicht vor sexuellen Situationen, sondern eher vor *sexualisierten.* Die angstauslösenden Situationen oder Personen besitzen regelmäßig eine besondere unbewußte Bedeutung für den Patienten. Auch sie symbolisieren auf verzerrtere Weise entweder eine Versuchung abgewehrter Triebwünsche oder eine Bestrafung unbewußter Triebregungen. Versuchung und Bestrafung können freilich auch nebeneinander auftreten.

Ähnlich verlaufen neurotische Fehlinterpretationen gegenwärtiger Ereignisse nach dem Muster der Vergangenheit, auch wenn sie nicht von offener Angst begleitet werden. Die abgewehrten Triebregungen suchen nach einer Befriedigungsmöglichkeit, aber ihre Reaktivierung mobilisiert die alten Ängste. Neurotische Wiederholungen bestehen in einem Mißverständnis der tatsächlich gegebenen Situation im Sinne entweder unbewußter Versuchungen oder unbewußter Bestrafungen, wobei auch hier Versuchung und Bestrafung nebeneinander auftreten können.

Beispiele von angstauslösenden Situationen, die unbewußt eine Versuchung darstellen: Die Vorstellung der offenen Straße bei der Agoraphobie wird in der Regel unbewußt als eine Gelegenheit zu sexuellem Abenteuer aufgefaßt. Die Vorstellung, allein zu sein, wird als Versuchung zur Onanie wahrgenommen.

Beispiele für den Bestrafungscharakter angstauslösender Situationen: Die angstauslösende Straße erscheint als ein Ort, an dem man gesehen und ertappt werden kann. Allein zu sein bedeutet, dem Schwarzen Mann hilflos ausgeliefert zu sein. Oft stellt das, wovor sich Angsthysteriker ängstigen, einen Ersatz der Kastrationsvorstellung dar. Die unbewußte Bedeutung der Angst, von einem Pferd gebissen zu werden, war beim kleinen Hans ein regressiver oraler Ausdruck der Vorstellung, kastriert zu werden (566). Ein anderer Patient, der Angst davor hatte, von einem Hund gebissen zu werden, zeigte sich erstaunt darüber, im Verlauf der Analyse zu erfahren, daß sich seine Angst aufgrund ihrer physischen Begleitempfindungen tatsächlich auf seine Genitalien bezog.

Viele hypochondrische Ängste bedeuten entweder, daß jemand Angst hat, kastriert zu sein oder kastriert zu werden. Bei Personen, in deren Kindheit die Kastrationsangst auf die Vorstellung krank zu sein, verschoben wurde, treten Krankheitsphobien auf. Häufig nimmt in solchen Fällen die Vorstellung, krank zu sein, die Bedeutung an, Fieber zu haben, wobei die Fieberempfindungen die gefürchtete infantile sexuelle Erregung darstellen.

Ein Beispiel der Gleichzeitigkeit von Versuchung und Bestrafung liegt im Fall des Wolfsmanns vor (599). Er hatte eine passiv-feminine Einstellung zu seinem Vater entwickelt und fürchtete, daß die Befriedigung seiner femininen Wünsche die Kastration mit sich bringen würde. Seine Angst, von einem Wolf gefressen zu werden, war zugleich ein regressiv-oraler Ausdruck des Wunsches, sich seinem Vater zu unterwerfen, und ein Ausdruck der Drohung, kastriert zu werden.

Die Angst, überfahren zu werden oder von einer hochgelegenen Stelle herunterzufallen, ist zugleich typischer Ausdruck femininer masochistischer Wünsche und der mit ihnen verbundenen Kastrationsangst (884). Irgendwo abzustürzen, bedeutet aufgrund der damit verbundenen Lebensgefahr gewiß eine Bestrafung. Wahrscheinlich handelt es sich dabei zumeist um eine Bestrafung für uneingestandene Tötungswünsche. Die Empfindung des Fallens jedoch ist zugleich die einer sexuellen Erregung, die Schmerz und Angst verursacht, nachdem sie in ihrem natürlichen Verlauf blockiert worden ist. Die Angst vor engen Straßen oder davor, auf engem Raum eingeschlossen zu sein, signalisiert die Angst vor eben den Angstempfindungen, die als schmerzhafte vegetative Empfindungen an die Stelle blockierter sexueller Erregung treten und sich als verstärkte innere Anspannung darstellen. Die Angst abzustürzen kann später durch das Konversionssymptom von Schwindelanfällen ersetzt werden, die einen überkommen, wenn man von einem hochgelegenen Ort in die Tiefe blickt. Dieses Symptom ist der physische Ausdruck einer seelischen Antizipation des Abstürzens.

Eine Gleichzeitigkeit von Bestrafung und Versuchung ist in der Regel auch die Grundlage der häufig auftretenden Angst, «verrückt zu werden». Man sollte angesichts dieser Angst nicht vergessen, daß sie berechtigt sein mag. Die Regel, daß jemand, der Angst hat, wahnsinnig zu werden, es nicht wird, ist falsch. Viele Schizophrene im Anfangsstadium sind sich ihrer zunehmenden Entfremdung von der Außenwelt bewußt. Häufiger jedoch beruht diese Angst nicht auf einem begründeten Urteil, sondern ist Ausdruck einer Phobie. Doch auch als Phobie hat sie einen objektiven Grund. Was der Patient in seiner Angst, verrückt zu werden, spürt, ist das Zusammenspiel seiner unbewußten Bestrebungen, insbesondere seiner (sexuellen oder aggressiven) Triebregungen (871). In diesem Sinne ist die Angst, verrückt zu werden, nur ein Sonderfall einer allgemeinen Angst vor der eigenen Erregung. Da die angstauslösende Erregung der infantilen Sexualität am häufigsten in Verbindung mit der Masturbation erfahren wird, können Kinder die Warnungen der Erwachsenen, daß Masturbation zum Wahnsinn führe, leicht als Ersatz einer Kastrationsdrohung ansehen.

Zuweilen hat die Vorstellung, wahnsinnig zu werden, unbewußt eine spezifischere Bedeutung. Aufgrund besonderer Erfahrungen kann sich eine Gleichsetzung von Kopf und Penis herausgebildet haben und in ihrem Gefolge eine Gleichsetzung von Wahnsinn und Kastration. Aufgrund verschiedener Erfahrungen können Kinder unterschiedliche Vorstellungen mit dem Wahnsinn verbinden. So kann die Vorstellung, schwachsinnig zu sein, gelegentlich mit der Vorstellung verbunden werden, einen großen Kopf (Hydrozephalus) zu haben. Auch diese Vorstellung kann als eine Darstellung durch das Gegenteil Kastration bedeuten. Säuglinge haben einen großen Kopf. Ältere Geschwister hassen sie oft und fürchten daher, sie zu verletzen. Die Angst, so schwachsinnig zu werden wie ein Säugling oder wie dieser einen großen Kopf zu bekommen, kann sowohl den gefürchteten Neid auf den Säugling wie die antizipierte Strafe für diesen Neid darstellen.

Die Angst, häßlich oder schmutzig zu sein, kann dieselbe Bedeutung haben, wie die Angst, krank oder wahnsinnig zu sein. Häßlichkeit oder ein abstoßendes Äußeres repräsentieren dann sexuelle Erregung (oder Wut). Sie können aber auch für die Vorstellung eintreten, kastriert oder schwanger zu sein, wobei beides wiederum sich nicht notwendig ausschließt. Phobien dieser Art treten als Übergangszustand zu Wahnvorstellungen auf.

Ein weiteres Beispiel der Gleichzeitigkeit von Versuchung und Bestrafung stellen die Zustände dar, die Ferenczi als Sonntagsneurosen beschrieben hat (484). An Sonntagen leiden manche Menschen regelmäßig unter Angstzuständen oder Depressionen. Im allgemeinen wird sexuelle Aktivität an Sonntagen mit größerer Wahrscheinlichkeit erwartet als an anderen Tagen.
Sonntage sind aber auch die Tage, an denen Kinder einer stärkeren Kontrolle seitens ihrer Väter unterliegen.

Wie sieht nun die Beziehung zwischen der manifest angstauslösenden Situation und ihrer unbewußten triebhaften Bedeutung aus?
Der Umstand, daß es überhaupt zu einer Verschiebung kommt, ist zweifellos auf die Abwehr zurückzuführen, die die ursprünglichen Vorstellungen ins Unbewußte abdrängt und die Herausbildung eines Ersatzes notwendig macht. Die Ersatzvorstellung ist etwas, das, wie Freud formuliert, «einerseits assoziativ mit der abgewiesenen Vorstellung zusammenhing, anderseits durch die Entfernung von ihr der Verdrängung entzogen war» (590).
Die Verschiebung zeigt, daß die Abwehr bei der Angsthysterie nicht auf die Entwicklung von Angst oder die Vermeidung von Situationen beschränkt ist, in denen Angst auftreten könnte. Die Entwicklung von Ersatzvorstellungen beweist, daß darüber hinaus die Verdrängung und andere Abwehrmechanismen eingesetzt werden. Die Angst löst bei der Angsthysterie eine mächtige Verdrängungsaktivität aus.

Aufgrund dieser Verdrängung haben Phobien oft einen unbestimmten, nebulösen Inhalt. In ihrem Mangel an Klarheit sind sie dem manifesten Trauminhalt vergleichbar. Häufig ist große analytische Anstrengung erforderlich, um festzustellen, wovor genau der Patient sich ängstigt. In manchen Fällen war der Inhalt der Angst zu einem bestimmten Zeitpunkt klar und deutlich gegeben, verlor sich aber im Verlauf der Neurose in Unklarheit und Undeutlichkeit. Die Kräfte der Verdrängung hören nicht auf, das Symptom als Abkömmling des Verdrängten zu bekämpfen. Man kann daher häufig ein Verständnis lang andauernder, komplizierter oder vager Symptome dadurch gewinnen, daß man nach den Umständen ihres ersten Auftretens fragt.

Der Vorteil, den eine Verschiebung bietet, besteht darin, daß die ursprüngliche, verpönte Vorstellung nicht bewußt wird. Wer sich wie der kleine Hans vor einem Pferd, statt vor dem Vater fürchtet (566), verfügt noch über einen weiteren Vorteil. In der Regel haßt man die, die einem drohen. Fühlt sich jemand nun nicht mehr durch seinen Vater, sondern durch ein Pferd bedroht, so vermeidet er es, seinen Vater zu hassen. Diese Verzerrung ist also ein Ausweg aus einem Ambivalenzkonflikt. Der Vater, der zugleich gehaßt und geliebt wurde, wird nun ausschließlich geliebt, und der Haß wird auf das böse Pferd verschoben (618). Freud verweist zudem darauf, daß ein Kind Tag für Tag gezwungen ist, mit seinem Vater zusammen zu sein, während es das bedrohliche Pferd einfach dadurch vermeiden kann, daß es nicht nach draußen geht. Einen Wolf an Stelle des Vaters zu fürchten (599), erscheint noch vorteilhafter. Zur Zeit des kleinen Hans waren Pferde in den Straßen der Städte häufig anzutreffen, während Wölfe nur in Bilderbüchern vorkamen, die man schließlich nicht unbedingt anschauen mußte, oder im Zoo, wohin man nicht allzu oft gehen mußte (618). Hat jemand Angst, nach draußen zu gehen, so ist es ihm möglich, die angstauslösende Situation zu vermeiden, während man den eigenen Körper und seine Empfindungen nicht vermeiden kann. Damit hat eine nützliche Projektion einer inneren Triebgefahr auf eine äußere Wahrnehmungsgefahr stattgefunden.

Eine Projektion dieser Art, d. h. der Versuch, einer gefährlichen Triebregung dadurch zu entgehen, daß man besondere äußere Bedingungen vermeidet, die jene Triebregung repräsentieren, stellt die häufigste Art von Verschiebung bei der Angsthysterie dar. Gewiß kam auch die ursprüngliche Gefahr letzten Endes von außen, denn es ist nicht der Ausdruck der Triebe, vor dem man sich ängstigt, sondern seine von außen angedrohten Konsequenzen (Kastration, Liebesverlust). Aber obwohl das phobische Individuum zunächst vor der Drohung seiner Eltern flieht, flieht es nichtsdestoweniger auch vor seinen eigenen Triebregungen. Denn die von außen drohende Gefahr der Kastration wird durch sein Verhalten bestimmt.

Die Projektion tritt deutlicher in Fällen hervor, bei denen die Angst vor einem äußeren Objekt an die Stelle von Schuldgefühlen getreten ist. Statt vor dem eigenen Gewissen hat man jetzt vor einem bestimmten Objekt der Außenwelt Angst.

Bei bestimmten Tierphobien tritt die Projektion eigener ängstigender Triebregungen noch deutlicher hervor als beim kleinen Hans. Ein von Helene Deutsch beschriebener Fall beruhte auf der folgenden einfachen Konstruktion. Ein unbewußt passiv-femininer junger Mann hatte Angst vor Hühnern, weil sie ihn an seine libidinösen Wünsche und an die Gefahr der Kastration erinnerten, mit der diese Wünsche assoziativ verbunden waren. Er projizierte einfach seinen Triebkonflikt auf ein vermeidbares äußeres Objekt (327).

Häufig wird nicht nur das Ziel einer Triebregung auf ein äußeres Objekt projiziert, sondern auch die eigene Erregung.

Die Projektion scheint indes in den Neurosen von Kindern zu fehlen, bei denen das gefürchtete «Tier» als äußeres Objekt einfach an die Stelle des äußeren Objekts tritt, das der «Vater» darstellt.

Der Weg, den eine Verschiebung nimmt, wird durch verschiedene Faktoren bestimmt. Sie entstammen weitgehend der individuellen Lebensgeschichte. Ohne deren Erörterung kann daher die Bedeutung von Phobien nicht verstanden werden. Zum Teil hängen die Wege der Verschiebung aber auch von den abgewehrten Trieben ab. So kann die Angst, gefressen zu werden, zum Beispiel oral-sadistischen Wünschen, die Angst, ermordet zu werden, Todeswünschen entsprechen.

Es ist bereits erwähnt worden, daß die Angst, gefressen oder gebissen zu werden, eine versteckte Kastrationsangst sein kann. In einem solchen Fall ist die Kastrationsangst regressiv verzerrt worden, indem sie in einer archaischen, von ihr unabhängigen Angst einen Ersatz gefunden hat. Eine solche Regression kann nur einen Teil der Kastrationsangst betreffen. Es gibt Phänomene, in denen die Angst gefressen zu werden neben Kastrationsangst auftritt. Zu ihnen gehören die Phantasien von der Vagina dentata und von der intrauterinen Kastration (414).

Phobien, die Berührungen und Infektionen zum Gegenstand haben, drücken häufig eine Tendenz zur Vermeidung von Schmutz aus und zeigen, daß der betreffende Patient analerotische Versuchungen abwehrt.

Auch hier besteht die Möglichkeit, daß genital-ödipale Wünsche regressiv durch anale Triebregungen ersetzt wurden und daß die Kastrationsangst auf diesem Weg regressiv durch anale Ängste ersetzt worden ist. Die rationalisierte Angst, sich anzustecken, oder die häufigen Badezimmer- und Toilettenphobien, die man bei Kindern und Zwangsneurotikern beobachten kann und die etwa die Angst zum Ausdruck bringen, in die Toilette zu fallen oder von einem Monstrum, das aus ihr aufsteigt, gefressen zu werden, zeigen in der Regel Zeichen einer Verdichtung von Schmutzvorstellungen mit Kastrationsängsten.

Die Angst vor offenen Straßen ist oft eine Abwehr von Exhibitionismus oder Skoptophilie. Ausgeprägter ist die Rolle dieser beiden Partialtriebe bei Phobien, die sich auf das Auftreten in der Öffentlichkeit beziehen.

Es kann sich bei ihnen um die Angst in einer Menschenmenge handeln oder darum, unter besonderen Umständen aufzutreten, unter denen einen jeder sehen kann (Lampenfieber).

Die Angstanfälle einer Patientin mit Agoraphobie und Angst vor dem Aufenthalt in großen Menschenansammlungen verfolgten unbewußt den Zweck, sie anderen gegenüber schwach und hilflos erscheinen zu lassen. In der Analyse zeigte sich, daß das unbewußte Motiv dieser Exhibition eine gegen das eigene Ich gewendete ursprünglich gegen die Mutter gerichtete Aggression war. «Seht alle her», rief sie gleichsam mit ihrer Angst, «so hilflos (d. h. penislos) läßt meine Mutter mich in die Welt hinaus!» Die Exhibition selbst hatte einen phantasierten Penis zum Inhalt, das Wissen um dessen fiktive Natur bewirkte das Umschlagen der Perversion in Angsthysterie.

Die erwähnte Angst, häßlich oder abstoßend zu sein (z. B. schlecht zu riechen), enthüllt sich als Angst vor dem eigenen Exhibitionismus. Menschen, die von dieser Angst befallen sind, streben unbewußt danach, ihre sexuelle Erregung zu zeigen und haben Angst, dafür zurückgewiesen oder bestraft zu werden. Ferner steckt in diesem Exhibitionismus oft ein aggressiver Zwang. Die betreffenden Patienten fühlen sich zu einer Kompensierung berechtigt, und versuchen, sie mit magischen Mitteln herbeizuführen, indem sie andere zwingen, sie anzuschauen. Ihre Angst richtet sich nun darauf, daß dieses Vorhaben mißlingen könnte. Häßlich kann nach ihrer Auffassung eine Schwangerschaft sein oder der Zustand des Kastriertseins. Ihn vorzuführen kann die Bedeutung einer magischen Geste haben. Häufig ist der Exhibitionismus aufs engste mit einer gleichstarken Skoptophilie verbunden. Tritt an die Stelle der Angst, häßlich zu sein oder zu stinken, die Überzeugung, daß dies der Fall ist, so liegt ein Übergangsstadium zur Wahnbildung vor. Erythrophobe Patienten neigen im allgemeinen dazu, paranoide Züge auszubilden, denen ein Schuldgefühl zugrunde liegt. Bei Frauen beruht die Überzeugung, abstoßend, häßlich, unfruchtbar oder körperlich geschädigt zu sein auf dem Bewußtsein, keinen Penis zu haben. Diese Vorstellung ist mit onanistischen inzestuösen Schuldgefühlen eng verbunden. Auch bei Jungen richtet sich eine Angst dieser Art gewöhnlich darauf, daß die schrecklichen Konsequenzen der Masturbation zutage treten könnten.

In einem Fall von Parfümsucht ließ sich dieses Symptom auf eine früher vorhandene Angst zurückführen, einen üblen Geruch zu verbreiten. Die Patientin war an ihre anale Sexualität fixiert. Sie befürchtete nicht nur, daß man ihre frühe anale Masturbation entdecken könnte, sondern auch, daß sie ihren sexuellen Wünschen Ausdruck verleihen könnte, die durch eine sadistische, kastrierende Einstellung zu Jungen getönt waren und die sie selbst in der besonderen Form wahrnahm, in der Gegenwart von Jungen schlecht zu riechen.

Lampenfieber und Erythrophobie sind jedoch zumeist nicht einfach Ausdruck der Abwehr von erhöhtem Exhibitionismus oder erhöhter Schaulust. Daß der Exhibitionismus an Intensität zugenommen hat, ist in der Regel das Ergebnis anderer vorausgegangener Triebkonflikte; denn eine Exhibition dient nicht nur dazu, dem Exhibierenden sexuelle Lust zu verschaffen, sie dient vor allem auch dazu, verstärkte Sicherheit gegen Ängste, Schuld- und Minderwertigkeitsgefühle zu vermitteln. Bei der Angsthysterie, von der hier die Rede ist, zeigt sich das Versagen solcher Sicherheitsbestrebungen. Ihr liegt die Absicht zugrunde, durch magische Gesten die Zuschauer zu der Versicherung zu zwingen, daß keine Kastration stattgefunden hat, oder sie ist von der Absicht bestimmt, von den Zuschauern die notwendige Zustimmung zu erhalten, um ein Schuldgefühl zu besänftigen. Kommen die Zuschauer diesem Anspruch nicht sofort und angemessen nach, können sich heftige (oral-)sadistische Tendenzen gegen sie entwickeln. Der unbewußte Inhalt erythrophober Ängste, des Lampenfiebers und der Scham ist daher nicht nur die Vorstellung, daß exhibitionistische Handlungen Kastration oder Liebesverlust hervorrufen könnten, sondern es ist spezifischer die Vorstellung, daß das, was das persönliche Selbstgefühl angesichts einer Gefahr aufrechterhalten soll, zum Gegenteil, zur vollständigen Annihilierung der Person führen könnte. Das kann nun verschieden aufgefaßt werden. Entweder glaubt der Patient unbewußt, kastriert zu sein, und fürchtet, daß seine Versuche, es zu leugnen, versagen könnten und daß alles, was er in der Absicht unternahm, von anderen geliebt und ernährt zu werden, damit enden könnte, daß sie ihn nicht mögen und ihm alle Unterstützung entziehen. Oder er ängstigt sich vor der Macht seines eigenen zauberischen Charmes und glaubt, daß sein Anblick die Zuschauer verletzen und kastrieren könnte, so daß sie nicht in der Lage wären, ihm noch irgend etwas zu geben. Er ängstigt sich vor seiner eigenen heftigen Aggressivität, die häufig auf aggressive Blicke beschränkt bleibt (96, 118, 356, 405, 446, 501, 522, 1085, 1568).

Prüfungsangst hängt eng mit Erythrophobie und Lampenfieber zusammen. In ihr treten indes einige der geschilderten Züge deutlicher hervor.

Eine Autorität, ein äußerer Repräsentant des Über-Ich ist mit der Macht ausgestattet, darüber zu entscheiden, ob man akzeptiert wird und die Erlaubnis erhält, an bestimmten Privilegien teilzuhaben, die dem eigenen Narzißmus Nahrung geben, oder ob man zurückgewiesen und zur Isolierung sowie zu narzißtischem Hunger verurteilt wird. Man hat zu Recht auf die enge Beziehung zwischen modernen Examina und primitiven Initiationsriten hingewiesen (523, 1481). Wie jemand auf eine Examenssituation reagiert, hängt sowohl von seiner sexuellen Gefühlsbeziehung zu Autoritäten (zum Vater), als auch von seinen narzißtischen Bedürfnissen ab. Eine Angsthysterie wird immer dann das Ergebnis sein, wenn jemand die Examenssituation in der Hoffnung sexualisiert, auf diesem Wege seine Kastrationsangst und Minderwertigkeitsgefühle zu überwinden, und wenn er dann einsehen muß, daß seine Bemühungen das genaue Gegenteil zum Ergebnis hatten. Gewöhnlich komplizieren Konflikte, die um passiv-feminine Bestrebungen zentriert sind, die Situation bei Examensphobien (105, 158, 405, 866, 1256, 1344, 1520).

Auch gegen andere Partialtriebe richten sich bestimmte Phobien. Eine Höhenangst ist häufig mit der unbewußten Vorstellung von Erektionen verbunden. Klaustrophobien und Erstickungsängste richten sich zumeist gegen Phantasien, in denen der Aufenthalt im Mutterleib vorgestellt wird (1056). Die Angst, aus großer Höhe zu fallen, sowie Auto- und Eisenbahnphobien lassen auf den ersten Blick erkennen, daß sie den Versuch darstellen, angenehme Empfindungen zu bekämpfen, die mit einer Reizung des Gleichgewichtssinns verbunden sind.

Dieser letzte Faktor, der Kampf gegen sexuelle Erregung, wie sie in lustvollen Gleichgewichtswahrnehmungen empfunden wird, spielt eine besondere Rolle bei vielen Angsthysterien.

Abraham hat gezeigt, daß bei der Agoraphobie nicht allein Exhibitionismus und Schaulust abgewehrt werden. Hat jemand Angst, auf die Straße zu gehen, so kann für ihn die Funktion des Gehens selbst eine bestimmte sexuelle Bedeutung angenommen haben, die eine intensivierte Gleichgewichtserotik voraussetzt, welche möglicherweise auf einer Fixierung an die Zeit des Gehenlernens beruht (69; vgl. auch 1282, 1402).

Die agoraphobischen Ängste eines Patienten wurden von dem Gefühl begleitet, die Beine würden ihm weggezogen oder liefen ihm weg. Die Analyse ergab, daß ein tief wirkendes Onanieverbot mit der Zeit des Gehenlernens zusammengefallen war, das der kleine Junge mit größtem Genuß und höchstem narzißtischen Stolz betrieb. Die Beine und ihre Funktion übernahmen die unterbundene Funktion des Penis. Spätere Steigerung der alten Konflikte ließ dann die dem Penis geltende Kastrationsangst auch auf dem neuen Gebiet erscheinen in Form der Angst, er verlöre die Beine (410).

Hat man seine Aufmerksamkeit einmal auf diesen Punkt gerichtet, wird man bemerken, daß viele der phobischen Ängste sich unmittelbar auf Gleichgewichtsempfindungen richten.

Als Quelle sexueller Erregungen spielen Gleichgewichtsempfindungen bei Kindern sowohl wie bei Erwachsenen eine bedeutende Rolle. Da sie im allgemeinen eine wesentliche Komponente der Angst ausmachen, ist die Verbindung von sexueller Erregung und Angst im Falle der Gleichgewichtserotik enger als bei irgendeinem anderen Partialtrieb. Konflikte, die aus erogenen Empfindungen des Gleichgewichtssinns entstehen, verursachen Gleichgewichtsphobien. Aber auch die Entwicklung von Phobien, d. h. die Herstellung einer engen Verbindung zwischen Angstempfindungen und sexueller Erregung, mobilisiert im allgemeinen eine infantile Gleichgewichtserotik. Häufig sind Gleichgewichtsempfindungen zu Repräsentanten infantiler Sexualität schlechthin geworden. Viele, die sich nicht bewußt erinnern können, als Kinder masturbiert zu haben, erinnern sich der verschiedenen Spiele und Phantasien, bei denen ihr Körper frei im Raum schwebte und ganz oder teilweise seine Größe veränderte. Andere wiederum erinnern sich an die Vorstellung, ihr Bett werde herumgedreht oder an die vagere Empfindung, daß irgend etwas sich um sich selbst dreht. Schließlich gibt es Menschen, die sich nicht daran erinnern, bei Empfindungen dieser Art Lust verspürt zu haben, sondern die viel eher Ängste mit ihnen verbinden, z. B. die Entfremdung des Körpers oder bestimmter Organe sowie die Angst vor Raumempfindungen. Alle diese Ängste sind das Ergebnis einer Verdrängung älterer Lustempfindungen. Sie bilden sehr oft das Zentrum einer Angsthysterie (444).

4. *Die Projektion der eigenen Erregung bei der Angsthysterie*

Das eben Erörterte muß jetzt mit der Rolle der Projektion bei der Angsthysterie in Verbindung gebracht werden. Bei vielen Phobien wird der physische Zustand sexueller oder aggressiver Erregung (der häufig in Gleichgewichts- und Raumempfindungen zum Ausdruck kommt) auf eine gefürchtete äußere Situation projiziert, die an seine Stelle tritt (526, 1384, 1386, 1391). Menschen, die Angst davor haben, einzuschlafen, betäubt zu werden oder Fieber zu haben, fürchten sich in erster Linie davor, von schmerzhaften Gleichgewichts- und Raumempfindungen überwältigt zu werden. Häufig haben Patienten vor monotonen Geräuschen Angst, so z. B. vor dem Ticken einer Uhr oder vor anderen rhythmischen Ereignissen. Tatsächlich haben sie dann Angst vor ihrem eigenen Herzschlag oder vor genitalen Empfindungen, die sich ihnen in dem darstellen, was sie in der Außenwelt bemerken.

Bei der Klaustrophobie wird die Vorstellung, eingeschlossen zu sein, als weniger belastend empfunden, wenn es eine Fluchtmöglichkeit gibt. Die Angst steigert sich aufs äußerste, sobald die Vorstellung entsteht, daß man einen Raum verlassen möchte und dazu nicht in der Lage ist. Zumeist richtet sich die Angst darauf, plötzlich ersticken zu müssen und keine Fluchtmöglichkeit zu haben. Menschen, die Angst vor Zügen, Schiffen und Flugzeugen haben, äußern, es sei für sie das Schlimmste, nicht aussteigen zu können, wann immer sie möchten. Manche halten auf der Eisenbahn zwischen zwei Stationen den Atem an. Die Erregung wird also auf das Fahrzeug projiziert, das sie auslöste. Das Bedürfnis nach einer schnellen Flucht aus dem Zimmer, in das man eingeschlossen ist, ist das Fluchtbedürfnis vor der eigenen gefürchteten Erregung, sobald diese eine bestimmte Intensität erreicht hat (431, 1522).

Fahrzeugphobien, die in der Abwehr erogener Gleichgewichts- und Raumempfindungen ihren Ursprung haben, stehen in enger Beziehung zu den somatischen Erscheinungen der Seekrankheit. Die vegetative Erregung, die durch Gleichgewichtsempfindungen rein physisch hervorgerufen wird, besitzt eine deutliche Ähnlichkeit mit Angstempfindungen. Diese Erregung kann in der Kindheit assoziativ mit der Empfindung allzu großer sexueller Erregung verknüpft worden sein. Neurose und Seekrankheit können sich also wechselseitig beeinflussen. Personen, die unter Klaustrophobie oder ähnlichen Neurosen leiden, tendieren wahrscheinlich eher dazu, seekrank zu werden. Auf der anderen Seite kann eine zufällig auftretende Seekrankheit bei einem bis dahin nicht neurotischen Menschen infantile Ängste mobilisieren und eine traumatische Wirkung haben, die eine Erinnerung an die Urszene reaktiviert. Es gibt auch Konversionshysterien, die eine Ausarbeitung von Fahrzeugphobien in dem Sinne sind, daß Brechreiz und Schwindelgefühl als physische Vorwegnahme der gefürchteten Gleichgewichtsempfindungen an die Stelle der Angst getreten sein können.

Doch es gibt nicht nur Klaustrophobien des Raumes, sondern auch solche der Zeit. Einige Patienten haben Angst, keine Zeit zu haben und ständig in ihre Aufgaben eingesperrt zu sein. Diese Erfahrung hat dieselbe psychologische Bedeutung und ist ebenso erdrückend wie die Raumempfindung von Klaustrophoben. Andere Patienten wiederum fürchten sich vor der «Weite» der Zeit. Sie hetzen von einer Aktivität zur nächsten, weil die Leere der Zeit für sie dieselbe Bedeutung hat wie die Leere des Raums für Agoraphobe.

Klinische Erfahrung lehrt, daß bestimmte Arten von neurotischer Entscheidungsunfähigkeit auf derselben Angst beruhen. Jede bestimmte Entscheidung bedeutet den Ausschluß einer Reihe von Fluchtmöglichkeiten und wird daher vermieden. Eine bestimmte Art von Halsstarrigkeit stellt eine überaus emotionale Zurückweisung von Befehlen dar; zurückgewiesen werden sie, weil der Betreffende spürt, daß sie ihm seine Fluchtwege verlegen.

Die mit einer übermäßigen Erregung verbundene Angst richtet sich offenbar auf einen Zusammenbruch der Organisation des Ich.

Ein Patient ängstigte sich beim Autofahren nur dann, wenn ein anderer am Steuer saß. «Warum sollte ich Angst haben», sagte er, «wenn ich den Wagen jederzeit stoppen kann?»

Die Angst richtet sich auf einen Verlust der freien Entscheidungsfähigkeit; im Unbewußten stellt sie sich häufig als Vorstellung eines Kontrollverlusts über Blase oder Rektum dar (557); dieser Kontrollverlust erscheint nun in der Bewegung des Fahrzeugs, die von den Wünschen des Passagiers unbeeinflußt ist, oder in dem Raum, den dieser nicht nach seinem Belieben verlassen kann. Seinen Ursprung hat der Kontrollverlust in der Zunahme der sexuellen Erregung vor Erreichen des Orgasmus.
Reich hat in seiner Analyse des normalen und des pathologischen Verlaufs der sexuellen Erregung dargestellt, daß auf eine Phase vom Willen abhängiger Bewegungen eine Phase unwillkürlicher Konvulsionen der Muskeln am unteren Beckenrand folgt. In dieser zweiten Phase kann der Geschlechtsakt nicht mehr ohne intensive Unlustgefühle willkürlich unterbrochen werden. Ihre vollständige Ausbildung ist die Bedingung einer ökonomisch ausreichenden Triebabfuhr im Orgasmus (1270). Der Verlust des Ich auf dem Höhepunkt sexueller Erregung ist normalerweise Höhepunkt der Lust. Manche Menschen jedoch, die, wie Reich sagt, «orgastisch impotent» sind (1270), sind nicht in der Lage, diese Lust zu erfahren. Sie verkehrt sich ihnen in Angst, Kontrollverlust des Ich und

schmerzhafte Empfindungen des Beengtseins, des Erstickens oder auch des Zerspringens.
Ein Zug oder ein Zimmer können den eigenen Körper oder zumindest dessen Empfindungen darstellen, von denen man sich durch Projektion zu befreien versucht.

Was über die Klaustrophobie im allgemeinen gesagt wurde, gilt gewiß auch für den besonderen Typus einer «Mutterleibs»-Klaustrophobie, nämlich für die Angst, lebendig begraben zu werden (406). Die beiden Deutungen, daß der Raum, vor dem man sich fürchtet, entweder den Mutterleib repräsentiert oder die eigenen Körperempfindungen, lassen sich miteinander in einer dritten Deutung verbinden, nach der dieser Raum das Innere des eigenen Körpers darstellt.

Es ist bekannt, aber bisher wenig erörtert, daß die Mehrzahl der Agoraphoben in ihren Symptomen besonderen Bedingungen unterliegt, die sich auf die Breite der Straßen beziehen, vor denen sie Angst haben. Auch Engegefühle sind ein Grundelement ihrer Angsterfahrung. Personen, deren Erregung sich in Angst verwandelt, spüren eine Atemnot, als sei plötzlich ihr Brustkorb eingeengt. Das gegenläufige Gefühl, wieder frei atmen zu können, hängt physiologisch mit der Überwindung der Angst zusammen und wird als angenehm empfunden. Stellt es aber eine plötzliche Aufhebung der Beengtheit und eine Befreiung dar, so kann es aufgrund einer Darstellung durch das Gegenteil zu einem angstauslösenden Symbol werden. Wenn man eine Straße und nicht den eigenen Körper als «eng» oder «breit» empfindet, ist das ein Versuch, sich gegen schmerzhafte Empfindungen der Enge (oder Weite) zu schützen. Dieser Umstand vermag die Rolle der Projektion bei der Agoraphobie zu erklären. Manche Patienten ängstigen sich nur vor engen Straßen, andere nur vor weiten Plätzen, wieder andere vor beiden. Die meisten von ihnen aber fürchten sich vor einer plötzlichen Veränderung in der Breite der Straße, durch die sie gehen. Viele Agoraphobe durchleben einen Zustand, dessen Bedeutung im Zusammenhang mit der Klaustrophobie erörtert worden ist. Sie müssen sich einer Fluchtmöglichkeit vergewissern, um dem Verlangen, vor ihren eigenen Empfindungen zu fliehen, entsprechen zu können.

5. *Angsthysterie und Animismus*

Geht ein phobischer Mensch durch eine enge Straße, so fürchtet er sich, weil er sich selbst so «eng» werden fühlt wie die Straße. Er «introjiziert» also die Enge der Straße. Wenn seine Angst besonders groß ist, kann er sogar eine relativ breite Straße als eng empfinden. Er projiziert dann seine eigene Enge auf sie. Aufgrund seiner besonderen Erfahrungsdisposition sind die Vorstellungen von Enge und Angst für ihn identisch. Er ängstigt sich aber nicht nur beim Anblick einer engen Straße, sondern auch beim Anblick eines Menschen, der seinerseits Angst empfindet. Gelegentlich benimmt er sich sogar, als habe selbst die Straße Angst.

Das primitive Mißverständnis der Welt, das von der Annahme ausgeht, daß die Vorgänge, die wir in uns empfinden, auch in der uns umgebenden objektiven Welt stattfinden, nennen wir Animismus. Die dargestellten phobischen Mechanismen verwenden diesen Animismus, der im Unbewußten wirksam ist.

Ein verbreiteter Typus der animistischen Fehlinterpretation der Welt ähnelt der Art, in der Agoraphobe ihre Angstgefühle mit der Enge einer Straße verbinden. Sachs hat die Rolle narzißtischer Projektionen in den Gefühlen beschrieben, mit denen wir auf die Natur reagieren (1329). Das «Naturgefühl» besteht nicht darin, sich der realen physikalischen und geographischen Gegebenheiten der Natur bewußt zu werden, sondern darin, sich der eigenen Gefühle bewußt zu werden, von denen wir annehmen, daß sie mit jenen physikalischen und geographischen Gegebenheiten verbunden sind (vgl. 380).

Aber nicht bei allen Projektionen auf die Natur wird diese zum Stellvertreter der eigenen Gefühle gemacht. Sie kann auch einen anderen Menschen darstellen, und die Gefühle, die mit ihr verbunden werden, können in Gefühlen diesem Menschen gegenüber ihren Ursprung haben. So kann z. B. ein Berg den Penis des Vaters darstellen, der endlose Ozean oder die Wüste den Mutterleib. Doch selbst bei Gefühlen, die auf diese Weise durch Berge oder Ozeane hervorgerufen werden, fehlt das narzißtische Element nicht ganz. Die Empfindungen eines Menschen angesichts einer Landschaft spiegeln nicht einfach Liebe oder Haß gegenüber den natürlichen Objekten wider, sondern weisen im allgemeinen eine Erfahrung der Identifizierung mit der Landschaft auf, eine Unio mysti-

ca mit dem Penis des Vaters oder dem Mutterleib. Man kann im allgemeinen davon ausgehen, daß im «Naturgefühl» eine Projektion der beschriebenen Art vorliegt. Das beweisen die ästhetischen Kategorien, die zur Beschreibung von Landschaften verwendet werden. Wir sprechen von einer erhabenen oder schönen Landschaft, weil wir uns beim Anblick einer bestimmten Landschaft erhaben oder schön fühlen. Wichtig ist auch, daß dieselbe Landschaft ihre Wirkung je nach der Stimmung des Betrachters verändert. Bestimmte Landschaften rufen gleiche oder ähnliche Gefühle bei verschiedenen Personen hervor. Die Endlosigkeit der flachen Prärie läßt die Menschen melancholisch werden, Berge veranlassen sie zu mehr Aktivität und Impulsivität. Effekte dieser Art werden dadurch erreicht, daß Projektionen auf das Ich zurückwirken.
Es gibt zahllose Phobien (oder auch recht intensive Vorlieben), die sich auf bestimmte Landschaften, Wetterverhältnisse, Licht- und Schatteneffekte, Tageszeiten etc. richten. Würden sie gesammelt und im Detail dargestellt, könnten sie uns nicht nur über die hier erörterten Projektionen eine Menge lehren, sondern auch über die historischen Verbindungen der infantilen Sexualerregung mit den Gefühlen, die späterhin projiziert werden. So enthalten wahrscheinlich viele Phobien, die sich auf Dunkelheit oder Zwielicht richten, Erinnerungen an eine Urszene.
Dasselbe gilt für Ängste, die durch Orientierungsverlust hervorgerufen werden, die Angst vor der Ewigkeit, vor gleichbleibenden Geräuschen und vor dem Aufhören von zur Routine gewordenen Handlungsabfolgen. Manche Todesängste haben ihre Ursache in einer Angst vor vorübergehendem Orientierungsverlust, d. h. vor dem Verlust von Mächten, die gegen die gefährliche Welt unbeherrschter infantiler Erregung Schutz gewähren (338).

6. Regression und Aggressivität bei der Angsthysterie

Ein gemeinsamer Faktor aller Phobien ist die Regression auf ein Entwicklungsstadium der Kindheit. In der Kindheit konnten Gefahren durch den Schutz mehr oder weniger allmächtiger Objekte der Außenwelt gebannt werden. Ein Phobiker, der sich vor seinen Triebregungen oder einer auf sie folgenden Bestrafung ängstigt, versucht, sich wieder in jene angenehme Situation zu versetzen, in der ihm von außen Schutz zuteil wurde. Alle Phobiker benehmen sich also wie Kinder, deren Ängste beschwichtigt werden, wenn ihre Mutter am Bett sitzt und ihr Händchen hält. Besonders deutlich wird dieses Verlangen, von anderen beruhigt zu werden, die einen Elternersatz darstellen, bei den Agoraphobikern, die sich in Gegenwart eines Begleiters beschützt fühlen. Da nicht alle Agoraphobiker dieser Bedingung unterliegen, können die auf die Begleitperson bezogenen libidiösen Konflikte nicht die allgemeine Grundlage der Agoraphobie darstellen. In vielen Fällen jedoch lassen sich die Ergebnisse von Helene Deutsch bestätigen (325). Sie führte aus, daß bei Phobien, bei denen eine Begleitperson eine wesentliche Rolle spielt, die Beziehung zu dieser Person von grundlegender Bedeutung ist. Die Begleitperson stellt nicht nur einen beschützenden, sondern auch einen unbewußt gehaßten Elternteil dar; ihre Anwesenheit dient dem Zweck, die Aufmerksamkeit des Patienten von unbewußten Phantasien abzulenken und der Realität zuzuwenden. Dies verschafft ihm die beruhigende Vergewisserung, daß er die Person, die unbehelligt neben ihm geht, nicht getötet hat. In solchen Fällen geht der Angst, dem Patienten könne etwas zustoßen, die Angst um die Sicherheit der Person voraus, die späterhin in der Agoraphobie als Begleiter verwendet wird.

Eine Todesangst um das Wohlbefinden einer oder mehrerer Personen stellt eine verbreitete Form einer besondern Angsthysterie dar. Die Analyse zeigt, daß die Person, die beschützt werden muß, unbewußt gehaßt wird und daher nicht aufgrund äußerer Gefahren, sondern wegen innerer Todeswünsche tatsächlich schutzbedürftig ist (792, 1283). Das Verdrängte kehrt oft aus der Verdrängung wieder. Auch ununterbrochene Fürsorge oder beruhigende Zärtlichkeit kann objektiv zur Qual werden. Besonders häufig legen Eltern ein Verhalten dieser Art ihren Kindern gegenüber an den Tag (618); gelegentlich indes verhalten sich auch Kinder ihren Eltern gegenüber so.

Die Umwandlung der ursprünglichen Angst, jemand anders könne Schaden nehmen, in eine phobische Angst um die eigene Person beruht auf einer von Selbstbestrafung gezeichneten Identifizierung mit dem unbewußt gehaßten Objekt. Viele Zwangssymptome, die ein unbewußt gehaßtes Objekt mehr oder weniger magisch und quälerisch zu beschützen suchen, stellen dieses Vorstadium der Angsthysterie dar. In solchen Fällen liegt deutlich ein Übergang zur Zwangsneurose vor.

Oberflächlich betrachtet schützt ein Begleiter den Patienten vor Versuchungen. So kann ein Mann sich nicht fremden Frauen nähern und eine Frau läuft nicht Gefahr angesprochen zu werden, wenn beide in Begleitung ihrer jeweiligen Ehegatten sind. Ein Junge oder Mädchen kann sich nicht auf Abenteuer einlassen, wenn er oder sie von den Eltern begleitet wird. Die Vorstellung, daß eine Begleitperson aufpaßt, erlöst von der Notwendigkeit, auf die eigenen Triebregungen aufzupassen.

Freud hat darauf hingewiesen, daß ein und derselbe Vorgang Ausdruck zahlloser Triebwünsche sein kann. Verlangt ein Mädchen, daß ihre Mutter sie überall hin begleitet, so erfüllt sie sich ihren unbewußten Wunsch, die Mutter von ihrem Vater zu trennen (618). Der Zwang, der auf die Begleitperson ausgeübt wird, mag für alle feindlichen Regungen in bezug auf diese Person entschädigen.

Daß bei Phobien die Regression auf Entwicklungsstufen der Kindheit eine Suche nach Schutz gegen Triebgefahr ist, wird nicht immer klar gesehen.

So schreibt Alexander über die Agoraphoben (53): «Solch ein Patient fürchtet sich in einer Situation, die keine Gefahr in sich birgt. Das Symptom wird nur verständlich, wenn man sich klarmacht, daß der Patient auf eine frühe emotionale Einstellung seiner Kindheit regrediert ist. Als Kind fühlte er sich nur in der Nähe seines Elternhauses sicher und fürchtete sich davor, sich weiter von ihm zu entfernen. Zu jener Zeit kann natürlich seine Angst durchaus rational begründet gewesen sein, weil er als Kind noch nicht über einen ausreichenden Orientierungssinn verfügte. Die Frage ist in einem solchen Fall: Warum regrediert ein Patient auf eine so unangenehme Erfahrung seiner Vergangenheit? Die analytische Untersuchung zeigt nun, daß dieser Patient mit seinem Symptom ein größeres Übel gegen ein geringeres eintauscht. Denn er hat nicht wirklich Angst davor, sich weit von zu Hause entfernt zu haben, sondern er ängstigt sich vor der Einsamkeit und dem Verlust von Kontakten zu anderen Menschen. Er besitzt nicht die Zuversicht, dieses Problem in seiner gegenwärtigen Lebenssituation lösen zu können; sein Symptom, die Straßenangst, hilft ihm, sich selbst über diese scheinbar ausweglose Krise hinwegzutäuschen. Er überredet sich dazu, vor der Straße Angst zu haben, und erspart sich damit das schmerzhafte Eingeständnis, ein einsames und isoliertes Leben zu führen. Er erspart sich ferner die Anstrengung, eine Beziehung zu einem anderen Menschen aufzubauen, denn er fühlt sich dieser Anstrengung nicht gewachsen und ist infolgedessen nicht willens, sie auf sich zu nehmen. Sein Symptom unterliegt einer weiteren Bestimmung. Der Patient verlangt *sehnlich* danach, als Kind in eine Vergangenheit zurückzukehren, in der seine Abhängigkeitsgefühle befriedigt wurden. Indem er sich jedoch mit seiner Phantasie in die Kindheit zurückversetzt, sieht er sich auch deren unangenehmer Seite konfrontiert, der kindlichen Unsicherheit und Angst.»

Dieser Patient, so ist zu entgegnen, sucht nicht die unangenehmen Erfahrungen seiner Kindheit als das kleinere Übel, sondern eher die relative Sicherheit jener Zeit, die der Schutz der Eltern zu bieten vermochte. Die wirkliche Angst des Neurotikers, die ihn nach der größeren Sicherheit seiner Vergangenheit verlangen läßt, besteht nicht in der «Einsamkeit und dem Verlust von Kontakt zu anderen Menschen», sondern in einer Remobilisierung seiner infantilen Triebkonflikte.

Wie bei jeder Hysterie so ist auch bei der Angsthysterie die Regression begrenzt. Die Versuchung, die abgewehrt wird, besteht hauptsächlich aus den Wünschen des genitalen Ödipuskomplexes. Phallische Wünsche und Kastrationsängste können in prägenitaler Verkleidung auftauchen. Es gibt indes auch Fälle, bei denen die prägenitale Grundlage deutlicher hervortritt. In anderen Fällen spielt die Abwehr *aggressiver* Versuchungen eine entscheidende Rolle (282, 325, 797, 935). Gelegentlich beruht die Angst vor der eigenen Erregung auf dem Umstand, daß diese Erregung tatsächlich selbstzerstörerische Komponenten enthält, die aus einer sadistischen Triebregung entstehen und vom Objekt weg auf das Ich hin abgelenkt werden, so daß unter Umständen, die bei Normalen zu einem Wutanfall führen würden, Todesangst auftritt. Das gilt besonders in Fällen, bei denen eine Verbindung von Angsthysterie und Zwangsneurose vorliegt. Bei diesen Fällen erkennt man einen relativ großen Anteil destruktiver Strebungen, die sich häufig mit Hilfe einer unbewußten Gleichsetzung von Schauen und Essen äußern (430). Die oben erwähnten Fälle von Straßenphobie, bei denen eine bestimmte Person als beschützender Begleiter gewählt wird, gehören in diese Kategorie. Deutlich treten an ihnen Ambivalenzkonflikte hervor (325).

Auch ambivalente Personen ohne Agoraphobie brauchen häufig eine Art von Begleiter, d. h. ein Objekt, das ihnen Zuwendung, Interesse, Bestätigung, Schutz gewährt, kurz eine Art magischen Helfer (653). Das Angewiesensein auf äußere Zuwendung zur Aufrechterhaltung des Selbstgefühls ist ein Zeichen einer frühen, gewöhnlich oralen Fixierung. Das Verhältnis zu magischen Helfern ist notwendig ambivalent: die Helfer werden nicht nur als Repräsentanten des verhaßten Ödipus-Objekts gehaßt, sondern auch, weil ihre schützende Macht unzureichend bleibt.

Die Aggression spielt natürlich auch in den Fällen von Angsthysterie eine bedeutende Rolle, in deren Zentrum eine krankhafte Todesangst steht (206, 207, 254, 1638). Es ist fraglich, ob es so etwas wie eine normale Todesangst gibt; die Vorstellung des eigenen Todes ist subjektiv unbegreiflich (591). Wahrscheinlich verdeckt daher jede Todesangst andere unbewußte Vorstellungen. Mit Sicherheit ist dies bei intensiven und pathologischen Todesphobien der Fall. Um sie zu verstehen, muß man herausfinden, welche Vorstellungen unbewußt mit dem Begriff des Todes verknüpft sind. Gelegentlich sind sie libidinöser Natur und werden aufgrund der Lebensgeschichte eines Patienten verständlich (284, 641, 1153, 1330, 1632). (So kann z.B. «tot sein» eine Wiedervereinigung mit einem Verstorbenen bedeuten.) Häufiger haben bestimmte Kindheitserfahrungen die Angst vor Kastration oder Einsamkeit (Liebesverlust) zu einer Todesangst werden lassen. Zwei Verbindungen trifft man am häufigsten an: 1. Die Todesangst kann eine Angst vor Bestrafung für Todeswünsche sein, die sich gegen andere richten. Wir haben bereits erwähnt, daß manche in Situationen mit Todesangst reagieren, in denen andere wütend würden. Sie wenden offensichtlich ihre destruktiven Triebregungen gegen sich selbst. 2. Todesangst kann eine «Angst vor der eigenen Erregung» bedeuten. Das Sterben ist dann zum Ausdruck von Empfindungen einer überwältigenden Panik geworden, d. h. der verzerrten Vorstellungen, die sich diese Patienten vom Orgasmus gebildet haben. Jede Art von Erregung tendiert zu einer endlichen Entspannung. In Fällen, in denen das Erreichen einer solchen Entspannung als die entsetzliche Empfindung eines Ichverlusts angesehen wird, kann sie mit dem Tod gleichgesetzt werden. Während andere eine sexuelle Erregung erwarten würden, fürchten diese Patienten den Tod (1280).

Ein weiteres Beispiel einer Phobie, bei der unbewußte sadistische Bestrebungen vorherrschen und die zumeist in Verbindung mit einer Zwangsneurose auftritt, ist die verbreitete Angst vor Ansteckung. Die Angst sich anzustecken ist zunächst eine rationalisierte Kastrationsangst. Eine venerische Infektion als wirkliche Gefahr beim Sexualverkehr kann als Rationalisierung für nicht vorhandene Gefahren dienen, an die man unbewußt glaubt (1614). In einer tieferen Schicht stellt die Ansteckungsangst eine Abwehr femininer Wünsche dar, wobei die Infektion an die Stelle der Schwängerung tritt. In einer noch tieferen Schicht ist diese Angst Ausdruck prägenitaler Einverleibungsphantasien, bei denen die Bazillen Äquivalente zerstörerischer oder zu zerstörender introjizierter Objekte sind (1459). Das Wechselverhältnis von Sadismus und Masochismus läßt sich an Infektionsvorstellungen einfach aufweisen, denn es ist gleich leicht, andere anzustecken wie von ihnen angesteckt zu werden.

Die Infektionsvorstellung bietet sich auch als Rationalisierung von Gefühlen an, die mit dem archaischen Berührungstabu verbunden sind. Im magischen Denken erscheinen die Charakteristika eines jeden Objekts als materielle Substanzen, die durch Berührung auf die gleiche Art anderen mitgeteilt werden können wie Schmutz oder Bazillen. Die archaische Berührungsangst kann ihrem Triebinhalt nach variieren. Freud machte darauf aufmerksam, daß es keine Triebregung gibt, deren Ziel nicht die Berührung eines Objekts einschließt, sei diese Triebregung nun feindlich oder sinnlich, einer anderen Person gegenüber zärtlich oder in der Berührung des eigenen Körpers autoerotisch (618). Alle diese Triebregungen können phobischer Angst unterliegen. Häufig zeigt sich an den Objekten, die man nicht berühren darf, auf den ersten Blick, daß es sich bei ihnen um Genitalsymbole handelt. Wer sie meidet, interpretiert das Verbot kindlicher Masturbation, das häufig in der Form «Faß da nicht hin» auftritt, als wäre es buchstäblich nur ein Berührungsverbot. Wer es so auffaßt, dem mag es auch gelingen, es in gehässigem Gehorsam zu umgehen, indem er Masturbationsformen entwickelt, bei denen er es vermeidet, seine Genitalien mit den Händen zu berühren (1262). Häufig ist der Wunsch zu masturbieren, der abgewehrt wurde, durch Regression in einer Weise verändert, daß die Phobie als Schutz gegen analerotische Beschmutzungs- oder Befleckungsängste auftritt. Gelegentlich ist das unmittelbar einleuchtend: Es dürfen dann Dinge nicht berührt werden, von denen man, wie z. B. von Türknöpfen, annimmt, daß sie schmutzig sind, oder Dinge, die mit dem Klo in Berührung kommen. Das Verbot kann aber auch Dinge betreffen, die zur Reinerhaltung des Körpers verwendet werden (vgl. S. 136f.).

Fälle, bei denen die Angst vor Ansteckung sich zu der Vorstellung ausweitet, bereits angesteckt worden zu sein, können Übergangsstadien von der Phobie zum Wahn darstellen. Vorstellungen dieser Art können ihrer Natur nach hypochondrisch sein wie z. B. das Gefühl, vergiftet oder von Bakterien und Krebszellen aufgefressen worden zu sein (948). Auffassungen dieser Art trifft man aber auch bei der reinen Angsthysterie; bei ihr entsprechen sie unbewußten Kastrationskonflikten oder Schwängerungskonflikten.

7. *Die weitere Entwicklung der Angsthysterien*

Zumeist folgt auf den Ausbruch einer Angsthysterie die Entwicklung einer Phobie, d. h. die Vermeidung einer Situation oder auch die Vermeidung von Wahrnehmungen, die Angst hervorrufen. Gelegentlich

kann um den Preis einer gewissen Einschränkung der Freiheit des Ich die Angst tatsächlich durch die Entwicklung einer angemessenen Phobie vermieden werden. Die Krankheit kann zu einem Stillstand gebracht werden und die Triebgefahr ist erfolgreich und vollständig auf eine Wahrnehmungsgefahr hin abgelenkt worden.
In anderen Fällen jedoch verläuft die Entwicklung ungünstiger. Eine Neurose kann bei ihnen in den Anfangsstadien durch eine sekundäre traumatische Neurose kompliziert werden. Diese entsteht nach dem ersten Angstanfall, der als ein Trauma erfahren wird (1569). Viele Angsthysteriker entwickeln aus einer solchen Erfahrung heraus eine *Angst vor der Angst,* d. h. eine Bereitschaft, sehr schnell verängstigt zu sein. Aus ihr entsteht dann ein Circulus vitiosus. Bei einigen Phobien gelingen Projektionsversuche nicht, so daß sie sich immer weiter entwickeln. Die Projektionen werden inadäquat und die phobischen Zustände nehmen an Umfang zu. So kann z. B. ein Patient zunächst nicht in der Lage sein, einen bestimmten Platz zu überqueren, späterhin nicht, auf die Straße zu gehen, und schließlich sogar nicht einmal, sein Zimmer zu verlassen. Die Vermeidung bestimmter Situationen hat in einem solchen Fall die Wirksamkeit der Triebregungen nicht herabgesetzt, die durch die vermiedene Situation in Aufruhr versetzt worden sind. Diese Triebregungen bleiben weiterhin in Kraft. Daß sie keine Abfuhr finden können, erhöht ihre Intensität und macht eine Ausweitung der Phobie nötig (590). Ob eine Projektion gelingt oder nicht, hängt vom ökonomischen Gleichgewicht zwischen den Triebregungen und der ihnen entgegenstehenden Angst ab, d. h. von der ganzen Vorgeschichte der Persönlichkeit (vgl. XXII, 2).
Die Projektion eigener Erregung kann gelegentlich in dem Sinn erfolgreich verlaufen, daß ein Patient von Unruhe, Angst und kinästhetischen Empfindungen befreit wird, wenn besondere Bedingungen erfüllt sind, die eine Projektion dieser Gefühlszustände darstellen. Fühlt ein Patient, daß um ihn her Angst, Unruhe, Lärm und Durcheinander herrschen, so kann er in sich selbst Angst, Unruhe, Lärm und Durcheinander überwinden. Es gibt nicht nur Personen mit einer Gewitterphobie (also diejenigen, die ihre Empfindungen auf das Gewitter projiziert haben und dadurch ihre Angst nach außen gewendet, aber nicht überwunden haben), sondern auch Personen, die sich über Gewitter freuen, weil die Wahr-

nehmung des äußeren Lärms sie in die Lage versetzt, das Ziel ihrer Projektion zu erreichen. Der Lärm draußen gibt ihnen das Gefühl, daß kein Lärm mehr in ihnen selbst tobt und daß sie daher keine Angst mehr haben müssen.

Manche Menschen äußern, daß sie, um gut arbeiten zu können, «Aufregung» oder «Ablenkung» brauchen. Sie haben neurotische Konzentrationsstörungen. Ihre Arbeit wird durch innere Spannungen gestört, die sich als Unruhe bemerkbar machen. Sie können jedoch die störenden Empfindungen dadurch überwinden, daß sie eine Situation äußerer Unruhe aufsuchen.

Die soziale Rolle des Caféhauses in manchen Teilen Europas (oder des Clubs in anderen Ländern) ist zweifellos komplex und kann nicht durch eine einfache psychologische Formel erklärt werden. Für sie kann indes die folgende Fallgeschichte von Bedeutung sein.

Ein Patient konnte im Caféhaus ausgezeichnet arbeiten – und er zog die lauten Caféhäuser, in denen Musik spielte und sich viele Leute aufhielten, anderen vor – doch er war zu Hause in seinem Arbeitszimmer, wo er allein war und seine Ruhe hatte, unfähig zu arbeiten. Ganz ohne Zweifel fand dieser Mann eine gewisse Triebbefriedigung im Caféhaus (die besonders seinen skoptophilen und homosexuellen Bestrebungen entsprach); die aber waren nicht von besonderer Bedeutung. Denn der Umstand, daß er meinte, weglaufen zu müssen, wenn um ihn her Ruhe herrschte, dagegen entspannt und ruhig wurde, wenn die Leute um ihn her lärmten, ist von weit größerer Bedeutung (444).

Es wäre einer Untersuchung wert festzustellen, welche Persönlichkeitstypen bei neurotischen Konzentrationsstörungen absolute Ruhe in ihrer Umgebung brauchen und welche das Gegenteil benötigen. Wahrscheinlich wird sich dabei wiederum herausstellen, daß es nicht zwei einander entgegengesetzte Typen gibt, sondern daß das Bedürfnis nach äußerer Ruhe oder nach Lärm in seiner Erscheinungsform zwieschlächtig ist. Was bis zu einem gewissen Grad an Intensität angenehm und entspannend wirkt, kann darüber hinaus plötzlich unangenehm und beängstigend werden. Daß man sich von seinen Ängsten befreien kann, indem man sich der Möglichkeit vergewissert, anderen Angst einzujagen, ist einfach genug (541, 784, 895, 971, 1298). Gelegentlich aber wird dieser einfache Mechanismus durch eine gelingende Projektion der hier erörterten Art kompliziert: Menschen, die Angst haben, schaffen um sich her eine Atmosphäre der Angst und fühlen sich wohler, wenn sich diese Angst außerhalb ihrer manifestiert. Aber auch das kann in seiner Wirkungsweise zwieschlächtig sein: Wenn sie nämlich allzu erfolgreich Angst um sich verbreiten und entdecken, daß jeder in ihrer Umgebung dieser Angst verfallen ist, können sie das Gefühl gewinnen, ihr Schutzpotential zerstört und sich der Gefahr einer möglichen Vergeltung ausgesetzt zu haben. Sie werden dann plötzlich von extremer Angst befallen.

Oft kommt es vor, daß Phobiker den von ihnen gefürchteten Situationen nicht ausweichen können. Wieder und immer wieder sehen sie sich gezwungen, gerade das zu erleben, wovor sie Angst haben. Oft drängt sich in solchen Fällen der Schluß auf, daß sie unbewußt die Situation so arrangieren, daß man den Eindruck gewinnt, sie strebten unbewußt nach eben dem, wovor sie bewußt Angst haben. Verständlich ist das deswegen, weil die angstauslösenden Situationen ursprünglich Triebziele waren. Es handelt sich hier also um eine Art Wiederkehr des Verdrängten aus der Verdrängung. Der Drang ursprünglicher Triebregungen, die noch wirksam sind, ist auch die Grundlage aller Versuche, Phobien durch kontraphobische Verhaltensweisen zu überkompensieren (435), indem die ursprünglich angstauslösenden Situationen aufgesucht werden (vgl. XX, 8 c).

Phobien, also Versuche, angstauslösende Situationen zu vermeiden, sind nicht das einzige Mittel, mit dem das Ich versucht, mit der Angst fertig zu werden. Andere Methoden der Angstabwehr treten bei der Angsthysterie ebenfalls auf. Es sind dies vor allem eine Sexualisierung der Angst, eine Einschüchterung anderer, eine Identifizierung mit den angstauslösenden Objekten und die Suche nach Bestätigung von außen (vgl. XX, 8 c).

8. Die verdrängenden Kräfte und das Verdrängte in den Symptomen der Angsthysterie

Jede psychoneurotische Ausarbeitung der Konsequenzen einer Libidostauung führt zu einem Kompromiß zwischen den miteinander im Konflikt liegenden Kräften. In der Regel besteht dieser Kompromiß aus einer ersatzweisen und daher schmerzhaften Abfuhr eines Abkömmlings, auf den ein Teil der Besetzung des Verdrängten verschoben wurde; die

Abfuhr eines solchen Abkömmlings erleichtert (oder behindert doch zumindest nicht) die Abwehr der weiterhin vorhandenen ursprünglichen Triebregung. Auf den ersten Blick scheint ein Angstanfall, wie ein Hemmungszustand, eine reine Manifestation der Abwehrkräfte zu sein, die ein Gefahrensignal geben, sobald eine Versuchung oder Bestrafung in Sicht ist. Angstanfälle haben aber auch den Charakter einer Notabfuhr. Bei der Angsthysterie schaffen Verschiebungen zweifellos einen Ersatz für die ursprünglich abgewehrte Triebregung und erleichtern dadurch die ursprüngliche Abwehr. Die Angst ist also bei der Angsthysterie tatsächlich mehr als eine Manifestation der Abwehrkräfte. Sie ist ein psychoneurotisches Symptom, obwohl die unbewußte Angst, die die Abwehr motiviert, noch immer als solche ihren Ausdruck findet. Werden andere psychoneurotische Symptome, die nicht direkt mit manifester Angst verbunden sind, künstlich unterdrückt, tritt in der Regel manifeste Angst auf. Das zeigt, daß die Angsthysterie relativ primitiver ist als andere Psychoneurosen. Die neurotischen Symptome, in denen keine Angst auftritt, sind kompliziertere Ausarbeitungen, bei denen die Person es gelernt hat, Angst zu binden oder zu vermeiden (618).

9. Die Angsthysterie bei Kindern

Der primitive Charakter der Angsthysterie drückt sich auch in dem Umstand aus, daß Angsthysterie die typische Neurose der Kindheit ist (175). In gewissem Umfang scheinen, zumindest unter den gegenwärtigen kulturellen Bedingungen, Symptome der Angsthysterie mit Regelmäßigkeit in der normalen Entwicklung eines jeden Kindes aufzutreten. Es wird kaum ein Kind geben, das nicht zu irgendeinem Zeitpunkt sich vor dem Alleinsein, der Dunkelheit oder vor Tieren geängstigt hat. Angst vor der Dunkelheit läßt sich auf die Angst vor dem Alleinsein zurückführen. Freud zitiert ein Kind, das sich in der Dunkelheit ängstigte und sagte: «Wenn jemand spricht, wird es heller» (596).

Für ein hilfloses Kind ist es objektiv eine Gefahr, allein gelassen zu werden. Das Kind ängstigt sich indes nicht vor objektiven Gefahren, denn die kann es als solche nicht einschätzen. (Viele Sorgen bei der Kindererziehung würden überflüssig, wenn Kinder in der Lage wären, reale

Gefahren als solche zu erkennen.) Das Kind ängstigt sich viel eher vor der Möglichkeit einer traumatischen Situation, in der es von Erregung überwältigt wird. Nicht die objektive Hilflosigkeit des Kindes ruft seine Ängste hervor, sondern seine Hilflosigkeit angesichts seiner Triebe, die es nicht ohne Hilfe anderer Personen zu einer Abfuhr gelangen lassen kann. Zudem verhindert das Verschwinden einer geliebten Person jeden Ausdruck seiner Liebe und schafft einen Zustand der Libidostauung. Es scheint, so sagt Freud, als könne das Kind mit der Sehnsucht nach dem vermißten Liebesobjekt auf keine bessere Art fertig werden, als indem es sie in Angst verwandelt (596).

Deutlicher tritt das Verhältnis der Angst zu Triebkonflikten bei den Tierphobien hervor. Das Kind ist nicht so arrogant wie der Erwachsene, der an einen fundamentalen Unterschied zwischen Menschen und Tieren zu glauben versucht. Kinder können sich leicht Menschen in Tiergestalt vorstellen (579), und die in den Phobien gefürchteten Tiere sind in der Regel verzerrte Darstellungen von Menschen, gewöhnlich des Vaters. Die Darstellung des Vaters in Tiergestalt meint den sexuell erregten Vater. Sie zeigt, daß er als tierisches, d. h. als ein leidenschaftliches, sexuelles oder aggressives Wesen wahrgenommen wird. Dieser furchterregende Aspekt des Vaters kann gelegentlich, wie im Fall des kleinen Hans (566), die bestrafende (kastrierende) Macht des Vaters ausdrücken. In anderen Fällen, wie z. B. beim Wolfsmann (599), treten die furchterregenden Aspekte der sexuellen Wünsche hervor, die sich auf den Vater richten.

Der oben bereits erwähnte Fall, den Helene Deutsch beschrieben hat (327), zeigt, daß nicht alle Tierphobien in dieser Art konstruiert sind. Denn nicht notwendig stellt das Tier den gefürchteten Elternteil dar. Es kann eine direkte Projektion eigener Triebregungen sein.

Ähnlich stellen kleine Tiere, wie z. B. Insekten, Spinnen, Fliegen usw., die bei Phobien häufig Gegenstand der Angst sind, nicht den Vater dar. So kann etwa eine Spinne gelegentlich die grausame Mutter bedeuten (23); häufiger aber sind Tiere dieser Art symbolische Darstellungen von Genitalien, Faeces oder (gemäß der unbewußten Gleichung Kind = Faeces) von kleinen Kindern (Brüdern oder Schwestern) (552, 593). Eine Patientin, deren Konflikte um ihren Haß auf einen jüngeren Bruder zentriert waren, fürchtete sich vor allen Insekten und glaubte in ihrer Angst vor Vergeltung, daß alle Insekten giftig seien.

Bei einigen der frühkindlichen Angsthysterien gibt es nach einer gewissen Zeit eine Spontanheilung. Es ist, als wüchsen die Kinder einfach aus ihnen heraus. (Andere nehmen nicht diesen günstigen Ausgang; sie bilden die Grundlage späterer Neurosen im Erwachsenenalter.) Seinen Grund hat das in zwei Umständen: 1. Das Ich des Kindes entwickelt sich noch; seine frühen Ängste beruhen auf der Unfähigkeit, eine aktive Triebabfuhr herbeizuführen. Wird das Ich stärker, ist es in der Lage, mit zunehmender Beherrschung seiner Motilität seiner Erregung Herr zu werden. 2. Wo Angst vor Liebesverlust der Grund für die Abwehr bestimmter Triebregungen war, kann zunehmende Erfahrung und erhöhtes Vertrauen das Kind davon überzeugen, daß diese Gefahr nicht existiert. Eine Abwehr wird dann überflüssig (vgl. XXII, 1).

10. Die Urszene

Es ist unmöglich, die Kinderangst zu erörtern, ohne erneut auf die sogenannte Urszene einzugehen, d. h. auf die Beobachtung sexueller Handlungen zwischen Erwachsenen, insbesondere zwischen den Eltern (599).

Ein solches Ereignis ruft in einem Kind einen Zustand größter Erregung hervor. Da diese nicht spontan durch das Kind, sondern durch äußere Reize hervorgerufen wird, überschreitet sie die noch begrenzte Fähigkeit des Kindes, mit ihr fertigzuwerden. Die Szene ist daher geeignet, das Kind durch die Überflutung seines Organismus mit unangemessener Erregung in einen traumatischen Zustand zu versetzen. Diese Erfahrung wiederum verknüpft beim Kind die Vorstellungen von sexueller Erregung und Gefahr. Diese Verknüpfung kann durch Fehlinterpretationen des Wahrgenommenen noch intensiviert werden. (Solche Fehlinterpretationen können ihrerseits darauf zurückgehen, daß das Kind sich in einem traumatischen Zustand befindet, sie können aber auch zum Teil einfach auf Unwissenheit und Animismus beruhen.) Die häufigsten Arten der Fehlinterpretation sind die Auffassung des Geschlechtsverkehrs als eines grausamen, destruktiven Aktes und die Auffassung, das weibliche Genitale sei das Ergebnis einer Kastration.

Der psychische Inhalt der erweckten Erregung und ihre Intensität variieren je nach dem Alter des Kindes und seiner vorherigen Lebensgeschichte. Individuelle Faktoren sind dafür bestimmend, was das Kind wahrnimmt, wie es seine Wahrnehmungen interpretiert, welche Gedankenverbindungen sich bei ihm herstellen und ob Interpretationen und Gedankenverbindungen unmittelbar oder nachträglich vorgenommen werden. So kann z. B. eine Identifizierung mit dem gleichgeschlechtlichen oder mit dem andersgeschlechtlichen Elternteil auftreten, darüber hinaus besteht die Möglichkeit einer Fixierung an den zu diesem Zeitpunkt vorherrschenden Stand der Organisation der Libido oder es kann eine besondere Tönung des Ödipuskomplexes das Ergebnis der Beobachtung der Urszene sein. Was aber stets gegenwärtig sein wird, ist die Verbindung der Vorstellungen von sexueller Befriedigung und Gefahr, die eine Disposition für spätere Neurosen schafft.

Es ist bereits erwähnt worden, daß bestimmte unheimliche Gleichgewichts- und Raumempfindungen Überreste der infantilen Sexualität sein können. Sobald Empfindungen dieser Art in der psychoanalytischen Praxis auftauchen, wie z. B. Empfindungen eines Crescendo oder Decrescendo beziehungsweise eine kreisförmige oder rhythmische Bewegung mit sich nähernden oder entfernenden Objekten, stellen wir gewöhnlich fest, daß Material der Urszene nach oben dringt. Das ist richtig, obwohl Empfindungen dieser Art nicht auf die Wahrnehmung sexueller Handlungen beschränkt sind, sondern vielmehr den Zuständen überwältigender Erregung eigentümlich sind.

Es ist bekannt, daß während des Einschlafens die Hemmungskräfte früher an Intensität verlieren als die Triebe und daß daher in diesem Zustand die Versuchung zu masturbieren besonders intensiv ist. Beim Einschlafen werden, bevor das Bewußtsein zurücktritt, regressiv archaische Formen von Ich-Gefühlen erlebt. Einen großen Prozentsatz dieser archaischen Ich-Gefühle stellen Gleichgewichts- und Raumempfindungen dar. Normalerweise bekümmern einen solche Empfindungen recht wenig. Wenn man ihnen nicht ausdrücklich seine Aufmerksamkeit zuwendet, wird man ihrer vielleicht nicht einmal gewahr (837). Anders ist das bei Personen, deren infantile Masturbation sich in solchen Empfindungen darstellt. Es sind dies zumeist dieselben, die eine Urszene erlebt haben. Eine Minderheit von ihnen mag solche Empfindungen noch als eine Art Äquivalenz der Masturbation genießen. Die Mehrheit aber hat, nachdem sie sie verdrängt hat, Angst vor ihnen, und in extremen Fällen können sie die Ursache schwerer Schlafstörungen werden.

Es ist von daher verständlich, daß eine deutliche Tendenz zu Angstträumen und Pavor nocturnus eine häufige Folge der Beobachtung der Urszene oder eines ihrer Äquivalente ist (7, 1166).

11. Die therapeutische Behandlung der Angsthysterie

Im allgemeinen ist bei Angsthysterie eine psychoanalytische Behandlung indiziert. Nur bei Vorliegen einer besonderen Kontraindikation sollte man von einer Analyse abraten. Die Übertragungsfähigkeit ist durchweg ausgezeichnet. Weniger aussichtsreich ist indes die Behandlung von Fällen mit Zwangssymptomen und solchen, die auf eher prägenitalen und aggressiven Konflikten beruhen. Freud hat darauf aufmerksam gemacht, daß eine Modifizierung der Technik bei der Analyse typischer Phobien notwendig ist. Nachdem die Neurose sich aufgrund der Analyse genügend gelockert hat, muß der Analytiker aktiv intervenieren, um seinen Patienten zu einer ersten Anstrengung zu veranlassen, seine Phobie zu überwinden. Er muß den Patienten dahin bringen, sich den angstauslösenden Erfahrungen auszusetzen, um die ganze Kraft des neurotischen Konflikts nach oben dringen zu lassen (600).

Kapitel XII: Die Konversion

1. Was heißt Konversion?

Bei der Konversion treten symptomatische Veränderungen physischer Funktionen auf, die unbewußt und verzerrt Triebregungen Ausdruck verleihen, die zuvor verdrängt gewesen sind.

Jedes neurotische Symptom ist ein Ersatz für eine Triebbefriedigung; da Erregung und Befriedigung Erscheinungen sind, die sich physisch Ausdruck verschaffen, ist der für eine Konversion charakteristische Sprung in den Bereich des Physischen an sich nicht ungewöhnlich. Konversionssymptome sind nun aber nicht einfach ein somatischer Ausdruck

von Affekten, sondern sie sind besondere Darstellungen von Gedanken, die aus ihrer «somatischen Sprache» in die ursprüngliche Sprache der Wörter zurückübersetzt werden können (543, 550).
Dem Problem der Konversionssymptome kann man sich über einen Vergleich mit den Affektanfällen nähern. Diese treten, wie bereits ausgeführt wurde, auf, wenn ein intensiver (oder, im Falle einer Libidostauung, normaler) Reiz vorübergehend die Beherrschung der Motilität durch das Ich außer Kraft setzt und wenn ein archaisches Abfuhrsyndrom an die Stelle zweckgerichteter Handlungen tritt. Solche Syndrome können in der Folge gezähmt und von dem wiedererrichteten Ich in Dienst genommen werden. Auch Konversionssymptome sind dadurch charakterisiert, daß die Beherrschung der Motilität durch das Ich aussetzt und daß unwillkürliche physische Abfuhrsyndrome auftreten. Der Unterschied besteht jedoch darin, daß bei normalen Affekten die Syndrome, die an die Stelle von Handlungen treten, bei allen Menschen ähnlich sind. Wir wissen nicht, wo sie ihren Ursprung haben, und wir sind, um sie zu erklären, auf phylogenetische Spekulationen verwiesen. Die Syndrome von Konversionssymptomen sind bei jedem Individuum verschieden. Die Analyse zeigt, daß ihr Ursprung historisch bestimmt ist durch verdrängte Erfahrungen in der Vergangenheit eines Individuums. Sie stellen einen verzerrten Ausdruck verdrängter Triebansprüche dar, und der besondere Typus der Verzerrung wird durch die historischen Ereignisse bestimmt, die die Verdrängung hervorgerufen haben.

2. *Die Voraussetzungen für die Entwicklung von Konversionen*

Es gibt zwei Voraussetzungen für die Entwicklung von Konversionen; die eine ist physischer, die andere psychischer Natur. Die physische Voraussetzung besteht in einer allgemeinen Erogeneität des menschlichen Körpers, die es ermöglicht, daß jedes Organ und jede Funktion sexuelle Erregung ausdrücken können. Die psychische Voraussetzung besteht in einer vorgängigen Wendung von der Realität zur Phantasie, einer Ersetzung realer Sexualobjekte durch phantasierte Stellvertreter infantiler Objekte. Diesen letzten Prozeß nennt man Introversion.

Erinnern wir uns, daß nach der Ausbildung des Denkens als eines Versuchshandelns zwei Arten des Denkens zu unterscheiden sind: die eine stellt eine Handlungsvorbereitung dar, die andere einen Handlungsersatz. Die erste von beiden ist logisch und verbalisiert; sie gehorcht dem Realitätsprinzip. Die zweite ist archaisch, bildhaft und magisch; sie gehorcht dem Lustprinzip. Tagträume stellen diesen zweiten Typus des Denkens dar; sie sind ein lustvoller Ersatz für eine schmerzende Realität. Sehr häufig treten Tagträume mit verdrängten Ansprüchen in Verbindung, werden durch eine Verschiebung vom Verdrängten her übersetzt und entwickeln sich dergestalt zu Abkömmlingen des Verdrängten (564).

Aufgrund ihrer Introversion sind Hysteriker von einer enttäuschenden Realität auf das magische Denken der Tagträume regrediert. Das kann bewußt geschehen, solange die Tagträume gegenüber den verdrängten Inhalten, insbesondere dem verpönten Ödipuskomplex, noch einige Distanz bewahren; rücken sie aber zu nahe an sie heran, so werden sie ihrerseits verdrängt (vgl. S. 7). Sie treten dann verzerrt als Konversionssymptome aus der Verdrängung wieder hervor.

Wegen ihrer Introversion sind Hysteriker nach innen gewandte Menschen. Ihre Symptome sind keine nach außen gewandten (alloplastischen) Handlungen, sondern bloße (autoplastische) Innervationen. Ihre Phantasien finden mit anderen Worten, nachdem sie verdrängt worden sind, in Veränderungen von Körperfunktionen plastischen Ausdruck. Ferenczi sprach in diesem Zusammenhang von einer hysterischen Materialisation der Phantasien (486, 489). Wenn sie materialisieren, übertreiben Hysteriker etwas, das ähnlich in der normalen Phantasie, ja sogar in allem Denken auftritt. Auch das Denken, das das Handeln vertritt, ist noch ein Stück Handeln. Denn die Innervationen der Handlungen, an die man denkt, finden, freilich mit geringerer Intensität, auch während des Denkens statt (482). Es ist dieses Stück Handeln, das bei introvertierten Hysterikern besonders hervortritt und das die Grundlage der Innervationen bildet, aus denen die Konversionssymptome entstehen.

3. Hysterische Anfälle

Die erwähnte Möglichkeit, Konversionssymptome aus der Organsprache in die Alltagssprache zurückzuübersetzen, läßt sich am besten an den großen hysterischen Anfällen demonstrieren, die heute selten geworden sind. Diese Anfälle stellen einen pantomimischen Ausdruck von gelegentlich recht komplizierten Phantasiegeschichten dar (565, 1620). Sie können, da sie dieselben Entstellungsmechanismen wie die Träume verwenden, in jedem Detail analysiert werden.

Bei den Mechanismen der Entstellung handelt es sich im wesentlichen um die folgenden: Verdichtung, Verschiebung, Darstellung durch das Gegenteil, Übertreibung von Teilen, die das Ganze darstellen, Umkehr einer Ereignisfolge, mehrfache Identifizierung, besondere Symbolisierung und Rücksicht auf Darstellbarkeit (552).

Werden die Gedanken, die während eines Anfalls auftreten, im Blick auf ihren latenten Inhalt analysiert, wie sich latente Traumgedanken hinter dem manifesten Traum analysieren lassen, so stellt sich heraus, daß sie eine Mischung von Elementen vergessener Ereignisse und phantastischer Traumgeschichten darstellen, die um jene Ereignisse konstruiert werden (550, 1620). Als Abkömmlinge des Ödipuskomplexes sind sie dessen verzerrter Ausdruck. Gelegentlich verraten die Anfälle deutlich, daß sie für eine sexuelle Befriedigung einstehen. Sie können in Zuständen enden, die einem Orgasmus ähneln. Freud verglich das Aussetzen des Bewußtseins auf dem Höhepunkt eines Anfalls dem vorübergehenden Verlust des Bewußtseins während des Orgasmus (565). In anderen Fällen verweist der Anfall nicht direkt auf Phantasien, die sich mit einer Verführung oder dem Geschlechtsverkehr beschäftigen; statt dessen steht im Mittelpunkt der Tagträume ein Aspekt der Schwangerschaft oder des Geburtsvorgangs. Die klassischen Beispiele sind die bekannten Fälle von hysterischer Scheinschwangerschaft (150, 804). Zu ihnen gehören aber auch zahlreiche Anfälle von hysterischem Brechreiz. Darüber hinaus kann ein Anfall sexuelle Empfindungen ausdrücken, die für eine andersgeschlechtliche Person charakteristisch sind, mit der sich der Patient identifiziert hat (562).

Auf dem Höhepunkt ihrer Anfälle hatte eine Patientin gewöhnlich ruckartige Konvulsionen in ihren Armen. In der Analyse zeigte sich, daß diese Konvulsionen die krampfartigen Kontraktionen des Penis während der Ejakulation nachahmten. Ähnlich wurde an dem anfallartigen Niesen einer anderen hysterischen Patientin deutlich, daß für sie die Nase die Bedeutung eines Penis angenommen hatte.

Ein Anfall kann auch prägenitale Handlungen ausdrücken, die zu einem Ersatz ursprünglicher ödipaler Vorstellungen geworden sind.
Nicht alle hysterischen Anfälle treten in der Form besonderer pantomimischer Handlungen oder Bewegungen auf, die den Analytiker unmittelbar auf die vergangene Situation oder auf den Tagtraum verweisen, auf die sie sich beziehen. Zuweilen ist die Erscheinungsform eines Anfalls weniger spezifisch. Er tritt dann in der Form von Konvulsionen (vgl. S. 49 f.), von übertriebenen oder scheinbar vollkommen unmotivierten Stimmungen und Gefühlszuständen, von Schrei-, Wein- oder Lachanfällen auf (1464).

Anfälle dieser Art sind der emotionale Höhepunkt komplizierter unbewußter Phantasien. Das Schreien, Weinen und Lachen ist bei ihnen den Gefühlen vergleichbar, die man empfindet, wenn man aus einem Traum erwacht, den man vergessen hat. Das manifeste Gefühl läßt einige allgemeine Schlüsse über die Gefühlsart der latenten Gedanken zu, erlaubt aber keine weiteren Aussagen, bevor nicht die latenten Gedanken analysiert worden sind. Ein hysterischer Schrei kann z. B. Ausdruck sehr verschiedener Emotionen sein. Gelegentlich gibt allein die Art des Schreis einen Hinweis auf seine Bedeutung. Es kann sich um einen infantilen Hilferuf handeln (1419) oder um einen Ausdruck der Hilflosigkeit (und Freude) einer Frau, die zum Objekt sexueller Aggressionen geworden ist; es kann sich um einen Schrei handeln, der Träumen entstammt, die sich mit dem Geburtsvorgang beschäftigen, es kann sich um einen Ausdruck von Wut oder schließlich um die Behauptung von «Männlichkeit» handeln. Bei einem Lachanfall drückt das Lachen häufig einen Triumph aus über die phantastische Erfüllung von feindseligen Wünschen (436), insbesondere von Vergeltungsvorstellungen, die zum Rachetypus des weiblichen Kastrationskomplexes gehören (20). Das Lachen kann aber auch nach Art eines *pars pro toto* ein entstellter Ausdruck sexueller Erregung sein, wie er an Kindern häufig zu beobachten ist, wenn sie auf jede Art von Erregung mit zwanghaftem und übertriebenem Lachen reagieren. Hysterisches Lachen ist oft dadurch verursacht, daß Konflikte um eine sexualisierte Miktion «nach oben verschoben» werden (428, 1055).

Mit Anfällen dieser Art verwandt sind diejenigen Konversionssymptome, bei denen normale Bedürfnisse mit pathologischer Intensität auftauchen und wieder verschwinden. Zu ihnen gehören Hunger- oder Durstanfälle, das anfallartige Bedürfnis nach Defäkation oder Miktion (759), ein plötzlicher Mangel an Appetit oder Durst, Schwierigkeiten beim Atmen sowie Konstipation oder Oligurie (1577). All diese Konversionssymptome wurzeln in der infantilen Sexualität, bei der die Körperfunktionen noch in einer Weise im Dienst der Lustsuche standen, die es ihnen später erlaubt, zu Symptomen zu werden und sexuellen Phantasien Ausdruck zu verleihen. Hunger, Durst und Ausscheidungsbedürfnisse können an die Stelle sexuellen Verlangens treten. Die Anorexie stellt dessen Verleugnung dar. Konstipation oder Oligurie können Verhaltungstendenzen ausdrücken, die (oft gemäß der unbewußten Gleichung *Kind* = *Penis* = *Faeces*) mit Schwangerschaftswünschen oder Einverleibungsphantasien in Verbindung stehen (593, 832). Erbrechen und Durchfall können einen Widerstand sowohl gegen Schwangerschaftswünsche wie gegen Einverleibungsphantasien ausdrücken.

4. *Die monosymptomatischen Konversionen*

Bei monosymptomatischen Konversionssymptomen tritt die lebensgeschichtliche Ursache oft klar zutage. Anstelle einer Erinnerungsspur liegt eine Innervation dessen vor, was in einer vergessenen Situation tatsächlich stattgefunden hat. Breuers erste Patientin, Anna O., litt immer dann unter einer Lähmung ihres Arms, wenn sie unbewußt an ihre Gefühle gegenüber ihrem Vater erinnert wurde. Als ihr Vater starb, hatte sie an seinem Bett gesessen und den rechten Arm über die Stuhllehne gelegt (188).

Es ist irreführend, monosymptomatische Hysterien als Organneurosen zu bezeichnen, weil diese Bezeichnung einer anderen Art von Neurosen vorbehalten bleiben sollte (vgl. S. 65 ff.); nichtsdestoweniger geschieht es häufig. So sind z. B. die sogenannten Herzneurosen in Wirklichkeit oft monosymptomatische Konversionshysterien; die Herzsymptome drücken bei ihnen in Verbindung mit besonderen unbewußten Tagträumen sexuelle Erregung, Angst oder beides aus.

Monosymptomatische Hysterien entsprechen häufig Ferenczis Begriffen der hysterischen Materialisation und Genitalisation (486). Verdrängte Gedanken finden einen ersatzweisen Ausdruck in einer materiellen Veränderung von Körperfunktionen, wobei das befallene Organ unbewußt als Ersatz für die Genitalien eintritt. Diese Genitalisation kann auch aus objektiven Veränderungen im Gewebe, z. B. aus einer Hyperämie oder einem Anschwellen, bestehen, die eine Erektion vertreten, oder es kann auf abnorme Empfindungen begrenzt sein, die genitale Empfindungen nachahmen. Unter diese Kategorie fallen die sogenannten Stigmata (487, 1167).

Ein herzneurotischer Patient berichtet, daß er bei seinem ständigen Herzklopfen das Gefühl habe, daß das Herz immer größer, die ganze Brust immer steifer werde, bis dies an einem gewissen, fast unerträglichen Punkt auf einmal abbreche, das Herzklopfen aufhöre und das Herz wieder «zusammenschrumpfe». Diese Sensationen symbolisierten eine Erektion, die schließlich in einem Orgasmus endet.
Einige Tage, nachdem diese Deutung gegeben wurde, berichtete der Patient, daß ein neues Symptom aufgetreten sei. Er hatte nun das Gefühl, als ob das Herz auseinanderbreche und irgend etwas in sich aufnehmen möchte. Die Genitalisation des Herzens hatte also in diesem Fall eine bisexuelle Bedeutung: sie symbolisierte die männlichen sowohl wie die weiblichen Genitalien.

5. Hysterische Schmerzen und hysterische Identifizierung

Konversionssymptome sind intermittierende oder kontinuierliche Abfuhrprozesse, die an die Stelle von gehemmten infantilen Triebregungen treten, mit denen sie durch unbewußte Assoziationen verknüpft sind. Freud sagt von dem ersten Typus des hysterischen Schmerzes, daß er «in der Situation, in welcher die Verdrängung vorfiel, vorhanden» war (618). In Fällen, bei denen der ursprüngliche physische Schmerz vom Patienten selbst erfahren worden ist, ist seine Wiederholung in einem Konversionssymptom ein Ersatz des Wunsches nach einer angenehmen Erregung, der irgendwie mit ihm verknüpft wurde. Der Schmerz ist nun zugleich ein Warnsignal, sich nicht jenen angenehmen Empfindungen zu überlassen.

Eine Patientin litt an Schmerzen im Unterleib. Diese Schmerzen wiederholten Empfindungen, die sie als Kind während einer Blinddarmentzündung verspürt hatte. Zu jener Zeit war sie von ihrem Vater mit ungewöhnlicher Zärtlichkeit behandelt worden. Die Unterleibsschmerzen drückten nun zugleich das Verlangen nach der Zärtlichkeit des Vaters und die Angst davor aus, daß eine noch schmerzhaftere Operation erfolgen werde, wenn sie das Ziel ihres Verlangens erreichte.

Kinderkrankheiten sind oft sehr beeindruckende Episoden in der Entwicklung der kindlichen Triebkonflikte. Gelegentlich vermögen sie eine gewisse Befriedigung zu geben, sofern ein Kind mehr Liebe oder Zuwendung von seinen Eltern erfährt und seinen Körper in einer neuen Weise erlebt. Häufiger jedoch werden sie als Bedrohung empfunden, wobei dann die Krankheit als Kastration oder allgemeiner als konsequente Bestrafung für vorausgegangene Masturbation oder anderes Triebverhalten wahrgenommen wird. Fieberzustände können Empfindungen einer gefürchteten sexuellen Erregung bedeuten, die bis zu einem gewissen Grad angenehm und darüber hinaus schmerzhaft und beängstigend ist. Spätere Konversionssymptome, die die Schmerzen von Krankheiten der Kindheit wiederholen, bedeuten eine Wiederholung der Triebkonflikte, die durch diese Krankheiten entwickelt oder mobilisiert wurden. In anderen Fällen kann die assoziative Verknüpfung zwischen einem Triebkonflikt und der Krankheit, die durch ihn ausgelöst wird, von mehr oberflächlicher Natur sein. So kann etwa die besondere Form eines Konversionssymptoms, das eine vergangene Krankheit nachahmt, ein bloßes Zeitsignal sein, durch das angezeigt wird, daß ein Symptom sich auf eine Triebregung aus der Zeit dieser Krankheit bezieht.

Im allgemeinen gilt die folgende Formel: Wenn eine funktionale Störung sich in der Kindheit mit einem emotionalen Konflikt verbunden hat und wenn dieser Konflikt verdrängt worden ist, so kann jede spätere Berührung der funktionalen Störung sowohl wie des emotionalen Konfliktes beide Komponenten des Syndroms wieder mobilisieren. Die funktionale Störung wird dann zur bewußten Manifestation, der emotionale Konflikt zur unbewußt treibenden Kraft eines Konversionssymptoms (313, 316).

Bei einer zweiten Art von hysterischem Schmerz können die Gefühle, die im Konversionssymptom nachgeahmt werden, ursprünglich von einer anderen Person empfunden worden sein, die der Patient durch die Hervorbringung des Symptoms nachahmt. Die Hysterie kann, wie man weiß, alle und jede Krankheit nachahmen, und gerade dieser Umstand läßt das klinische Bild der Konversionshysterie als so überaus vielgestaltig erscheinen. Die hysterische Identifizierung, die den Wunsch ausdrückt, an die Stelle eines anderen Menschen zu treten, bedarf indes weiterer Erläuterung.

Identifizierung ist die allererste Art der Reaktion auf ein Objekt. Alle späteren Objektbeziehungen können unter bestimmten Umständen auf eine Identifizierung regredieren. Die *hysterische* Identifizierung ist nun dadurch charakterisiert, daß in ihr nicht der volle Betrag der zur Verfügung stehenden Besetzungsenergie aufgewendet wird (408). Es gibt verschiedene Variationen solcher Identifizierungen.

1. Der einfachste Fall ist die hysterische Identifizierung mit dem glücklichen Rivalen, d. h. mit einer Person, die der Patient beneidet, und deren Platz er von Anfang an einzunehmen wünschte. Freuds Patientin Dora bekommt denselben Husten, den ihre unbewußte Rivalin, Frau K., hatte. Dora beneidete Frau K. um ihre sexuelle Erfahrung; aufgrund ihrer Schuldgefühle wegen dieser Rivalität vermochte sie sich aber nicht in Frau K.'s Position zu versetzen, die sie gern eingenommen hätte, sondern mußte als Identifizierungsmerkmal Frau K.'s kleines Gebrechen auswählen (557). Die Identifizierung in der Schuld ist so der Index für die intendierte Identifizierung im Triebverlangen. Es ist ein ähnlicher Vorgang wie der, dem der goldgierige König Midas zum Opfer fiel, dessen Verlangen sich so erfüllte, daß er durch sein Gold zerstört wurde.

Der Mechanismus der Bestrafung des Midas kann bei allen Arten von Neurosen beobachtet werden. Bei Zwangsneurosen tritt er wahrscheinlich noch häufiger auf als bei Hysterien. In Zwängen drückt sich oft die Vorstellung aus, daß man das Verlangte auf eine Art, in einem Ausmaß oder zu einem Zeitpunkt erhält, daß es einen zerstört. In Symptomen dieser Art sind verschiedene Schichten von Trieb und Abwehr miteinander verdichtet, und es ist nicht einfach, zwischen Triebregungen zu unterscheiden, die aus der Verdrängung wiederkehren, und der Bestrebung des Über-Ich diese Triebregungen karikierend zu bestrafen.

2. Es kommt gelegentlich vor, daß eine am Ödipuskomplex erkrankte Hysterika sich nicht mit ihrer Rivalin, der Mutter, identifiziert, sondern mit dem geliebten Vater. Dadurch entsteht eine kompliziertere Situation. Wird man nämlich gezwungen, ein Objekt aufzugeben, so versucht man, den Verlust dadurch wettzumachen, daß man sich mit ihm identifiziert (608). Wenn eine hysterische Frau die Krankheit des Vaters übernimmt, zeigt sie damit, daß sie vergebens versucht, sich von ihm zu lösen.

Die Hysterie einer Patientin ahmte jahrelang eine Tuberkulose nach. Ihr Vater hatte als junger Mann eine Tuberkulose durchgemacht. Sie selbst hatte den Beruf des Vaters ergriffen und war manifester Homosexualität sehr nahe.

Eine solche Identifizierung mit dem andersgeschlechtlichen Elternteil bietet natürlich gleichzeitig Gelegenheit zur Befriedigung des negativen Ödipuskomplexes (562).

3. Die häufigste Form hysterischer Identifizierung findet mit einem Objekt statt, zu dem der Patient kein ursprüngliches Verhältnis hat. Sie wird gebildet auf der Grundlage gemeinsamer ätiologischer Bedürfnisse. Freud nennt das Beispiel einer hysterischen Epidemie in einem Mädchenpensionat. Eines der Mädchen reagiert mit einem hysterischen Anfall auf einen Brief, den sie vom geheim Geliebten bekommen hat, und die anderen Mädchen übernehmen diesen Anfall. Die unbewußte Bedeutung besteht hier darin, daß auch die anderen Mädchen Liebesbriefe erhalten möchten (606). Das Identifizierungsobjekt hat hier keine andere Bedeutung als die, daß es eine Befriedigung erhalten hat, nach der das Subjekt gleichermaßen strebt. Daß dabei schmerzhafte Erfahrungen gemacht werden, ist Ausdruck der Verdrängung. Auch hier handelt es sich wieder um eine Wunscherfüllung nach der Art des Midas. Wer so glücklich sein wollte wie jenes Mädchen, den ereilt nun die gleiche Bestrafung.

Die Identifizierung auf der Grundlage gemeinsamer ätiologischer Bedürfnisse, die ihrer Natur nach vorübergehend ist und mit einem Objekt vollzogen wird, zu dem keine weitere Beziehung besteht, bietet Gelegenheit, das Verhältnis von Identifizierung und Nachahmung zu erörtern. Der Mechanismus einer Identifizierung auf der Grundlage gemeinsamer ätiologischer Bedürfnisse sieht wie eine einfache Nachahmung aus; er läuft jedoch unbewußt ab. Jede Nachahmung, sei sie nun bewußt oder unbewußt, setzt eine Art Identifizierung voraus, d. h. eine Veränderung des eigenen Ich, die bestimmten Zügen des Vorbilds folgt. Eine Identifizierung auf der Grundlage der Nachahmung indes ist im Unterschied zu anderen Arten von Identifizierung oberflächlich, begrenzt und launisch; sie wird nur für eine bestimmte Absicht eingesetzt. Diese Absicht kann bewußt oder unbewußt sein. Unbewußt kann jeder nachgeahmt werden, der als Prototyp einen bestimmten libidoökonomischen Vorteil zu versprechen scheint, eine Möglichkeit, sich angesichts innerer Konflikte Erleichterung zu verschaffen. Verwandt mit dieser Erscheinung ist, daß Versprecher und Fehlleistungen so ansteckend sind (1285, 1524).

4. Es gibt auch «multiple» Identifizierungen. Sie treten insbesondere bei Anfällen auf. Eine hysterische Patientin kann zugleich oder nacheinander die Rollen verschiedener Personen spielen, mit denen sie sich (einer der beschriebenen Arten von Identifizierung gemäß) identifiziert hat. Die Anfälle solcher Patientinnen kommen oft der Inszenierung eines ganzen Dramas gleich.

Ein klassisches Beispiel dessen ist jene Patientin Freuds, die sich mit der einen Hand das Kleid an den Leib preßte und es mit der anderen abzureißen suchte. Sie identifizierte sich gleichzeitig mit einem Vergewaltiger und einer Frau, die vergewaltigt wurde (562; vgl. auch 471).

Einen Höhepunkt multipler Identifizierung bilden die berühmten Fälle von multipler Persönlichkeit (1065, 1586).
Hysterische Identifizierungen können sich sogar auf einen Schmerz beziehen, den das Vorbild der Identifizierung nie empfunden hat und der nur in der Phantasie der Hysterischen existiert.

Eine Patientin empfand eines Tages einen intensiven Schmerz in einem Finger. Sie äußerte, daß sie das Gefühl habe, sich mit einem Messer in den Finger geschnitten zu haben. Sie war in einen Vetter, einen Medizinstudenten, verliebt, der nicht in derselben Stadt lebte. Sie phantasierte, daß er sich vielleicht gerade in dem Moment, als sie den Schmerz empfand, beim Sezieren in den Finger geschnitten haben könnte. Diese Phantasie, die ihr die Lust einer magischen Verbindung mit dem Geliebten verschaffte, war ein bewußter Tagtraum. Die unbewußte Fortsetzung desselben waren die symbolischen Gleichungen *Messer* = *Penis* und *schneiden* = *Koitus*. In der Analyse erwies sich sehr deutlich, daß der Vetter ein Vaterersatz war, während ihre Identifizierung mit einem Leichnam auf besondere infantile Sexualtheorien führte.

In einem gewissen Sinne ist es sogar möglich, von einer hysterischen Identifizierung mit sich selbst zu sprechen, nämlich mit vergangenen Zuständen des eigenen Ichs (387). Viele Konversionssymptome haben die Bedeutung einer Regression in die Kindheitsperiode, in der sich die Verdrängung ereignete, deren Aufrechterhaltung zum Zeitpunkt der Erkrankung gefährdet ist.
Einige hysterische Schmerzen fallen weniger durch die Wiederholung vergangener tatsächlich empfundener (oder eingebildeter) Schmerzempfindungen auf als durch die Antizipation ersehnter Ereignisse oder einer in Aussicht stehenden Bestrafung für sie. Die Schmerzen können Teil unbewußter Sexualphantasien sein. Sie können z. B. die Vorstellung zum Ausdruck bringen, vergewaltigt zu werden. Einige Unterleibsschmerzen und sogar einige Kopfschmerzen drücken das Gefühl aus, schwanger zu sein. Solche schmerzhaften Illustrationen von Tagträumen stehen jedoch nicht notwendig im Gegensatz zu den bisher beschriebenen hysterischen Schmerzen. Sie illustrieren die gefürchtete und erhoffte Zukunft mit den Mitteln einer Remobilisierung von Erfahrungen der Vergangenheit, die auf sie bezogen werden.

6. Hysterische Halluzinationen

Hysterische Halluzinationen waren zu dem Zeitpunkt, an dem die Verdrängung vorfiel, Wahrnehmungen (618).

Eine Patientin litt unter einer quälenden Halluzination von Metallgeschmack. Es stellte sich heraus, daß sie als Kind den Wasserleitungshahn direkt in den Mund zu nehmen pflegte, um zu trinken. Damals war der Metallgeschmack Wahrnehmung gewesen. Diese Gewohnheit deckte die auf den Vater zielenden unbewußten Fellatiowünsche.
Auch olfaktorische Halluzinationen können gelegentlich auf bestimmte reale Wahrnehmungen der Vergangenheit zurückgeführt werden, die eine bestimmte sexuelle Bedeutung besaßen. Das widerspricht gewiß nicht der Tatsache, daß Halluzinationen dieser Art zugleich eine Phobie gegenüber dem Körpergeruch ausdrücken können. Es gibt auch Übergangsstadien zwischen hysterischen und psychotischen Halluzinationen (ebenso zwischen hysterischen Ängsten und Wahnzuständen) (vgl. S. 350).

7. Motorische Störungen bei der Hysterie

«Die motorische Lähmung ist die Abwehr einer Aktion» (618), die ein verpöntes infantiles Sexualziel verfolgt.
Hysterische Lähmung geht gewöhnlich mit einer Zunahme des Muskeltonus einher. Sie gibt sowohl Sicherheit gegen eine verpönte sexuelle Handlung wie auch einen verzerrten Ersatz für sie. Hysterische Äquivalente der Masturbation treten oft in dieser Verkleidung auf. Historische Umstände und das Entgegenkommen des Körpers (vgl. S. 54 f.) bestimmen, welcher Teil der Muskulatur von der Lähmung befallen wird. Symptome dieser Art treten angeblich häufiger auf der linken als auf der rechten Körperseite auf. Das mag, wie Ferenczi meinte, durch die Vorstellung zu erklären sein, daß im allgemeinen die linke Körperseite unbewußten Einflüssen zugänglicher ist als die rechte, weil Rechtshänder an ihr weniger bewußt interessiert sind (489). Darüber hinaus wird man die symbolische Bedeutung von rechts und links in Rechnung stellen müssen; *rechts* bedeutet *richtig* und *links* bedeutet *falsch* (1479); gelegentlich bedeutet *rechts* sogar *heterosexuell* und *links homosexuell* (1463).

Hysterischer Mutismus ist ein Spezialfall hysterischer Lähmung. Er kann Feindschaft oder Angst (vor sexueller Versuchung) in bezug auf Personen ausdrücken, in deren Gegenwart sich das Symptom entwickelt, aber auch einen allgemeinen Mangel an Interesse an den Personen, mit denen ein Gespräch möglich wäre (Dora wurde stumm während der Abwesenheit ihres Geliebten [557]). Hysterischer Mutismus kann aber auch Tod oder Kastration bedeuten.

Ein Krampf dient dazu, die Unterdrückung einer Handlung zu gewährleisten; er ist zugleich ein tonischer Ersatz für diese Handlung.

Ein Krampf, der auf einen bestimmten Körperteil beschränkt ist, kann eine Erektion bedeuten. Das aber ist nicht notwendig der Fall. Ein Muskelkrampf kann einfach ein physischer Ausdruck der Verdrängung sein. Und eine Hypertonie kann anzeigen, daß irgend etwas unterdrückt wird.

Bei einer Patientin, die beim Geschlechtsverkehr von einem schweren Krampf des Beckenbodens befallen wurde, bedeutete dieses Symptom zunächst ein Übergreifen des Vaginismus auf einen anderen Körperteil, das ihren Widerstand gegen sexuelle Erfahrungen verstärkte. Darüber hinaus brachte es feindliche Regungen gegen ihren Partner zum Ausdruck sowie Bestrebungen, einen in ihrer Phantasie vorhandenen, verborgenen Penis heraustreten zu lassen. Ferenczi hat gezeigt, wie ein allgemeiner Unterdrückungskrampf durch die Verschiebung der Funktion des Sphinkters (eines Teils des Beckenbodens) auf das gesamte Muskelsystem entstehen kann (505).

Einige hysterische Krämpfe haben die Funktion, eine besondere Hemmung abzusichern. Sie treten auf, wenn eine Handlung intendiert wird, die vom Über-Ich verboten wird, weil sie entweder verborgene sexuelle Bedeutung besitzt oder weil sie (bei moralischen Masochisten) zu einem verbotenen Erfolg führen könnte. Hierher gehören Krämpfe von Violinisten und Schreibkrämpfe (867).

Der berühmte *arc de cercle*, der heute selten geworden ist, repräsentiert nach Freud die antagonistische Innervierung des Koitus, also eine Darstellung des Geschlechtsverkehrs durch das Gegenteil; er drückt zugleich das verdrängte Verlangen und die Kräfte der Verdrängung aus (565). Andere Autoren haben hinzugefügt, daß dieses Symptom als Versuch, einen verborgenen Penis herauszupressen, männlichen Bestrebungen ebenso Ausdruck verleiht, wie es mit seiner Nähe zur Darstellung des Geburtsvorgangs auf weibliche Bestrebungen verweist (1564, 1025).

Eine Kontraktur ist ein Verschiebungsersatz für eine intendierte, aber gehemmte Muskelinnervation. An ihr zeigt sich gewöhnlich die tonische Rigidität, die das Ergebnis eines Kampfes entgegengesetzter Triebregungen ist.

Auch Konvulsionen stellen Affektäquivalente dar oder sind ein pantomimischer Ausdruck sexueller, aggressiver oder sexuell-aggressiver Tagträume. Gelegentlich ahmen hysterische Konvulsionen organische Konvulsionen nach, die ein Patient an anderen oder an sich selbst beobachtet hat. Die sogenannte Hystero-Epilepsie wird später erörtert (vgl. S. 108).

8. *Hysterische Traumzustände und Bewußtseinsstörungen*

Hysterische Traumzustände sind Anfällen eng verwandt. Wie bei ihnen gewinnen Tagträume, die Abkömmlinge des Verdrängten sind, unwillkürlich Macht über die Persönlichkeit. Sie unterscheiden sich jedoch von den Anfällen darin, daß bei ihnen die pantomimische Abfuhr fehlt. Die Tagträume sind Abkömmlinge von Ödipus-Phantasien. Brechen sie aus, so entrücken sie den Patienten aus der Wirklichkeit (3, 196). Gelegentlich ist die sexuelle Bedeutung dieser Absencen unmittelbar an der Lust abzulesen, die sie den Patienten bereiten. Häufiger aber wird auch die Wirkung verdrängt, und die neue Verdrängungswelle gegen die mobilisierten Abkömmlinge des Unbewußten hält dies so weit vom Bewußtsein entfernt, daß der Patient unfähig ist, zu berichten, was er erlebt hat und nur eine Lücke in seinem Bewußtsein empfindet (1015).

Eine Mischung eines hysterischen Anfalls mit hysterischen Traumzuständen stellt das Konversionssymptom des Schlafwandelns dar. Der Traumzustand ist bei ihm ein physiologischer. Das Schlafwandeln tritt während des normalen Nachtschlafs auf, aber es wird in ihm eine pantomimische Abfuhr erreicht. Diese Abfuhr drückt manchmal nur unspezifisch eine Ruhelosigkeit aus, die auf inneren Spannungen beruht. Häufiger jedoch ist diese Abfuhr sehr spezifischer Natur. Die Bewegungen der Schlafwandler antworten auf manifeste Träume oder auf latente Konflikte, die deren Grundlage bilden. Gelegentlich steht das Bestreben im Vordergrund, vom Bett, das als ein Ort der Versuchung angesehen wird, wegzulaufen. Häufiger hat aber das Schlafwandeln ein positives Ziel, dem der Patient zustrebt. Er sucht entweder einen Ort möglicher Befriedigung unbewußter Triebregungen auf oder einen, an dem er sich vor ihnen sicher weiß, oder schließlich einen, der ihm Befriedigung und Schutz zugleich bietet (711, 717, 1286, 1341, 1343).

Der typische Wunsch des kindlichen Schlafwandelns ist das Verlangen, am nächtlichen Leben der Erwachsenen teilzunehmen. Sein typisches Ziel ist das Elternschlafzimmer, das entweder als Ort angesehen wird, wo sexuelle Geheimnisse belauscht bzw. gestört werden können, oder als ein Ort, der gegen böse Träume und Versuchungen Schutz bietet. Gewöhnlich aber durchdringen sich beide Motive. Geht das Schlafwandeln mit einem Verlust der Kontrolle über die Harnwege einher, ist das nicht notwendig ein Beweis für das Vorliegen eines organischen Petit mal, sondern kann ein Zeichen der unbewußten sexuellen Erregung des Kindes sein. Gelegentlich drückt das Schlafwandeln die Tendenz aus, von zu Hause wegzulaufen. Der alte Aberglaube, der das Schlafwandeln mit dem Mondschein in Verbindung bringt, beruht zum einen Teil auf dem emotionalen Wert des Mondlichts, das zugleich Licht und Dunkel ist und daher geeignet ist, unklare infantile Vorstellungen von Sexualität und sexuellen Beobachtungen auszudrücken. Zum andern Teil beruht dieser Aberglaube auf der symbolischen Gleichsetzung des Mondes mit der Mutter (430, 1322, 1579).

Es ist nicht bekannt, welche körperlichen und seelischen Umstände es möglich machen, sich während des Schlafs der Motorik zu bedienen. Diese Möglichkeit steht im Widerspruch zu der allgemeinen Regel, daß beim Einschlafen die Motorik zuerst gelähmt ist (595), sie findet sich aber in Übereinstimmung mit dem Umstand, daß im hypnotischen Schlaf die Motilität hypnotischen Befehlen frei zugänglich ist.

Bewußtseinsstörungen entsprechen im allgemeinen einer Verdrängung eines Abkömmlings der infantilen Sexualität (1015, 1336). Das passagere Ausschalten des gesamten Bewußtseins ist sozusagen eine generalisierte Verdrängung, vielleicht das archaische Vorbild jeder Verdrängung (410). Inhaltlich können die mit Traumzuständen und Bewußtseinsstörungen einhergehenden Triebdurchbrüche so mannigfaltig sein wie eben die den hysterischen Symptomen zugrundeliegenden Phantasien. Im Traumzustand kann eine passagere Bewußtseinstrübung nicht nur eine Verdrängung ausdrücken, sondern kann eine eigene unbewußte Bedeutung haben. Sie kann (a) einen Orgasmus darstellen, (b) irgendeine unbewußte libidinöse Bedeutung oder die Bedeutung des Todes haben, was wiederum auf Todeswünsche gegenüber einer anderen Person deuten mag, die gegen das eigene Ich gewendet wurden, oder sie kann (c) als eine Blokkierung (und als verzerrter Ausdruck) feindseliger Bestrebungen aller Art dienen. Das gilt insbesondere für hysterische Anfälle von Hypotonus und plötzlicher Ermüdung, die gelegentlich Übergangszustände zur organischen Narkolepsie bilden können. Wegen ihrer Wirkung auf die Umgebung bieten Bewußtseinsstörungen Gelegenheit zu allerlei sekundärem Krankheitsgewinn. Bei allen hysterischen Traumzuständen und Bewußtseinsstörungen muß die Differentialdiagnose epileptischer Äquivalente in Betracht gezogen werden.

9. Hysterische Störungen der einzelnen Sinne

Hysterische Störungen spezieller Sinneswahrnehmungen sind besondere hysterische Bewußtseinsstörungen, und was für diese galt, gilt auch für sie. Die Störungen von Sinneswahrnehmungen stellen eine Zurückweisung aufregender sexueller Wahrnehmungen dar. Hemmungen dieser Art können sich von Blindheit oder Taubheit über negative Halluzinationen zu dem eingeschränkten Gebrauch der Sinne erstrecken, der bei der Erörterung der Hemmungen erwähnt wurde (vgl. Bd. 1, S. 252). Symptome dieser Art beginnen zuweilen nach einem Trauma als eine posttraumatische Hemmung des Ich (917), erhalten aber bald eine hysterische «Bedeutung» und werden als Konversionssymptome beibehalten.

Die Einschränkung von Sinneswahrnehmungen ist zugleich ein Symptom von hysterischer Introversion, d. h. eines Mangels an Interesse für äußere Ereignisse. Dieser Interessemangel erhöht die Möglichkeit, Phantasien an die Stelle der Realität zu setzen.

Hysterische Sehstörungen waren Gegenstand eines überaus erhellenden Artikels von Freud (571). Ein hysterisches Nicht-Sehen-Können bedeutet ein Nicht-Sehen-Wollen. Es verweist auf einen verdrängten Schau- oder Exhibitionstrieb. Vom Standpunkt des bestrafenden Über-Ich aus sagt dieses Symptom: «Weil du etwas Verbotenes zu sehen wünschst, sollst du gar nichts sehen» (367). Eine Einschränkung des Gesichtsfeldes wurde oft als charakteristisch für Hysteriker beschrieben. Ferenczi erklärte sie durch den Umstand, daß die Peripherie des Gesichtsfeldes von geringerer Bedeutung für das Ich ist und daher leichter sexualisiert werden kann (489).

Die Sexualisierung des Sehens beruht nicht immer auf einfacher Schaulust oder auf einer unbewußten Genitalisierung des Auges. Das Auge kann auch prägenitale erogene Zonen symbolisieren. Als Sinnesorgan kann es insbesondere oral-einverleibende und oral-sadistische Bestrebungen ausdrücken (430). Neurotische Leseschwierigkeiten beruhen gewöhnlich auf oral-sadistischen Konflikten (1512).

Eine Abwehr oral-sadistischer Bestrebungen ist gewöhnlich auch die Ursache eines anderen Konversionssymptoms des Sehens, der Mikropsie. Bei ihr sieht man die Objekte der Außenwelt wie durch ein umgekehrtes Opernglas. Halluzinationen und Illusionen der Raumwahrnehmung scheinen im allgemeinen Erfahrungen der frühesten oralen Zeit zu wiederholen (410), aber bei der Mikropsie ist dies besonders evident. Eine Patientin Inmans wurde von diesem Symptom immer dann befallen, wenn ihr intensives und frustriertes orales Verlangen mobilisiert wurde (831). Eine Patientin Bartemeiers hatte sehr deutlich einen intensiven Futterneid auf ihre Augen verschoben. Ihre Mikropsie drückte das Bestreben aus, die Objekte von sich wegzuschieben. Es war dies ein Versuch, sich gegen die Vorstellung zu verteidigen, die Objekte mit den Augen zu töten, und eine verzerrte Wiederkehr dieser abgewehrten Triebregung (89).

10. Hysterische Sensibilitätsstörungen

Wie Lähmungen und Empfindungshemmungen scheinen Empfindungsstörungen zunächst eher eine Abwehr zu sein als die Wiederkehr von etwas Verdrängtem. Die Ausschaltung einer Empfindung erleichtert die Unterdrückung von Erinnerungen, die sich auf betroffene Körperpartien beziehen. Sie steht aber auch im Dienste verdrängter Triebregungen, denn aufgrund ihrer anästhetischen Wirkung steht unbewußten Phantasien ein zusätzliches Wirkungsfeld offen. Hysterische Sensibilitätsstörungen im allgemeinen sind Veränderungen innerer Wahrnehmungen, während Störungen der Sinnesempfindungen Verdrängungen äußerer Wahrnehmungen darstellen (489).

Hysterische Hypalgesie ist eine Art begrenzter Ohnmacht. Gewisse Empfindungen, die schmerzhaft werden könnten, werden nicht hingenommen. Der Grundmechanismus der Hypalgesie ist möglicherweise der archaischen Abwehr des Affektaufschubs verwandt (vgl. Bd. 1, S. 231 f.).

11. Somatisches Entgegenkommen

Bei all diesen Symptomen scheint die gesamte Besetzungsenergie der verpönten Triebregungen in einer bestimmten Körperfunktion verdichtet zu sein. Die Entscheidung darüber, welche Körperpartie erkrankt, scheint durch die folgenden Umstände bestimmt zu sein:

1. Durch die unbewußten sexuellen Phantasien und die ihnen entsprechende Erogeneität der betroffenen Körperpartie. Wer oral fixiert ist, wird orale Symptome entwickeln, wer anal fixiert ist, anale. Die Fixierungen ihrerseits hängen wiederum von konstitutionellen Faktoren ebenso ab wie von vergangenen Erfahrungen. Die Regression auf Fixierungen ist jedoch bei Konversionssymptomen auf die Wahl eines Organs beschränkt. Genitale Phantasien drücken sich an einer prägenitalen Zone

aus, d. h. nichtgenitale Organe werden ‹genitalisiert› (489). Es wurde oben darauf hingewiesen, daß chronische Neurastheniker ihre Genitalien prägenital verwenden (vgl. Bd. 1, S. 271 f.). Wir müssen dem jetzt hinzufügen, daß Konversionshysteriker ihre prägenitalen Zonen genital verwenden (565, 571).

2. Die Entscheidung darüber, welches Organ erkrankt, wird weiterhin durch rein physische Umstände bestimmt. Es ist offensichtlich, daß ein Symptom eher ein Organ befällt, das von geringerer Widerstandskraft ist. Diese kann auf konstitutioneller Schwäche beruhen oder durch Krankheit erworben sein. Wer vasomotorisch sehr labil ist, wird eher vasomotorische Symptome ausbilden, und wer von Natur kurzsichtig ist, wird mit größerer Wahrscheinlichkeit Beschwerden am Auge haben.

Diese Art von somatischem Entgegenkommen spielt gewiß bei Fällen eine Rolle, die als hysterische Überlagerung organischer Krankheiten bezeichnet werden (285, 1028, 1508). Organisch bedingte Symptome können zugleich Gelegenheit bieten, verdrängten Triebregungen einen entstellten Ausdruck zu verschaffen. Sie können also eine sekundäre Konversionsbedeutung annehmen. Sie sind zwar nicht aufgrund einer Konversion entstanden, stehen aber in deren Dienst und können daher aus psychischen Gründen fortdauern, nachdem die organische Ursache, die sie hervorgerufen hat, nicht mehr existiert.

3. Die Wahl eines Organs kann von der *Situation* abhängen, in der die entscheidende Verdrängung auftrat. Störungen treten am ehesten an den Organen auf, die zum Zeitpunkt dieser Verdrängung am aktivsten oder angespanntesten waren (316, 532).

4. Gelegentlich scheint die Entscheidung darüber, welches Organ erkrankt, eher durch die Möglichkeit bestimmt zu sein, über eine Organfunktion den in Frage stehenden unbewußten Antrieb zu symbolisieren. Einverleibungstendenzen können besser durch den Mund, die Atmungsorgane und die Haut zum Ausdruck gebracht werden, Ausscheidungstendenzen durch den Intestinaltrakt und ebenfalls durch das Atmungssystem. Konvexe Organe wie Hand, Fuß, Nase, Brüste können den Penis symbolisieren und stellen männliche Wünsche dar; konkave Organe wie Mund, Anus, Nasenlöcher oder Mulden in den Gliedmaßen können die Vagina symbolisieren und stellen weibliche Wünsche dar.

Konversionssymptome sind nicht auf das willkürliche Muskelsystem beschränkt, sondern treten auch im Bereich des vegetativen Systems auf. Dem Drang, unbewußte sexuelle Wünsche körperlich verzerrt auszudrücken, steht ein weit größeres Gebiet zur Verfügung als dem bewußten Willen. Auch hypnotische Befehle können bekanntlich weit mehr Körperfunktionen beeinflussen als der normale Wille. Ein intensives Training kann jene Funktionen bei Menschen, die konstitutionell dazu veranlagt sind, der Autosuggestion zugänglich machen (1410). Auch die Konversion bedient sich dieser Körperfunktionen. Sie werden vom «archaischen» Ich in weit größerem Umfang kontrolliert als vom Ich der Erwachsenen. Die hysterischen Hyperfunktionen stellen eine Regression auf die archaischen Bedingungen dar, die noch in der frühen Kindheit vorherrschen. Die oben beschriebenen Charakteristika archaischer Motilität und Wahrnehmung (vgl. Bd. 1, S. 57f. und 65f.) treten bei Konversionshysterikern wieder auf.

Die Einsicht in die regressive Natur der Konversionsphänomene kann als Ausgangspunkt für Spekulationen dienen, die nach dem archaischen Ursprung der Fähigkeit zu autoplastischer Konversion fragen. Es sei an Lamarcks Theorie der Evolution der Gattungen erinnert, derzufolge die Evolution aufgrund einer autoplastischen Anpassung des Körpers an die Anforderungen der Umwelt stattfand. Eine hysterische Konversion kann eine Art letzte Spur der primitiven Fähigkeit der Tiere zu autoplastischer Anpassung sein.

Während der normalen Entwicklung zum Erwachsenenalter gehen bestimmte Fertigkeiten des Körpers verloren, die dem Hysteriker wieder zugänglich werden. Ferenczi bemerkte einmal, die Erziehung sei nicht nur der Erwerb neuer Fähigkeiten, sondern auch das Vergessen anderer, die, wenn sie nicht vergessen würden, als übernormal angesehen werden müßten (486). So zwingt z. B. die Verdrängung der Autoerotik auch einige der Funktionen in die Verdrängung hinab, mit deren Hilfe die Autoerotik wirksam wurde.

Hysterische Hyperfunktionen zeigen in einer Wiederkehr des Verdrängten, daß Hysteriker bei der Verdrängung ihrer infantilen Sexualität zu viele ihrer Körperfunktionen verdrängt haben. Bei Hysterikern bleibt der Körper dem bewußten Ich mehr oder weniger «fremd». Es gelang ihnen nicht, ihr Ich mit ihrem Körper zu identifizieren. Im Stadium des purifizierten Lustichs (588) wird alles, was schmerzhaft ist, als nicht zum Ich gehörig angesehen. Hysteriker betrachteten ihren Körper als schmerzhaft und nahmen ihn entsprechend als Nicht-Ich war. Sie sind im Hinblick auf ihre Motilität und Empfindungsfähigkeit gehemmt. Personen, die ihren Körper als etwas Fremdes betrachten, wenn sie Konversionssymptome mit offenbar übernormalen physischen Fähigkeiten entwickeln, sind eher in der Lage, den Hinweis auf die psychogene Natur ihrer Symptome zurückzuweisen.

Obwohl es bei der Konversionshysterie keine volle Regression der Persönlichkeit auf prägenitale Stufen gibt, tritt besonders bei Frauen häufig eine Regression zu Einverleibungszielen auf. Das zeigt sich nicht allein an der herausragenden Rolle der Identifizierung bei der Konversionshysterie, sondern auch an direkteren Anzeichen. Die Vorstellung der Fellatio ist in den unbewußten Phantasien hysterischer Frauen außerordentlich verbreitet (Globus hystericus). Die Analyse lehrt, daß diese Vorstellung ein verzerrter Ausdruck des Wunsches ist, den Penis abzubeißen. Bei einzelnen Fällen können die folgenden Bedeutungen unterschiedliches Gewicht haben. Der Wunsch kann (a) eine Verschiebung genitaler Wünsche nach oben bedeuten, (b) die Vorstellung geschwängert zu werden, (c) eine Rache an dem Mann, der das beneidete Organ besitzt, d. h. ein Ausdruck aktiver Kastrationsbestrebungen und (d) eine Einverleibung des kastrierten Penis sowie eine Identifizierung mit dem Manne (398, 407, 499).

Wird in dieser Phantasie dem Sexualpartner sein Penis genommen, so gilt allgemeiner, daß die Phantasie einer genitalen Vereinigung für eine Hysterikerin so eng mit dem Ödipuswunsch verbunden ist, daß sie zu wirklicher Liebe unfähig ist. Sie kann, um Abraham zu zitieren, nur lieben, wenn der Gebrauch der Genitalien ausgeschlossen ist, denn eben diese Genitalien stellen für sie den verpönten Aspekt der Liebe dar. Eine Hysterikerin versucht, diesen Zustand herzustellen, wenn sie in ihrer Phantasie die Genitalien dadurch ausschließt, daß sie sie abbeißt (26).

Ein von einem Konversionssymptom befallenes Organ kann auch ein Objekt darstellen, das introjiziert worden ist. Trotz einer solchen Einverleibung bleibt das Objekt in der Außenwelt. Eine hysterische Introjektion ist eine partiale eher als eine totale Regression von einer Objektbeziehung auf eine Identifizierung.

13. Die allgemeine Bedeutung der Konversion

Konversionshysterie ist der klassische Gegenstand der Psychoanalyse. Deren Methode wurde entdeckt, geprüft und vervollkommnet durch die Untersuchung hysterischer Patientinnen (187, 188, 542, 543, 544, 548). Auch heute noch ist die Technik der Psychoanalyse am einfachsten in Fällen von Hysterie anzuwenden, und die psychoanalytische Behandlung der Hysterie bringt nach wie vor die besten therapeutischen Erfolge.

Der Kompromißcharakter der Symptome, die die verdrängten Kräfte ebenso wie das Verdrängende darstellen sowie die dynamische Beziehung zwischen den Trieben und den ihnen entgegenstehenden Kräften, lassen sich am besten an der Konversion zeigen.

Manche Menschen erröten bei der geringsten Erwähnung von etwas Sexuellem. Das ist gewiß zunächst ein Ausdruck ihrer Abwehr. Zugleich verrät es aber auch sexuelle Erregung, den Umstand, daß der Errötende auf die sexuelle Anspielung antwortet. Das Konversionssymptom habituellen Errötens drückt in der Regel Konflikte aus, die aus dem Exhibitionismus entstehen sowie aus den Kämpfen um narzißtische Zufuhr, die auf dem Umweg über den Exhibitionismus gesucht wird.

Bei gesellschaftlichen Zusammenkünften, die für sie unbewußt eine Versuchung darstellten, wurde eine Patientin regelmäßig von einem Stuhldrang überfallen, der sie zwang, den Raum zu verlassen. Sie entzog sich damit einer für sie unangenehmen Situation, zeigte aber zugleich durch ihr Symptomhandeln und durch ihre Regression auf einen infantilen Ausdruck sexueller Erregung, daß sie der Versuchung nicht ganz hatte widerstehen können.

Vom Standpunkt einer verdrängten Triebregung ist das Konversionssymptom ein verzerrter Ersatz sexueller Befriedigung auf seiten einer hysterischen Person, die zu genuiner sexueller Befriedigung unfähig ist. Daß die Ersatzbefriedigung des Symptoms nicht bewußt als angenehm, sondern gelegentlich als schweres Leiden empfunden wird, verdankt sie der Wirksamkeit der Verdrängungskräfte. Gelegentlich kann dieses Leiden als Bestrafung angesehen werden, die einem auferlegt ist, um Schuldgefühle zu beseitigen (37). Es gibt jedoch auch Symptome, die ausschließlich eine Triebbefriedigung darstellen und keinerlei strafende Bedeutung haben. Symptome, deren der Patient sich nicht bewußt ist, können selbstverständlich nicht als Strafe dienen.

Bei Konversionssymptomen kann sich die Gegenbesetzung sehr verschieden darstellen. So kann sie z. B. sekundär durch die Wiederkehr ursprünglicher Triebregungen auf unterschiedliche Weise gestört werden. Bei motorischen und sensorischen Störungen ebenso wie bei Bewußtseinsstörungen beruht die Funktionshemmung auf einer Gegenbesetzung, aber sie gibt auch Gelegenheit, die gehemmte Funktion zum Ausdruck unbewußter Phantasien zu verwenden. Im Falle des hysterischen Schmerzes ist die Aufmerksamkeit, die als Ausdruck der Gegenbesetzung sich auf den Schutz des schmerzenden Organs richtet, an die Stelle der ursprünglichen Aufmerksamkeit getreten, deren Ziel es war, einer Situation der Versuchung oder Gefahr aus dem Weg zu gehen (618). Auch das Bestreben, alle Symptome als körperlich bedingt zu rationalisieren, ist ein Ausdruck der Gegenbesetzung. Eine Art hysterischer Reaktionsbildung liegt vor, wenn unbewußter Haß in der Form übertriebener Fürsorglichkeit überkompensiert wird (618).

14. Ödipuskomplex, Masturbation und Prägenitalität bei Konversionssymptomen

Freuds Aussage, der Ödipuskomplex sei das Kernstück aller Neurosen, gilt besonders bei der Hysterie, die auf der phallischen Stufe der sexuellen Entwicklung stehen bleibt. Hysterische Individuen haben entweder ihre frühe Objektwahl nie überwunden oder sie sind so an sie fixiert, daß sie nach einer Enttäuschung im späteren Leben zu ihr zurückkehren. Weil daher jede Sexualität für sie die Bedeutung der kindlichen inzestuösen Liebe annimmt, verdrängt das Verlangen, den Ödipuskomplex zu verdrängen, bei ihnen jede Sexualität.
Daß Hysterie bei Frauen häufiger vorkommt als bei Männern, beruht darauf, daß die sexuelle Entwicklung der Frau komplizierter verläuft. Die Sexualität der Klitoris muß zugunsten der an der Vagina konzentrierten Sexualität überwunden werden. Das geschieht oft nicht oder nicht in genügendem Maße. Charakteristisch für die Struktur einer Hysterie sind aber nicht nur Ödipuskomplex und heterosexuelle Identifizierung; untrennbar verbunden mit ihr sind andere Bestimmungen wie z. B. die, die aus den besonderen Mitteln erwachsen, mit denen der Ödipuskomplex verdrängt wird. Gelegentlich wird Kindern, die sich sehr intensiv an ihre

Eltern fixieren durften, späterhin von eben diesen Eltern auf irgendeine besondere Weise verboten, ihre ödipalen Wünsche zu befriedigen. Unter Hysterikern findet sich oft der Typus des Muttersöhnchens, oder man trifft Frauen, die kein Bedürfnis nach Männern zu haben scheinen, aber ihren Vater außerordentlich bewundern.

Es wäre jedoch irrig anzunehmen, daß der letzte Inhalt der hysterischen Symptome, der Ödipuskomplex, in der Analyse sogleich offen zutage liegt. Zwischen die ödipalen Phantasien und die Symptome des Erwachsenen haben sich in der Zwischenzeit besondere Formen von Tagträumen geschoben. Und zwischen die ursprünglichen Ödipusphantasien und die späteren Tagträume wurden infantile Masturbationsphantasien eingeschaltet, deren ödipaler Charakter gelegentlich ziemlich verzerrt erscheint. Die ursprünglich mit dem Ödipuskomplex verbundenen Konflikte werden oft auf die Masturbation verschoben. Daher trifft man beim unbewußten Inhalt hysterischer Symptome häufig auf einen Kampf gegen die Masturbation. Krämpfe, rhythmische Muskelkontraktionen und sensorische Störungen erwiesen sich oft zugleich als Abwehr und als Ersatz masturbatorischer Handlungen (357, 550, 733).

Tagträume, denen man in der bewußten Absicht nachhängt, eine Masturbation zu unterdrücken, sind unbewußt hauptsächlich eine Ausarbeitung masturbatorischer Phantasien. Gelegentlich wird diese geheime Verbindung unter besonderen Umständen auf unerwartete Weise wieder manifest (537). Gelingt es jemandem, die Verbindungen zwischen seinen Phantasien und der Masturbation zu verdrängen, entwickeln sich die unverdrängten Phantasien, wie unbewußte Masturbationsäquivalente, gelegentlich zu einem übertriebenen zwanghaften Interesse auf bestimmten Gebieten. Solche Interessen werden von den betreffenden Personen gelegentlich selbst als gegen die Masturbation gerichtete Maßnahmen empfunden, aber sie verraten sich in der Analyse als Abkömmlinge von Masturbationsphantasien, die mit dem Ödipuskomplex in Verbindung stehen.

Dasselbe gilt für gewisse habituelle autoerotische Spiele und Symptomhandlungen, die solchen Phantasien Abfuhr verschaffen, ohne daß in der Regel die betroffenen Personen sich dessen bewußt sind oder sich gar über die Bedeutungen dieser Handlungen für ihr seelisches Gleichgewicht Rechenschaft ablegen.

Zuweilen sind die Phantasien, die zwischen den Ödipuskomplex und ein hysterisches Symptom treten, ihrerseits genitaler Natur; es handelt sich bei ihnen z. B. um Vorstellungen von Schwangerschaft und Geburt. Aber das ist keineswegs notwendig der Fall. Als Zwischenglieder zwischen einem ödipalen Wunsch und dem scheinbar harmlosen Tagtraum lassen sich Vorstellungen finden, die an jeder erogenen Zone und in jedem

Partialtrieb ihren Ursprung haben können. Obwohl sie nur Zwischenglieder sind, sind sie von einem praktischen Gesichtspunkt aus gewiß nicht unwichtig. Ihre Aufdeckung und Durcharbeitung kann in einer Analyse mehr Zeit und Aufmerksamkeit in Anspruch nehmen als die Aufdeckung und Durcharbeitung des grundlegenden Ödipuskomplexes. Und die Form, die dieser als Ergebnis der frühkindlichen Erlebnisse eines Individuums angenommen hat, kann nur durch eine sorgfältige Analyse dieser intermediären Konstruktionen ermittelt werden (418).

Das folgende ist ein Beispiel einer intermediären oralen Phantasie: Eine Patientin klagte über Erbrechen und Ekelgefühle. In ihren Assoziationen stieß sie darauf, daß das Symptom immer dann auftrat, wenn sie Fisch gegessen hatte. Auf diese Einsicht folgten verschiedene Assoziationen, die davon handelten, daß es grausam sei, Tiere zu essen. Fisch zu essen erschien ihr als besonders grausam, weil Fische eine «Seele» haben. (Der Darm von Heringen wird als Seele bezeichnet.) Der Vater der Patientin war gestorben. Die Vorstellung, seine Seele zu essen und sie zu einem Teil des eigenen Körpers werden zu lassen, enthüllte die unbewußte Phantasie einer sexuellen Vereinigung mit ihm.

Das Bettnässen ist ein Beispiel für einen prägenitalen Ausdruck von zumeist genitalen Wünschen bei einem Konversionssymptom. Es ist das verbreitetste Äquivalent der Masturbation bei Kindern (91, 227, 263, 557, 667, 769, 793, 934, 1044, 1595).

Infantile Enuresis, die tagsüber oder während der Nacht auftritt, stellt eine Abfuhr sexueller Energie dar. Die Harnausscheidung wird ursprüglich als autoerotische Aktivität wahrgenommen, die dem Kind neben der urethralerotischen Befriedigung die Befriedigung einer Berührung seiner Haut durch die Harnausscheidungen verschafft. Gelegentlich tauchen Erinnerungen an diese autoerotischen Empfindungen bei einzelnen Patienten im Verlauf der Analyse auf. Das gilt z. B. in Fällen von Ejaculatio praecox, bei denen unbewußt Urin und Samen gleichgesetzt werden. Nimmt jedoch ein bereits an die Sauberkeit gewöhntes älteres Kind zu dieser Form infantiler Triebbefriedigung seine Zuflucht, so ist sein Verhalten nicht länger autoerotisch. Es richtet sich eher auf objektbezogene Phantasien. Wird das Bettnässen nicht mehr aktiv und mit bewußter sexueller Lust vollzogen, sondern geschieht gegen den Willen eines Individuums, so kann man es gewiß ein Konversionssymptom nennen. Zwischen dem infantilen autoerotischen Bettnässen und dem späteren Symptom der Enuresis lag eine Zeit der Masturbation. Die Enuresis stellt dann einen Ersatz und ein Äquivalent der unterdrückten Masturbation dar. Bei einzelnen Fällen kann man tatsächlich zeigen, daß ein Verbot der Masturbation dazu diente, die Ausbildung einer Enuresis als eines Ersatzverhaltens zu befördern. Wie die Masturbation kann auch die Enuresis unterschiedliche sexuelle Wünsche zum Ausdruck bringen. Auf dem Höhepunkt der Entwicklung des Ödipuskomplexes ist sie zuerst und zumeist ein Abfuhrmechanismus ödipaler Triebregungen. Ebenso aber wie bei anderen Konversionssymptomen treten unterschiedliche Wünsche zwischen den tief verdrängten Ödipuskomplex und die an der Oberfläche erscheinenden urethral- und hauterotischen Symptome. Es ist von Interesse zu bemerken, daß das Bettnässen häufig Ausdruck sexueller Phantasien ist, die sich mit dem anderen Geschlecht befassen. Mädchen, bei denen die Urethralerotik stark hervortritt, stehen fast stets unter der Herrschaft eines intensiven Penisneids. Ihr Symptom gibt dem Verlangen Ausdruck, urinieren zu können wie ein Junge. Bei Jungen betont die Inkontinenz gewöhnlich einen weiblichen Charakterzug. Jungen dieses Typus hegen die Hoffnung, eine weibliche Art von Lust zu erfahren, indem sie passiv urinieren. Diese Art des Urinierens kann auch Ausdruck einer Regression auf frühe, passiv-rezeptive Lusterfahrungen sein, eine Sehnsucht nach den Freiheiten des Babyalters. Tatsächlich stellt die Enuresis oft den Wunsch dar, wieder die Privilegien eines Babys zu erlangen. Als Symptom wird sie häufig durch die Geburt eines jüngeren Geschwisters ausgelöst. Gelegentlich hat das Bettnässen in solchen Fällen eine ausgesprochen aggressive, gehässige Bedeutung, die darauf zielt, die Eltern zu verletzen, und die sich einfach die Privilegien eines Babys nimmt, die die Eltern dem Kind verweigern. Die aggressive und gehässige Bedeutung des Symptoms kann dazu Anlaß geben, zugleich anderen prägenital (oral) bestimmten Rachevorstellungen Ausdruck zu verleihen. Das geschieht häufig in den Fällen von Enuresis, die die Grundlage einer späteren Ejaculatio praecox bilden.

Enuresis kann als Symptom unterschiedliche Folgen für die weitere Entwicklung eines Kindes haben. Die Tendenz, das Symptom zu unterdrücken, vermag auf zweifache Weise die Charakterentwicklung zu beeinflussen. 1. Sie kann die besondere Angst vor den eigenen gefährlichen Triebregungen in die Angst vor einem Kontrollverlust verkehren. Nicht selten findet man bei der Analyse der Schwierigkeiten, die manche Patienten haben, frei zu assoziieren, als letzten Grund ihre Angst vor dem Bettnässen. Die Angst, von der eigenen Erregung überwältigt zu werden, kann indes auch anderen Ursprungs sein. Dieses Symptom taucht häufiger bei Mädchen auf, deren Frigidität durch die unbewußte Vorstellung bestimmt ist, daß sie, wenn sie sich dem Höhepunkt ihrer Erregung ganz hingeben, die Kontrolle über ihre Blase verlieren. Daß diese Angst bei Frauen häufiger auftritt, beruht wahrscheinlich auf dem Umstand, daß eine Harnverhaltung zum Zwecke der Verhinderung der Enuresis bei Mädchen eher als bei Jungen dazu geeignet ist, eine sekundäre erogene Retentionslust zu erzeugen, die einer analen Retentionslust vergleichbar wäre. 2. Eine allgemeine Angst vor den eigenen, als gefährlich empfundenen Trieben kann die besondere Qualität der Scham annehmen. Auf die Verbindung von Scham und Urethralerotik ist bereits hingewiesen worden (vgl. Bd. 1, S. 104). Während eine rektale Inkontinenz bei Kindern gewöhnlich und direkt aktiv bestraft wird, wird ihnen bei Enuresis nur beigebracht, daß sie sich zu schämen haben. Angeprangert zu werden ist bei ihr die häufigste Form der Bestrafung. Ehrgeiz als urethralerotischer Charakterzug ist das Bestreben, diese Art von Scham zu vermeiden (vgl. XX, 8 h).

Rektale Inkontinenz tritt bei älteren Kindern viel seltener auf als urethrale. Aber auch sie muß als Konversionssymptom angesehen werden, das eine unbewußte Bestrebung zur analen Abfuhr von Triebkonflikten zum Ausdruck bringt. Kommt sie nur gelegentlich vor, stellt sie wahrscheinlich ein Angstäquivalent dar. Tritt sie dagegen regelmäßig auf, stellt sie eine Retention des analsexuellen Ausscheidungsvorgangs oder eine Regression auf ihn als Äquivalent oder Ersatz der Masturbation dar. Sie ist dann zweifelsfrei das Zeichen einer betont analerotischen Ausrichtung. Man findet anale Inkontinenz häufiger bei Personen, die späterhin Zwangsneurosen entwickeln, als bei solchen, die zur Hysterie neigen.

Daß Hysteriker häufig als Personen beschrieben werden, die sich unausgesetzt mit der Sexualität beschäftigen und dazu neigen, jede menschliche Beziehung zu «sexualisieren», scheint der allgemeinen These zu widersprechen, daß Hysteriker ihre Sexualität verdrängen. Doch dieser Widerspruch besteht nur zum Schein. Gerade weil diese Menschen ihre sexuelle Energie blockieren, wird sie in ihnen gestaut und tritt an unpassender Stelle und zur falschen Zeit zutage. Hysterische Erotomanie ist eine Pseudohypersexualität, die durch einen Mangel an Befriedigung verursacht wird (vgl. S. 74 ff.).

Gelegentlich sind Patienten mit Konversionssymptomen vollkommen angstfrei; in anderen Fällen werden zugleich mit der Konversion Angstsymptome ausgebildet. Die Bindung der Energie, die aufgrund des neurotischen Konfliktes aufgestaut worden ist, in einer Veränderung von Körperfunktionen stellt eine gewisse Abfuhrmöglichkeit bereit. Zumindest aber kann sie den Besetzungen einen dauernden Halt geben und ist allein deshalb ein Mittel, sich von der Angst zu befreien oder ihren offenen Ausbruch zu vermeiden. In Fällen, bei denen sich Angst neben Konversionssymptomen entwickelt, hat die sekundäre Ausarbeitung der Angst versagt oder ist unzureichend geblieben.

15. Der Verlauf der Konversionshysterie und ihre psychoanalytische Behandlung

Einige Reaktionen des Ich des Patienten auf Konversionssymptome sind so charakteristisch für die Hysterie, daß hier vorgreifend einiges über sie gesagt werden soll. Einerseits versucht das Ich in fortgesetzter Anstrengung, die Symptome als Abkömmlinge infantiler Sexualität zu verdrängen, wie es zuvor die infantile Sexualität selbst verdrängt hat. Das Ich ist also bestrebt, die Symptome vom Rest der Persönlichkeit zu trennen und sie nicht zur Kenntnis zu nehmen. Hat die Bestrebung, die Symptome zu verleugnen, Erfolg, so entwickelt der Patient eine Einstellung zu seinen Symptomen, die Charcot, wie Freud berichtet, *la belle indifférence des hystériques* nannte (589). Andererseits ist das Ich bestrebt, die Symptome, da sie ja nicht vermieden werden können, für seine eigenen Zwecke einzusetzen. Wenn es denn leiden muß, so hat es den Wunsch, den größten Nutzen daraus zu ziehen. Auf diese Weise entsteht ein sekundärer Krankheitsgewinn, der vom primären, der Vermeidung einer Konfrontation mit dem Ödipuskomplex, unterschieden werden muß. Daß der Wunsch nach einer Rente eine Hysterie verursachen kann, hat Freud zu Recht mit der Vorstellung verglichen, daß sich ein Kriegsverletzter das Bein nur habe abschießen lassen, um dann arbeitsfrei von seiner Invalidenrente zu leben (618).

Konversionsneurosen haben in der Psychoanalyse eine günstige Prognose. In typischen Fällen ist der Verlauf einer Behandlung insofern besonders zufriedenstellend, als die Patienten auf Deutungen unmittelbar mit Veränderungen der Übertragung und Symptomatologie reagieren und damit ein unfehlbares Kriterium für den Fortschritt der Analyse liefern. Eine psychoanalytische Behandlung ist außer in den Fällen klar und eindeutig indiziert, bei denen individuelle Komplikationen, die ihren Ursprung in äußeren Umständen oder in der Charakterstruktur der Patienten haben (481), eine für die Behandlung ungünstige Situation schaffen. Kontraindiziert sind auch hier nur jene Faktoren, die, unabhängig von der Diagnose, der psychoanalytischen Therapie allgemein Grenzen setzen (vgl. XXIII, 5). In einigen Fällen ist es notwendig, die Frage sorgfältig zu prüfen, ob man mit einer analytischen Behandlung beginnen soll oder nicht. Solche Überlegungen sind angebracht, wo unmittelbare Hilfe zwingend nötig ist, wo der komplizierte Aufwand einer Analyse unnötig erscheint, weil einfachere Maßnahmen ausreichen, wo in seltenen Fällen die Hysterie der beste Ausweg aus einem sonst unerträglichen Lebenskonflikt ist, wo ein außergewöhnlich großer sekundärer Krankheitsgewinn vorliegt oder wo schließlich das fortgeschrittene Alter des Patienten eine Besserung wenig wahrscheinlich macht.

Kapitel XIII: Die Organneurosen

1. Was ist ein organneurotisches Symptom?

Nicht alle somatischen Veränderungen psychogener Natur sollten Konversionen genannt werden, weil nicht alle von ihnen Übersetzungen besonderer Phantasien in eine «Körpersprache» sind. Unbewußte sexuelle Verhaltensweisen können Organfunktionen physiologisch beeinflussen, ohne daß die auftretenden Veränderungen eine bestimmte psychische *Bedeutung* haben. Obwohl diese Unterscheidung recht einfach ist, wird sie nicht überall anerkannt. Sie wurde bereits vor längerer Zeit von Freud in seinem Aufsatz «Die psychogene Sehstörung in psychoanalytischer Auffassung» getroffen (571). Freud schreibt:

Die Psychoanalyse ist «bereit zuzugeben, ja zu postulieren, daß nicht alle funktionellen Sehstörungen psychogen sein können ... Wenn ein Organ, welches beiderlei Trieben dient, seine erogene Rolle steigert, so ist ganz allgemein zu erwarten, daß dies nicht ohne Veränderungen der Erregbarkeit und der Innervation abgehen wird, die sich bei der Funktion des Organs im Dienste des Ichs als Störungen kundgeben werden. Ja, wenn wir sehen, daß ein Organ, welches sonst der Sinneswahrnehmung dient, sich bei Erhöhung seiner erogenen Rolle geradezu wie ein Genitale gebärdet, werden wir auch toxische Veränderungen in demselben nicht für unwahrscheinlich halten. Für beide Arten von Funktionsstörungen ... wird man, in Ermangelung eines besseren, den alten, unpassenden Namen ‹neurotische› Störungen beibehalten müssen. Die neurotischen Störungen des Sehens verhalten sich zu den psychogenen wie ganz allgemein die Aktualneurosen zu den Psychoneurosen; psychogene Sehstörungen werden wohl kaum jemals ohne neurotische vorkommen können, wohl aber letztere ohne jene. Leider sind diese ‹neurotischen› Symptome heute noch sehr wenig gewürdigt und verstanden, denn der Psychoanalyse sind sie nicht unmittelbar zugänglich.»

Die zitierten Sätze sind von grundlegender Bedeutung, obwohl ihre Terminologie ziemlich verwirrend ist. Es gibt zwei Kategorien von funktionalen Störungen. Die eine ist physischer Natur und besteht in physiologischen Veränderungen, die durch einen unangemessenen Einsatz der in Frage stehenden Körperfunktion verursacht worden sind. Die andere hat eine besondere unbewußte Bedeutung, ist Ausdruck einer Phantasie in der «Körpersprache» und ist der Psychoanalyse in gleicher Weise unmittelbar zugänglich wie ein Traum. Freud nennt beide Kategorien neurotisch. Während er für die erste keinen besonderen Terminus vorschlägt, bezeichnet er die zweite als psychogen. Das ist insofern verwirrend, als auch jeder Mißbrauch eines Organs psychogen ist. Es wäre wünschenswert, die erste Art von Symptomen organneurotisch zu nennen und der zweiten den Begriff Konversion vorzubehalten.

Während der Begriff der Konversion genau definiert ist, bedarf die erste Kategorie einer weiteren Klärung.

Zwischen den organischen Störungen, die durch mechanische, physikalische und chemische Ursachen hervorgerufen worden sind, und den Konversionen liegt ein weites Feld funktionaler und sogar anatomischer Veränderungen, die der Begriff der Organneurose umfassen soll. Der moderne Begriff der «psychosomatischen» Störungen hat den Nachteil, daß er einen nicht vorhandenen Dualismus unterstellt. Jede Krankheit ist «psychosomatisch»; denn keine «somatische» Krankheit ist vollkommen frei von «psychischen» Einflüssen. So kann es z. B. aufgrund psychogener Ursachen zu einem Unfall kommen. Darüber hinaus wird nicht nur die Widerstandsfähigkeit des Körpers gegen Ansteckungen, sondern es werden alle Lebensfunktionen kontinuierlich durch den emotionalen Zustand eines Organismus beeinflußt. Umgekehrt kann auch die allerpsychischste Konversion sich auf ein rein «somatisches» Entgegenkommen stützen.

Das Freudzitat enthält den Schlüssel zu einer Klassifikation der organneurotischen oder psychosomatischen Erscheinungen. Seine Sätze berühren zwei verschiedene Gebiete. Funktionale Veränderungen, die auf toxischen Einflüssen, d. h. auf chemischen Prozessen im Körperhaushalt eines unbefriedigten Menschen beruhen, dessen libidinöse Energie gestaut ist, sind nicht notwendig identisch mit Veränderungen, die durch eine unbewußte Verwendung dieser Funktionen im Dienste der Triebe verursacht werden. Es muß vielmehr zuerst eine dritte und einfachere Möglichkeit in Betracht gezogen werden, die bereits erwähnten Affektäquivalente. Es sind also vier Klassen von organneurotischen Symptomen zu unterscheiden: 1. Affektäquivalente, 2. Ergebnisse von chemischen

Prozessen innerhalb unbefriedigter Personen, die sich in einem Zustand der Libidostauung befinden und unbewußte Affekte ausdrücken, 3. physische Ergebnisse unbewußter Einstellungen oder unbewußt determinierte Verhaltensweisen, 4. alle Kombinationsmöglichkeiten der drei genannten Arten von Symptomen.

2. *Affektäquivalente*

Alle Affekte sind archaische Abfuhrsyndrome, die willkürliche Handlungen ersetzen. Sie werden motorisch oder sekretorisch ausgeführt. Der besondere Körperausdruck eines jeden Affekts kann ohne die ihm entsprechende besondere seelische Empfindung auftreten, d. h. ohne daß sich die betreffende Person seiner affektiven Bedeutung bewußt wird. Sexuelle Erregung kann ebenso wie Angst durch intestinale, respiratorische oder durch Kreislaufempfindungen ersetzt werden (545). Ein gewisser Prozentsatz der Krankheiten, die man Organneurosen nennt, sind in der Tat Affektäquivalente. Insbesondere scheinen die sogenannten Herzneurosen, die gelegentlich Konversionshysterien sind, häufig Angstäquivalente zu sein. Dasselbe gilt für die vegetativen Neurosen, die auftreten, wenn ein Zwangsneurotiker oder ein reaktiv neurotischer Charakter in seiner relativen Rigidität gestört wird. Es gibt auch subjektive Affektäquivalente. Wird in der Kindheit einmal eine Emotion mit einer bestimmten Verhaltensweise des Körpers assoziiert, so kann diese im späteren Leben als ein (verzerrter) Ausdruck dieser Emotion Verwendung finden (316).

Daß Affektäquivalente im Vergleich mit voll erlebten Affekten eine geringere Abfuhrmöglichkeit bieten, kann zu einer Chronifizierung der Affekthaltung führen. (Breuer und Freud bezeichneten das als «eingeklemmten» Affekt.) (188). Symptome, die durch chronische Affekthaltungen ohne adäquate Abfuhrmöglichkeit hervorgerufen werden, können aufhören, reine Affektäquivalente zu sein. Sie gehören dann eher in die nächste Kategorie.

3. Die Störung chemischer Prozesse bei unbefriedigten Personen

Bei der Erörterung der aktualneurotischen Symptome (vgl. Bd. 1, S. 262 ff.) wurde die physikalische Orientierung von Ausdrücken wie Triebquelle, Befriedigung, Frustration und Stauungszustand deutlich. Diese Ausdrücke beziehen sich auf chemische Veränderungen ebenso wie auf Veränderungen des Nervensystems. Der Hormonhaushalt eines Organismus bildet die *Quelle* seiner Triebe. Von ihm hängt die Wahrnehmung und die Art der Reaktion auf äußere Reize ab. Eine Triebhandlung, die den Trieb zur Ruhe bringt, verändert einen beunruhigenden chemischen Zustand. Findet eine solche Handlung aufgrund äußerer Umstände oder (wie bei den Psychoneurosen) aufgrund innerer Hemmungen nicht statt, so führt das notwendig zu Störungen in den natürlichen chemischen Prozessen von Erregung und Befriedigung.

Das normale Verhältnis des hormonalen physiologischen Erscheinungsbildes zum Sexualleben war Gegenstand einer Untersuchung von Benedek und Rubenstein, die den Versuch unternahmen, psychoanalytische Ergebnisse bei weiblichen Patienten mit deren Monatszyklus in Verbindung zu bringen (102). Obwohl einige ihrer Schlußfolgerungen kritikbedürftig sind und eine gründliche Überprüfung erfordern, läßt sich sagen, daß sie nachgewiesen haben, daß Triebregungen tatsächlich vom Hormonhaushalt abhängig sind und daß psychodynamische Veränderungen den Monatszyklus sekundär beeinflussen.

Während aktualneurotische Symptome sich als allgemeiner und unspezifischer Ausdruck eines Stauungszustandes erweisen (vgl. Bd. 1, S. 267), können Symptome, die auf einer Veränderung chemischer Prozesse bei gestörter Triebökonomie beruhen, von spezifischer Art sein. Darüber hinaus können andere intermediäre Faktoren zwischen den ursprünglichen Trieb und seine Symptome treten. Insbesondere verändert die unbewußte Bereitschaft, aufgrund von Verdrängungen besondere Affekte zu entwickeln, die Körperfunktionen eines Individuums und schließlich sogar das Gewebe (41, 43, 48, 313, 315, 317, 1350, 1607). Man hat sie einen unbewußten Affekt genannt (608). Bei Affektäquivalenten ist der seelische Inhalt eines Affekts abgewehrt worden, während seine physischen Begleitumstände zutage treten. Hier aber ist von Gefühlszuständen die Rede, bei denen sogar eine physische Abfuhr abgewehrt wird (vgl. Bd. 1,

S. 267). Jeder kennt Zustände latenter Wut oder latender Angst. Es sind Zustände, in denen weder Wut noch Angst empfunden wird, in denen aber eine Bereitschaft besteht, mit erhöhter Wut oder Angst auf Reize zu reagieren, die normalerweise nur geringe Angst oder Wut hervorgerufen hätten. Gewiß werden Gefühlsqualitäten nur dadurch real, daß sie empfunden werden. Es gibt aber Spannungszustände, die, wenn sie in Entwicklung und Abfuhr nicht gehindert werden, zu besonderen Emotionen führen. Sie bringen eine unbewußte Disposition zu bestimmten Gefühlsqualitäten mit sich, ein Streben nach Affektentwicklung und eine Affektbereitschaft, die, auch wenn ein Individuum sich ihrer nicht bewußt ist, durch Gegenkräfte in Schach gehalten werden. «Unbewußte» Angst (1629) und «unbewußte» sexuelle Erregung spielen eine führende Rolle in der Psychologie der Neurosen.

Bei der Erörterung des Verhältnisses von Aktualneurosen und Psychoneurosen sollte darauf verwiesen werden, daß theoretisch alle Psychoneurosen von Symptomen abgeleitet werden können, die bei einem Individuum, dessen libidinöse Energie gestaut ist, auf gestörten chemischen Prozessen beruhen. Freud betonte immer wieder, daß letztendlich alle Neurosen sich als organische Krankheiten erweisen werden. Für die durchschnittliche Psychoneurose ist die Annahme einer organischen Grundlage der Erkrankung vollkommen hypothetisch, während bestimmte Körpersymptome «unbewußter» oder «eingeklemmter» Affekte einer Untersuchung zugänglich sind. Unbewußte Affekte verursachen wahrscheinlich einen quantitativ und qualitativ veränderten Ausstoß von Hormonen und beeinflussen auf diese Weise das vegetative Nervensystem und die Körperfunktionen (343). Alexander ist der Auffassung, daß der Unterschied des Hormonhaushalts bei bewußten und unbewußten Affekten allein auf die Chronifizierung der sogenannten unbewußten Affekthaltungen zurückzuführen ist (56). Es ist indes wahrscheinlicher, daß die körperlichen Begleitumstände unbewußter Affekte sich auch qualitativ von denen bewußter Affekte unterscheiden. Es ist sogar möglich, daß sie als ebenso spezifisch erscheinen wie die physischen Syndrome bewußter Affekte; doch ist dieses Gebiet bisher unzureichend untersucht worden.

4. Körperliche Ergebnisse unbewußter Einstellungen

Das Verhalten des Menschen wird kontinuierlich durch seine bewußten und unbewußten Triebbedürfnisse beeinflußt. Während die Schwankungen der bewußten Antriebe durch Instinkthandlungen automatisch reguliert werden, haben abgewehrte Triebregungen, die keine zureichende Abfuhr finden und überall danach streben, Abkömmlinge hervorzubringen, weniger offensichtliche, aber dauerhaftere Auswirkungen. Denn die Suche nach einer ersatzweisen Abfuhrmöglichkeit setzt sich immer weiter fort und kann schließlich körperliche Veränderungen zur Folge haben.

Ein einfaches Beispiel ist die Angewohnheit, sich angestrengt zu räuspern. Wird diese Angewohnheit über Wochen und Monate beibehalten, so trocknet die Kehle aus und es kann schließlich zu einer Pharyngitis kommen. Auch die Angewohnheit, mit offenem Mund zu schlafen, zeitigt diese Wirkung und kann in Pharyngitis enden. Beide Angewohnheiten haben gelegentlich organische Ursachen; sonst aber sind sie zweifellos Ausdruck unbewußter Wünsche (532). Es gibt viele Arten von Verhalten, die eine Erkältung hervorrufen (1125, 1352). Verschiedene Autoren haben sie im Detail nachgewiesen (43, 56, 311, 317, 342, 343, 532, 156, 1592). Auf diese Arbeiten über die besonderen psychosomatischen Bedingungen von Erkältungskrankheiten wird später einzugehen sein.

Zusammenfassend läßt sich sagen: Eine ungewöhnliche Einstellung, die in einem unbewußten Triebkonflikt ihre Wurzel hat, verursacht ein bestimmtes Verhalten. Dieses führt seinerseits zu somatischen Veränderungen im Gewebe. Solche Veränderungen sind nicht direkt psychogener Natur. Psychogen war vielmehr das Verhalten, durch das sie ausgelöst wurden. Es beruhte auf einer Einstellung, die dazu angetan war, sich vom inneren Druck Erleichterung zu verschaffen. Das somatische Symptom, das sich als Ergebnis dieser Einstellung entwickelt, wurde weder bewußt noch unbewußt angestrebt.

Affektäquivalente, körperliche Anzeichen gestörter chemischer Prozesse und der körperliche Ausdruck unbewußter Einstellungen sind die drei Kategorien organneurotischer Symptome. Sie treten gewöhnlich gemeinsam auf. Oft bleiben die Symptome auf ein bestimmtes Organ oder ein System von Organen begrenzt, wobei die Entscheidung darüber, wo die Krankheit sich äußert, zunächst von der Körperkonstitution abhängt. Es können aber auch alle anderen Faktoren eine Rolle spielen, die das somatische Entgegenkommen bei der Herausbildung von Konversionssymptomen bestimmen (vgl. S. 54 f.). Das hormonal-vegetative System kann indes nicht wie das intestinale, das Atmungs- und Kreislaufsystem als eines unter mehreren Systemen angesehen werden, denn die Mehrzahl der funktionalen Störungen in diesen Systemen und alle Symptome, die aufgrund von chemischen Veränderungen bei unbefriedigten Personen auftreten, sind hormonal oder vegetativ verursacht. Wenn wir also das Kapitel über hormonale und vegetative Dysfunktionen einer Erörterung der verschiedenen Organsysteme vorausschicken, verfolgen wir damit nur die Absicht, den Einfluß unbewußter Einstellungen auf die Hormone zu erörtern und eine Reihe von Punkten zu klären, die gewöhnlich durcheinandergebracht werden.
Einstellungen, die durch unbewußte Triebkonflikte verursacht worden sind, können selbstverständlich Hormonfunktionen beeinflussen und damit sekundäre somatische Symptome hervorbringen, die als solche nicht intendiert waren. Den gleichen Einfluß, den ein unbewußtes Verlangen auf die Absonderung von Magensäften bei Fällen von Ulcus pepticum hat (vgl. S. 78), haben andere unbewußte Wünsche, z. B. eine psychogene Identifizierung mit dem anderen Geschlecht, auf die Hormonproduktion, die den Stoffwechsel reguliert (vgl. 189).
Ohne Zweifel spielt bei seelischen Störungen von Frauen während oder vor der Menstruation ein somatischer Faktor, nämlich die körperlichen Veränderungen an der Quelle der Triebregungen, immer eine Rolle. Andererseits kann aber auch die unbewußte Bedeutung, die der Vorstellung der Menstruation gegeben wird, und die seelische Reaktion auf diese Bedeutung die hormonalen Vorgänge ändern. Das gestörte Körpergefühl vor der Menstruation stellt sich gewöhnlich als Spannung, Harn-

oder Stuhlverhaltung (gelegentlich auch als Schwangerschaft), als Schmutz, Prägenitalität oder Haß dar. Die Menstruation selbst kann eine Erleichterung bringen und wird gelegentlich als Stuhlgang (zuweilen auch als Geburt) empfunden und mit Vorstellungen von Sauberkeit, Genitalität und Liebe in Verbindung gebracht. Sie kann aber auch die Bedeutung eines Verlustes analer und urethralerotischer Kontrolle annehmen, eines frustrierten Wunsches nach einem Kind, einer ödipalen Schuld, einer Erniedrigung oder Kastration.

Jede prägenitale Fixierung verändert notwendig den Hormonhaushalt. Nicht alle oral fixierten Patienten indes werden entweder fettleibig oder extrem dünn. Das geschieht wahrscheinlich nur, wenn eine orale Fixierung mit einer bestimmten hormonalen Konstitution zusammenfällt. Viele Fälle von Fettleibigkeit und extremer Schlankheit gehören hierher.

Hilde Bruch, die über eine außerordentlich große Erfahrung in der Behandlung fettleibiger Kinder verfügt (209, 211), bemerkt, daß in der Mehrzahl der Fälle nicht hormonale, sondern eher psychogene Ursachen für die Fettleibigkeit verantwortlich sind. Sie liegen in der ökonomisch falschen Energieverteilung von zu großer Nahrungsaufnahme und zu geringer motorischer Abfuhr. Aus der Sicht der Psychoanalyse beruht dieser ökonomische Fehler auf frühen psychogenen Konflikten oder Entwicklungsstörungen. «Fettleibigkeit in der Kindheit stellt eine Entwicklungsstörung der Persönlichkeit dar, bei der ein Konflikt durch übertriebenen Körperumfang zum Ausdruck gebracht wird» (210).

Wulff hat eine bei Frauen nicht gerade seltene Psychoneurose beschrieben, die eine bestimmte Verwandtschaft mit Hysterie, Zyklothymie und Sucht aufweist (1619). Diese Neurose ist durch den Kampf der Patientinnen gegen ihre Sexualität charakterisiert, die sich aufgrund vorausgegangener Verdrängung als besonders gierig und unersättlich erweist. Die Sexualität ist in diesen Fällen prägenital orientiert, und eine sexuelle Befriedigung wird unbewußt als ein «schmutziges Essen» wahrgenommen. Depressive Perioden, während derer die Patientinnen sich vollstopfen (oder trinken), sich «fett», «aufgequollen», «schmutzig», «unordentlich» oder «schwanger» fühlen und ihre Umgebung vernachlässigen, wechseln mit «guten» Perioden, während derer sie sich asketisch verhalten, sich schlank fühlen und sich entweder in einer normalen Gemütslage oder in gehobener Stimmung befinden. Das Körpergefühl in den «fetten» Perioden stellt sich als eine Wiederholung des Gefühls heraus, das die betreffenden Patientinnen als Mädchen vor ihrer ersten Menstruation in der Pubertät hatten. Ihre neurotischen Anfälle treten in der Tat häufig während der prämenstrualen Periode auf. Die Menstruation selbst bringt dann gewöhnlich eine Erleichterung. Die Patientinnen haben das Gefühl, daß der fettmachende Dreck abfließt, daß sie wieder schlank werden, sich wieder vernünftig verhalten können und nicht mehr so viel essen müssen. Das mit diesen Perioden wechselnde Gefühl, häßlich oder schön zu sein, zeigt, daß bei diesem Syndrom auch exhibitionistische Konflikte von grundlegender Bedeutung sind. Die Psychoanalyse enthüllt in diesen Fällen, daß ihr unbewußter Inhalt ein präödipaler Mutterkonflikt ist, der von einem oralsadistischen Ödipuskomplex überlagert sein kann. Die Patientinnen haben einen intensiven unbewußten Haß auf ihre Mütter und auf ihre eigene Weiblichkeit. Fett zu sein bedeutet für sie, daß ihre Brüste wachsen, daß sie sich selbst außer Kontrolle geraten, daß sie inkontinent oder sogar schwanger werden. Der Drang zu essen verfolgt unbewußt das Ziel, sich etwas einzuverleiben, das die unangenehme innere, «weibliche» Spannung lockert. Das Essen gewinnt dabei die Bedeutung einer Wiedereinverleibung eines Objekts, dessen Verlust die Patientin dazu geführt hat, sich hungrig, verstopft, kastriert, weiblich und fett zu fühlen. Die Nahrung hat die Bedeutung von Milch angenommen (aber auch die eines Penis oder Kindes) und verschafft eine narzißtische Zufuhr, die die Ängste besänftigt. Das exhibitionistische Verhalten drückt sowohl eine Tendenz aus, diese Zufuhr zu erzwingen, wie auch die Angst, sie wegen der eigenen abstoßenden Häßlichkeit nicht zu erhalten. Die Depression antwortet auf das wiederholte Versagen der Bestrebung, die verlorene Stabilität wiederzuerlangen. Es kommt zu diesem Versagen, weil die oralsadistischen Mittel, durch die eine Wiederherstellung der Stabilität angestrebt wird, ihrerseits unbewußt als verboten betrachtet werden. Während der asketischen Perioden indes wird durch eine Beruhigung des Über-Ich ein größeres Maß an Entspannung erzielt.

In einigen Fällen ist diese Neurose nichts anderes als eine Art von Nahrungsmittelsucht und sollte folglich im Kapitel über die Süchte erörtert werden (vgl. S. 265). In anderen Fällen jedoch beherrschen nicht nur

Körpergefühle das Bild, sondern tatsächliche Körperveränderungen. Bestimmte Arten von Fettleibigkeit, insbesondere die zyklischen, stimmen in ihrer Struktur mit Wulffs Beschreibung überein.

Bei einer Patientin, die mit jeder Menstruation ziemlich viel Gewicht verlor und aufgrund dieses Gewichtsverlusts eine plötzliche Befreiung von zuvor unerträglicher prämenstrualer Spannung erfuhr, beruhte die Gewichtsveränderung hauptsächlich auf zyklischen Veränderungen im Wasserhaushalt ihres Körpers. Fühlte sich die Patientin innerlich gestört, so geriet auch ihr Wasserhaushalt durcheinander. Wasser spielte in ihren unbewußten Phantasien eine bedeutende Rolle. Ihre starke prägenitale Mutterbindung ebenso wie ihr früh erworbener Penisneid waren urethralerotisch determiniert. Aufgrund bestimmter Kindheitserfahrungen hatte sich die Vorstellung der Kastration bei ihr mit dem Gedanken verbunden, einen Wasserkopf zu bekommen.

In einem anderen Fall beruhten die periodischen Gewichtsveränderungen auf Freßanfällen. Der Heißhunger bedeutete ein intensives Verlangen danach, sich von den Gefahren der Weiblichkeit zu befreien. Er rief aber zugleich wegen seiner verborgenen sadistischen Implikationen schwere Schuldgefühle hervor. Die Patientin fühlte sich wohl und «männlich», wenn es ihr nach der Menstruation gelang, asketisch zu leben. In beiden Fällen trat die Monatsblutung unregelmäßig auf, und die Ärzte nahmen psychogene Faktoren als wahrscheinliche Ursache an.

6. Exkurs über Hyper- und Hyposexualität

Bevor wir die Systeme der einzelnen Organe im Blick auf Organneurosen erörtern, scheint uns ein Exkurs in die Psychologie der Hypo- und Hypersexualität angebracht, obwohl deren Zusammenhang mit hormonalen Veränderungen als problematisch oder sogar zweifelhaft gilt. Theoretisch können Fälle von Hypo- und Hypersexualität rein organisch verursacht sein und das Ergebnis endokriner somatischer Störungen darstellen. Über neurotische Reaktionen bei organisch bedingten Fällen ist bisher wenig bekannt.

Sehr viel häufiger sind Hypo- und Hypersexualität Erscheinungsformen psychogener Faktoren.

Die Diagnose der Hyposexualität beruht zumeist auf einer groben Verwechslung der Begriffe Genitalität und Sexualität. Sexuelles Verlangen scheint bei Personen zu fehlen, deren Libido sich in anderen als den genitalen Formen äußert. Letzten Endes leiden alle Neurotiker unter Sexualstörungen, die für sie unbewußt eine infantile Bedeutung haben. Der Libidobetrag, der in ihren Symptomen gebunden ist oder von einer adäquaten Abfuhr durch Verdrängung zurückgehalten wird, fehlt in ihrem manifesten Sexualverhalten. Der ständige Kampf des Neurotikers mit seiner verdrängten Sexualität vermindert die ihm zur Verfügung stehende sexuelle Energie. In manchen Fällen kann der fehlende Betrag klein genug sein, um das Sexualleben eines Patienten bei oberflächlicher Betrachtung als nicht gestört erscheinen zu lassen und ihm auch selbst das Gefühl zu geben, es als zufriedenstellend anzusehen. Die große Mehrzahl der Neurotiker leidet indes unter schweren und manifesten Sexualstörungen. Diese können sich in einer Herabsetzung des bewußten sexuellen Interesses äußern. (Sie können sich indes auch in entgegengesetzter Richtung äußern: Eine an ihrer natürlichen Abfuhr gehinderte Sexualität kann alles «sexualisieren».) Eine psychogene Herabsetzung des sexuellen Interesses ist daher keine für sich bestehende klinische Einheit, sondern eher eine Erscheinung, die bei allen Neurosen auftreten kann und den Hemmungszuständen zuzurechnen ist (vgl. Bd. 1, S. 240 f.). Der Eindruck von Hypersexualität kann aufgrund derselben Faktoren entstehen, die die Hyposexualität hervorrufen. Ohne wirklich zu einer Befriedigung zu gelangen, versuchen viele Neurotiker immer und immer wieder (und stets vergeblich) ihrer Sexualität, die sie nicht zu befriedigen vermögen, durch genitale Betätigung eine Abfuhrmöglichkeit zu verschaffen. Sie rufen damit den Eindruck einer sehr starken Genitalität hervor (555). Wenn Neurotiker damit prahlen, wie oft sie nacheinander den Geschlechtsverkehr ausführen können, bedarf es keiner sehr tiefgehenden Analyse, um sich darüber klar zu werden, daß der scheinbare Überschuß einen realen Mangel verbirgt. Ein Normaler verliert sein Verlangen, wenn er befriedigt ist. Der Neurotiker leidet unter der Unfähigkeit, zu einer Befriedigung zu gelangen; er ist «orgastisch impotent» (1270). Er kann daher nur durch wiederholte Ausführung des Geschlechtsverkehrs Befriedigung zu erlangen versuchen. Die Unfähigkeit zu einer befriedigenden Entspannung erklärt auch, warum die meisten Hypersexuellen chronische Neurastheniker sind. Der Libidobetrag, der in ihrer genitalen Betätigung keine Abfuhr findet, ruft innere Unruhe oder Störungen der Arbeitsfähigkeit hervor.

Die Unfähigkeit, eine genuine Endlust zu erreichen, führt viele Neurotiker dazu, die Vorlustmechanismen stärker zu betonen. Man wird dies weniger einer Gier nach ununterbrochener Lust zuschreiben dürfen

(1220) als vielmehr ihrer orgastischen Insuffizienz. (Gewöhnlich ist ein übertriebenes Verharren bei der Vorlust durch eine analerotische Fixierung bestimmt; denn eine auf Spannung beruhende Lust wird am intensivsten bei der Stuhlverhaltung erfahren.)

Das bisher Gesagte gilt für alle Neurotiker. Ein weiterer Faktor tritt jedoch bei den Fällen hinzu, deren Hypersexualität so ausgeprägt ist, daß sie das klinische Bild dominiert.

Don Juans Verhalten (1251) beruht ohne Zweifel auf einer besonderen Form des Ödipuskomplexes. Er sucht in jeder Frau seine Mutter und kann sie nicht finden (572). Bei der Analyse von Patienten, die unter Don-Juanismus leiden, zeigt sich, daß ihr Ödipuskomplex von einem prägenitalen Einverleibungsziel beherrscht, von narzißtischen Bedürfnissen durchdrungen und mit sadistischen Triebregungen getönt ist. Das Streben nach sexueller Befriedigung ist mit anderen Worten eng an das nach narzißtischer Zufuhr gebunden, durch die ein Selbstgefühl aufrechterhalten werden soll. Charaktere dieses Typus neigen zu sadistischen Reaktionen, wenn ihre narzißtischen Bedürfnisse nicht unmittelbar befriedigt werden.

Aufgrund der archaischen Form des für den Don-Juanismus typischen Ödipuskomplexes sind Menschen, die an ihm leiden, an der Persönlichkeit ihrer Liebesobjekte wenig interessiert. Sie haben die archaischen Vorstufen der Liebe nicht verlassen. Ihre sexuellen Aktivitäten zielen vor allem darauf ab, ein inneres Minderwertigkeitsgefühl durch den Beweis erotischer «Erfolge» zu unterdrücken. Haben sie eine Frau «geschafft», sind sie an ihr nicht länger interessiert, weil auch sie die ersehnte Entspannung nicht hat herbeiführen können. Ihre narzißtischen Bedürfnisse erfordern sogleich einen erneuten Beweis ihrer Fähigkeit, Frauen sexuell zu erregen. Wissen sie, daß ihnen das bei einer bestimmten Frau gelingt, entstehen ihnen Zweifel in bezug auf andere Frauen, bei denen sie es noch nicht versucht haben. Perverse Neigungen unterschiedlichster Natur können zu einem ähnlichen klinischen Bild führen. So kann z. B. ein unbewußt homosexueller Mann durch sexuellen Kontakt mit Frauen erregt, aber nicht befriedigt sein und sich durch fortgesetzte sexuelle Aktivität vergebens Befriedigung zu verschaffen suchen.

Pollutionsträume, die auf den Geschlechtsverkehr folgen, deuten darauf hin, daß dieser erregend, aber unbefriedigend verlaufen ist. Sie sind ein Beweis orgastischer Impotenz.

Die Analyse von Träumen dieser Art ist im Hinblick auf die bereits erörterten Faktoren überaus aufschlußreich.

Im allgemeinen ist übertriebene sexuelle Aktivität, wie jede andere übertriebene Aktivität, ein Zwang, d. h. sie ist als Abkömmling des Unbewußten ein erfolgloser Versuch, den Genitalapparat zur Abfuhr nichtgenitaler abgewehrter und aufgestauter Bedürfnisse zu verwenden.

Scheinbar sexuelles Verhalten verdeckt gelegentlich ein Streben nach Macht und Prestige (vgl. XX, 10 f.). Übertriebenes Streben nach Macht und Prestige besitzt bei Personen, die ihm verfallen sind, Gründe, die auf die infantile Sexualität zurückführen. Macht und Prestige werden als Abwehr einer Angst eingesetzt, die mit infantilen Sexualbestrebungen verbunden ist.

Nymphomanie, die weibliche Form der neurotischen Pseudohypersexualität, beruht auf einer analogen psychischen Struktur wie die männliche. Oft zeigt bereits eine oberflächliche Anamnese, daß nymphomane Frauen entweder vollkommen frigide sind oder zumindest nicht regelmäßig oder leicht zum Orgasmus gelangen. Daß der Geschlechtsverkehr sie erregt, aber nicht befriedigt, nährt in ihnen das Verlangen, sich die unerreichbare Befriedigung durch immer erneute Versuche in immer kürzeren Abständen mit den verschiedensten Männern und unter verschiedenen Umständen zu verschaffen. Wie beim Don-Juanismus zeigt die Analyse, daß die Nymphomanie auf einer ausgeprägt narzißtischen Einstellung beruht, auf einer Abhängigkeit von narzißtischer Zufuhr, einer intensiven Angst vor Liebesverlust sowie auf einer ihr entsprechenden prägenitalen und sadistischen Tönung der gesamten Sexualität. Das Verhalten Männern gegenüber ist typischerweise ambivalent, weil sie, bewußt oder unbewußt, für die Unfähigkeit, Befriedigung zu erlangen, verantwortlich gemacht werden. Eine sadistische Einstellung wird in dem Versuch manifest, den Partner mit Gewalt dahin zu bringen, eine volle sexuelle Befriedigung zu gewähren, die ihrerseits zu erneutem Selbstgefühl führen soll. Dieses Verhalten kann gemeinsam mit dem Rachetypus des weiblichen Kastrationskomplexes auftreten (20). Unbewußt ist der Gegenstand des intensiven Verlangens auf das engste mit dem Penisneid verbunden. Nymphomane Leidenschaft zielt daher häufig auf die Erfüllung der Wunschphantasie, dem Mann den Penis zu rauben. Die Art, wie in den Phantasien der Penis einverleibt wird, zeigt, daß das scheinbar unstillbare genitale Verlangen pseudogenital und im Grunde oral ist. Die Analyse deckt in solchen Fällen frühkindliche Erfahrungen im Bereich der präödipalen Mutterbeziehung auf, die dem späteren Ödipuskomplex von Anfang an eine orale, fordernde Färbung gaben (421). Im normalen Verlauf des Übergangs der sexuellen Erregbarkeit von der Klitoris auf die Vagina wird die alte orale Einstellung wieder mobilisiert. Nymphomane Frauen unterliegen diesem Prozeß in so hohem Maße, daß für sie die Vagina unbewußt die Bedeutung des Mundes annimmt. Wie bei der männlichen Hypersexualität können ähnliche Symptome als Ergebnis unbewußter perverser Neigungen auftreten.

Nicht alle hypersexuellen Männer und Frauen verfügen über die Fähigkeit zu alloplastischem Handeln. Sind Menschen dieses Typus stärker gehemmt, so tritt eine exzessive Masturbation an die Stelle des übertriebenen Geschlechtsverkehrs. Sie stellt einen von vornherein zum Scheitern verurteilten Versuch dar, nichtgenitale Spannungen über die Genitalität abzuführen (vgl. S. 270).

7. *Der Gastrointestinaltrakt*

Ein gutes Beispiel für die psychoanalytisch orientierte Auffassung einer Organneurose als eines Ergebnisses unbewußter Einstellungen bieten die Forschungsarbeiten über Ulcus pepticum des Chicagoer psychoanalytischen Instituts (43, 758, 1031).

Menschen mit einem chronisch frustrierten oral-rezeptiven Verlangen, die diese Einstellung verdrängt haben und häufig als Reaktionsbildung ein überaus aktives Verhalten an den Tag legen, leben unbewußt mit einem fortdauernden Liebeshunger. Genauer gesagt, empfinden sie einen Hunger nach der notwendigen narzißtischen Liebeszufuhr. Das Wort Hunger muß in diesem Zusammenhang wörtlich genommen werden; denn sie verhalten sich tatsächlich wie jemand, der hungrig ist. Ihre Magenschleimhaut beginnt, wie bei einem Menschen, der das Essen antizipiert, Sekrete abzusondern. Dieser Vorgang hat eine rein psychische Bedeutung. Die chronische Hypersekretion ist die unmittelbare Ursache für den Ulcus. Dieser ist die physiologische Nebenerscheinung einer psychogenen Einstellung; er ist nicht die verzerrte Befriedigung eines verdrängten Triebes.

Es mag fraglich erscheinen, ob diese Ätiologie für alle Fälle von Ulcus

gültig ist. Es ist möglich, daß die funktionalen Veränderungen, die in einigen Fällen durch verdrängte Oralerotik herbeigeführt werden, in anderen Fällen durch rein somatische Ursachen bestimmt sind.
Es ist leicht einzusehen, daß eine Kolitis durch unbewußte anale Bestrebungen herbeigeführt werden kann, die auf ähnliche Weise kontinuierlich wirksam sind wie die Sekretion von Magensäften, die durch unbewußte orale Ansprüche hervorgerufen wird. Wie der Ulcus das Ergebnis eines chronisch-rezeptiven Drucks ist, so ist die Kolitis das Ergebnis eines Drucks, mit dem der Organismus chronisch zur Ausscheidung oder Verhaltung gezwungen wird. Der Konflikt von Ausscheidungs- und Verhaltungsbestrebungen kann seinerseits unterschiedlich determiniert sein. Er kann einen einfachen Konflikt von (analer) sexueller Erregung und Angst darstellen, oder die Faeces können introjizierte Objekte repräsentieren, die der Patient zugleich aufheben und loswerden will (67, 305, 306, 1034, 1165, 1589).
Kinder, die (entweder der Retentionslust wegen oder aus Angst) die Defäkation gern hinauszögern, leiden später häufig an Verstopfung. Die Verhaltung, die anfangs willkürlich gesteuert war, wurde mit der Zeit zu einem organneurotischen Symptom (555). Eine längere Dauer der Verstopfung beeinflußt mit Notwendigkeit die glatten Muskeln des Intestinaltrakts. Ein spastischer Dickdarm, d. h. eine Bereitschaft, auf unterschiedliche Reize entweder mit Verstopfung oder mit Durchfall oder gar mit beidem zu reagieren, ist zuweilen ein Angstäquivalent oder in anderen Fällen ein Zeichen der Fixierung eines Patienten an die anale Phase seiner Libidoentwicklung. Die Erregung äußert sich unabhängig davon, welcher Reiz sie ausgelöst hat, intestinal. Sie kann auch das Symptom einer lang andauernden und verdrängten Aggressivität sein, zuweilen gar als Rache für orale Frustrationen gelten (104, 110, 302). In einer tieferen Schicht kann eine Diarrhöe Großzügigkeit oder Opferbereitschaft zum Ausdruck bringen. Schließlich kann sie Phantasien widerspiegeln, die internalisierte Objekte betreffen.
Verstopfung ist eines der charakteristischen Symptome der Neurasthenie. Das hängt damit zusammen, daß die Verhaltung generell den Stauungszustand charakterisiert, der die Grundlage der Neurasthenie bildet (1268, 1381). Auch unter den organneurotischen Symptomen sind im allgemeinen Verhaltungssymptome relativ häufig. Jedes organneurotische

Symptom stellt indes auch eine Notabfuhr dar. Einige Symptome sind Kompromisse zwischen Verhaltung und Ausscheidung. In manchen Fällen von spastischer Kolitis tritt abwechselnd Verstopfung und Durchfall auf. Bestimmte Arten von pathologischer Defäkation verraten eine auf die Analsphäre verschobene Kastrationsangst.

Alexander nahm das Verhältnis von Ulcus und Kolitis zum Ausgangspunkt seiner Überlegungen, daß Neurosen im allgemeinen und Organneurosen im besonderen in ihrer Eigenart durch eine Messung der relativen Anteile der drei Grundrichtungen verstanden werden könnten, in denen die auf die Außenwelt gerichteten Bestrebungen eines Organismus wirksam werden: Aufnahme, Ausscheidung und Verhaltung. Er nannte die Untersuchung des jeweiligen Anteils dieser drei Faktoren an einem bestimmten Krankheitsbild Vektorenanalyse (44). Dieser Gesichtspunkt ist gewiß bei der Untersuchung der differentiellen Ätiologie von Ulcus und Kolitis nützlich. Er hat aber auch einige Nachteile, die später erörtert werden sollen (vgl. XX, 13).

8. Die Muskulatur

Die körperlichen Auswirkungen eines emotionalen Stauungszustandes zeigen sich unmittelbar an der Muskulatur. Eine pathogene Abwehr hat gewöhnlich das Ziel, die abgewehrten Triebregungen von der Motilität fernzuhalten. (Sie vom Bewußtsein fernzuhalten ist nur ein Mittel, dies zu erreichen.) Die pathogene Abwehr bedeutet daher stets eine Blockierung bestimmter Bewegungen. Diese Hemmung schwächt die willkürliche Beherrschung der Motilität. Der Abwehrkampf schlägt sich also in Funktionsstörungen der willkürlichen Muskulatur nieder. Das Vorhandensein dieser Störungen widerspricht Alexanders Vorstellung, daß alle Störungen der Muskelfunktionen Konversionen seien, während Störungen der vegetativen Funktionen Organneurosen seien (48, 56). Versuchen Menschen mit einem lokalen oder generellen Muskelkrampf, der sie in ihrer Motilität behindert, ihre spastischen Muskeln zu entspannen, so sind sie dazu entweder vollkommen unfähig oder sie verfallen in Gemütszustände, die denen von Patienten in einer psychokathartischen Behandlung ähneln, deren Gedanken sich unbewußten Komplexen nähern. Das beweist, daß der Krampf ein Mittel war, das Verdrängte in der Verdrängung zu halten. Ebenso lehrt dies die genaue Beobachtung eines Patienten, der sich mit etwas Verdrängtem auseinandersetzt. Kann er es während einer Psychoanalyse trotz häufiger Versuche nicht länger vermeiden, eine Deutung als richtig anzusehen, so tritt bei ihm häufig eine Verkrampfung des gesamten Muskelsystems oder bestimmter Teile desselben auf. Es scheint, als versuche er, durch den äußerlichen Muskeldruck ein Gegengewicht zum inneren Druck der verdrängten Triebregungen zu schaffen, die nach einer Abfuhr in der Motilität suchen.

Eine Patientin, die in ihrem sprachlichen Ausdruck gehemmt war, war zunächst vollkommen unfähig, in der Analyse zu reden. Sie wurde zusehens verkrampfter, spannte ihre Muskeln an und ballte ihre Fäuste, wenn sie zu reden versuchte. Sie erfuhr ihre Unfähigkeit, sich sprachlich auszudrücken, unmittelbar an ihrem Körper. Sie fühlte sich besonders in der Brust und in den Gliedmaßen verkrampft und konnte nichts aus sich herauslassen. Nach einer Stunde des Schweigens war sie erschöpft wie nach einer schweren physischen Anstrengung. Wenn sie wieder in der Lage war zu sprechen, war das für sie wie eine plötzliche Befreiung. «Ich kann Ihnen nicht sagen, wie *körperlich* das ist», pflegte sie zu sagen. Die Patientin lokalisierte ihre Krämpfe typischerweise unter den unteren Rippen (Zwerchfellkrampf).

Ferenczi bemerkte, daß viele Patienten, insbesondere während eines Widerstands, eine «übermäßige Steifheit in allen Gliedern» zeigen, «die bei der Begrüßung oder beim Abschiednehmen zu katatonieartiger Starre anwachsen kann, ohne daß man darum gleich an Schizophrenie zu denken brauchte. Schreitet die Analyse fort, so mag mit der Lösung von psychischen Spannungen auch die körperliche schwinden.» (505)

Triebkonflikte zeigen sich an den Muskeln nicht notwendig als Hypertonie. Auch eine Herabsetzung des Muskeltonus kann die Bewegungsfähigkeit blockieren oder behindern. Hyper- und hypotone Zustände können einander abwechseln. Das gesamte Krankheitsbild ist daher besser als psychogene Dystonie zu beschreiben (410).

Die Dystonie verhält sich zur Intensität einer Verdrängung nicht notwendig proportional. Ob und in welchem Ausmaß seelische Konflikte in Veränderungen der Muskelfunktionen ihren Ausdruck finden, ist in den einzelnen Fällen ebenso unterschiedlich wie die Art und der Ort dieser Veränderungen. Je nach Konstitution und frühem Umwelteinfluß scheint es sich auch zu ergeben, ob die Dystonie eher die quergestreiften als die glatten Muskeln oder beide befällt. In jedem Einzelfall ist diese Unterscheidung für den weiteren Verlauf der psychosomatischen Krankheit von Bedeutung. Die Lokalisierung der Symptome hängt von physiologischen sowohl wie von psychologischen Faktoren ab. Einer von ihnen, der jeweils verwendete besondere Abwehrmechanismus, ist leicht zu erkennen. Bei Zwangsneurotikern spielt in der Regel eine Verschiebung von Krämpfen des Sphinkters eine bedeutende Rolle, während bei Hysterikern eher eine Blockierung der inneren Wahrnehmungen vorliegt. Eine nähere Untersuchung wird in jedem Fall herauszufinden haben, wann und unter welchen Umständen eine Abwehr in der gleichen Richtung verläuft wie bestimmte Dysfunktionen von Muskeln und wo beide erheblich voneinander abweichen.

Krämpfe, die die quergestreiften Muskeln lähmen, sind eine der körperlichen Ausdrucksformen von Angst; sie können als ein Angstäquivalent auftreten.

Eine Patientin berichtete, daß sie von ihrem Gymnastiklehrer gelegentlich darauf aufmerksam gemacht werde, daß ihre Nackenmuskulatur ungeheuer angespannt oder verkrampft sei. Ihre Versuche, sich zu entspannen, erhöhten die Spannung nur noch und wurden von Ekelgefühlen gefolgt. In der Analyse stellte sich heraus, daß die Patientin als Kind gesehen hatte, wie einer Taube der Hals umgedreht wurde und wie das kopflose Tier noch für eine Weile mit seinen Flügeln schlug. Dieses Erlebnis hatte entscheidend zur Bildung ihre Kastrationskomplexes beigetragen. Sie hatte eine unbewußte Angst davor, geköpft zu werden, die sich auch in anderen Symptomen, Verhaltensweisen und Interessen niederschlug.

Bei manchen Menschen ist die Dystonie Ausdruck einer analen Bestrebung, die Exkremente zurückzuhalten (505). Nicht allein Angst, sondern auch andere Affekte, insbesondere *Groll* und unterdrückte *Wut*, können in einem Muskelkrampf Ausdruck finden.

Daß Sexualtriebe die Grundlage der Dystonie bilden, wird durch die Tatsache erhärtet, daß die schwerste Verkrampfung die der Beckenmuskulatur ist. Die ursprünglich autoerotische Libidinisierung des Muskelsystems kann regressiv wieder zum Leben erweckt werden. Wie die Verdrängung einen dynamischen Kampf zwischen einer Triebregung und einer Gegenbesetzung darstellt, so stellt die Dystonie einen Kampf zwischen einem motorischen Antrieb und der gegenläufigen Tendenz dar, die angestrebte Bewegung zu blockieren.

Eine psychogene Dystonie scheint bei bestimmten organneurotischen gynäkologischen Zuständen von entscheidender Bedeutung zu sein, bei denen ein Hypotonus der Beckenmuskulatur ungünstige Folgen hat, die nicht notwendig unbewußt intendiert waren (27, 359, 902, 1128, 1139a,

1144, 1306). Psychogene Dystonie kann auch der entscheidende ätiologische Faktor anderer Krankheiten wie etwa des Tortikollis sein (268, 270, 1576).

Es ist überaus interessant, daß diese Störungen der Muskelfunktionen meist mit Störungen der Tiefensensibilität und des Körpergefühls einhergehen. Die Muskelfunktionen werden wieder normal, sobald es möglich ist, sich der abgewehrten Körperempfindungen erneut bewußt zu werden. Dystone Erscheinungen begleiten hysterische Sensibilitätsstörungen und eine allgemeine Frigidität (410).

Eine Patientin mit stark exhibitionistischen Neigungen, die sie durch übertriebene Bescheidenheit überkompensierte, sollte sich bei einem Gynäkologen einer Untersuchung unterziehen. Sie wehrte sich längere Zeit dagegen, denn sie fürchtete, eine solche Qual nicht überleben zu können. Als die Untersuchung schließlich stattfinden sollte, geschah etwas Merkwürdiges. Sie verlor plötzlich jedes Körpergefühl. Ihr Unterleib war zu «etwas Fremdem» geworden und gehörte ihr nicht mehr. In diesem Zustand konnte sie die Untersuchung über sich ergehen lassen.

Auch bei einer anderen Patientin zeigte sich die enge Verbindung einer Verkrampfung mit einem Entfremdungserlebnis. Als während der Analyse ihre mit der infantilen Masturbation verknüpfte Kastrationsangst mobilisiert worden war, mußte sie sich im Verlauf einer Operation einer Narkose unterziehen. Sie erwachte aus ihr mit dem Gefühl einer eigenartigen «Steifheit» in ihren Armen und hatte zugleich die Empfindung, daß ihre Arme ihr nicht gehörten. Dieser Zustand wiederholte sich während der Analyse einige Male, als ihre Assoziationen das Thema der infantilen Masturbation berührten.

Organneurotische Dysfunktionen der Muskeln hängen also eng mit den entsprechenden Dysfunktionen der Muskelempfindungen zusammen (1311).

Das Vorliegen psychogener Dystonie ist zum Ausgangspunkt verschiedener Formen von «Entspannungstherapie» bei Neurosen geworden (334, 839, 1280, 1410). Gewöhnlich ist eine Entspannung zumindest solange nicht zu erreichen, wie sie durch Abwehrkonflikte verhindert wird. Gelegentlich wird ein leichter Hypotonus fälschlich als Entspannung angesehen. Oder aber es wird eine Trennung des seelischen Zustands von dessen körperlichem Ausdruck erreicht, so daß eine Muskelveränderung ohne eine entsprechende Änderung in der Dynamik der Seele eintritt. Es gibt aber offenbar Fälle, bei denen durch eine Art von «Verführung» zur Entspannung seitens des Therapeuten eine genuine Mobilisierung der seelischen Konflikte hervorgerufen werden kann, die sich im Zustand der Muskeln widerspiegeln. Diese Therapie kann als methodisches Hilfsmittel einer kathartischen Behandlung Entspannungsübungen verwenden (vgl. XXIII, 1).

Ein fortgesetzter Mißbrauch der Muskeln bei «neurotischen» Krämpfen wirkt notwendig ermüdend. Die für alle aktualneurotischen Zustände charakteristische Ermüdung beruht wahrscheinlich auf der «dystonen» Muskelinnervation. Am deutlichsten tritt sie bei Fällen von gehemmter Aggressivität auf. Oft kann sie direkt als Äquivalent einer Depression bezeichnet werden.

Psychogene Muskelschmerzen sind bisher wenig untersucht worden. Sie sind gelegentlich vollentwickelte Konversionssymptome. In anderen Fällen scheinen sie jedoch das Ergebnis einer Dystonie zu sein. Das gilt wahrscheinlich für gewisse Schmerzen am unteren Rückgrad.

Rheumatische Erkrankungen, deren Symptome natürlich nicht auf das Muskelsystem beschränkt sind, können offenbar ebenfalls durch psychogene Komponenten oder zumindest durch psychogene Prädispositionen beeinflußt werden. Dunbar unterscheidet zwei Arten, von denen die eine mehr «extravertiert» und traumatophil ist und zu Erkrankungen der Gelenke neigt, während die andere mehr «introvertiert» bzw. ambivalent ist, zwischen Aktivität und Passivität schwankt und zu Erkrankungen des Herzens neigt (343).

Über die Rolle psychogener Faktoren in der Ätiologie einiger Arten von *Arthritis* ist wenig bekannt (1087, 1214, 1534). Es gibt Anzeichen dafür, daß bei somatisch prädisponierten Menschen eine fortdauernde unbewußte Bestrebung, ihre Bewegungen zu unterdrücken, nicht nur zu Muskelkrämpfen, sondern auch zu unspezifischen Veränderungen des Bindegewebes der Gelenke führen kann.

Ein Fall von Arthritis vom Typ Bechterew war durch die überaus wichtige Rolle charakterisiert, die die Bewegungslust (und der Exhibitionismus) in der Kindheit des betreffenden Mädchens gespielt hatten. Sie hatte Tänzerin werden wollen und sich vorgestellt, durch ihre Schönheit das Publikum zu bezaubern. Die wiederholte Kritik ihres Vaters zerstörte diese Phantasien und versetzte sie in den Glauben, sie werde zurückgewiesen und abgelehnt, weil ihr ein Penis fehle. Daraufhin hatte sie das Gefühl, daß es ihr nicht mehr erlaubt sei zu tanzen. Sie entwickelte eine intensive reaktive Aggressivität, vor der sie sich ängstigte und die sie durch Überkompensation zu verdecken suchte. Die erst viele Jahre später einsetzende Arthritis hatte für die Patientin die Bedeutung einer Bestrafung und eines endgültigen Verbots ihrer Tanzleidenschaft, ihres Exhibitionismus und ihrer reaktiven Kastrationsbestrebungen. Die Bedeutung dieser Faktoren in der *Ätiologie* der Arthritis wurde nicht aufgehellt.

9. Das Atmungssystem

Die Atmung hat wie andere Muskelfunktionen ihre charakteristische Dystonie. Bei Veränderungen des Atemrhythmus, insbesondere bei einem vorübergehenden Aussetzen der Atmung sowie einer unterschiedlichen und unregelmäßigen Inanspruchnahme verschiedener Partien des Thorax, machen fortlaufend geringfügige psychische Veränderungen ihren Einfluß geltend (50, 54, 515). Solche Erscheinungen treten besonders deutlich bei einem Richtungswechsel der Aufmerksamkeit hervor, wenn eine neue Handlung oder Bewegung begonnen wird (807, 1519, 1539). Die enge Verbindung von Atmung und Angst macht es wahrscheinlich, daß diese ständigen Veränderungen der Atmung kaum merkliche Abstufungen von Angst ausdrücken. Die «normale» respiratorische Dystonie kann als ein Angstsignal von geringer Intensität angesehen werden. Es ist, als sei das Ich sorgfältig bestrebt, sobald etwas Neues wahrgenommen, eine neue Handlung begonnen oder die Aufmerksamkeit auf etwas anderes gelenkt wird, jeden Weg zu prüfen und herausfinden zu wollen, ob es Angst empfinden muß oder nicht.

Das Angstsignal ist eine schwächere Abstufung der traumatischen Angst. Ohne Zweifel spielen krasse Veränderungen der Atmungsfunktion bei intensiven Angstanfällen eine bedeutende Rolle und können später als Angstäquivalente Verwendung finden. Daß Empfindungen beim Atmen generell für Angstzustände von Bedeutung sind, erklärt den Umstand, daß jede Angst bis zu einem gewissen Ausmaß als Erstickung empfunden wird (741). Daher ist nicht jede neurotische Angst, die sich in respiratorischen Symptomen manifestiert, notwendig ein Zeichen dafür, daß die abgewehrten Triebregungen mit der Atemerotik in Verbindung stehen. Es könnte eher das Gegenteil richtig sein, daß nämlich die Atmung eine erotische Qualität allein deswegen angenommen hat, weil sich mit der sexuellen Erregung Angst verband.

Gelegentlich verdeckt eine manifeste Erstickungsangst eine verdrängte Kastrationsvorstellung. So war ein Patient auf den Gedanken verfallen, der Analytiker könnte ihm, der sich selbst wie ein Taucher wahrnahm, mit der Schere die Luftzufuhr abschneiden und ihn ersticken. Diese Phantasie verdeckte die Angst davor, mit der Schere kastriert zu werden. Die Verbindung zwischen den Vorstellungen von Kastration und Erstickung wurde durch die Angst hergestellt, während des Schlafs unter der Bettdecke ersticken zu müssen. Es war dies eine Angst, die in der Latenzperiode des Patienten eine wichtige

Rolle gespielt hatte. Während er nämlich unter der Bettdecke lag, pflegte er sich Masturbationsphantasien hinzugeben.

Die Atmung kann aber auch ihrerseits «sexualisiert» werden. In der frühen Kindheit sind Schnüffeln und Schmecken nicht nur eng mit dem Saugen verbunden (1184), sondern stellen in sich selbst eine Quelle erogener Lust dar. Diese Lust und die mit ihr verknüpften Konflikte können in einer späteren Neurose wieder mobilisiert werden. Das Einatmen und Ausatmen der Luft kann eine «Einverleibung» sowie eine «Projektion des Einverleibten» symbolisieren. In primitivem Denken ist das Atmungssystem (ganz ebenso wie die Eingeweide) der Sitz einverleibter Objekte. Primitive, Psychotiker und Kinder empfinden, daß sie atmend eine Substanz der Außenwelt aufnehmen bzw. zurückgeben. Diese einverleibte Substanz ist unsichtbar und daher geeignet, magische Vorstellungen zu übermitteln. Diese spiegeln sich in der Gleichsetzung des Lebens und der Seele mit dem Atem wider (1320). Die Atmung ist darüber hinaus für magische Praktiken darum geeignet, weil sie die einzige vegetative Funktion darstellt, die willkürlich reguliert und beeinflußt werden kann. Dieselbe Luft einzuatmen wie ein anderer bedeutet, mit ihm vereint zu sein, während sie auszuatmen, eine Trennung bedeutet. Die respiratorische Introjektion ist mit der Geruchswahrnehmung eng verbunden; sie verweist einerseits auf die Analerotik und andererseits auf die Vorstellung, sich durch das Einatmen der Seelen Verstorbener mit diesen identifizieren zu können (420).

In den pathologischen Veränderungen der Atmung beim Bronchialasthma drückt sich ein passiv-rezeptives Verlangen nach der Mutter aus (531, 535, 1190, 1563, 1615). Der Asthmaanfall ist vor allem ein Angstäquivalent. Es ist ein Hilferuf an die Mutter, die der Patient über die Atmung zu introjizieren versucht, um sich eines dauernden Schutzes zu versichern. Diese versuchte Einverleibung ist ebenso wie die Triebgefahr, gegen die sie sich richtet, prägenitaler, insbesondere analer Natur. Die gesamte Charakterstruktur von Asthmatikern, vor allem aber ihr Ödipuskomplex, zeigt deutlich prägenitale Züge. Zuweilen wird die Introjektion in der Phantasie als bereits vollzogen angesehen, und es entstehen Konflikte zwischen dem Ich des Patienten und seinen Atmungsorganen, die für ihn die Bedeutung eines introjizierten Objekts annehmen. Es sollte jedoch darauf hingewiesen werden, daß beim Asthma rein somatische Faktoren allergischer Natur (1355, 1509) ebenso eine Rolle spielen wie voll entwickelte Konversionen prägenitaler Natur (vgl. S. 184ff.).

French und Alexander, die eine detaillierte psychoanalytische Studie des Bronchialasthma unternommen haben (535), fassen in voller Übereinstimmung mit unserer bisherigen Darstellung ihre Ergebnisse wie folgt zusammen: «Der Asthmaanfall ist erstens eine Reaktion auf die Gefahr einer Trennung von der Mutter; zweitens eine Art Äquivalent eines gehemmten und verdrängten Schreis aus Angst oder Wut; drittens ergibt sich, daß die Ursache der Gefahr, die Mutter zu verlieren, in Versuchungen liegt, denen der Patient ausgesetzt ist.» Die Aufgabe, «die Angst, alleingelassen zu werden, zu bewältigen, beherrscht das ganze Leben des Patienten» (318).

Es ist bereits erwähnt worden, daß Erkältungen häufig ein ungewolltes Ergebnis verschiedener neurotischer Verhaltensmuster sind (1125, 1352, 1590). Es ist jedoch recht einfach zu erklären, warum gerade Personen, die Angst haben, sich zu erkälten, häufig eine Erkältung kriegen. Ihre Angst drückt eine Einsicht in ihre Neigung aus, sich zu erkälten, und aufgrund einer Wiederkehr des Verdrängten werden sie durch ihre Versuche, Erkältungen zu vermeiden, paradoxerweise in Situationen geführt, die sie für Erkältungen anfällig werden lassen.

Die verschiedenen Arten von nervösem Husten können wie folgt klassifiziert werden (443): 1. Ein organisch bedingter Husten kann seelische Störungen hervorrufen. Die Anpassung des Patienten an das Symptom kann im Sinne einer «Pathoneurose» versagen. 2. Ein organisch bedingter Husten kann sekundär dazu verwendet werden, verdrängte Triebregungen abzuführen, insbesondere wenn es gilt, Konflikte auszudrücken, die um Einverleibungsphantasien zentriert sind. 3. Nervöser Husten kann ein Konversionssymptom sein, das entweder auf einer hysterischen Identifizierung mit jemandem beruht, der hustet (557), oder er kann durch die Erinnerung an organisch bedingten Husten in der Kindheit frühkindliche Triebkonflikte ausdrücken (1591). 4. Zuweilen ist nervöser Husten ein Tic und als solcher ein Ersatz für oder ein Äquivalent von Verlegenheit oder Feindseligkeit. 5. Nervöser Husten kann schließlich ein organneurotisches Symptom sein, das durch eine Erkältung hervorgerufen wird, die man sich aufgrund eines psychogenen Verhaltens zugezogen hat.

10. Herz- und Kreislaufsystem

Wut sowohl wie sexuelle Erregung oder Angst manifestieren sich physiologisch in funktionellen Kreislaufstörungen. Das Herz gilt als Organ der Liebe. In Wut und Angst schlägt es schneller; trauert man, wird es einem schwer. Vagotone und sympathikotone Reaktionen bilden den Kern der körperlichen Komponenten von Affektsyndromen. Diese Komponenten können stets als ein Affektäquivalent dienen, wenn jemand eine Bewußtwerdung seiner Gefühle abwehrt. Jedes «unbewußte Gefühl» kann sich in einer Beschleunigung des Pulsschlages ausdrücken.

Es scheint indes, als seien manche Menschen zu diesen Symptomen besonders prädisponiert. Sie sind auf keinen Fall mit denen identisch, die an somatischen Herzbeschwerden leiden. Ein «nervöses» Herz ist oft objektiv von sehr großer Widerstandskraft. Die somatische Grundlage dieses Syndroms scheint weniger im Herzen, als vielmehr im vegetativen Nervensystem und seiner chemischen und zentralen Kontrollmechanismen zu liegen (71).

Es scheint jedoch auch, als seien die Inhalte der zentralen Konflikte bei Menschen dieses Typus identisch. Während sich gewiß auch sexuelle Erregung hinter verändertem Herzschlag verbergen kann, so ist doch eine chronische Reizbarkeit von Herz- und Kreislaufsystem typischer für unbewußte Aggressivität und durch sie begründete Vergeltungsangst. Es ist für diese Patienten charakteristisch, daß sie an einem gehemmten Haß auf den gleichgeschlechtlichen Elternteil ebenso leiden wie unter der Angst, dessen Liebe oder Zuneigung zu verlieren, wenn dieser Haß offen zum Ausdruck gebracht würde. Die Angst davor, verlassen zu werden, die aus frühkindlichen Erfahrungen beibehalten wird, nimmt bei ihnen die Form einer Todesangst an. Häufig steht eine Identifizierung mit einem Herzkranken aus der Umgebung des Patienten im Vordergrund (insbesondere wenn der Patient den Tod dieser Person gewünscht hat und sich jetzt vor einer Vergeltung für diesen Todeswunsch fürchtet). Die Anfälle werden oft dadurch ausgelöst, daß der Patient durch besondere Umstände gezwungen wird, mit dem gleichgeschlechtlichen Elternteil zu konkurrieren. Er versucht dann unbewußt, in eine passive und abhängige Haltung zu fliehen (344, 1129, 1150, 1608). Diese unbewußten Konflikte sind offenbar typisch für das Syndrom erhöhter Anstrengung (342, 1572).

Ein Patient mit Herzsymptomen hatte sich nicht nur generell mit seinem Vater, der herzkrank war, identifiziert, sondern ihn unbewußt introjiziert und sein Herz mit seinem Vater gleichgesetzt (vgl. S. 44).

Es ist nachgewiesen, daß Extrasystolen gelegentlich eine unmittelbare Reaktion auf Ereignisse sind, die verdrängte Konflikte wieder an die Oberfläche bringen (728).
Deutsch und Kauf (312) haben die physiologischen und chemischen Mechanismen des Nervensystems untersucht, vermittels derer psychogene Faktoren den Kreislauf beeinflussen können.
Es scheint eine Entsprechung zu geben zwischen dem Umstand, daß Menschen, die eine äußere Abfuhr ihrer Emotionen vollständig blockieren, mehr dazu neigen, mit ihrem Kreislaufsystem zu reagieren, und dem physiologischen Umstand, daß das Kreislaufsystem im Gegensatz zum Atmungs- und Verdauungstrakt in sich geschlossen und nicht in der Lage ist, irgend etwas aufzunehmen oder abzuführen.
Eine allgemeine vasomotorische Reaktion, wie z. B. ein Erröten, Erbleichen, eine Ohnmacht oder ein Schwindelanfall tritt bei Neurosen häufig auf. Sie beruht darauf, daß alle Affekte sich zunächst vasomotorisch äußern und daß diese Äußerungsformen die Möglichkeit einer Notabfuhr bieten, wenn eine Abfuhr über die Muskeln blockiert ist.
Vasomotorische Veränderungen sind, wahrscheinlich in Verbindung mit einer bestimmten Muskeldystonie, die Krankheitsursache in der Mehrzahl der Fälle von nervösen Kopfschmerzen. Deren Physiologie gibt noch immer eine Reihe ungelöster Probleme auf. Psychologisch sollten unterschieden werden: aktualneurotische Kopfschmerzen, die einen inneren Spannungszustand ausdrücken, organneurotische Kopfschmerzen, die auf einem spezifischeren, unbewußt verursachten Verhalten beruhen (z. B. auf einer besonderen Muskelspannung während des Schlafs) und Konversionskopfschmerzen (die z. B. Schwangerschaftsphantasien zum Ausdruck bringen).

Eine Untersuchung der Persönlichkeit von Patienten, die an Migräne leiden, zeigt, daß sie regelmäßig als neurotische Charaktere von besonderer emotionaler Instabilität eingestuft werden müssen (1544). Sie sind leicht in Angst oder Depressionen zu versetzen, stets bereit, einen Tadel hinzunehmen, haben sexuelle Hemmungen und verfügen oft über eine intensive Bindung an ihre Eltern. In der Literatur wird besonders betont, daß diese Patienten den Eindruck machen, ständig eine unbewußte Feindseligkeit zu bekämpfen (972). Fromm-Reichmann (656) ist der Meinung, daß Migräne insbesondere dann auftritt, wenn eine unbewußte Feindseligkeit darauf abzielt, die Intelligenz anderer zu zerstören («seelische Kastration») und wenn Schuldgefühle stattdessen diese Bestrebungen gegen den eigenen Kopf wenden.

Schwere vegetative Neurosen, wie z. B. Quinckes Ödem oder Raynauds Krankheit sind bisher psychoanalytisch nicht auf ihre möglichen psychogenen Komponenten untersucht worden.

11. Der Blutdruck

Selbst in Fällen, bei denen der genaue physiologische Weg, auf dem ein organneurotisches Symptom herbeigeführt wird, nicht bekannnt ist, ist es möglich, die grundlegende psychogene Einstellung zu bestimmen. Ein Beispiel dafür ist der erhöhte Blutdruck, der erst kürzlich zum Gegenstand psychoanalytischer Untersuchungen geworden ist (51, 52, 783, 1134, 1353, 1413, 1571, 1572). Fälle von erhöhtem Blutdruck sind durch eine extreme, unbewußte Triebspannung charakterisiert, durch eine allgemeine Bereitschaft zur Aggressivität ebenso wie durch ein passiv-rezeptives Verlangen, sich von dieser Aggressivität zu befreien. Beide Bestrebungen verbleiben im Unbewußten und sind bei Menschen wirksam, die oberflächlich betrachtet sehr ruhig erscheinen und ihren Triebregungen in keiner Weise nachgeben. Diese nicht wahrgenommene innere Spannung scheint zumindest eine der ätiologischen Komponenten des erhöhten Blutdrucks zu sein. Wirksam wird sie durch hormonale Einflüsse, die, über vasomotorische Reaktionen und die Nieren vermittelt, auf unbewußten Konflikten beruhen.
Weitere physiologische Forschungen werden im einzelnen den Nachweis führen müssen, wie diese Prozesse verlaufen. Daß die Verbreitung erhöhten Blutdrucks heutzutage zunimmt, hängt wahrscheinlich mit der seelischen Situation der Menschen zusammen, denen man beigebracht hat, daß Aggressivität vom Übel sei, und die dennoch in einer Welt leben müssen, in der ein unerhörtes Maß an Aggressivität erforderlich ist.

12. Die Haut

Aus physiologischen Gründen drücken Erscheinungen, die auf der Haut auftreten, häufig Reizungen des endokrin-vegetaiven Systems aus. Die ser Zusammenhang erklärt den Umstand, daß die Haut in Zuständen nervöser Spannung als Ventil einer Notabfuhr dient. Das einfache Symptom nervöser Schweißausbrüche und das Symptom des Dermographismus sind Beispiele für die allgemeine vegetative Erregbarkeit der Haut im Hinblick auf bewußte oder unbewußte emotionale Reize. Diese Symptome können als Anzeichen eines inneren Spannungszustandes bei einem Patienten chronisch sein oder sie können als vorübergehende Symptome im Verlauf einer Aktualneurose auftreten. Sie können sich schließlich auch als Anfälle darstellen, sobald ein Ereignis unbewußte Konflikte berührt, oder sie können zu Konversionssymptomen ausgearbeitet worden sein (676, 1151, 1199, 1387, 1507, 1510). Ohne Zweifel spiegelt die Reizbarkeit der Haut eine vasomotorische Instabilität wider. Barinbaum, ein Dermatologe, der sich auf die Psychologie von Hautkrankheiten spezialisierte, stellt sich das Problem folgendermaßen: «Man würde gerne wissen, wie die Erregung einer durcheinandergeratenen Libidoökonomie die Hautgefäße beeinflußt, da nämlich der Funktionszustand der Haut in hohem Maße von den Gefäßen abhängt» (86).

Die Tendenz der Haut, von vasomotorischen Reaktionen beeinflußt zu werden, die ihrerseits durch unbewußte Triebregungen hervorgerufen werden, muß unter einem allgemeinen physiologischen Gesichtspunkt gesehen werden. Die Haut ist die äußere Hülle des Organismus; sie stellt seine Grenze zur Außenwelt dar. Sie ist durch vier Aspekte von allgemeiner Bedeutung charakterisiert:

1. Die Haut hat vor allem eine allgemeine Schutzfunktion. Sie prüft hereinkommende Reize, um sie wenn nötig abzuschwächen oder abzuwehren. Um diesen Schutzmechanismus auch gegen innere Reize anzuwenden, ist der Organismus generell bestrebt, störende innere Reize so zu behandeln, als kämen sie von außen (605). Diese Bestrebung gilt auch für verdrängte Triebregungen, die nach einer Abfuhr suchen. Ganz ebenso wie Muskeln sich im Abwehrkampf gegen verdrängte Triebregungen ohne offensichtlichen Grund verkrampfen, werden auch vasomotorische Funktionen der Haut als Schutzschild verwendet. Die Physiologie wird zu erklären haben, in welcher Form solche vasomotorischen Veränderungen zum Ausbruch von Hautkrankheiten führen.

2. Die Haut ist eine wichtige erogene Zone. Wird der Antrieb, sie als solche zu verwenden, verdrängt, so finden die erogenen Bestrebungen

und die ihrer Reizung widerstrebenden Tendenzen in Veränderungen der Haut ihren somatischenn Ausdruck.

Die Erogeneität der Haut ist nicht auf Berührungsreize beschränkt. Auch Temperaturempfindungen sind eine Quelle erogener Lust und stellen eine wichtige Komponente der infantilen Sexualität dar. Die Unlust bei Kälteempfindungen und die Lust bei wiedereintretender Wärme sind so alt wie die Unlust des Hungers und die Lust, wieder gefüttert zu werden. Die Temperaturerotik tritt daher auch stets zugleich mit der oralen auf. Die narzißtische Zufuhr, die Menschen mit oraler Fixierung so dringend verlangen, stellen sie sich nicht nur als Nahrung, sondern auch als Wärme vor.
Zusätzlich zu den über Berührung und Temperaturzustand vermittelten Reizen kann auch der Schmerz zu einer Quelle erogener Lust der Haut werden. In Fällen, bei denen das Sexualziel, geschlagen zu werden, im Vordergrund steht, verkörpert diese Lust die gesamte Sexualität eines Individuums (vgl. S. 234 f.). Sadomasochistische Konflikte bilden oft die unbewußte Grundlage von Hautkrankheiten.
Man hat angenommen, daß auch Anfälle von Psoriasis durch sadistische Triebregungen verursacht sein könnten, die gegen das eigene Ich gewendet werden (381, 1240). Es ist indes nicht wahrscheinlich, daß Psoriasis ein Konversionssymptom darstellt. Psychogene Kräfte können bei ihr einen Bestimmungsfaktor unter anderen darstellen, und es kann sein, daß bestimmte sadistische Bestrebungen, die nicht zur Abfuhr gelangen, auf dem Weg über chemische und nervöse Veränderungen, die Haut beeinflussen.

3. Als Oberfläche des Organismus ist die Haut der Teil, der äußerlich sichtbar ist. Das macht sie zu einem Ort, an dem sich Konflikte ausdrücken können, die um den Exhibitionismus zentriert sind. Diese Konflikte betreffen ihrerseits nicht nur sexuelle Partialtriebe und die ihnen entgegenstehende Angst oder Scham, sondern auch verschiedene narzißtische Bedürfnisse, die nach beruhigender Selbstvergewisserung verlangen. Daher können als psychische Grundlage von Hautkrankheiten dieselben unbewußten Konflikte auftreten, die, wie bei Phobien, bei perversem Exhibitionismus (vgl. S. 18) oder schließlich bei Sozialangst und Lampenfieber (vgl. S. 215 ff.) durch ein Schwanken in der Selbsteinschätzung zwischen Schönheit und Häßlichkeit charakterisiert sind (vgl. XX, 109).

4. Auch Angstäquivalente können als Reaktionen der Haut lokalisiert werden. Angst ist physiologisch ein sympathikotoner Zustand und kann sich an sympathikotonen Reaktionen der Gefäße in der Haut darstellen.

Zu den besonderen Erkrankungen der Haut gehören auch die quälenden Symptome des Pruritus. Sie sind wahrscheinlich das organneurotische Ergebnis verdrängter Sexualität bei Menschen, die dazu prädisponiert sind (341). Es scheint, als bestünde bei Männern mit Pruritus ani und Pruritus perinei eine engere Verbindung zur Verstopfung, die auf nicht abgeführten analerotischen (homosexuellen) Bestrebungen beruht (1351). Gelegentlich läßt sich beobachten, daß sich das Symptom verschlimmert, sobald eine latente Homosexualität mobilisiert wird. Insgesamt aber herrscht der Eindruck vor, daß Pruritus keine besondere «Bedeutung» hat und nicht in Worte zurückübersetzt werden kann. Wahrscheinlich verändern unbewußte anale Bestrebungen die Gefäßreaktionen der gesamten Körperregion und beeinflussen deren chemische Prozesse. Was für den Pruritus bei Männnern gilt, gilt ähnlich auch für den Pruritus vulvae bei Frauen, die es nicht wagen zu masturbieren und die ihre genitale Erregung in sich aufstauen.

Bekanntlich kann Urtikaria eine unterschiedliche Ätiologie haben. Es kann sich bei ihr um eine allergische Reaktion ohne seelische Ursachen handeln. Sie kann aber auch eine organneurotische «Hautkrankheit» darstellen. Saul und Bernstein sind der Meinung, daß Anfälle von Urtikaria in Zuständen eines intensiven, aber frustrierten Verlangens auftreten, das keine andere Abfuhr finden kann (1357; vgl. auch 1194). Es ist möglich, daß «emotionale Urtikaria» Ausdruck einer allergischen Reaktion auf bestimmte Hormone ist, die durch eine Emotion mobilisiert werden.

Vielleicht wird es nach weiteren Forschungen möglich sein, die Hautkrankheiten danach einzuteilen, ob sie einen Stauungszustand der Libido darstellen oder deren Abfuhr.

13. Das Auge

Es ist bereits darauf hingewiesen worden, daß die Mechanismen organneurotischer Symptome zuerst von Freud am Beispiel des Auges beschrieben worden sind (571; vgl. auch 823).

In der psychoanalytischen Literatur hat es eine Diskussion über psychogene Kurzsichtigkeit gegeben. Man sah die psychogene Kurzsichtigkeit als eine Art Konversionssymptom an und stellte die Frage: Was gewinnt ein Patient, wenn er nicht in der Lage ist, entfernte Objekte zu sehen, oder wenn er sein Gesicht hinter einer Brille verbirgt? (720, 860).

Diese Frage ist, wenn sie so gestellt wird, ungerechtfertigt. Wenn es nämlich einen psychischen Faktor in der Genese der Kurzsichtigkeit gibt, so muß er organneurotischer Natur sein. Unter Forschungsgesichtspunkten ist es wahrscheinlich nützlicher, herauszufinden, welche somatischen Veränderungen am Auge zustande gekommen sind, daß es zu libidinösen Zwecken verwendet wurde; denn die Unfähigkeit, etwas in einiger Entfernung zu erkennen, als ein Kastrationssymbol zu betrachten, führt nicht notwendig weiter.

Kurzsichtigkeit wird durch eine Verlängerung der Achse des Augapfels verursacht. Diese Verlängerung wird teils auf die äußeren Muskeln des Auges zurückgeführt und teils auf Veränderungen in der Linse. Schließlich spielen bei ihr auch allgemeine vegetative Veränderungen eine Rolle, die die Kontur des Augapfels selbst verändern. Es könnte demnach scheinen, als besäße die Unfähigkeit, entfernte Objekte zu sehen, keine psychische Bedeutung, sondern sei eine unwillkürliche mechanische Folge sympathisch-parasympathischer Prozesse, die entweder die äußeren Augenmuskeln betreffen oder den sympathisch-parasympathischen Tonus innerhalb des Augapfels. Was aber verursacht diese Prozesse? Auf jeden Fall hängt das vegetative Nervensystem vom unbewußten Affekthaushalt des Menschen ab. Eine dauernde Verwendung des Auges zur libidinösen Befriedigung der Schaulust kann das Auge zur Anspannung in Richtung der Objekte veranlassen, die psychisch einverleibt werden sollen. Es ist denkbar, daß dieser Vorgang schließlich zu einer Dehnung des Augapfels führt. (430).

Das aber ist natürlich nur eine krude Problemlösung. Es wäre eine genauere Kenntnis der Mechanismen einer solchen Dehnung nötig, um zu erklären, warum viele Menschen mit besonders stark ausgeprägter Schaulust ganz und gar nicht kurzsichtig sind. Der umgekehrte Fall, daß viele Kurzsichtige keine Anzeichen einer besonderen unbewußten Schaulust zeigen, bereitet keine Schwierigkeit. Denn es gibt keinen Grund anzunehmen, daß jeder Fall von Kurzsichtigkeit psychogene Ursachen hat. Während nämlich die Dehnung des Augapfels gelegentlich auf dem Versuch beruhen kann, unterm Drang der Schaulust sich Objekte einzuverleiben, wird ihr Ursprung in anderen Fällen zweifellos rein somatisch sein.

Patienten mit schweren psychosomatischen Störungen und Menschen, die chronisch dazu neigen, auf jede Anspannnung mit körperlichen Symptomen zu reagieren, weisen gewöhnlich eine ziemlich deutliche narzißtische Orientierung auf. Es ist dies ein bemerkenswerter Unterschied im Vergleich zu den Konversionshysterikern. Gelegentlich macht die Organneurose den Eindruck, ein Abwehrschutz gegen (und ein Äquivalent von) eine(r) Psychose zu sein (1120, 1442). Man kann wohl unterstellen, daß die Zunahme der Besetzung einzelner Organrepräsentanzen, die für alle narzißtischen Zustände charakteristisch ist, die Entwicklung organneurotischer Symptome erleichtert.

14. Probleme der Psychogenese organischer Krankheiten und Pathoneurosen

Nicht jedes organische Symptom, an dem die Analyse den Nachweis führen kann, daß es in einer Verbindung zu bestimmten seelischen Zuständen steht, ist notwendig organneurotischer Natur. Denn nichts geschieht im Organismus, das nicht sekundär in die seelischen Konflikte des Menschen einbezogen würde. Daß bei einem Konflikt eine Verbindung von Somatischem und Seelischem vorliegt, beweist noch nichts in bezug auf seine Genese.

Daß bei einem Patienten ein Tumor zugleich mit der unbewußten Vorstellung schwanger zu sein, auftreten kann und daß sogar der analytische Nachweis gelingt, daß die Entwicklung eines Tumors und die Zunahme des Wunsches schwanger zu sein, zugleich auftreten, sollte nicht zu ungerechtfertigten ätiologischen Folgerungen verleiten. Selbst wenn der Patient lange vor der Diagnose eines Tumors träumt, schwanger zu sein, und man daraus vielleicht folgern kann, daß er sich in seinem Unbewußten darüber klar war, einen Tumor zu haben, bevor sein Bewußtsein davon unterrichtet war, beweist das nicht, daß der Wunsch, schwanger zu sein, die Entwicklung des Tumors veranlaßt haben könnte.

Das Verhältnis organischer Symptome zu seelischen Konflikten wird ferner dadurch kompliziert, daß somatisch bedingte Zustände die psychischen Einstellungen eines Individuums sekundär verändern können. Die Adaption an Schmerzen oder an Veränderungen von Körperfunktionen fällt nicht immer leicht. Wie diese Adaption verursacht wird und ob sie gelingt, hängt natürlich von der Gesamtstruktur einer Persönlichkeit, von ihrer Geschichte und von ihren latenten Abwehrkämpfen ab. Während einer Krankheit erfordert der somatische Prozeß in dem erkrankten Organ einen Großteil der Libido und der seelischen Aufmerksamkeit des Patienten. Seine übrigen Interessen und Objektbeziehungen verarmen. Das erklärt, warum Kranke im allgemeinen narzißtisch werden (585). Eine Krankheit oder körperliche Veränderung kann darüber hinaus für den Patienten unbewußt etwas bedeuten, das das Gleichgewicht von verdrängten und verdrängenden Kräften stört. Wer krank ist, kann wie jemand, der ein Trauma erlebt hat, das Gefühl haben, kastriert oder vom Schicksal verlassen zu sein, oder er kann zumindest die Drohung der Kastration oder Schicksalsverlassenheit empfinden. Eine Krankheit kann aber auch als eine masochistische Versuchung wahrgenommen werden oder irgendeine andere latente infantile Bestrebung mobilisieren und dadurch eine Neurose hervorrufen.

Der narzißtische Rückzug eines Kranken und seine unbewußte Fehlinterpretation seiner Krankheit durch ihre Übersetzung in Triebkonflikte liegen dem Umstand zugrunde, daß sich Neurosen gelegentlich eher als Folge, denn als Ursache somatischer Krankheiten entwickeln. Ferenczi hat Neurosen, die als Folge somatischer Krankheiten auftreten, Pathoneurosen genannt (478).

Freuds Äußerung, daß der Kranke seine Libido von den Objekten abzieht und narzißtisch wird (585), ist in Zweifel gezogen worden, weil, wie Freud selbst schreibt, das gleiche in der Psychose geschieht (574). Ist es denkbar, daß derselbe Prozeß bei so unterschiedlichen Zuständen abläuft, wie sie die Gefühle eines seelisch Normalen, aber physisch Kranken und eines Schizophrenen darstellen? Der Unterschied zwischen einem körperlich Kranken und einem Psychotiker ist gewiß beträchtlich. Es gibt aber auch gewisse charakteristische Ähnlichkeiten wie den Verlust von Interesse an der Außenwelt und die Zunahme der Selbstbeobachtung und der Beschäftigung mit sich selbst. Der physisch Kranke hat einen kleinen Teil seiner Libido und nur für kurze Zeit demselben Schicksal verschrieben, dem der Psychotiker fast seine gesamte Libido überantwortet.

Eine Bestätigung dafür bietet die Tatsache, daß bei Pathoneurosen oft Reaktionen auftreten, die ihrer Natur nach psychotisch sind. Das veranlaßte Meng von Pathopsychosen zu sprechen (1120). Bemerkenswert ist auch, daß Menschen mit einer Tendenz zu narzißtischer Regression zur Ausbildung von Pathoneurosen prädisponiert sind und daß diese sich zumeist als Ergebnis einer Verletzung der Organe einstellen, die (wie etwa die Genitalien und das Gehirn) narzißtisch am meisten besetzt sind. Pathoneurosen drücken auch die Schwierigkeiten aus, die durch eine Krankheit gegeben sind. In extremen Fällen werden reale Konsequenzen vollkommen verleugnet oder überkompensiert. Zu ihnen gehört die Mehrzahl der akuten postoperativen Psychosen (62, 1368, 1628). Ferenczi und Hollos haben den Nachweis geführt, daß ein Großteil der Symptomatologie der allgemeinen Parese keineswegs eine direkte Folge der Degenerationsprozesse im Gehirn ist, sondern eine indirekte pathoneurotische Reaktion seitens des Patienten, wenn er sich der zerebralen Behinderung bewußt wird (484; vgl. auch 1376). Das Ziel mancher Psychosen nach Operationen, bei denen die Patienten verstümmelt wurden, liegt überdeutlich in einer Verleugnung der unangenehmen Realität. Das klinische Bild wird bei ihnen beherrscht von einer Auseinandersetzung zwischen den Wahrnehmungsdaten und der Tendenz, sie zu verleugnen.

Auch bei anderen organischen Gehirnkrankheiten beherrscht die Reaktion der Seele auf die Krankheit das klinische Bild. Sie äußert sich als Versuch, sich der Krankheit anzupassen und sie sogar zu bestimmten Zwecken zu verwenden, oder als Versuch, sie zu verleugnen (281, 723, 864, 1028, 1206, 1373, 1379, 1382, 1480, 1593). Solche Konflikte sind überaus aufschlußreich; denn sie tragen sogar zu einem Verständnis der Adaptationsleistungen eines normalen Ich bei. In ähnlicher Weise sollten Jelliffes Versuche, enzephalitische Symptome zu «psychoanalysieren» (861, 862, 865; vgl. auch 801) als Untersuchung darüber verstanden werden, wie eine Persönlichkeit auf diese Symptome reagiert und nicht als eine These, die die Psychogenese der Enzephalitis behaupten will.

Gelegentlich dient der akute Narzißmus, der durch eine organische Erkrankung hervorgerufen wird, als Auslösungsfaktor beim Ausbruch einer Psychose.

Eine besondere Kategorie der Pathoneurosen, die meist in Verbindung mit Störungen auftritt, die auf einer Änderung chemischer Prozesse beruhen, sind die hormonalen Pathoneurosen.

Eine quantitative oder qualitative Veränderung an den Triebquellen muß notwendig die Intensität und Art der Triebkonflikte und ihrer seelischen Erscheinungsformen beeinflussen. Die Autoren, die auf diesem Gebiet gearbeitet haben, betonen insbesondere die *Interdependenz* hormonaler und seelischer Daten, d. h. die Tatsache, daß neurotische Symptome oder Einstellungen bei hormonal Kranken auch den Hormonzustand beeinflussen. So kann z. B. eine psychogene Identifizierung mit einem Angehörigen des anderen Geschlechts das Hormongleichgewicht verändern. Es können aber auch umgekehrt Veränderungen des Hormongleichgewichts eine solche Identifizierung einleiten.

Therese Benedek analysierte Patienten mit Hyperthyreose und war in der Lage zu zeigen, daß die somatisch zunehmende Angst und Ruhelosigkeit seelische Reaktionen hervorrief, die entsprechend der unterschiedlichen Persönlichkeitsstruktur vor Ausbruch der Krankheit verschieden waren (98). Die Angst stand regelmäßig mit aggressiven Bestrebungen in Verbindung, die gelegentlich durch eine zunehmende Strenge des Über-Ichs ausgedrückt wurden; sie stand im Gegensatz zur heterosexuellen Libido (vgl. 1061).

Ein Fall von Eunuchoidismus, den Carmichael psychoanalytisch behandelte (244), zeigte ein ähnliches Bild.

In der Kindheitsgeschichte dieses Patienten lag keinerlei Anormalität vor. Die organische Störung trat während der Pubertät auf, und die seelischen Konflikte begannen, sobald der Patient die Störung bemerkte. Unbewußt interpretierte er seine Krankheit als Kastration. Er entwickelte sich zu einem Musterknaben, dessen analer Zwangscharakter immer deutlicher hervortrat. Sein Charakter zeigte viele Züge einer Verleugnung oder Überkompensierung seiner «Minderwertigkeit». Er versuchte sogar, jedes sexuelle Gefühl zu verleugnen und war nicht in der Lage, sich an seine kindliche Sexualität zu erinnern. Er verleugnete und überkompensierte zudem seine intensiven aggressiven Triebregungen, die auf dem Gefühl beruhten, «anders» zu sein.

Kasanin hatte Gelegenheit, zwei Patienten mit Tumoren an den Hormondrüsen analytisch zu untersuchen (928).

Der eine Patient hatte einen Tumor an der Adrenalindrüse, der andere ein Teratom der Zirbeldrüse. Ihr seelisches Verhalten während der Krankheit schien zum Teil durch den Versuch bestimmt zu sein, die somatischen Symptome zu bekämpfen oder zu verleugnen; zum Teil schien es aber auch, als seien die Angst und die Depression, die die Patienten durchlebten, keine wirklichen Gefühle, sondern eher der physiologische Ausdruck dieser Gefühle ohne das seelische Erleben, das sie normalerweise begleitet. Dieses Krankheitsbild kann auf einer Abwehr beruhen. Es kann sich aber auch dem Umstand verdanken, daß die hormonalen Veränderungen nur periphere physiologische Anzeichen eines Affekts hervorgebracht haben und nicht dessen zentral determinierte volle Entfaltung.

Daniels veröffentlichte einen ausführlichen Bericht über einen Patienten mit Diabetes mellitus (303, 304).

Der Patient war von überaus starker Oralität und neigte seiner seelischen Struktur nach zu Süchten. Veränderungen der Insulinmenge und der Menge des Harnzuckers standen bei ihm im direkten Verhältnis zu den Veränderungen seiner emotionalen Konflikte. Der Patient hatte große Angst, die gewiß zum Teil physiologischen Ursprungs war, und entwickelte verschiedene Methoden, sie durch Sexualisierung abzuwehren.

Nach Dunbar (343) gehören Unbeständigkeit und Unschlüssigkeit zu den Charakterzügen von Diabetikern. Diabetiker haben darüber hinaus eine verstärkte Tendenz zur Homosexualität oder zumindest zu bisexueller oder prägenitaler Orientierung. Sie weisen Anzeichen von Sozialangst und ein schwaches Ich auf. Daneben zeigen sich bei ihnen Ähnlichkeiten mit Zwangscharakteren (vgl. XX, 15) und sogar Tendenzen zu zyklothymen und paranoiden psychotischen Reaktionen. Im Verlauf der Krankheit kann oft eine fortschreitende Desintegration der gesamten Persönlichkeit beobachtet werden. Man hat den Diabetes daher die psychosomatische Psychose genannt.

Es hat den Anschein, als gäbe es Fälle von «emotional verursachter Glykosurie», die auf gestörten chemischen Prozessen bei chronisch Unbefriedigten beruhen. Obwohl ihr Verlauf physiologisch nicht bekannt ist, haben sie eine gute Prognose.

Meng und Grote haben Fälle von pathologischer Magersucht psychoanalytisch untersucht (1121). Sie kamen zu keinem spezifischen Ergebnis, waren aber in der Lage, nachzuweisen, daß seelische Faktoren im Auf und Ab dieser Krankheit eine entscheidende Rolle spielen, weil sie den Hormonhaushalt beeinflussen.

Schwere Fälle von Anorexie verweisen deutlich auf eine hormonale Erkrankung. Wahrscheinlich handelt es sich bei einigen von ihnen um eine primäre hormonale Veränderung. Bei anderen jedoch kann eine Störung der seelischen Entwicklung, bei der das Ich auf der oralen Stufe fixiert bleibt, sekundäre hormonale Veränderungen hervorrufen (361, 1082, 1555). Die seelische Bedeutung einer solchen Fixierung kann unterschiedlich sein. Gelegentlich stellt eine Anorexie das Äquivalent einer Depression dar (vgl. Bd. 1, S. 252). Dasselbe gilt für die Fettleibigkeit. Ihr können schwere Drüsenstörungen zugrunde liegen (Morbus Fröhlich, Dystrophia adiposogenitalis), die die psychosexuelle Entwicklung im Sinne einer Retardierung, einer oralen Fixierung und einer schwachen Genitalität beeinflussen. Daneben gibt es andere Fälle von «genuiner» Fettleibigkeit, die Organneurosen darstellen, mit psychogenen Entwicklungsstörungen beginnen und zu hormonaler Abnormität führen (209, 210, 211, 1327).

Das Gegenstück einer Pathoneurose wäre die «Patho-Kur» einer Neurose, die mit dem Ausbruch einer organischen Krankheit verschwindet. Sie tritt auf bei moralischen Masochisten, deren Neurosen zunächst vor allem ein Leiden darstellen, durch das sie ihr Über-Ich zufriedenstellen. Derlei Neurosen werden überflüssig, wenn sie durch eine andere Art von Leiden ersetzt werden (vgl. XXII, 1).
Man muß sich jedesmal, wenn man auf eine Verbindung zwischen einem organischen Symptom und einem seelischen Konflikt stößt, zunächst die Frage stellen: Hat der Konflikt das Symptom hervorgebracht oder das Symptom den Konflikt? Zweifellos gibt es als Antwort gelegentlich einen Circulus vitiosus, in dem Symptom und Konflikt einander fortgesetzt bedingen (182, 242, 317, 343, 858, 1137, 1233, 1414, 1442, 1511, 1573).

15. Die Hypochondrie

Hypochondrie ist eine Organneurose, deren physiologischer Faktor noch unbekannt ist. Man darf annehmen, daß gewisse psychogene Ursachen, nämlich ein Stauungszustand und ein narzißtischer Rückzug von den Objekten oder eher nur die Bereitschaft, auf einen Zustand der Libidostauung mit einem narzißtischen Rückzug zu reagieren, bestimmte organische Veränderungen hervorrufen, die dann ihrerseits hypochondrische Empfindungen verursachen.
Theoretisch müssen zwei Situationen unterschieden werden, die praktisch eng miteinander zusammenhängen: 1. Organische Prozesse, die durch das Fehlen einer angemessenen Triebabfuhr bedingt sind, erhöhen die Spannung in bestimmten Organen und verursachen damit schmerzhafte Empfindungen. 2. Ein Rückzug der Objektbesetzungen verändert die Ökonomie des Seelenlebens, so daß Libidobeträge, die normalerweise mit Objektvorstellungen verknüpft waren, jetzt die Vorstellungen von den eigenen Körperorganen intensivieren (585, 1374).
Der Begriff der Objektbesetzung bedeutet, daß die Summe der Vorstellungen und Gefühle, die jemand in bezug auf eine andere Person hat, eine intrapsychische Objektrepräsentanz konstituiert (408) und daß diese mit einem besonderen Betrag seelischer Energie besetzt wird. Auf

ähnliche Weise wird der eigene Körper mit seinen Organen intrapsychisch durch die Summe der Erinnerungen an Empfindungen und ihre Beziehungen zueinander repräsentiert. Das so entstehende Körperbild (1372) hat große Bedeutung für die Herausbildung des Ich. Es ist nicht einfach mit dem tatsächlichen Körper identisch. Denn in das Körperbild können Kleidung, amputierte Gliedmaßen und sogar das eigene Auto eingehen, während «entfremdete» Organe aus ihm ausgeschlossen sind. Es gibt also auch intrapsychische Organrepräsentanzen. Ein narzißtischer Rückzug bedeutet eine Übertragung der Libido von Objektrepräsentanzen auf Organrepräsentanzen.

Daß Kleider unbewußt wie Teile des eigenen Körpers behandelt werden können, bewies ein Patient, dessen Zwangsbefürchtungen wegen seiner Kleidung sich deskriptiv, strukturell und genetisch als eine Kleider-Hypochondrie erwiesen.

Die chemischen und nervösen Reaktionen auf einen Stauungszustand der Libido können gelegentlich eine intrapsychische Überbesetzung der Organrepräsentanzen auslösen. In anderen Fällen kann die Entwicklung umgekehrt verlaufen: eine Regression zum Narzißmus kann sekundär die Funktionen einzelner Organe verändern. Dies ist der Fall bei hypochondrischen Empfindungen am Beginn schizophrener Prozesse.

Die Beziehung zwischen Besetzungen von Organrepräsentanzen und Abläufen in den Organen zeigt sich auch an dem bereits erörterten Narzißmus der Kranken. Es scheint offenbar so zu sein, daß die Heilung eines erkrankten Organs und die Erhöhung seiner Widerstandskraft gegen die Krankheit eine Zunahme der Besetzung der Organrepräsentanz erforderlich macht oder doch zumindest als wohltuend erscheinen läßt. Die auf den Körper bezogene Libido hat also eine allgemeine und lebenserhaltende Wirkung. Es gibt aber bei Hypochondrie nicht nur einen krankhaften Überschuß von Organbesetzungen, sondern es ist auch ein krankhaftes Defizit bei ihr denkbar. Man darf annehmen, daß die Selbsterhaltung davon abhängt, ob ein bestimmter Besetzungsbetrag auf die Organrepräsentanzen abfließt. Tausk sprach von einem Libidotonus aller Organe (1531). Bei der Hypochondrie zeigen sich wie bei Psychosen Auswirkungen eines pathologischen libidinösen Hypertonus der Organe. Es kann aber auch bei Personen, die vor ihren Körperempfindungen Angst haben und sie abwehren, ein pathologischer libidinöser Hypotonus der Organe auftreten.

Nicht jede Entfremdung eines Organs und nicht jede Entfernung von Körperteilen oder von Empfindungen aus dem bewußten Körperbild kann als pathologische Verminderung der Besetzung einer Organrepräsentanz aufgefaßt werden. Organe und Empfindungen können, obwohl sie besetzt sind, verdrängt sein, und zugleich durch eine ebenso starke Gegenbesetzung daran gehindert werden, manifest zu werden (410).

Hypochondrie tritt als Neurose selten für sich allein auf (1488). Sie erscheint viel häufiger als ein Faktor, der das Bild irgendeines anderen psychopathologischen Zustands kompliziert. Häufig tritt sie zusammen mit akuter Angstneurose oder Neurasthenie auf. In geringem Ausmaß erscheint sie als zusätzliche Komplikation bei manchen Zwangsneurosen. In größerem Ausmaß ist sie eine wichtige Komplikation bei allen Psychosen, insbesondere in deren Anfangsstadien. Hypochondrie kann durch eine primäre Überbesetzung von Organrepräsentanzen (bei Psychosen) entstehen oder durch zunächst unerkannte organische Äußerungsformen eines Stauungszustands der Libido (bei Aktualneurosen).

Unter den Triebregungen, die bei der Hypochondrie von den Objekten abgezogen und auf Organrepräsentanzen verschoben werden, scheinen die feindseligen und sadistischen eine besondere Rolle zu spielen. Eine ursprünglich feindselige Regung gegen ein Objekt wird gegen das Ich gewendet, und die Hypochondrie kann als Belohnung von Schuldgefühlen dienen.

Hypochondrische Empfindungen («hypochondrischer Wahn») sollten von hypochondrischer Angst unterschieden werden, obwohl beide Zustände oft zusammen auftreten. In Fällen, bei denen die Angst vorherrscht, scheint eher eine isolierte Überbesetzung einzelner Organrepräsentanzen vorzuliegen, und in Fällen, bei denen hypochondrische Empfindungen vorherrschen, organische Veränderungen.

Gelegentlich vermag die Psychoanalyse überraschend klar und eindeutig die unbewußte Bedeutung einer bestimmten hypochondrischen Angst aufzudecken. In der Regel handelt es sich dabei dann um eine entstellte Kastrationsangst.

Die Fortsetzung der Analyse des Wolfsmanns durch Ruth Mack-Brunswick mag hier als Beispiel dienen. Der ausgesprochen hypochondrische Wahn des Wolfsmanns trug deutlich Zeichen von Kastrationsangst (1088).

Häufig vermag die Psychoanalyse auch die infantile Vorgeschichte einer Verschiebung der Kastrationsangst zur Hypochondrie aufzuhellen. Denn bestimmte Erlebnisse können die Kastrationsangst in Ängste vor

Krankheit oder körperlicher Veränderung verwandelt haben. Das Ergebnis sind oft deutliche Krankheitsphobien. Bei solchen Fällen hat in aller Regel der Mechanismus der Introjektion eine herausragende Bedeutung gewonnen. Werden feindselige Triebregungen von den Objekten weg und auf die eigenen Organe hingelenkt, so wird dieser Vorgang unbewußt als eine Introjektion wahrgenommen, die gewöhnlich oral verläuft, gelegentlich auch anal bzw. über die Epidermis oder die Atmung. Das Organ, auf das sich die Hypochondrie richtet, stellt also nicht nur den gefährdeten Penis dar, sondern zugleich mit ihm das ambivalent besetzte Objekt, das aus der Außenwelt in den eigenen Körper introjiziert wurde.

Bei einem Patienten hatte die Hypochondrie in einer vergleichsweise bewußtseinsnahen Schicht die Bedeutung einer Kastration, die als Bestrafung aufgefaßt wurde. In einer tieferen Schicht bedeutete sie eine passive sexuelle Belohnung (Schwangerschaft). In einer noch tieferen Schicht wurde das befallene Organ dem introjizierten Objekt gleichgesetzt. Die Nase des Patienten, die in seiner Krankheit die Hauptrolle spielte, stand nicht nur für den gefährdeten Penis und die Nasenlöcher nicht nur für eine Art anales weibliches Geschlechtsorgan; die Nase stand auch für seine tote Mutter, die er sich auf dem Weg über das Atemsystem einverleibt hatte (420).

Simmel hat die unbewußte Gleichsetzung des von der Hypochondrie befallenen Organs mit dem introjizierten Objekt besonders betont. Er schreibt: «Das introjizierte Elternsubstitut ist zum Krankheitsstoff geworden, dessen man sich zu Genesungszwecken entäußern muß.» Des weiteren stellt er fest, daß ein Organ dieses Krankheitsmaterial darstellen kann (1436, 1438).

Schmerzhafte Empfindungen und die Angst vor körperlicher Krankheit treten auch bei der Konversions- bzw. Angsthysterie auf, und es ist fraglich, ob man sie als hysterisch oder als hypochondrisch ansehen soll. In der Regel fällt es jedoch nicht schwer, Hypochonder von Hysterikern auf der Grundlage der Persönlichkeitsmerkmale zu unterscheiden, die sich aus ihrer verschiedenen, libidinös bedingten Charakterstruktur ergeben. Der typische Hypochonder ist auffällig narzißtisch, verschlossen und monomanisch (1380). Die Hypochondrie ist ein Übergangszustand von hysterischen zu wahnhaften und deutlich psychotischen Reaktionen.

Ein Patient mit einer schweren vasomotorischen Neurose litt an einer Pseudoangina pectoris. Die Herzanfälle waren zum ersten Mal aufgetreten, als bald nach dem Tod der Mutter der Patient die Nachricht von einer schweren Erkrankung des Vaters bekam.

Der infantil-narzißtisch an das Elternhaus fixierte, ohne Eltern lebensunfähige Mensch sah sich plötzlich vor der Gefahr des Alleingelassenwerdens. Die Pseudoangina pectoris nun hatte nicht nur den nahe liegenden Sinn der Identifizierung mit dem herzkranken sterbenden Vater. Der reale Vater verlor im Moment der Erkrankung jedes Interesse für den Patienten. Er zog sich vollkommen von der Objektwelt zurück und lebte nur noch seinen Anfällen unter einer schrecklichen Todesangst. Er hatte den Vater introjiziert und fürchtete nun, von seinem Herzen so verlassen (getötet) zu werden, wie er realiter in Gefahr stand, vom Vater verlassen zu werden. Seine Einstellung zur Krankheit, die furchtbaren sadistischen Verdammungsworte, die er gegen sein Herz schleuderte, – während er sich in Wirklichkeit passiv-masochistisch genießend seiner Krankheit hingab, spiegelten vollkommen seine infantile Beziehung zum Vater wider. Die volle, sein ganzes Leben beherrschende, dem Vater geltende Ambivalenz galt nun dem Herzen und der Krankheit. Symptomatologie und Träume zeigten Übereinstimmung zwischen Einstellung zur Krankheit und infantiler Einstellung zum Vater bis in allerkleinste Details. Die Gültigkeit der unbewußten Gleichung *Herz = introjizierter Vater* bedeutet nicht notwendig, daß eine Introjektion des Vaters in das Herz die Ursache der Herzanfälle war. Denn diese Anfälle waren ihrer Natur nach organneurotisch. Sie wurden durch bestimmte vasomotorische Reaktionen des Patienten hervorgerufen, die ihrerseits auf verdrängten Gefühlsregungen beruhten.

Hypochondrie kann bei Erwachsenen nicht nur das Ergebnis einer Kastrationsangst während der Kindheit sein. Gelegentlich enthüllt die Analyse, daß einige Patienten mit einer schweren Kastrationsangst, die sie als kleine Jungen erworben haben, späterhin eine Periode einer mehr oder weniger schweren Hypochondrie wegen ihres Penis durchlebten, die dann nach einer Weile zu einer einfachen Angst wurde.

16. Die psychoanalytische Therapie von Organneurosen

Die große Vielfalt der Krankheitserscheinungen, die als organneurotisch bezeichnet werden, macht eine allgemeine Aussage über ihre psychoanalytische Behandlung unmöglich. Es gibt unter ihnen Zustände, die in einem solchen Ausmaß «organisch» geworden sind, daß eine sofortige körperliche Behandlung notwendig ist. Sind aber die Symptome das Ergebnis chronischer unbewußter Einstellungen, so ist eine Psychoanalyse indiziert, um diese Einstellungen ins Bewußtsein zu heben und zu überwinden.

Freud stellte fest, daß die organneurotischen Symptome der Psychoanalyse nicht «direkt zugänglich» sind. Indirekt sind sie es aber sehr wohl.

Wird nämlich durch die Analyse die Angst oder werden andere Hindernisse, die einer adäquaten Abfuhr der Triebregungen eines Menschen im Wege stehen, entfernt, so verschwinden auch die indirekten Symptome, ohne daß sie zum gesonderten Objekt der Analyse gemacht worden wären. Ihr Funktionswechsel kann nicht «analysiert» werden, weil er keine unbewußte Bedeutung hat. Analysiert werden kann jedoch die Einstellung, die ihn hervorgerufen hat. Wenn sie aufgegeben wird oder wenn der Zustand einer Libidostauung überwunden ist, verschwinden auch deren unwillkürliche Folgen (41, 1350, 1592).

Gegenstand der Analyse ist eine Einstellung oder die Blockierung einer Abfuhr, nicht aber das Symptom selbst. Zunächst wird ein Analyseversuch die relative ätiologische Bedeutung der unbewußten Faktoren abzuschätzen und eine dynamische Diagnose zu stellen haben. Eine Hysterie, deren Symptomatologie auf ein einziges Organ beschränkt ist, ist natürlich nicht schwerer zu analysieren als irgendeine andere Hysterie. Je näher aber eine Organneurose einer Psychose ist, desto zweifelhafter wird ihre Prognose.

Unter den Pathoneurosen sind viele, die, wie man der Natur dieser Störung entsprechend erwarten darf, einen akuten Verlauf nehmen und in einer Spontanheilung enden, sobald die zugrundeliegende somatische Krankheit verschwindet. War die Krankheit der Auslösungsfaktor einer genuinen Neurose oder Psychose, so hängt die Behandlung von der Art der hervorgerufenen seelischen Störung ab.

Auch was die Hypochondrie angeht, gilt die Regel: Je hysteriformer das Krankheitsbild ist (Hypochondrie als einfacher Ausdruck einer Kastrationsangst), desto besser ist die Prognose. Je mehr aber der Narzißmus vorherrscht, desto zweifelhafter und ungewisser wird sie. In bezug auf die Fähigkeit zur Übertragung unterscheiden sich schwere hypochondrische Neurosen wenig von den Psychosen.

Wie einfach oder wie schwer es ist, Störungen einer individuellen Libidoökonomie zu beheben, hängt davon ab, wie weit ein Individuum durch seine Entwicklung psychisch in die Lage versetzt wurde, den Primat der Genitalität zu errichten. Wem es gar nicht oder fast gar nicht gelungen ist, das Entwicklungsniveau der infantilen Genitalität zu erreichen, auf das sich eine Therapie in der Folge stützen kann, der ist in einer sehr schwierigen Lage (1267). Die Entscheidung darüber, ob in solchen Fällen eine psychoanalytische Therapie angewandt werden soll, hängt von der Fähigkeit zur Übertragung und vom Status der infantilen Genitalität ab. Über diese beiden Faktoren kann man sich nur in einem Analyseversuch Gewißheit verschaffen. Man kann jedoch sagen, daß auch in zweifelhaften Fällen die Psychoanalyse nichtsdestoweniger indiziert ist; denn vielen Individuen dieses Typus kann durch keine andere therapeutische Methode geholfen werden, und die Psychoanalyse bietet immerhin einige Hoffnung.

17. Zusatz: Die Epilepsie

Über die «psychosomatische» Bestimmung der Epilepsie ist viel geschrieben worden. Dieser gefährliche Symptomkomplex ist zweifellos organisch vorstrukturiert. Nichtsdestoweniger scheint das Auftauchen des Syndroms gelegentlich von seelischen Faktoren abhängig zu sein und in einigen Fällen sogar durch diese verursacht zu werden. Wie also schätzt die Psychoanalyse diese Krankheit ein (3, 90, 267, 269, 271, 272, 276, 280, 339, 623, 714 a, 765, 857, 863, 997, 1030, 1092, 1123, 1276, 1478, *et al.*)? Der epileptische Anfall läßt sich am besten einem Affektausbruch vergleichen. Ein traumatischer oder (wenn der Organismus sich in einem Stauungszustand befindet) ein normaler Reiz löst ein vorstrukturiertes Abfuhrsyndrom aus, das die normale Ichbeherrschung der Motilität durchbricht. Diese Definition gilt gleichermaßen für einen Affektanfall und für einen epileptischen Anfall. Der letztere kann als eine Sonderform des ersteren angesehen werden, die nur bei organisch dazu prädisponierten Persönlichkeiten auftritt. Die Prädisposition besteht in der Bereitschaft des Patienten, auf bestimmte Reize oder auf den Druck bestimmter Stauungszustände mit diesem archaischen Syndrom einer explosiven und konvulsiven Abfuhr zu reagieren.

In den charakteristischen Veränderungen des Elektroenzephalogramms tritt gerade diese Prädisposition hervor.

Die Reize, die die archaische Reaktion hervorrufen, sind unterschiedlicher Art. Anfälle des «symptomatischen» Typus (Jackson) sind ein Reflex auf rein körperliche Reize. Eine organische Verletzung des Gehirns führt dazu, daß höhere Schichten der Organisation des Gehirns gehemmt werden und daß eine archaische Reaktionsweise wieder zu Tage tritt. Bei der genuinen Epilepsie hat wahrscheinlich ein geringerer und bisher unbekannter Hirnschaden die gleiche Wirkung. Die Art der Auslösereize und der voraufgehenden Spannung kann hier jedoch spezifischer sein. In einigen Fällen wird deutlich, daß besondere seelische Antriebe, statt eine Reaktion auf höherer Stufe des Bewußtseins hervorzurufen, gleichsam in einem Kurzschluß den Anfall auslösen. In diesen Fällen kann die Krankheit nicht als «Organneurose des Gehirns» in dem Sinn bezeichnet werden, daß eine psychogene Einstellung die Reaktionsmuster des Gehirns verändert haben könnte. Sie kann jedoch in dem Sinn so bezeichnet werden, daß bei einer bestimmten somatischen Disposition der Druck des Verdrängten zur Motilität ein archaisches physiologisches Syndrom auslöst. Es ist, schreibt Freud, «als ob ein Mechanismus der abnormen Triebabfuhr organisch vorgebildet wäre, der unter ganz verschiedenen Verhältnissen in Anspruch genommen wird, sowohl bei Störungen der Gehirntätigkeit durch schwere gewebliche und toxische Erkrankung als auch bei unzulänglicher Beherrschung der seelischen Ökonomie, krisenhaftem Betrieb der in der Seele wirkenden Energie.» (623).

Klinische Erfahrung zeigt, daß Epileptiker (a) im allgemeinen sehr narzißtisch sind, die beschriebenen Charakterzüge eines archaischen Ichs aufweisen und stets bereit sind, Identifizierungen an die Stelle von Objektbeziehungen treten zu lassen, und daß sie (b) überaus intensive destruktive und sadistische Antriebe aufweisen, die während einer langen Zeit unterdrückt gewesen sind und im epileptischen Anfall eine explosive Abfuhr finden. Die Verdrängung der destruktiven Antriebe beruht auf einer intensiven Angst vor Vergeltung, die im klinischen Bild oft sehr deutlich zu Tage tritt. Bekanntlich ist die Aura der Teil des epileptischen Anfalls, der sich am unterschiedlichsten darstellt. Man kann daher erwarten, daß die Aura, die dem eher einheitlichen «archaischen Abfuhrsyndrom» vorausgeht, größeren Aufschluß über die besondere Natur der auslösenden seelischen Reize zu geben vermag. Diese Erwartung wird in der Tat eingelöst. Hendrick, der die Aura verschiedener Fälle psychoanalytisch untersuchte, kam zu dem Ergebnis, daß vor dem Anfall eine Bestrebung zur Angstentwicklung mobilisiert wurde. Der beginnende Angstausbruch wurde dann aber blockiert, und der epileptische Anfall trat als eine Art Ersatz der Angst auf, die nicht zum Ausbruch gekommen war. «Die Abfuhr über das Zentralnervensystem trat an die Stelle der Abfuhr autonomer Spannungen» (765). Erlebnisse, die einen Anfall hervorrufen, stellen sich in der Analyse entweder als Anspielungen auf verdrängte Triebregungen heraus, die früher einmal mit Angst verbunden erfahren wurden, oder als projektive Repräsentanzen, von Angstempfindungen. Daß die Angst blockiert wird, beruht wahrscheinlich auf der Furcht vor der Möglichkeit, daß eine intensive und aufgestaute Destruktivität gegen das eigene Ich gewendet werden kann. Die Fähigkeit, Angst durch die besonderen konvulsiven Symptome des Zentralnervensystems zu ersetzen, würde dann ein rein physiologisches Problem darstellen.

Bartemeier machte darauf aufmerksam, daß bei Neurotikern ebenso wie bei Normalen gewisse archaische explosive Abfuhrerscheinungen auftreten, die als normale Prototypen epileptischer Anfälle angesehen werden können, wie z. B. ruckartige Bewegungen während des Einschlafens, die mahlende Bewegung der Zähne gegeneinander bei zusammengepreßten Kiefern während des Schlafs, ein unbeabsichtigter Biß auf die eigene Zunge und bestimmte vorübergehende Aufmerksamkeitsstörungen (90). Das Auftreten dieser Erscheinungen wird erleichtert durch Ermüdungszustände, durch eine Regression des Ich und in Situationen latenter Wut.

Epileptische Erscheinungen außerhalb der Anfälle und der Aura sind bisher nicht psychoanalytisch untersucht worden. Es sei jedoch eine allgemeine spekulative Bemerkung über die zunehmende Verschlimmerung der Krankheit in bestimmten Fällen gestattet. Wenn die Annahme richtig ist, daß der seelische Apparat die Funktionen einer Ausarbeitung und schließlichen Abfuhr hereinkommender Reize erfüllt, ist es denkbar, daß eine entscheidende Veränderung in der Art der Abfuhr durch eine einfache, explosive und undifferenzierte Methode derselben zu einer Vereinfachung und Entdifferenzierung des gesamten seelischen Apparats führen kann.

Es gibt einen graduellen Übergang von genuiner Epilepsie zur Konversionshysterie, bei der epileptiforme Anfälle eine bestimmte Vorstellung ausdrücken und alle Charakteristika von hysterischen motorischen Symptomen aufweisen (Hysteroepilepsie) (368, 647, 714a, 770, 1259, 1335, 1611).

Kapitel XIV: Die Zwangsneurosen

1. Das Phänomen des psychischen Zwangs

Bei allen Psychoneurosen ist die Kontrolle durch das Ich relativ unzureichend geworden. In den Konversionssymptomen wird das Ich einfach überrannt. Es gehen Handlungen von ihm aus, die es nicht intendiert hat. Bei Zwängen und Zwangsneurosen beherrscht das Ich zwar die Motilität, aber es fühlt sich nicht jederzeit und überall in der Lage, diese Herrschaft auszuüben. Denn es muß sie dem strengen Befehl einer mächtigeren Instanz gemäß und entgegen seinem eigenen Urteil ausüben. Es sieht sich veranlaßt, bestimmte Dinge zu tun, zu denken oder zu unterlassen, wenn es sich nicht fürchterlichen Bedrohungen aussetzen will.

Abkömmlinge abgewehrter Triebregungen verraten sich als solche durch ihre übertriebene Ausdrucksform, d. h. durch das Mißverhältnis der sie begleitenden Emotionen oder durch die Rigidität, mit der sie befolgt werden. *Zwangs*vorstellungen sind zunächst vor allem Abkömmlinge unbewußter Triebregungen. Zuweilen haben sie deren Charakter beibehalten, manchmal aber haben sie ihn auch verloren und bestehen nur noch aus intensiven Vorstellungen, an die einer immer wieder denken muß. Ihre Beharrlichkeit verdankt sich der Energie einer anderen, assoziativ mit ihnen verbundenen triebhaften Vorstellung, die abgewehrt worden ist.

Gelegentlich läßt sich der Übergang von einer Phobie zu einem Zwang direkt beobachten. Zunächst werden nur bestimmte Situationen vermieden, später wird beständig darauf aufgepaßt, daß die notwendige Vermeidung gewährleistet ist. Noch später nimmt dieses Aufpassen entweder einen zwanghaften Charakter an oder es wird ein anderes Zwangsverhalten entwickelt, das mit der ursprünglich gefürchteten Situation so unvereinbar ist, daß die Vermeidung gewährleistet ist. Berührungsrituale ersetzen Tabus; Waschzwänge treten an die Stelle von Beschmutzungsängsten; Gesellschaftsrituale vertreten Sozialangst; Manierismen beim Gehen stehen für die Hemmung, sich vom Fleck zu bewegen; eine zwanghafte Beschäftigung mit Krüppeln oder Tieren schließlich tritt an die Stelle der entsprechenden Phobien.

Einige phobische Vorstellungen nehmen allein durch ihre Intensität zwanghaften Charakter an. Das kann z. B. für die Vorstellung gelten, häßlich zu sein oder schlecht zu riechen. Zwanghaft sind solche Vorstellungen, solange ein Patient das Gefühl hat, entweder das eine oder das andere empfinden zu müssen; wahnhaft werden sie, wenn der Patient davon überzeugt ist, daß sie sich auf Tatsachen gründen.

In anderen Fällen vermag ein Zwang die Vermeidung dessen nicht zu garantieren, was ursprünglich Gegenstand der Angst war, sondern zwingt die Person, gerade das zu tun, wovor sie sich anfangs ängstigte. Zwänge dieses Typus sind nicht durch das Bedürfnis verursacht, eine Phobie aufrechtzuerhalten, sondern eher durch einen Kampf der ganzen Persönlichkeit oder der ursprünglichen Triebregung gegen eine Phobie.

Solche Zwänge sind nur eine der Äußerungsformen kontraphobischer Verhaltensweisen (435) (vgl. S. XX, 86). Ein Beispiel für sie stellte jener Patient dar, der ein zwanghaftes Interesse am Segeln und Wassersport hatte, das als Ergebnis seiner infantilen Angst vor einer Betätigung der Wasserspülung auf der Toilette anzusehen war. Höhenangst kann durch den Zwangsimpuls ersetzt werden, von irgendwo herunterzuspringen.

An manchen Zwängen ist ihre Abkunft von Triebregungen noch erkennbar; ihre Intensität drückt die Intensität der abgewehrten Triebe aus.

Es gibt Fälle, bei denen die Entstellung der ursprünglichen Triebregung nur darin besteht, daß ein triebhafter Impuls in einen zwanghaften verwandelt wurde. Zwangsgedanken an inzestuöse oder mörderische Handlungen sind nicht selten. Sie treten auf, ohne sich als Triebwünsche zu erkennen zu geben und sind ihrer eigentümlichen emotionalen Qualität beraubt. Patienten, die auszudrücken versuchen, daß ihre schrecklichen Vorstellungen nicht als Wünsche empfunden werden, sagen oft, daß Zwangsvorstellungen dieser Art «sie kalt lassen». Da aber Zwänge quälend sind, lassen sie sie ganz und gar nicht kalt (618). Den Abwehrkräften ist es nicht gelungen, was in den Patienten vorgeht, ganz aus deren Bewußtsein zu drängen. Gelungen ist ihnen nur die Umwandlung des ursprünglichen Triebes in einen Zwang. An der Art dieser Umwandlung läßt sich der Vorgang der Symptombildung bei Zwangsneurosen darstellen.

Ein Patient, der unter der Angst litt, den Eindruck zu machen, homosexuell zu sein, hatte immer, wenn er einen Mann kennenlernte, den Zwangsgedanken, mit diesem Mann homosexuellen Geschlechtsverkehr haben zu können. Er spürte dabei keinerlei sexuelle Erregung und war sich überhaupt nicht des Umstands bewußt, daß diese Zwangsvorstellung einen Wunsch ausdrückte.

Andere Zwänge scheinen keine verzerrte Triebregung auszudrücken, sondern, wie bereits erwähnt, eine Verstärkung der Abwehrkräfte. Ein Zwang kann als ein innerer Befehl beschrieben werden. Die Vorstellung, einen Befehl zu erhalten, wurzelt gewiß in den Kindheitserfahrungen mit Erwachsenen, die Befehle erteilten, in unserer Kultur insbesondere in Erfahrungen mit dem Vater. Bei Zwängen erteilt der Vater von innen heraus Befehle. Die innere Repräsentanz des Vaters heißt Über-Ich. In der Bildung von Zwangssymptomen spielt dieses Über-Ich eine andere Rolle als bei der Konversion.

Es scheint nun, als seien wir zu gegensätzlichen Aussagen gelangt. Zunächst haben wir die These aufgestellt, daß das Phänomen des Zwangs eine Entstellung von Triebregungen sei; jetzt aber scheint es, als sei es ein Abkömmling der Befehle, die einst vom Vater gegeben wurden, um Triebansprüche zu unterdrücken.

2. *Trieb und Abwehr bei Zwangssymptomen*

Das Phänomen des Zwangs ist in der Tat eine Verdichtung von Trieb- und Abwehrkräften. Das manifeste klinische Bild ist unterschiedlich, je nachdem welche von beiden vorherrschen. Triebkräfte sind dominant bei Zwangsvorstellungen, die sich auf Inzest oder Mord richten. Häufiger aber drücken die Symptome offensichtlich verzerrte Befehle des Über-Ich aus. Deren Bedeutung als Abwehr oder Buße wird viel stärker betont als bei Konversionssymptomen. Die Gefahr, vor der sich die Person zu schützen sucht, liegt weniger in der Richtung eines äußeren Liebesverlusts oder einer Kastration; es handelt sich bei ihr eher um eine von innen kommende Bedrohung. Die Angst richtet sich hauptsächlich auf eine Art Verlust der Selbstachtung oder sogar auf ein Gefühl der Vernichtung. Schuldgefühle haben mit anderen Worten eine entscheidendere Bedeutung als Motiv der pathogenen Abwehr. Das stimmt mit dem Umstand zusammen, daß bei Kindern Zwangsneurosen später auftreten als Hysterien. Gewöhnlich brechen sie erst während der Latenzperiode aus.

In bestimmten Fällen ist offensichtlich, daß Zwänge an die Stelle von Befehlen des Über-Ich getreten sind. Ein Patient mit einem Waschzwang, der den Befehl empfindet «Geh und wasch dich», wiederholt einfach, was er einmal als Kind gehört hat. Es ist nicht von Bedeutung, daß ihm die Eltern diesen Befehl gaben, damit sein Körper sauber sei, während er als Zwangsneurotiker den Befehl als Abwehr «schmutziger Gedanken» verwendet; denn als Kind hatte der Patient die Vorstellung, daß die Eltern ihm, wenn sie von seinen schmutzigen Gedanken gewußt hätten, befohlen haben würden, sich waschen zu gehen.

Das Gleiche gilt für Zwänge, die nicht als Befehle, sondern eher als Drohungen empfunden werden. Der Patient entwickelt bei ihnen Zwangsvorstellungen darüber, was geschehen würde, wenn er der Versuchung nachgäbe. Er sagt sich z. B.: «Wenn du dies oder das unterläßt, mußt du sterben»; oder: «Wenn du dies oder das unterläßt, wirst du diese oder jene Buße tun müssen»; oder schließlich: «Wenn du dies tust oder das unterläßt, muß dein Vater sterben». In der Analyse stellt sich heraus, daß die Handlungen, denen zuwidergehandelt werden muß oder die zu vermeiden sind, eine verpönte triebhafte Bedeutung besitzen. Im allgemeinen repräsentieren sie Bestrebungen des Ödipuskomplexes, der freilich in einer charakteristischen Weise verzerrt auftritt. Die drohenden Bestrafungen bedeuten entweder die Gefahr, von der der Patient einst annahm, sie sei mit der verbotenen Triebregung verbunden (Kastration oder Liebesverlust) oder sie bedeuten eine aktive Selbstbestrafung, die Kastration oder Liebesverlust abwehren (und an deren Stelle treten) soll. Die Drohung mit dem Tod des Vaters, die dieser Interpretation sich nicht zu fügen scheint, kann als das plötzliche Bewußtwerden eines Angstsignals erklärt werden. Sie bedeutet: «Was du vorhast, ist nicht harmlos; in Wahrheit willst du deinen Vater töten; wenn du jetzt der Versuchung nachgibst, könnte das zum Mord an deinem Vater führen.»

Während einige Zwangssymptome verzerrte Wahrnehmungen von Triebansprüchen sind und andere die gegen die Triebe gerichteten Drohungen des Über-Ichs ausdrücken, drückt sich in einer dritten Kategorie von Symptomen der Kampf zwischen Über-Ich und Triebansprüchen aus. Die meisten Symptome des Zwangszweifels können durch die Formel erfaßt werden: «Darf ich ungezogen sein oder muß ich artig sein?» Gelegentlich besteht ein Symptom aus zwei Phasen, von denen eine die verpönte Triebregung darstellt und die andere die gegen sie gerichtete

Abwehr. Freuds Rattenmann zum Beispiel sah sich veranlaßt, einen auf der Straße liegenden Stein auf die Seite zu räumen, weil ihm die Idee kam, jemand könne vielleicht an diesem Stein zu Schaden kommen, aber einige Minuten später fiel ihm ein, das sei doch ein Unsinn, und er mußte nun zurückgehen und den Stein wieder an seine frühere Stelle mitten auf der Straße legen (567). Bei der Erörterung des Ungeschehenmachens haben wir bereits Vorgänge dieser Art erwähnt (vgl. Bd. 1, S. 220ff.).

Gelegentlich läßt sich beobachten, wie ein Symptom im Verlauf einer Zwangsneurose seine Bedeutung ändert. So kann etwa ein Symptom, das zunächst eine Abwehr ausdrückte, mehr und mehr zum Ausdruck der Wiederkehr der ursprünglichen Triebregung werden.

Ein Patient war in der Lage, die Angst, die bei ihm nach der Masturbation auftrat, durch eine Anspannung seiner Beinmuskeln zu vertreiben. Diese Anspannung wurde später durch rhythmisches Schlagen auf die Schenkel ersetzt und noch später durch eine weitere Masturbation. Ein anderer Patient hatte nach Turnübungen Gewissensbisse. Die Analyse enthüllte, daß diese Übungen für ihn die Bedeutung einer Masturbation hatten. Schließlich gab ihm die zwanghafte Gewöhnung an die Gewissensbisse den Gedanken ein: «Dann onaniere eben, bis du dich vollständig zugrunde gerichtet hast!» Danach war er gezwungen, mehrmals hintereinander zu onanieren, ohne dabei irgendeine Lust zu empfinden.

Patienten, die sich mehrmals vergewissern müssen, daß sie den Gashahn zugedreht haben, sind oft gezwungen, den Hahn wieder anzufassen, so daß die Handlung, die die Gefahr abwehren soll, sie tatsächlich auslösen könnte. Ein Patient mußte wieder und immer wieder die Gegenstände oben auf dem Bücherregal neu ordnen, um dafür zu sorgen, daß sie nicht jemandem auf den Kopf fallen könnten. Damit erhöhte er natürlich die Möglichkeit, daß sie wirklich herunterfallen konnten. Um ihre geliebten Angehörigen vor feindseligen Triebregungen zu schützen, schirmen viele Zwangsneurotiker sie so hingebungsvoll gegen imaginäre Gefahren ab, daß sie sie in Wahrheit quälen. Sie bringen damit gegen ihren Willen Feindseligkeit zum Ausdruck.

Den Höhepunkt einer «Wiederkehr des Abgewehrten» stellt eine von Waterman mitgeteilte Krankengeschichte einer Patientin dar. Diese litt unter einer so extremen Schmutzphobie, daß sie den ganzen Tag über im Bett blieb, wenn sie das Gefühl hatte, ihre Kleider oder ihr Zimmer seien dreckig. An solchen Tagen konnte ihre Angst vor Schmutz sie daran hindern, überhaupt ihr Bett zu verlassen. Das führte schließlich dazu, daß sie tatsächlich ihr Bett beschmutzte.

«Jetzt hast du dich durch Turnübungen zugrundegerichtet, und es geschieht dir gerade recht, wenn du dich durch Masturbation vollkommen ruinierst» – Gedanken dieser Art verweisen darauf, wie das Paradox zu erklären ist, daß ein Triebinhalt erfahren wird, als sei er ein Befehl des

Über-Ich. Solche Symptome stellen einen Kompromiß zwischen dem abgewehrten Trieb und dem drohenden Über-Ich dar. Der Trieb drückt sich in ihnen durch den Vorstellungsinhalt, das Über-Ich durch die Befehlsform aus, zu der die ursprüngliche Triebregung entstellt worden ist. Lustlose zwanghafte Onanie stellt den Gipfel einer solchen Verdichtung dar. Offenkundig sexuelles Handeln wird nicht zum Zwecke sexueller Lust vollzogen, sondern mit dem Ziel einer Bestrafung und Unterdrükkung der Sexualität. Dies ist häufig das Endergebnis einer langen Entwicklung. Ein Zwang, der als Abwehr der Masturbation galt, wird aufgrund einer Wiederkehr des Verdrängten durch eine weitere Masturbation ersetzt, die ihrerseits einen Zwang und eine Bestrafung darstellt. Die Midas-Bestrafung durch bösartige Pseudowunscherfüllung (vgl. S. 46) ist für viele Zwangsneurotiker charakteristisch. Gelegentlich machen Zwangsneurotiker Zweifeln oder Haarspaltereien ein Ende, indem sie masturbieren.

Eine ähnliche Entwicklung tritt oft in bezug auf Masturbationsäquivalente auf. Eine bestimmte Art, auf Dingen herumzutrommeln, zeremoniell ausgeführte Muskelbewegungen oder Rituale, die vorschreiben, wie bestimmte Dinge berührt oder nicht berührt werden müssen – all das sind Zwänge, die zunächst gegen die Masturbation gerichtet waren, sich dann aber in deren Äquivalente verwandelt haben können. Gelegentlich ist sich ein Patient vage dieser Verbindung bewußt und muß sich für sein «ungezogenes» zwanghaftes Verhalten bestrafen. In anderen Fällen haben Patienten nicht die leiseste Ahnung von der Bedeutung dieses Symptoms (357, 467, 733).

Zwangsrituale stellen im allgemeinen eine Karikatur der Masturbation dar (503). Gelegentlich erweist sich ein Symptom, das scheinbar nicht mit der Masturbation zusammenhängt, wenn es analysiert wird, als durchaus mit ihr zusammenhängend. Eine Patientin war gezwungen, jedesmal wenn sie den Wasserhahn aufdrehte oder auch nur an einem Wasserhahn vorbeiging, bis 5 oder 6 zu zählen. Da sie vollständig unter der Herrschaft eines Penisneids stand, durfte man erwarten, daß ein Symptom, das sich auf Wasserhähne bezog, in irgendeiner Verbindung mit ihrem Penisneid stand. Tatsächlich erinnerte sie sich daran, daß ihre Mutter ihr einmal, als ihr Finger entzündet war, einen Schreck eingejagt hatte, indem sie ihr sagte, der Finger müsse abgeschnitten werden. Das Zwangsritual war also folgendermaßen zu interpretieren: Der Anblick eines Wasserhahns (eines Penis) zwang die Patientin, sich davon zu überzeugen, daß sie nicht vier, sondern fünf oder sogar sechs Finger besaß. Im weiteren Verlauf der Analyse stellte sich heraus, daß das Ritual in einer noch engeren Beziehung zur Masturbation stand. Denn die Patientin pflegte zu masturbieren, indem sie sich einen Finger vor ihr Genitale hielt und den Urin an ihm entlangfließen ließ, als wäre der Finger ein Penis.

Schon nach oberflächlicher Untersuchung kann der Ödipuskomplex bei Zwangsneurosen als Zentrum der abgewehrten Triebregungen entdeckt werden, was bei der Hysterie aufgrund der Verdrängung vollkommen unmöglich wäre.

Ein später leider nicht analysierter Patient beklagte sich über zwei Arten von Zwangsimpulsen. Jedesmal wenn er eine Frau sah, war er zu denken gezwungen, daß er sie töten könnte, und jedesmal wenn er Messer oder Scheren sah, dachte er daran, sich seinen Penis abzuschneiden. Die erste dieser beiden Regungen war ursprünglich als der Gedanke aufgetreten, seine Mutter töten zu können. Ihre Ausdehnung auf andere Frauen war bereits eine entstellende Verallgemeinerung. Der Patient führte ein einsames Leben, und seine Sexualität war auf Pollutionsträume beschränkt, in denen er sich dabei beobachtete, wie er Frauen strangulierte oder sie auf irgendeine andere Weise umbrachte. Sein Antrieb, Frauen umzubringen, war also ein verzerrter Ausdruck seines inzestuösen Verlangens. Beseitigt man dessen Verzerrungen, so läßt sich feststellen, daß der Patient unter zwei Impulsen litt: seine Mutter sexuell zu vergewaltigen und sich den Penis abzuschneiden. Beide können als ein zweizeitiges Symptom verstanden werden, dessen erste Hälfte die Befriedigung des ödipalen Wunsches darstellt, während die zweite die vom Patienten gefürchtete Bestrafung darstellt.

Unverständliche Symptome werden verständlich, wenn man ihre Geschichte untersucht. Die ursprüngliche Form, in der sie zunächst auftreten, liegt ihrer unbewußten Bedeutung näher. So kann ein Symptom eine Anspielung auf ein Ereignis in der Vergangenheit des Patienten sein. Diese Anspielung kann nur verstanden werden, wenn der gesamte Kontext bekannt ist.

Vor dem Zubettgehen war ein Patient gezwungen, eine ganze Weile damit zuzubringen, das Fenster mehrmals zu öffnen und zu schließen. Das Symptom trat zuerst auf, als er in seiner Jugend mit seinem Zimmerkameraden Auseinandersetzungen darüber hatte, ob das Fenster offen oder geschlossen bleiben solle. Der spätere Zwang hatte für ihn also die Bedeutung der Frage, wer von beiden gewinnen und sich als stärker erweisen würde. Von diesem Ausgangspunkt aus wurde allmählich deutlich, daß das Problem dieses Patienten durch eine homosexuelle Versuchung verursacht war, der er sich dadurch ausgesetzt sah, daß er mit seinem Freund das selbe Zimmer teilte. Die wirkliche Frage, die sich ihm stellte, war, ob er mit Männern als Mann in Konkurrenz treten solle oder aber sich damit zufrieden geben solle, sich ihren Wünschen passiv, unterwürfig und weiblich anzupassen. Es stellte sich heraus, daß dies der Konflikt war, in dem seine Zwangsneurose wurzelte.

3. Die Regression bei Zwangsneurosen

Das oben gegebene Beispiel des offenen Ausdrucks ödipaler Wünsche, bei dem der Patient die beiden Antriebe verspürte, Frauen zu töten und sich den Penis abzuschneiden, ist typisch dafür, wie inzestuöse Wünsche bei Zwangsneurosen verzerrt werden. So spricht etwa dieser Patient davon, seine Mutter zu «töten», während er tatsächlich sagen will, daß er Geschlechtsverkehr mit ihr haben möchte. Die sexuellen Träume dieses Patienten waren offenkundig sadistisch. Es wirkte sich bei ihm nicht nur eine infantile Mutterbindung aus, sondern insbesondere eine sadistische Verzerrung dieser Bindung.

Offene oder verborgene Bestrebungen zur Grausamkeit oder Reaktionsbildungen gegen sie werden bei Zwangsneurosen immer wieder angetroffen. Mit gleicher Regelmäßigkeit finden sich analerotische Triebregungen und deren Abwehr in den unterschiedlichsten Formen. Die beständige Verbindung von Zügen der Grausamkeit mit der Analerotik bei Zwangsneurosen, auf die Jones zuerst aufmerksam gemacht hat (879), überzeugte Freud von der engen Verwandtschaft dieser beiden Erscheinungsformen und von der Existenz einer analsadistischen Stufe der Libidoorganisation (581).

Bei der Hysterie bleiben die verdrängten Vorstellungen im Unbewußten unverändert und nehmen von dort aus weiterhin ihren Einfluß wahr. Insofern der Ödipuskomplex die Grundlage auch der Zwangssymptome ist, gilt dies ebenfalls für die Zwangsneurose; in ihr aber sind zusätzlich zum Ödipuskomplex sehr starke anale und sadistische Triebregungen wirksam, die in der vorausgehenden Entwicklungsperiode ihren Ursprung haben. Regelmäßig werden diese Triebregungen ihrerseits bekämpft. Die analsadistische Ausrichtung der Triebe kann bei der Zwangsneurose im allgemeinen am klinischen Bild unschwer erkannt werden, sobald einmal darauf aufmerksam gemacht worden ist. Zwangsneurotiker sind zumeist offensichtlich mit Konflikten beschäftigt, die zwischen Aggressivität und Unterwürfigkeit, zwischen Grausamkeit und Zärtlichkeit, zwischen Schmutz und Sauberkeit, zwischen Unordnung und Ordnung ausgetragen werden. Solche Konflikte können sich im äußeren Erscheinungsbild und manifesten Verhalten der Neurotiker ausdrücken, während sie auf die Frage nach ihrem Sexualleben charakteristischerweise zu antworten pflegen, daß es soweit in Ordnung sei. Die physiologischen Funktionen scheinen bei ihnen in Ordnung zu sein, weil sie vom psychologischen Inhalt abgespalten sind. Die physiologische Abfuhr in den sexuellen Aktivitäten der Patienten ist ihrer sexuellen Spannung nicht adäquat, die sich in vollem Umfang in ihren Vorstellungen von Grausamkeit oder Schmutz ausdrückt. Gelegentlich enthüllt sich die analsadistische Ausrichung nur in Form von Reaktionsbildungen wie z. B. einer überkompensierenden Freundlichkeit, einem übertriebenen Sinn für Gerechtigkeit oder Sauberkeit, einer Unfähigkeit zu jeder Aggression und einer peinlichen Genauigkeit in allen Gelddingen. Eine Mischung von Reaktionsbildungen und direkten analen oder sadistischen Ausbrüchen kann das Verhalten der Patienten widersprüchlich erscheinen lassen. Sie sind dann zugleich ebenso ordentlich wie unordentlich, ebenso sauber wie schmutzig, ebenso freundlich wie grausam.

Ein Patient, der später nicht analysiert wurde, sagte im ersten Interview, daß er unter einem Zwang leide, immer wieder hinter sich blicken zu müssen. Er tat dies aus Angst, etwas Wichtiges hinter sich übersehen zu haben. Er litt unter der Vorstellung, eine am Boden liegende Münze unter Umständen übersehen zu können, auf ein Insekt getreten zu sein und es verletzt zu haben oder einem Insekt, das auf den Rücken gefallen war, nicht wieder aufgeholfen zu haben. Der Patient hatte ferner Angst davor, etwas zu berühren und mußte sich jedesmal, wenn er ein Objekt berührt hatte, davon überzeugen, daß er es nicht zerstört hatte. Er übte keinen Beruf aus, weil seine schweren Zwänge jede Berufstätigkeit unmöglich machten. Er hatte jedoch eine Leidenschaft: den Hausputz. Er pflegte gelegentlich seine Nachbarn aufzusuchen und nur so zum Spaß ihre Häuser zu putzen. Ein weiteres Symptom wurde vom Patienten selbst als «Kleidungsbewußtsein» bezeichnet. Er befand sich in ständiger Sorge darüber, ob sein Anzug gut saß. Auch er sagte, daß die Sexualität in seinem Leben keine wichtige Rolle spiele. Er hatte nur zwei- oder dreimal im Jahr Geschlechtsverkehr und dann ausschließlich mit Mädchen, an denen ihm nicht sehr viel lag. Später erwähnte er ein weiteres Symptom. Als Kind hatte er das Gefühl gehabt, seine Mutter sei abscheulich, und er hatte furchtbare Angst davor, sie zu berühren. Es gab für diesen Abscheu überhaupt keinen Grund, denn seine Mutter war eine nette und umgängliche Person.

Das klinische Bild zeigte, daß das Sexualleben des Patienten analsadistisch ausgerichtet war und daß die Angst vor dem Inzest die Grundlage dieser Verzerrung bildete.

Im Verlauf einer Analyse tritt natürlich die analsadistische Ausrichtung der Zwangsneurotiker noch deutlicher hervor. Es gibt unter ihnen, wie Freud feststellt, nur wenige, «die nicht ihre besonderen skatologischen Gebräuche», Zeremonien und dergleichen hätten, die von ihnen sorgfältig geheim gehalten werden. Teils handelt es sich dabei um analerotische Spiele, teils um Reaktionsbildungen gegen diese und teils um beides zugleich. W. C. Menninger hat die typischsten und häufigsten skatologischen Rituale zusammengestellt (1143). Die Patienten sind immer auf der Hut vor unbewußten analen Bestrebungen, die mit Feindseligkeit vermischt sind, z. B. vor dem Verlangen, ihren Mitmenschen einen «schmutzigen Streich» zu spielen.

Freud äußerte daher, die Organisation der Triebe beim Zwangsneurotiker gleiche der des Kindes auf der analsadistischen Entwicklungsstufe. Das scheint der häufig gemachten Beobachtung zu widersprechen, daß die Zwangsneurotiker sich in einem Abwehrkampf gegen den Ödipuskomplex befinden; denn dessen Höhepunkt bei Kindern wird nicht vor dem Erreichen der phallischen Entwicklungsstufe angenommen. Ein weiterer scheinbarer Widerspruch liegt in dem Umstand, daß trotz ihres Analsadismus viele Zwänge eine enge Verbindung zur genitalen Masturbation besitzen.

Eine Auflösung dieser scheinbaren Widersprüche liegt im Begriff der *Regression.* Man gewinnt nämlich den Eindruck, daß die analsadistischen Triebregungen sich auf Kosten der ursprünglich phallischen, ödipalen Triebregungen entwickelt haben. Während diese an Stärke abnahmen, nahmen die analsadistischen Triebregungen zu. Während er versuchte, seinen Ödipuskomplex abzuwehren, regredierte der Patient mit einem Teil seiner libidinösen Energie auf die analsadistische Stufe (567, 581, 596, 618).

Aber ein Zwangsneurotiker ist nicht koprophil. Da er mit der Regression auf seine analerotischen Triebregungen das offensive Moment des Ödipuskomplexes nicht vollkommen auszuschalten vermochte und da auch jene Triebregungen ihm unerträglich bleiben, muß der Patient seinen Abwehrkampf auch gegen sie fortsetzen. Das Dazwischentreten der Regression kompliziert das Bild der Zwangsneurose im Vergleich mit der Hysterie.

Freuds Theorie, daß die Regression auf die analsadistische Entwicklungsstufe den Schlußstein in der Konstruktion der Zwangsneurose bildet, vermag viele Tatsachen zu erklären, die anders widersprüchlich bleiben würden.

Denn erst auf ihrer Grundlage wird es verständlich, daß die abgewehrten Triebregungen bei der Zwangsneurose einerseits aus phallischen, ödipalen Bestrebungen sowie aus genitalen masturbatorischen Triebregungen zusammengesetzt sind und daß sie andererseits ihrer Natur nach nichtsdestoweniger analsadistisch sind. Die Abwehr richtete sich zunächst gegen den phallischen Ödipuskomplex und ersetzte ihn durch analen Sadismus. Dann aber setzte sie sich gegen die analen Triebregungen fort.

Gelegentlich vermag die Analyse den tatsächlichen Vorgang der Regression zu zeigen und nachzuweisen, daß durch sie die Zwangsneurose entstanden ist.

Ein Mädchen litt an der Zwangsbefürchtung, daß aus der Toilette eine Schlange auftauchen und in ihren Anus kriechen könnte. In der Analyse stellte sich heraus, daß diese Angst einen Vorläufer hatte; denn ursprünglich hatte sie sich davor geängstigt, daß eine Schlange in ihrem Bett sein könnte. Um sich vor der phallischen Angst zu schützen, hatte eine Regression stattgefunden. Der Ort der Angst war vom Bett auf die Toilette, von den Genitalien auf den Anus verschoben worden.

Ein Junge, der sich noch in der Latenzperiode befand, wurde jedesmal, wenn er eine Erektion hatte, von einer überwältigenden Angst ergriffen. Er sagte, daß er davor Angst habe, er könne seinen Penis verletzen. Er entwickelte die Angewohnheit, immer wenn er eine Erektion hatte, zu masturbieren, um sie loszuwerden. Das aber rief neue Ängste hervor. Späterhin entwickelte er einen Zwang zu häufiger Miktion und Defäkation. Danach entwickelte er eine ausgedehnte Zwangsneurose. Es ist in diesem Fall offensichtlich, daß die genitalen Triebregungen sich zunächst trotz der Bedrohung durch die Kastrationsangst behaupteten, daß sie dann durch prägenitale Bestrebungen ersetzt wurden und daß die Zwangsneurose erst nach einer Regression auf die Stufe der Analerotik auftrat.

Ein indirekter, aber fast experimenteller Beweis für die analsadistische Regression in der Ätiologie der Zwangsneurose wird durch die seltenen Fälle geliefert, bei denen sich eine Hysterie nach erfolgter Aufgabe der genitalen Sexualität in ein zwangsneurotisches Symptombild wandelt. Freud beobachtete diesen Prozeß bei einer Frau, die aufgrund äußerer Umstände aufhörte, ihrem genitalen Sexualleben irgendwelche Bedeutung beizumessen (581). Ein ähnlicher Vorgang kann oft nach dem Klimakterium beobachtet werden, wenn organische Faktoren eine Regression hervorgerufen haben.

Das Vorliegen einer Regression kann auch in Fällen nachgewiesen werden, bei denen sie als Abwehr versagt. Bei ihnen gelingt es dem Patienten, obwohl er sein Interesse auf das anale Gebiet verlagert, nicht, die

Kastrationsangst zu vermeiden. Statt dessen entwickelt er etwas, das man anale Kastrationsangst nennen könnte. Ein im übrigen zwanghafter Patient kann zur Defäkation außer in kleinen oder formlosen Mengen unfähig werden und damit die Gefahr zu bannen suchen, «ein Organ zu verlieren». Das Material, das Freud unter dem Titel der symbolischen Gleichsetzung der Faeces mit dem Penis behandelt (563, 593), hat zum Teil in dieser Regression seinen Ursprung.

Einige der typischen Klosettängste bei Kindern und Zwangsneurotikern enthüllen in der Analyse ihre Verbindung zur Kastrationsangst. Es ist die Angst, in die Toilette zu fallen oder von einem aus ihr emporsteigenden Monstrum aufgefressen zu werden oder schließlich die rationalisierte Angst, sich auf der Toilette anzustecken. Bei allen diesen Ängsten handelt es sich um eine regressive Entstellung der Kastrationsangst. Ein Kind, dessen verschiedene Ängste auf den Schreck zurückgeführt werden konnten, zu sehen, daß seine Faeces verschwunden waren, drückte die Angst aus, daß sein Penis in gleicher Weise verschwinden könnte.

Die Tatsache, daß anale (ähnlich wie orale) Ängste Kastrationsängste überlagern können, widerspricht nicht der Autonomie der prägenitalen Ängste. Die Entstellung der Kastrationsangst geschieht regressiv und wird durch eine erneute Mobilisierung der alten prägenitalen Angst vor einem Verlust der Faeces bestimmt. Es ist oft sehr schwer zu entscheiden, welcher Teil einer analen Angst ein Überrest der ursprünglichen prägenitalen Angst darstellt und vielleicht der Kastrationsangst von Anfang an eine bestimmte Tönung gibt und welcher Teil durch die Kastrationsangst regressiv entstellt wird; denn die prägenitalen Erfahrungen, sich von der Brust und den Fäkalien trennen zu müssen, sind archaische Vorläufer der Kastrationsidee (36, 1466).

Wenn die Analyse eine ganze analsadistische Welt aufgedeckt hat, die aus den frühesten Jahren der Kindheit stammt, ist es immer wieder überraschend zu sehen, daß vollkommen verdrängte Erinnerungen einer noch früheren, rein phallisch ausgerichteten Periode auftauchen, die durch die Kastrationsangst zerstört worden waren. Man darf sich nicht zu der Annahme verleiten lassen, daß neu auftauchende Erinnerungen in bezug auf die analsadistischen Triebregungen sich auf die Zeit der ursprünglichen analsadistischen Ausrichtung beziehen. Sehr oft sind sie ihrer Natur nach nicht ursprünglich, sondern regressiv. Sie traten erst nach dem phallischen Ödipuskomplex auf, und die ursprüngliche prägenitale Organisation muß noch früher angesetzt werden.

Es gibt klinisches Material im Überfluß, bei dem sich Vorstellungen und Verhaltensweisen, die dem genitalen Entwicklungsniveau eigentümlich sind, mit analsadistischem Material vermischt finden. Manche Zwangsneurotiker nehmen z. B. die Sexualität nur unter analen Bestimmungen wahr, als handele es sich um eine Klosettangelegenheit. Andere wiederum sehen sie als eine finanzielle Angelegenheit, die sich z. B. in Prostitutionsphantasien ausdrücken kann, oder als eine Frage des Besitzes. So kann etwa ein Mann sehr viel Wert darauf legen, während des Geschlechtsverkehrs seinen Samen solange wie möglich zurückzuhalten. Gelegentlich kann er das mit der Vorstellung tun, seinen Samen «aufzuheben», zuweilen aber auch aus einer rationalisierten Rücksichtnahme auf die Gefühle der Frau. In der Analyse zeigt sich, daß er sich seinem Samen gegenüber verhält wie zuvor gegenüber den Faeces.

In wieder anderen Fällen steht eine sadistische Verzerrung des gesamten Sexuallebens stärker im Vordergrund als eine anale. Manche Zwangsneurotiker geben dem Beischlaf unbewußt die Bedeutung eines Kampfes, bei dem der Sieger den Besiegten kastriert. Männliche Patienten dieses Typus haben gelegentlich kein anderes Interesse an der Sexualität, als sich zu beweisen, daß sie nicht die Besiegten sind. (Das aber, so scheint es, will ihnen nie ganz gelingen.) Weibliche Patienten können ein Verlangen entwickeln, die männlichen Genitalien anzuschauen oder zu berühren, bei dem verborgene Destruktionswünsche offen zutage treten.

Die Regression hat ein zweifaches Ergebnis: Zum einen verbindet sich der erhöhte Sadismus mit der ödipalen Feindseligkeit gegen den gleichgeschlechtlichen Elternteil und erlegt dem Ich neue Abwehraufgaben auf. Zum andern verändert die jetzt hervortretende Analerotik das Sexualziel und damit das Verhalten der Person. Analerotik ist, wie bereits ausgeführt wurde, ihrer Natur nach immer bisexuell; denn der Anus ist gleichzeitig ein aktives Ausscheidungsorgan und ein hohles Organ, das durch Objekte gereizt werden kann, die in es eingeführt werden (vgl. Bd. 1, S. 101). Ein Schwanken zwischen der ursprünglich männlichen Einstellung, die jetzt durch die aktiv sadistische Komponente der Analerotik bestärkt und übertrieben wird, und der weiblichen Einstellung, die durch die passive Komponente der Analerotik charakterisiert ist (163), bildet einen der typischen Konflikte im Unbewußten des männlichen Zwangsneurotikers. Eine phallische Ödipuseinstellung wird durch die Vorstellung gehemmt, daß eine Befriedigung den Verlust des Penis bedeuten würde. Die Regression führt also eher zu einer weiblichen Einstellung, vernichtet aber nicht ganz die ursprünglich männliche.

Daß in der modernen Erziehung die einander ausschließenden Ideale von Unabhängigkeit und Unterwürfigkeit zugleich betont werden, erhöht den Konflikt zwischen aktiv männlichen und passiv weiblichen Bestrebungen bei Zwangsneurotikern. Dieser Konflikt kann unterschiedliche Formen annehmen. Oberflächliche Aktivität kann als eine Reaktionsbildung gegen eine tiefer liegende Passivität betont werden und umgekehrt. Eine tatsächliche Passivität kann auf vielfältige Weise als Aktivität rationalisiert werden. Ein normaler Kompromiß dieser Art ist die Identifizierungsliebe des Jungen zu seinem Vater. Indem er sich ihm gegenüber vorübergehend weiblich verhält, erwirbt er das Versprechen, in Zukunft an seiner Männlichkeit teilzuhaben. Die «Psychologie des Schülers», sich seinem Meister gegenüber passiv zu verhalten, um später selbst Meister zu werden, gibt zu verschiedenen pathologischen Verzerrungen Anlaß (vgl. Bd. 1, S. 132).

Natürlich ist es nicht das Ziel der femininen Wünsche männlicher Zwangsneurotiker, kastriert zu sein. Ihr Wunsch ist es eher, daß etwas in ihren Körper eingeführt wird oder daß sie es in ihm zurückbehalten können. Die Vorstellung, daß auch dieser Wunsch keinen verläßlichen Schutz gegen die Kastration bietet, daß diese sogar eine Voraussetzung seiner Befriedigung sein kann, löst eine überaus intensive Angst aus, die eine weitergehende Abwehr veranlaßt. Dieser Zustand lag beim Wolfsmann vor, der seinen «verkehrten» Ödipuskomplex aus Kastrationsangst verdrängte. Seine Angst, von Wölfen gefressen zu werden, drückte sowohl sein feminines Verlangen gegenüber seinem Vater aus wie seine Kastrationsangst (599).

Auf diese Weise kann jede sexuelle Befriedigung so eng mit den angstauslösenden Kastrationsvorstellungen verbunden werden, daß sie schließlich ohne sie unvorstellbar wird. Oft benimmt sich ein Patient, als suche er unbewußt nach einer Kastration; wonach er aber in Wahrheit sucht, ist etwas, das der Angst ein Ende setzt, die die Lust verhindert. Denn die gesuchte «Kastration» ist entweder nur ein Kastrationssymbol, ein geringeres Übel, das der Patient auf sich nimmt, um die volle Kastration zu vermeiden, oder es ist eine aktive Vorwegnahme dessen, was er sonst passiv würde zu erdulden haben. Oft unterzieht sich denn auch ein Patient, der eine Handlung ausgeführt hat, die eine Kastration symbolisiert, einem Ritual, das sie auf symbolischer Ebene ungeschehen macht.

Neben der Bisexualität ist auch die Ambivalenz charakteristisch für eine erhöhte Analerotik. Eine ausgeprägte Ambivalenz der Objektbeziehungen ist typisch für die prägenitalen libidinösen Entwicklungsstadien. Sie taucht wieder auf, sobald die genitale Organisation aufgegeben wird.

Soweit eine anale Fixierung Voraussetzung der analen Regression ist, können Bisexualität und Ambivalenz, die mit ihr verbunden sind, als Voraussetzung der Regression angesehen werden. Soweit die Regression aber die analsadistische Ausrichtung intensiviert und auf Dauer erhält, sind Bisexualität und Ambivalenz als Attribute dieser Ausrichtung ein Ergebnis der Regression.
Bei einer Konversionshysterie mit intestinalen Symptomen bleibt eine anale Regression auf die Wahl des erkrankten Organs beschränkt, das zum Ausdruck genitaler Phantasien verwendet wird. Anders bei der Zwangsneurose. In ihr findet eine volle Regression auf die Welt analerotischer Wünsche und Verhaltensweisen statt, die das gesamte Verhalten verändert. Häufig tritt sogar die olfaktorische Ausrichtung wieder zutage, die für analerotische Kinder charakteristisch ist und sich bei normalen Erwachsenen verloren hat (202). Oft fördert eine Regression auch mehr oder weniger narzißtische Züge zutage, wobei die erhöhte Bisexualität zu Phantasien über einen Geschlechtsverkehr mit der eigenen Person Anlaß bietet. Es gibt Übergangszustände von Zwangsneurosen zu manisch-depressiven Psychosen oder Schizophrenien.

4. *Exkurs über den Analcharakter*

Freud machte die Entdeckung, daß bestimmte Charakterzüge bei Personen vorherrschen, deren Triebleben anal ausgerichtet ist (563). Diese Charakterzüge sind teils Reaktionsbildungen gegen analerotische Handlungsweisen und teils deren Sublimierung. Ihren hauptsächlichen Ausdruck finden sie in Ordentlichkeit, Sparsamkeit und einem trotzigen Eigensinn, die regelmäßig bei Personen, die an einer Zwangsneurose erkranken, verstärkt auftreten. Sie sollen daher an dieser Stelle erörtert werden.
Die Erziehung zur Sauberkeit in der frühen Kindheit ist von großer Bedeutung für die Entwicklung der Beziehung zwischen dem Ich des Kindes und seinen Triebregungen. Mit dieser Erziehung ist zum erstenmal eine Situation gegeben, in der das Kind mit Rücksicht auf seine Umgebung lernen kann, eine unmittelbare Triebbefriedigung zurückzustellen oder auf sie zu verzichten. Das Kind erwirbt bei dieser Gelegenheit eine

aktive Beherrschung entscheidender Triebansprüche. Zugleich aber werden die bis dahin «allmächtigen» Erwachsenen zu einem gewissen Grade vom Willen des Kindes abhängig (vgl. Bd. 1, S. 101 und XX, 8 f.).
Die analen Charakterzüge, die sich in den Konflikten dieser Erziehung herausbilden, besitzen zum Teil die Qualität eines Widerstandes, der vom Trieb den Ansprüchen der Umgebung entgegengebracht wird, zum Teil aber besitzen sie auch die Qualität des Gehorsams ihnen gegenüber und zum größten Teil schließlich stellen sie Kompromißbildungen zwischen diesen beiden Bestrebungen dar (21, 194, 883, 1143).
Sparsamkeit ist eine Fortsetzung der analen Gewohnheit der Verhaltung. Zuweilen ist sie mehr durch die Angst vor einem Verlust, zuweilen mehr durch erogene Lust motiviert. Ordentlichkeit und Hartnäckigkeit sind analytisch komplizierter abzuleiten. Ordentlichkeit ist eine Ausarbeitung des Gehorsams gegenüber den Umweltansprüchen, die eine Regulierung der exkrementellen Funktionen verlangen; trotziger Eigensinn dagegen ist eine Ausarbeitung der Rebellion gegen sie. Unter bestimmten (konstitutionellen und umweltbedingten) Umständen kann der Eigensinn so extreme Formen annehmen, daß jemand sich stets gezwungen sieht, das genaue Gegenteil dessen zu tun, was man von ihm verlangt.

Ein zwangsneurotischer Patient pflegte ausschließlich während des Tages zu schlafen und die ganze Nacht hindurch wach zu bleiben, weil er, wie er sagte, nicht einzusehen vermochte, warum man es wie üblich machen solle. Dieser Eigensinn war indes eher eine Rationalisierung der neurotischen Schwierigkeit, die sich aus dem Stauungszustand der Libido des Patienten ergab.

«Obstinat» zu sein, drückt im Wortsinn selbst *(ob-stinare)* die Vorstellung aus, die eigene Position gegen einen anderen zu behaupten. Ursprünglich hatte der Eigensinn nur die Bedeutung, den eigenen Willen gegen den eines anderen durchzusetzen. Später bedeutete er die Durchsetzung des eigenen Willens gegen überlegene feindliche Kräfte. Noch später bedeutete er (wegen der Überlegenheit der feindlichen Kräfte), sich indirekt, nicht durch Gewalt, sondern durch Arglist in einer Weise durchzusetzen, bei der der Schwache sich unerwartet als stark erweisen konnte. Der Eigensinn ist eine passive Art der Aggressivität, die entwickelt wird, wo Aktivität unmöglich ist. Diese Gelegenheit tritt im Leben eines Kindes zum erstenmal auf, wenn es in der Lage ist, den Bemühungen der Erwachsenen zu trotzen, indem es seinen Sphinkter verschließt. Zu einem noch späteren Entwicklungszeitpunkt kann die «Macht der Machtlosen» nicht mehr real, sondern bloß noch magisch sein. Es ist dann möglich, daß eine Art von «moralischer» Überlegenheit an die Stelle der «magischen» tritt. Daß der moralische Faktor hier ins Spiel gebracht wird, zeigt, daß das Über-Ich in der späteren Entwicklung des Eigensinns eine entscheidende Rolle spielt. Das Kind kann dieselben Mittel, die es gegen die überlegenen Kräfte seiner Erzieher einsetzt, später in seinem Kampf gegen sein eigenes Über-Ich verwenden. Was am Verhalten Erwachsener gewöhnlich Eigensinn genannt wird, ist der Versuch, andere Menschen als Mittel im Kampf mit dem Über-Ich zu verwenden. Provoziert man andere zur Ungerechtigkeit, so verlangen sie nach einem Gefühl moralischer Überlegenheit, dessen sie bedürfen, um ihr Selbstgefühl als Gegengewicht gegen den Druck des Über-Ich zu erhöhen (1202).

Moralische Überlegenheit kann entweder aufgrund des Gefühls entstehen, ungerecht behandelt worden zu sein, oder dadurch, daß der «ungerechte» Erwachsene sein Verhalten nachträglich bedauert. Auf diese Weise wird er dazu gezwungen, dem Kind seine Zuwendung zu geben.

Eigensinn, der zunächst eine Methode des Kampfes der Schwachen ist, wird später im Kampf um die Aufrechterhaltung oder Wiederherstellung des Selbstgefühls zur Gewohnheit. Eigensinnige Menschen stecken voller narzißtischer Bedürfnisse, deren Befriedigung erforderlich ist, um irgendeiner Angst oder einem Schuldgefühl zu widersprechen. Daraus läßt sich folgern, daß der Eigensinn auch eine orale Grundlage hat. Hauptsächlich jedoch ist er im analen Entwicklungsstadium verankert und entwickelt sich aufgrund von Erfahrungen, die in der Periode der Sauberkeitserziehung erworben wurden. Menschen, die davor Angst haben, in eine Falle gelockt, mißbraucht und um ihre narzißtische Zufuhr betrogen zu werden, sind verständlicherweise eher geneigt, eigensinnig zu werden. Oft bestimmt das Bestreben, sich einen Fluchtweg offenzuhalten, halsstarriges Verhalten (444).

Man hat den Einwand vorgebracht, Eigensinn könne zwar in sozialen Konflikten zwischen dem Kind und seiner Umwelt während der Sauberkeitserziehung erworben worden sein, aber das müsse nicht notwendig bedeuten, daß sie ihre Natur nach anal sei (921, 1022). Dieser

Einwand zieht die Ergebnisse der Psychoanalyse nicht in Betracht, aus denen hervorgeht, daß die Gegenkräfte zu den Trieben aus der Energie der Triebkräfte selbst aufgebaut werden, die unter dem Einfluß der Umgebung ihre Richtung gewechselt haben. Die Psychoanalyse Eigensinniger beweist aufgrund reichhaltigen Materials, daß Eigensinn mit analen Empfindungen in Verbindung steht und analerotische Lust bereitet (17, 21, 555, 563, 567, 593, 878, 1202, 1634).

Der Charakterzug der Ordentlichkeit stellt eine Ausarbeitung des Gehorsams dar. Sauberkeit, Pünktlichkeit, Gewissenhaftigkeit und Eigentumsbewußtsein bedeuten eine Verschiebung des Einverständnisses mit den Umweltanforderungen in bezug auf die Defäkation. Bei Zwangsneurotikern stellen sich die analen Charakterzüge, die auf den Gehorsam verweisen, als Reaktionsbildungen dar. Allzu leicht bricht die ihnen zugrundeliegende Verhaltensweise aus ihnen hervor. So kann etwa ein Mensch, der ein Muster an Pünktlichkeit ist, bei manchen Gelegenheiten überraschend unpünktlich sein, und ein überaus sauberer Mensch kann in irgendeiner merkwürdigen Beziehung erstaunlich schmutzig sein. Abraham berichtet von einer Reihe solcher Punkte bei Charakteren, die in einem fortwährenden Kampf mit der Gegenbesetzung stehen. Es sind z. B. Personen, die die größte Sorgfalt auf die Sauberkeit ihrer Kleidung verwenden, aber in bezug auf ihre Unterwäsche nachlässig sind. Andere halten ihren persönlichen Besitz sehr wenig in Ordnung, müssen aber von Zeit zu Zeit ihre gesamten Habseligkeiten säubern. Diese Praktik entspricht der autoerotischen Gewohnheit, die Faeces lange zurückzuhalten, um dann «alles auf einmal zu erledigen» (21).

Manche analen Charakterzüge kommen zustande, indem der Trieb durch das Ich entweder auf ein neues Ziel oder auf ein neues Objekt abgelenkt wird. Gelingt diese Ablenkung, so handelt es sich um eine Sublimierung. Bei Zwangsneurotikern gelingt sie nicht, und die aus der Verschiebung hervorgehenden Verhaltensweisen werden zum Schauplatz der gleichen Abwehrkämpfe um Sparsamkeit, Eigensinn und Ordentlichkeit wie die ursprünglichen analen Triebregungen. Es gibt Interessenverschiebungen, die sich vom Produkt, und andere, die sich vom Vorgang der Defäkation entfernen.

In bezug auf die ersteren hat Freud gezeigt, daß die Gegenstände, die als Ersatz der Produkte auftreten, eine sehr komplexe Beziehung zu den

Produkten selbst haben (593). Daß das seelische Bild der Faeces mit den eher genitalen Vorstellungen von Penis und Kind verbunden ist, ist für die Psychologie der Zwangsneurotiker weniger wichtig, als daß es in die Nähe der Vorstellungen von Geschenk, Geld und Zeit gerückt wird.

Um die Beziehung der Faeces zum Geld zu verstehen, die in jedem Zwangsneurotiker wirksam ist, ist es zunächst unerläßlich, die psychische Bedeutung des Besitzes zu verstehen (21). Das Kind lernt zwischen Ich und Nichtich zu unterscheiden, aber diese Unterscheidung ist ein langer und komplizierter Prozeß. In seinem Verlauf durchmißt das Kind ein Stadium, das Freud als purifiziertes Lust-Ich bezeichnet hat (588). In ihm wird alles, was Lust verschafft, als zum Ich gehörig angesehen, alles, was Schmerz bringt, wird dem Nichtich zugeschlagen. Die ursprüngliche Grundlage dieser Klassifizierung ist die Vorstellung, alles Angenehme in den Mund zu nehmen und herunterschlucken, alles Schmerzhafte aber ausspucken zu wollen (616). Es gibt nun aber angenehme Dinge, die man nicht in den Mund nehmen kann. Solche Dinge werden früher oder später als «meine» bezeichnet. Das bedeutet, daß man sie, obwohl es nicht geht, gern in den Mund nehmen würde. Man erklärt also, sie seien gleichsam symbolisch in den Mund genommen worden. Wenn das Kind sich darüber klar wird, daß es seine Faeces verliert, die ihm eine überaus wertvolle Substanz, einen Teil seines eigenen Körpers, repräsentieren, hat es das Gefühl, daß sie etwas sind, was in seinem Körper bleiben sollte. Da sie nun aber draußen sind, kann es sie nicht wieder in sich zurückholen. Es bezeichnet sie also als die seinen und meint damit, daß es sie eigentlich gern in seinem Körper hätte, und daß es sie, da das unmöglich ist, ansieht, als seien sie gleichsam symbolisch in seinen Körper zurückgenommen. Der Besitz bezeichnet also Dinge, die dem Ich nicht eigentlich gehören, ihm aber gehören sollten, Dinge also, die tatsächlich draußen, symbolisch aber drinnen sind. Denn obwohl sie sich in der Außenwelt befinden, sind sie mit einer Ich-Qualität besetzt. Besitzgegenstände werden in aller Regel mit Attributen versehen, um sie leichter identifizieren zu können. So sagt man etwa: «Das Blaue gehört mir.» Diese Identifizierung aber fällt bei den Faeces schwer, denn sie sehen bei allen Menschen gleich aus. Späterhin lernt das Kind, daß es «Geld» gibt, etwas, dem die Erwachsenen als Besitz große Bedeutung zumessen, das aber nicht mit irgendwelchen persönlichen Attributen versehen ist, sondern, unabhängig davon in wessen Besitz es sich befindet, immer gleich ausschaut. Dem Geld und den Faeces ist gemeinsam, daß sie ein entindividualisierter Besitz sind. Daß sie entindividualisiert sind, bedeutet notwendig, daß man sie verlieren kann. Dem Geld wird daher wie zuvor den Faeces eine sehr große Bedeutung zugemessen, und es wird als ein Besitz gehütet, der in ständiger Gefahr steht, seine Ich-Qualität zu verlieren. Beide Substanzen werden trotz ihrer hohen Wertschätzung mit Verachtung angesehen, weil sie entindividualisiert, gleichförmig und unspezifisch sind. Analerotiker, die das Geld lieben, lieben es *nicht* als entindividualisiertes. Sie lieben Gold und glänzende Münzen oder neue Scheine, Geld, das noch einen individualisierten Charakter trägt. Ferenczi hat bei der Untersuchung der Verschiebung, die von den Faeces zum Geld führt, gezeigt, daß man glänzende Dinge und Steine früher liebt als farblosen Sand und daß man schließlich bereit ist, das Geld als einen Ersatz für sie anzunehmen (466). Wird dieser Weg der «Sublimierung» gestört, weil alte Triebwünsche, die sich auf die Faeces beziehen, die Einstellung zum Geld noch bestimmen, so wird diese Einstellung irrational. Geld wird dann zu einem Lustobjekt (oder zu einem Objekt der Bestrafung), d. h. zu einem Ersatz der Faeces eher als zu einer objektiv nützlichen Sache. Es kann dann irrational zurückgehalten oder irrational weggeworfen werden (15). Diese beiden einander ausschließenden Verhaltensweisen können aber auch vielfältig nebeneinander auftreten (480).

Analerotiker sind in ihrer Einstellung zur Zeit ganz ebenso gestört wie in ihrer Einstellung zum Geld. Auch mit der Zeit sind sie geizig oder großzügig oder beides nacheinander. Sie können pünktlich oder unpünktlich sein; zuweilen sind sie auf die Minute genau und dann wieder vollkommen unzuverlässig.

Abrahams Feststellung, daß «Patienten oft Zeit im kleinen sparen und im großen verlieren» (21) wurde deutlich in einem von Garma beobachteten Fall belegt. Ein berufsloser Mann, der nur neurotischen Beschäftigungen nachgeht und stundenlang tagträumt, öffnet, wenn er ausgehen will, das Fenster, um das Herannahen des Vorortzuges, mit dem er zur Stadt fahren will, zu hören. Beim Geräusch des herannahenden Zuges ruft er das Dienstmädchen, das daraufhin die Tür zu öffnen und den Mantel bereitzuhalten hat. Der Patient reißt ihn ihr aus der Hand, stürzt über die Treppe hinab zum gegenüberliegenden Bahnhof und erreicht gerade noch den in Abfahrt befindlichen Zug. –

Hier sehen wir eine einfache Wiederholung der kindlichen Gewohnheit, erst im allerletzten Augenblick das Klosett aufzusuchen.

Die Regression führt bei Zwangsneurosen dazu, daß sich im Verhältnis des Patienten zur Zeit, ganz ebenso wie in seinem Verhältnis zum Geld, Triebkonflikte ausdrücken. Gelegentlich folgt man einer falschen Spur, wenn man bei einer irrationalen zwanghaften Einstellung zur Zeit nach objektlibidinösen Konflikten sucht. Denn solches Verhalten kann relativ häufig autoerotisch bestimmt sein. Manche Zwangsneurotiker verspäten sich nicht, weil sie die Person, die sie erwartet, ärgern wollen, sondern weil der Handlungsaufschub ihnen dieselbe autoerotische Spannung und Lust verschafft, die sie als Kinder empfunden haben, wenn sie ihre Faeces zurückhielten.

Die Rekonstruktion der genetischen Beziehung der Zeit zu den Faeces ist nicht so einfach wie die der Beziehung des Geldes zu den Faeces. Harnik hat eine Menge anthropologischer Daten zusammengetragen, die zeigen, daß das Zeitbewußtsein und insbesondere die Fähigkeit, die Zeit zu messen, unbewußt tief in der Analerotik wurzeln (738). Wie oft und in welchen Intervallen eine Defäkation stattzufinden hat, wie lange der Vorgang selbst dauern soll, wie lange er erfolgreich zurückgestellt werden kann usw. – das sind die Situationen, in denen ein Kind seine Vorstellungen von Ordnung und Unordnung in bezug auf die Zeit und von einer Messung der Zeit im allgemeinen erlernt.

Diese Bemerkungen wollen nicht sagen, daß der Begriff der Zeit ausschließlich in analerotischen Erfahrungen erworben wird. Eine grundlegendere Bedeutung kommt in dieser Hinsicht kinästhetischen Empfindungen zu, die, wie etwa das Atmen und der Puls, einen inneren biologischen Rhythmus des Körpers wahrnehmbar werden lassen (172, 455). Anale Erfahrungen sind von größerer Bedeutung für die Zeitmessung und für die Entwicklung von Zeitplänen, die als Mittel der Realitätsbewältigung dienen (738, 1193). Neurotische Störungen in der subjektiven Erfahrung des Zeitverlaufs treten in der Tat häufiger in Fällen mit unbewußten Konflikten auf, die um die Erotik der Tiefensensibilität und des Gleichgewichtssinns zentriert sind, während neurotische Störungen in der praktischen Verwendung der Zeit und der Zeitsysteme, die als Schutz gegen unvorhergesehene Ereignisse dienen, eher für typische Zwangsneurosen mit unbewußten analsadistischen Konflikten charakteristisch sind (338, 1385).

Die in der Kindheit erworbene Einstellung zu den Faeces wird häufig auf das spätere Verhalten zur Eigenleistung übertragen. So kann jemand etwa eine selbstzufriedene Bewunderung für alles hegen, was er geleistet hat, oder er kann mit all seinen Erfolgen unzufrieden sein oder er kann unentschieden zwischen diesen beiden Extremen schwanken. In jedem Fall wird sein Verhältnis zu seinen persönlichen Leistungen vom Ergebnis seiner analen Konflikte abhängen.

Bei einer Patientin ließ sich der Hang zu unbarmherziger Selbstkritik bis auf ihr drittes Lebensjahr zurückverfolgen, in dem sie an einer Darmkrankheit litt, in deren Verlauf sie inkontinent wurde, nachdem sie zuvor schon gelernt hatte, zur Toilette zu gehen. Seit dieser Zeit war sie davon überzeugt, nichts Ordentliches hervorbringen zu können. Eine andere Patientin, eine Schriftstellerin, träumte, daß die Druckfahnen ihres Buches aus einer kleinen Öffnung herausgepreßt würden.

Die anale Verhaltung, in der sich stets sowohl die Angst vor einem Verlust wie der Genuß einer neuen erogenen Lust ausdrückt, kann auch auf ein anderes Objekt verschoben werden. Sammlerleidenschaft und Besitzstreben haben ebenso wie die Verschwendungssucht ihre Bestimmungen in der kindlichen Einstellung zu den Faeces.

Wie Sublimierungen, die das Produkt der Defäkation betreffen, mißlingen können, wenn die Analerotik beibehalten wird, so können auch Sublimierungen mißlingen, die die Funktion der Defäkation betreffen. Wenn Reaktionsbildungen und keine Sublimierungen vorliegen, kann z. B. das Malen die unbewußte Bedeutung des Kotschmierens beibehalten haben, was entweder zum Versagen der betreffenden Person als Künstler führt oder, wenn deren Ich die verbotene Triebregung erkennt und gegen sie Einspruch erhebt, zu einer Hemmung der Fähigkeit zu malen. Eine Verschiebung der Besetzung von der Defäkation auf das Sprechen und Denken verrät sich gelegentlich in einer irrationalen Art, Worte oder Gedanken zurückzuhalten oder hervorzubringen. Sie läßt sich an einer Hemmung des Denkens und Sprechens ebenso ablesen wie an einer irrationalen Überbesetzung beider.

Dazu kommt, daß das Verhalten der Analcharaktere durchzogen ist von den Erscheinungen des immer gleichzeitig wirkenden Sadismus oder der Reaktionsbildungen gegen ihn. Ein Ausgangspunkt von Sublimierungen oder Reaktionsbildungen liegt auch in dem Umstand, daß das Kind bei der Verhaltung durch seine Fähigkeit, den Sphinkter zu kontrollieren, narzißtische Befriedigung erfährt. Ein besonderer Machtwille läßt sich aus diesem Gefühl der eigenen Machtfülle ableiten, das die Kontrolle des Sphinkters begleitet; ebenso das Ideal der Selbstbeherrschung und die

Neigung, andere zu beherrschen. Im allgemeinen ist das Machtstreben durch die Angst vor einem Verlust des Selbstgefühls bestimmt.
Viele andere Konflikte, die einmal mit der Analerotik verbunden waren, können während einer Zwangsneurose reaktiviert werden. Ein Lustverzicht aus Rücksicht auf Objekte, sei es aus Liebe oder aus Angst vor ihnen, ist das hauptsächliche Ergebnis der Sauberkeitserziehung. Das Individuum lernt, etwas zu geben, während es im Verlauf der oralen Periode hauptsächlich daran interessiert war, etwas zu empfangen. Störungen in der analen Periode haben daher gestörte Objektbeziehungen zur Folge, bei denen kein Gleichgewicht von Geben und Nehmen erreicht werden kann.
Abrahams klassische Schilderung (21) hat noch eine ganze Reihe weiterer, weniger grundlegender Charakterzüge auf die Analerotik zurückzuführen vermocht, wie etwa die Neigung, alle Gegenstände von der «Kehrseite» zu betrachten, die «Anfangsangst», die den Beginn jeder neuen Tätigkeit so lange wie möglich hinausschiebt, dafür aber dann die begonnene Tätigkeit nicht mehr unterbrechen kann, die Neigung, «sich alles machen zu lassen», wenn Klistiere in der Geschichte der infantilen Analität eine Rolle spielten, die Neigung, alles selbst zu bestimmen, die auftritt, wenn in der Kindheit gegen die Forderung nach analer Regelmäßigkeit protestiert wurde, die Neigung, vieles zugleich zu tun, um «Zeit zu sparen», die auf autoerotische Spielereien während der Defäkation zurückgeht, die sich häufig im Zwang fortsetzt, auf der Toilette zu lesen. Ein solcher Zwang hat die Bedeutung, etwas empfangen zu wollen, während etwas anderes verlorengeht.
Aber diese Schilderung der analen Charakterzüge geht über das Gebiet der Zwangsneurose hinaus. Wir werden bei der Erörterung der Anomalien des Charakters auf sie zurückkommen (vgl. XX, 8 f.). Diese Charakterzüge sind jedoch für die typischen Zwangsneurotiker charakteristisch. Denn kein Zwangsneurotiker kann mit Geld und Zeit rational umgehen, obwohl die zutage tretenden Schwierigkeiten nach Art und Intensität sich sehr weit voneinander unterscheiden können.

Die «Ordentlichkeit», die in der ursprünglichen analerotischen Periode als eine Schutzmaßnahme gegen gefährliche Triebansprüche verwendet wurde, gewinnt diese ihre Schutzfunktion in einer späteren Zwangsneurose wieder. Der Zwangsneurotiker, der durch eine Rebellion seiner (regressiv entstellten) sinnlichen und feindseligen Triebansprüche bedroht ist, fühlt sich beschützt, solange er sich vor allem im Verhältnis zu Geld und Zeit «ordentlich» benimmt. Unbewußte analsadistische Antriebe jedoch bringen gewöhnlich seine Ordentlichkeit und seinen Systemzwang durcheinander. Sie treten auf in der Form von Unordnung oder von Ereignissen, die das System stören, können aber auch das Ordnungssyndrom selbst durchdringen.
Lucille Dooley hat in einem interessanten Aufsatz Material über die Ordentlichkeit und die Zeitsysteme zusammengestellt, denen Zwangsneurotiker anhängen, für die jede Störung ihrer «Routine» unbewußt die Bedeutung von Mord und Inzest annimmt (338). Viele Zwangsneurotiker haben ein übertriebenes Interesse an einer Zeiteinteilung. Sie richten zuweilen ihr ganzes Leben nach systematisierten Stundenplänen. Solange ein solcher Stundenplan ihre Handlungen reguliert, sind sie sicher, daß sie nicht die Sünden begehen, vor denen sie sich unbewußt ängstigen. Und solange sie im voraus wissen, was sie späterhin tun werden, gelingt es ihnen, die Angst davor zu bewältigen, daß ihre eigene Erregung sie dahin bringen könnte, etwas zu tun, wovor sie Angst haben.

Die Orientierung in der Zeit ist eine typische Maßnahme der Selbstvergewisserung. Manche Todesangst stellt die Angst vor einem Zustand dar, in dem die gewöhnlichen Begriffe der Zeit ungültig sind. Zustände, in denen die Orientierung in der Zeit schwieriger wird – die Dämmerung oder lange Winterabende oder sogar lange Sommertage – werden von vielen Zwangsneurotikern gefürchtet. Ängste dieser Art können aber auch einfach daher rühren, daß in der Kindheit angstauslösende Ereignisse zu einer Tageszeit stattgefunden haben, vor der man später Angst hat (599).
Auch der Zwang an sich wird als Schutzmaßnahme verwendet. Er bietet Sicherheit gegen die Bedrohung durch gefährliche Spontaneität. Was immer zwanghaft getan wird, geschieht als Routine nach einem vorentworfenen Plan, der die verpönten Triebregungen fernhalten soll. Solange die Regeln befolgt werden, kann nichts schiefgehen. Doch auch der Zwangsneurotiker ist sich bewußt, daß er Triebe besitzt. Denn er kann nie das beruhigende Gefühl erreichen, daß er seine Regeln tatsächlich voll befolgt, daß

genug Regeln zur Verfügung stehen, um alle Möglichkeiten abzudecken, und daß er alle Regeln genügend gut kennt.

Komplizierter werden die Dinge, wenn andere Personen als Zeugen für die Gültigkeit zwanghafter Ordnungs- und Systemansprüche benötigt werden. Die Patienten fühlen sich dann nicht nur veranlaßt, selbst systematisch Ordnung zu halten, sondern verlangen auch von anderen, daß sie demselben System folgen. In der Regel weigern sich die anderen, sich dem System zu unterwerfen. Das erhöht die Feindseligkeit der Patienten und veranlaßt sie, die anderen mit verschiedenen Mitteln zu zwingen, ihren Wünschen zu entsprechen. Sie haben Angst vor der Feindseligkeit, die sich in diesen Versuchen ausdrückt, und diese Angst erhöht ihrerseits das Bedürfnis nach intensiverer Regulierung durch ein System. Hieraus kann sich ein Circulus vitiosus ergeben. Noch komplizierter werden die Dinge, wenn die Systeme verschiedener Zwangsneurotiker aufeinanderstoßen. Da die Zwangsneurose auf einer erhöhten Analerotik beruht, die ihrerseits zum Teil konstitutionell bedingt ist, treten häufig mehrere Fälle von Zwangsneurosen in derselben Familie auf. Sie können zu schweren Störungen des Familienlebens führen.
Es gibt ein zwangsneurotisches Gegenstück zur hysterischen Pseudologie (437). Manche Patienten finden bestimmte grobe Verfälschungen von Tatsachen mit übertriebener Gewissenhaftigkeit, Exaktheit und sogar mit einem Fanatismus der Wahrheit vereinbar. In Einklang mit der zwanghaften Neigung zu einer «Verschiebung auf ein Kleinstes» betreffen die Verfälschungen häufig nur unwichtige Details. Die geringen Veränderungen der Wahrheit, die tatsächlich vorgenommen werden, stehen ein für die bedeutenderen, die nur angestrebt werden. Diese letzteren dienen dem Zweck, die Welt in ein bestimmtes System zu pressen. Die Tatsachen sollen nicht sein, was sie sind, sondern eher das, wozu das Zwangssystem sie machen möchte. In der Verfälschung drückt sich auch die Neigung aus, dasselbe System anderen aufzuzwingen. Sie sollen die Dinge nicht mit eigenen Augen sehen, sondern so, wie der Zwangsneurotiker es ihnen zeigt. Eine gegen seine Mitmenschen gerichtete Gewalt dieser Art kann den Sadismus und analen Trotz des Zwangsneurotikers befriedigen. Das Hauptziel eines solchen Verhaltens ist jedoch genauer anzugeben. Freud verglich einst die spontanen Erinnerungen an die frühe Kindheit mit der «Sagenbildung», bei der historische Tatsachen

wunschgemäß verändert werden (596). Bei den zwanghaften Versuchen, «Zeugen» dahin zu bringen, Zwangssysteme zu akzeptieren, läßt sich sehr oft eine solche Legendenbildung beobachten.
Daß Patienten an ihren Systemen hängen, bedeutet ganz und gar nicht, daß sie in der Lage sind, sie aufrechtzuerhalten. Denn auch hier tritt das Abgewehrte in die Methoden der Abwehr ein. Stärker und immer stärker haben die Patienten das Gefühl, daß die Systeme, in die sie die Welt zwingen möchten, verletzt worden sind. Sie können darauf mit Versuchen reagieren, die Rigidität ihrer Systeme zu erhöhen. Nie aber können sie sicher sein, daß den Ansprüchen eines Systems voll Genüge getan worden ist. Gewöhnlich verlangen diese Ansprüche eine Isolierung von Dingen, die unbewußte Bestrebungen repräsentieren, die ursprünglich zusammengehören. Die Patienten sehen daher oft eine strikte Entweder-oder-Trennung, wo faktisch eine Sowohl-als-auch-Beziehung vorliegt.

Ein Zwangsneurotiker, der Schach spielte, beschäftigte sich stundenlang mit dem Problem, ob er sich mehr auf die Strategie oder mehr auf Taktik verlegen solle. Das Problem stellte sich ihm vollkommen abstrakt und nicht im Hinblick auf eine konkrete Spielsituation. Seine Entweder-oder-Vorstellung ließ ihn jedes Spiel verlieren. Sein Zweifel gründete sich im Unbewußten auf die Frage, ob er seinen Gegner besiegen oder gewinnen lassen solle. Diese Frage hatte für ihn die Bedeutung, ob er eine männliche oder eine weibliche Einstellung an den Tag legen solle.

Verwandt hiermit ist das Phänomen, daß Graber als «neurotische Typisierung» bezeichnet hat (710). Zwangsneurotiker neigen dazu, falsche Generalisierungen zu betreiben, vorschnell alle Vorstellungen nach bestimmten, einander ausschließenden Kategorien zu klassifizieren und dann in Zweifel über Art und Auswertung dieser Kategorien zu verfallen. Zu wissen, unter welche Kategorie eine Erscheinung gehört, bedeutet im allgemeinen, sie nicht mehr als eine Quelle möglicher Versuchung oder Bestrafung fürchten zu müssen. Je überraschender ein Ereignis eintritt, desto gefährlicher ist es. Die «Typisierung» versucht, Überraschungsmöglichkeiten auszuschließen und neue Ereignisse auf Altbekanntes zu reduzieren.

Das Unbekannte nach bekannten Kategorien zu ordnen, ist Aufgabe der Wissenschaft. Eine zwanghafte Systematisierung, die nicht zum Zwecke der Realitätsbewältigung durchgeführt wird, sondern um bestimmte Aspekte der Realität zu verleugnen oder die Realität ins Unrecht zu setzen, ist eine Karikatur der Wissenschaft (618).

Ein Zwangsneurotiker ist ambivalent. Er ist es sogar seinen eigenen Systemen und Regeln gegenüber. Wendet er sich gegen seine gefährlichen Triebregungen, braucht er Systeme und Regeln als einen Schutz. Wendet er sich aber gegen sein Über-Ich, so nimmt er auch gegen seine Systeme und Regeln Stellung, die das Über-Ich ihm auferlegt. Er kann offen gegen sie rebellieren oder sie dadurch lächerlich machen, daß er sie ad absurdum führt (567).

6. *Andere Abwehrmechanismen bei der Zwangsneurose*

Die Charakterveränderung, die für die Zwangsneurose typisch ist, ist nicht immer das direkte Ergebnis einer Regression. Sie wird auch durch andere Abwehrmechanismen nach der Regression verursacht, nämlich durch Reaktionsbildung, Isolierung und Ungeschehenmachen. Die Verwendung dieser Mechanismen hängt natürlich auch von der pathognomischen Regression ab, denn Reaktionsbildung, Isolierung und Ungeschehenmachen werden viel eher gegen prägenitale Bestrebungen gerichtet, während die eigentliche Verdrängung sich mehr auf die Genitalität bezieht.

Reaktionsbildungen sind tief in der Persönlichkeit jedes Zwangsneurotikers verankert. Während er seine unbewußte Aggressivität bekämpft, tendiert er dazu, in all seinen Beziehungen zu anderen zurückhaltend zu sein. Das kann ihm eine große narzißtische Befriedigung verschaffen, die ihrerseits die psychoanalytische Behandlung unglücklich erschwert.

Aber auch die fixierten Reaktionsbildungen sind selten erfolgreich. Im Denken eines Zwangspatienten findet ein permanenter Kampf zwischen Reaktionsbildungen und den noch wirksamen ursprünglichen Triebregungen statt.

Über die Rolle der Isolierung und des Ungeschehenmachens bei Zwangssymptomen haben wir oben bereits gehandelt (vgl. Bd. 1, S. 220ff).

Einige weitere Beispiele einer typischen Isolierung sollen hier nachgetragen werden. Ein Patient mit Zwangszweifeln hatte große Schwierigkeiten, sich mit dem analytischen Verfahren abzufinden und protestierte nachdrücklich gegen die Grundregel der freien Assoziation. Es stellte sich heraus, daß er es tat, weil er die Existenz einer Freundin geheimzuhalten suchte. Das aber tat er weder, weil er von der Angelegenheit überhaupt nicht zu reden wünschte, noch, weil er den Namen der betreffenden Person nicht preisgeben wollte, sondern weil er im Verlauf seiner Analyse von seiner Onanie gesprochen hatte und das Bild jenes Mädchens unbedingt von allem fernhalten wollte, was mit der Onanie zusammenhing. Er glaubte nur dann in der Lage zu sein, über sie zu sprechen, wenn er sicher sein konnte, daß er in derselben Sitzung nicht an seine Onanie würde denken müssen. Im späteren Verlauf der Analyse wurde deutlich, wie wenig erfolgreich diese Isolierung war. Denn der Patient hatte ein Zwangssymptom, das er überaus ängstlich betrachtete und aufs peinlichste verbarg. Jedesmal nämlich, wenn er das betreffende Mädchen sah oder ihren Namen hörte, fielen ihm zwanghaft die Worte «kleine Hure» ein. Dieses Symptom stand für den inzestuösen Triebanspruch, gegen den sich sein Ich verteidigte. Es bietet das Beispiel eines mißlingenden Versuchs, Sinnlichkeit und Zärtlichkeit zu trennen.

Es war interessant zu beobachten, wie der Patient, der eine gewisse Neigung zu paranoiden Reaktionen zeigte, in seiner Triebabwehr die Mechanismen von Isolierung und Projektion verband. Einmal äußerte er, um die Absurdität der Psychoanalyse zu beweisen, daß freie Assoziation etwas Unsinniges sei, weil die Leute nur die Ideen haben, die sie zu haben wünschen. Ihm wurde gesagt, daß das nicht wahr sei, denn er habe den Einfall «kleine Hure», ohne ihn haben zu wollen. Einige Tage später warf er dem Analytiker vor, er habe in seiner vulgären Art die Freundin des Patienten eine kleine Hure genannt und seinen Bericht dazu mißbraucht, ihn eines gemeinen Verhaltens zu beschuldigen (411).

Gelegentlich nehmen Zwangspatienten eine bemerkenswerte Isolierung vermittels einer Heirat vor. Sie beschließen bei sich, daß ihr Eheleben keinerlei Verbindung mit ihrer infantilen Sexualität haben solle. Sie sagen sich, jetzt wo sie verheiratet seien, brauchten sie sich um die Sexualität keine weiteren Sorgen mehr zu machen. Ehen, die auf dieser Grundlage geschlossen werden, können nicht glücklich verlaufen. Die Patienten entwickeln überall da schwere Zwänge, wo ihre infantilen Sexualbestrebungen trotz der Isolierung in die Ehe eindringen können.

Wir haben bereits darauf hingewiesen, daß die bedeutendste Form der Isolierung in der Trennung des Vorstellungsinhalts von seiner emotionalen Besetzung besteht. Typische Zwangsneurotiker erscheinen kalt, abstrakt und gefühllos. Gelegentlich aber finden ihre Gefühle an unpassender Stelle Ausdruck.

Ein Beispiel dafür, wie «isoliert» Gefühle zum Ausdruck gebracht werden können, stellte jener Patient dar, der sich notierte, daß er nicht vergessen dürfe, daß er wütend sei.

Aus ihrer Fähigkeit, die Dinge voneinander zu isolieren, erwächst den Zwangsneurotikern die Schwierigkeit, in der Analyse frei zu assoziieren. Es gelingt ihnen nicht, weil sie ständig darauf aufpassen, daß die Dinge, die ursprünglich zusammengehörten, nicht wieder miteinander in Berührung treten. Sie können sich weder durch Gefühle noch durch Wahrnehmungen überraschen lassen, die sie nicht bereits in Kategorien vorgeordnet haben. Das Denken in Zwangskategorien stellt eine Karikatur logischen Denkens dar; denn auch das logische Denken beruht auf einer Art von Isolierung. Die logische Isolierung dient indes dem Zweck der Herstellung von Objektivität, während die Isolierung des zwanghaften Denkens allein der Abwehr dient (618).

Die Isolierung steht, wie bereits erwähnt wurde, in engem Zusammenhang mit dem alten Tabu der Berührung (618) (vgl. Bd. 1, S. 228). Zahlreiche Zwangssymptome legen fest, wie Objekte berührt oder nicht berührt werden dürfen. Die Objekte stellen ihnen Genitalien oder Schmutz dar. «Saubere» Dinge dürfen mit «schmutzigen» nicht in Verbindung treten (989). Ein Zusammenhang zwischen dem Berührungstabu und der magischen Angst, eine gegebene Situation zu verändern und eine neue zu beginnen (vgl. S. 132) liegt in den verbreiteten Schwellenritualen vor (30, 390).

In der Isolierung werden oft Teile eines Ganzen dort voneinander getrennt, wo jemand, der nicht zwanghaft ist, nur das Ganze und nicht die Teile wahrnehmen würde. Zwangsneurotiker nehmen also häufig eher Summen als Ganzheiten wahr, und viele zwanghafte Charakterzüge können am besten als eine Hemmung der Gestaltwahrnehmung angesehen werden.

Auf die Wiederholung als eine Form des Ungeschehenmachens ist bereits hingewiesen worden (vgl. Bd. 1, S. 221). Ihr liegt die Vorstellung zugrunde, daß man, um etwas ungeschehen zu machen, eine Handlung mit einer veränderten Absicht wiederholen muß. Was einmal triebhaft vollzogen wurde, muß nun mit einer vom Über-Ich erzwungenen Einstellung wiederholt werden. Der abgewehrte Trieb tendiert indes dazu, auch in die Wiederholung einzugehen. Daher muß auch sie wiederholt werden. Aus diesem Grund nimmt gewöhnlich die Anzahl der notwendigen Wiederholungen rasch zu. Es werden Lieblingszahlen festgesetzt, die eine besondere unbewußte Bedeutung haben können und die Anzahl der notwendigen Wiederholungen bestimmen. Schließlich können dann die Wiederholungen durch einfaches Zählen ersetzt werden.

Bei den Lieblingszahlen handelt es sich in der Regel um gerade Zahlen, denn nur sie geben eine Garantie dafür, daß weder die Triebe noch das

Über-Ich ein Übergewicht erlangen können. Die meisten «Symmetrie»-zwänge haben eben diese Bedeutung (479).

Es wäre jedoch falsch anzunehmen, daß jedes zwanghafte Zählen auf diese Weise motiviert ist. Denn das Zählen kann verschiedene andere Bedeutungen haben. Häufig reiht es nur Sekunden aneinander, und mißt also die Zeit. Das Bedürfnis, die Zeit zu messen, kann verschiedenen Bestimmungen unterliegen. Gelegentlich ist es einfach ein Mittel, sich einer Isolierung zu vergewissern. So kann man es sich verbieten, eine Handlung unmittelbar auf eine andere folgen zu lassen, und das Zählen dient dazu, eine notwendig werdende Zwischenzeit einzuschieben. Auf die grundlegende Verbindung von Zeitmessung und Analerotik ist bereits hingewiesen worden. Die Zeitmessung, die ursprünglich ein Maß für den zeitlichen Abstand angegeben hatte, in dem man auf den Topf gesetzt wurde, kann später als eine Abwehr gegen die Versuchung zur analen Masturbation Verwendung finden und schließlich zu deren Ersatz werden (737). Zwanghaftes Zählen kann auch eine Abwehr von Tötungswünschen darstellen; denn im Zählen verschafft man sich die Gewißheit, daß keines von den Dingen fehlt. Die Abwehr aber kann von der Triebregung durchdrungen werden, und das Zählen kann unbewußt für eine Tötung einstehen. In einem solchen Fall muß es seinerseits abgewehrt werden (88). Erleichtert wird das durch den Umstand, daß das Zählen in sich selbst den Sinn einer Inbesitznahme, einer Beherrschung hat. Denn jedes Zählen kann die Bedeutung annehmen, den eigenen Besitz zu zählen.

Ein recht einfaches Beispiel für den Mechanismus des Ungeschehenmachens ist der verbreitete Waschzwang. In ihm wird das Waschen unumgänglich als ein Mittel, eine vorausgehende Beschmutzung ungeschehen zu machen. Eine solche Beschmutzung kann entweder wirklich stattgefunden haben oder nur imaginär nachvollzogen werden (703, 989).

In der Regel handelt es sich bei einer derartigen Beschmutzung um eine Masturbation oder späterhin um eine entfernte Möglichkeit der Masturbation (503). Die anale Regression ist für die Verbindung von Schmutz und Sexualität verantwortlich (485). In der Kindheit hat sich anale Masturbation dadurch verraten, daß die Hände beschmutzt waren. Die Möglichkeit, sich zu verraten, konnte vermieden werden, indem man sich wusch. Gelegentlich können zwangsneurotische Patienten aller Skrupel ledig werden, wenn sie sich baden oder ihre Kleider wechseln. Sie fassen «böse» Gefühle als eine Art Schmutz auf, die man einfach abwaschen kann. Auch rituelle Waschungen, mit denen man sich seiner Sünden entledigt, sind eine Erscheinungsform des Ungeschehenmachens. Das neurotische Zeremoniell während der Latenzzeit hängt wahrscheinlich aus diesem Grund so häufig mit dem Waschen zusammen. Widerborstige Kinder, die sich weigern, sich zu waschen, weigern sich in Wirklichkeit, angenehme Triebregungen aufzugeben. Rituale des Ausziehens und Zubettgehens verdanken sich darüber hinaus einem anderen Grund. Sie stellen eine Einschränkung der Versuchung zur Masturbation dar.

Viele typische Zwangssymptome sind bestrebt, aggressive Handlungen, die gewöhnlich im Bereich des Imaginären verbleiben, ungeschehen zu machen. Diese Absicht ist zuweilen manifest, wie etwa in dem Zwang, den Gashahn zu schließen oder Steine von der Straße aufzuheben; zuweilen aber tritt sie erst während der Analyse in den verschiedenen Symptomen hervor, die die unbewußte Bedeutung einer Buße haben. Es ist nicht möglich, solche Symptome, die eine Buße darstellen, von schöpferischen Sublimierungen zu trennen, die sich gegen infantile sadistische Bestrebungen wenden (1422, 1424).

Regression, Reaktionsbildung, Isolierung und Ungeschehenmachen lassen als Abwehrmechanismen die eigentliche Verdrängung überflüssig erscheinen. Das erlaubt eine Antwort auf die Frage, wie es möglich ist, daß bei Zwangsneurosen anstößige Triebregungen ins Bewußtsein gelangen. So wird z. B. die bewußte Regung zu töten aufgrund einer Isolierung so weit von jedem motorischen Ausdruck entfernt, daß sie keine Chance besitzt, sich zu materialisieren; sie kann daher ohne Gefahr bewußt werden. Das geht um so eher, als sie als bloße Vorstellung von jeder Emotion befreit auftritt (1054). Die Unterbrechung einer ursprünglichen Verbindung von Vorstellung und Emotion hat zum Ergebnis, daß dem Analytiker keine spontane Bewußtheit pathogener Kindheitserlebnisse unumwunden zur Verfügung steht. Da die zugehörigen Emotionen fehlen, weiß er so wenig wie der Patient, was an dessen Kindheitserinnerungen wichtig ist und worin ihre Wichtigkeit besteht. Selbst wenn er es wüßte, könnte er es dem Patienten nicht sagen, bevor er dessen Widerstand gegen die Einsicht in den wahren Zusammenhang nicht überwunden hätte.

Die oben getroffene Feststellung, daß eine eigentliche Verdrängung bei der Zwangsneurose fehlt, ist jedoch von nur relativer Gültigkeit. Denn die Zwänge können ihrerseits einer sekundären Verdrängung anheimfallen. Gelegentlich sind Patienten nicht dazu in der Lage, mitzuteilen, worin ihre Zwänge bestehen. In solchen Fällen sind die Zwänge vage, farblos und traumartig, und es erfordert eine lange analytische Arbeit, die Verdrängungen so weit aufzuheben, daß der Text der Zwänge lesbar wird.

Gelegentlich sind Zwangssymptome einer sekundären Verdrängung verfallen, weil der Patient das Gefühl hatte, daß seine Zwänge nicht in sein System passen. Eine solche Verdrängung liegt in den Fällen vor, in denen die Zwänge nicht bloß die Abwehrkräfte, sondern auch die wieder auftauchenden abgewehrten Triebregungen darstellen. Wer seine Zwänge in ein System zu bringen versucht, verfälscht und verdunkelt ihren ursprünglichen Inhalt. Wie die ganze übrige Welt, so müssen auch seine Zwänge einem System angepaßt werden, das die einzige Garantie der Sicherheit bietet.

Unter den Verschiebungen herrscht bei Zwangsneurosen die «Verschiebung auf ein Kleinstes» vor. Viele Zwangsneurotiker machen sich über kleine und scheinbar unbedeutende Dinge Sorgen. In der Analyse stellt sich heraus, daß diese geringfügigen Dinge ein Ersatz für wichtige sind. Das bekannteste Beispiel hierfür stellt der «Grübelzwang» dar, bei dem der Patient sich gezwungen sieht, stundenlang über ungemein abstrakte Fragen zu brüten. Das Symptom beruht auf einem Versuch, verpönten Emotionen durch eine Flucht aus der Welt der Gefühle in die der intellektuellen Begriffe und Wörter zu entgehen. Dieser Fluchtversuch schlägt fehl; denn die intellektuellen Probleme, zu denen der Patient vor seinen Gefühlen flieht, nehmen aufgrund einer Wiederkehr des Verdrängten höchsten emotionalen Wert an.

7. *Die doppelte Frontstellung des Ich bei der Zwangsneurose*

Charakteristisch für die Zwangsneurose sind nicht allein ihre besonderen Abwehrmechanismen, sondern auch die Richtung, in der sie eingesetzt werden. Die vorherrschende Abhängigkeit des Ich vom Über-Ich bei dieser Neurose macht es verständlich, daß das Ich nicht nur dem Über-Ich bei der Abwehr von Triebansprüchen gehorchen muß, sondern daß es auch versucht, gegen das Über-Ich zu rebellieren. Es kann dieselben Abwehrmaßnahmen gegen das Über-Ich einsetzen, die es gewöhnlich gegen die Triebregungen des Es verwendet. Auch dafür benötigt es eine kontinuierliche Verausgabung von Energie. Wir haben bereits darauf hingewiesen, daß die Zwangsvorstellung «Wenn du dies oder das tust, wird dein Vater sterben» eine Warnung des Über-Ich zu Bewußtsein bringt, die lautet: «Wenn du dies oder das tust, wirst du versucht sein, deinen Vater zu töten.» Das Ich kann auf eine solche Drohung mit einer Gegendrohung reagieren. Als der Rattenmann sein erstes sexuelles Erlebnis hatte, hatte er die Zwangsvorstellung, daß man seinen Vater dafür umbringen könne (567). Das Ich verhält sich in der Tat zum Über-Ich, wie es sich früher seinen Erziehern gegenüber verhielt: es ist gehorsam, rebellisch oder gehorsam und rebellisch zugleich. Der Ambivalenzkonflikt in bezug auf das Über-Ich läßt sich am besten beobachten, wenn er ein zweizeitiges Verhalten hervorruft. Der Patient verhält sich dann abwechselnd wie ein ungezogenes Kind oder wie ein strafender Schulmeister.

Aufgrund eines Zwangssymptoms war ein Patient nicht in der Lage, sich die Zähne zu putzen. Hatte er sich die Zähne eine Weile nicht geputzt, pflegte er sich zu schlagen und auszuschimpfen. Ein anderer Patient trug immer ein Notizbuch mit sich herum, in dem er sein Verhalten mit Lob und Tadel benotete.

Wenn sie absurd sind, verweisen Träume auf eine spöttische und bösartige Absicht des Träumenden (552). Ganz ähnlich zeigt die krasse Absurdität vieler Pseudoprobleme, denen sich Zwangsgedanken zuwenden, eine bösartige und spöttische Einstellung der Patienten gegenüber ihrem Über-Ich, das während der Analyse oft durch den Analytiker repräsentiert wird. Die absurden Gedanken und Handlungen eines Patienten sind eine Fortsetzung der Bestrebungen seiner Kindheit, den Vater der Lächerlichkeit preiszugeben (567).

Ein Patient fragte im Anfangsinterview den Analytiker, ob die Analyse ihn von seiner exzessiven Onanie würde befreien können. Der Analytiker versicherte ihm, daß die Analyse, wenn sie überhaupt Erfolg haben würde, ihm auch in dieser Beziehung helfen würde. Viele Monate später berichtete der Patient, daß er in diesem Augenblick den Gedanken hatte: «Ich frage mich, wie es der Analyse möglich sein wird, meine Onanie zu beenden, wenn ich selbst es nicht tue.» Und er beschloß, weiterhin zu onanieren, bloß um zu sehen, wie der Analytiker der Aufgabe würde nachkommen können, ihn, ohne daß er selbst eine Anstrengung in dieser Richtung unternahm, von seiner Onanie abzubringen.

Die Regression auf die Stufe des analen Sadismus verändert nicht nur das Ich, dessen Sadismus und Ambivalenz sich jetzt ebenso gegen das Über-Ich wie gegen äußere Objekte richten; sie verändert auch das Über-Ich in einer Weise, die es sadistischer werden läßt und automatische bzw. archaische Züge an ihm hervortreten läßt. Es arbeitet jetzt nach dem Vergeltungsprinzip und gehorcht den Regeln einer Magie der Worte. Der aus der Regression entstehende Sadismus des Über-Ich nimmt in dem Maße zu, in dem das Ich von einer nach außen gerichteten Aggression Abstand nimmt. Man könnte meinen, daß jemand, der sich streng unter Kontrolle hat und äußerlich nicht aggressiv ist, gerade wegen seiner Selbstkontrolle sich jeder Aggressivität enthält. Tatsächlich aber ist die Blockierung der Aggression das primäre und die Selbstkontrolle durch das Über-Ich das sekundäre Moment. Der nicht mehr objektgerichtete Sadismus wird als Aggression des Über-Ich gegen das Ich nach innen gewendet (613).

Die seitens des archaischen Über-Ich vom Zwangsneurotiker geforderte Moral ist eine automatisch ablaufende Pseudomoral, in der Alexander die Bestechlichkeit des Über-Ich sah (37). Wenn das Ich einer Triebregung ein Stück weit entgegenkommt, muß es dafür Buße tun. Hat es diese Buße geleistet, kann es sich aufgrund dieser Sühnehandlung dazu berechtigt fühlen, weitere Verbote zu überschreiten. Das Ergebnis ist ein ständiger Wechsel von triebhaften und auf Bestrafung zielenden Handlungen. Ein Bedürfnis nach relativer Stabilität zwischen beiden Verhaltensweisen kann sich in magischen Symmetriezwängen ausdrücken.

Symmetriezwänge treten in vielfältigen Erscheinungsformen auf. Gemeinsam ist ihnen allen eine Vermeidung von «Gleichgewichtsstörungen». Was immer zur Rechten geschieht, muß auch zur Linken geschehen; was immer emporgehoben wird, muß auch herabgesetzt werden; kein Zählvorgang darf bei einer ungeraden Zahl enden usw. All das kann im Einzelfall eine besondere Bedeutung haben. Generell dient es dem Zweck, das *seelische* Gleichgewicht vor einer Störung durch die abgewehrten Triebregungen zu bewahren; denn jede «triebhafte» Bewegung wird durch eine symmetrische Gegenbewegung «ungeschehen» gemacht (479).

Schilder stellte einige Arten von Symmetriezwängen zusammen, die auf Konflikte beruhen, die um die Gleichgewichtserotik zentriert sind (1384, 1386) sowie von anderen, die sich in abstrakten Zeichnungen ausdrücken (1395).

Um die Bestechlichkeit des Über-Ich besser zu verstehen, sollte man die ökonomische Beziehung in Betracht ziehen, die von Rado als Idealisierung erörtert worden ist (1237). Durch die Erfüllung der Ansprüche des Über-Ich gewinnt das Ich nach dieser Beobachtung ein Maß an narzißtischer Lust, das zu einer solchen Erheiterung führen kann, daß das Ich die Funktion einer objektiven Beurteilung der Realität und der Triebregungen vorübergehend schwächt oder außer Kraft setzt.

Die Vorstellung, daß jedes Leid einem das Recht auf ein gleiches Maß an Lust gibt und daß ein drohendes Über-Ich durch freiwilliges Leiden besänftigt und gezwungen werden kann, seine zuvor entzogene schützende Macht zu erneuern, ist überaus archaisch. Sie drückt sich in Gebet und Opfer aus. In beiden wird das Wohlwollen Gottes erkauft; denn in ihnen wird eine intensivere Bestrafung durch die aktive und freiwillige Hinnahme von etwas Unangenehmem als «prophylaktische Bestrafung» vermieden. Ein Extrem dieser Einstellung bilden jene Handlungen, die man als prophylaktische Selbstkastration bezeichnen kann. Das Wohlwollen Gottes erkaufen zu wollen, kann zu einer Art Erpressung werden. Bei triebhaften und depressiven Neurotikern finden sich viele Abwandlungen einer solchen Erpressung. Der Kreislauf von Tat, Bestrafung und erneuter Tat kann letzten Endes zurückgeführt werden auf den Kreislauf von Hunger, Sättigung und erneutem Hunger (vgl. S. 304).

Das Schwanken zwischen Tat und Bestrafung drückt sich oft in einem Zwangszweifel aus, dessen Bedeutung sich in die Frage kleiden läßt: «Soll ich nun den Ansprüchen des Es oder denen des Über-Ich folgen?» Schwere Zwangsneurosen enden in Zuständen, in denen der bewußte Teil des Ich zum Spielball einander widersprechender Regungen des Es und des Über-Ich geworden ist und in seiner Handlungswirksamkeit vollständig ausgeschaltet ist (109, 1292).

Bei seiner Verteidigung gegen die Ansprüche des sadistischen Über-Ich kann das Ich gegen dessen Sadismus rebellieren oder sich ihm liebedienerisch unterwerfen; es kann auch beide Verhaltensweisen zugleich oder nacheinander an den Tag legen. Gelegentlich scheint das Ich gewillt, in einem erstaunlichen Ausmaß Strafen, Bußen und sogar Quälereien auf sich zu nehmen. Solch «moralischer Masochismus» erscheint als Gegenstück zum «Sadismus des Über-Ich». Die Unterwerfung, die in ihm stattfindet, geschieht in der Hoffnung, sie als Freibrief für spätere Sexualbetätigung zu verwenden. Das «Strafbedürfnis» des Ich ist im allgemeinen einem «Bedürfnis nach Vergebung» untergeordnet; denn die Bestrafung wird nur als notwendiges Mittel akzeptiert, um den Druck des Über-Ich loszuwerden. Ein solches Strafbedürfnis auf seiten eines zwanghaften Ich kann indes mit masochistischen Sexualwünschen verdichtet werden. Die Moral, die nach Freuds Worten aus dem Ödipuskomplex entstanden ist, ist hier wieder zum Ödipuskomplex regrediert (613) (vgl. S. 241).

Das Strafbedürfnis ist normalerweise nur ein Symptom eines allgemeineren Bedürfnisses nach Absolution. Deutlich wird das in dem Versuch, eine Bestrafung dadurch zu vermeiden, daß man ohne Strafbedürfnis eine Absolution erhält. Das geschieht, indem äußere Objekte als «Zeugen» im Kampf gegen das Über-Ich eingesetzt werden (1288, 1289, 1599).

Ein Patient erfand eine besondere Methode, sich Skrupel und hypochondrische Ängste zu ersparen. Nachdem er masturbiert hatte, pflegte er zu einem Arzt zu gehen, der ihm nach eingehender Untersuchung versicherte, daß er sich guter Gesundheit erfreue. In der Analyse zeigte sich, daß die Versicherung des Arztes den Verzicht eines Kastrators auf sein Kastrationsrecht darstellte; denn sie bedeutete für den Patienten die Absolution, deren er bedurfte. Als Absolution machte sie dem schlechten Gewissen des Patienten ein Ende und ließ jedes andere Mittel, dies zu erreichen, als unnötig erscheinen. Insbesondere mußte der Patient nicht länger mehr sich selbst bestrafen.

Das Sozialverhalten von zwanghaften Patienten ist häufig dadurch bestimmt, daß sie zur Aufrechterhaltung ihres Selbstgefühls von der Sicherheit abhängig sind, die andere ihnen geben. Solche Patienten fühlen sich erleichtert, wenn sie feststellen, daß andere ihre Schuld als nicht so schwer ansehen, wie sie es selbst tun. Sie sagen gleichsam ihrem Über-Ich, daß es so schlimm nicht um sie stehen könne, da der und der sie nicht verdamme. Auf diesem Wege wird die Angst vor dem Über-Ich in eine Sozialangst zurückverwandelt. Eine solche Rückprojektion des Über-Ich findet sich mit größerer Häufigkeit bei Personen mit paranoiden Zügen. Aber auch die Analyse einfacher Zwangsneurotiker zeigt oft, daß ihre Sozialangst eine Angst davor ist, daß ihr Versuch, ein schweres Schuldgefühl zu mildern, zum Scheitern verurteilt sein könnte. Das Gefühl, daß sie trotz allem schuldig sein können, kann sich in eine chronische Sozialangst verwandeln. Und natürlich hat jemand, der der Außenwelt gegenüber unbewußt sehr aggressiv ist, Grund zu der Angst, daß die Welt ihn nicht mag (vgl. XX, 10g).

Obwohl die Konflikte eines Zwangsneurotikers stärker internalisiert sind als die eines Hysterikers, versuchen Zwangsneurotiker, äußere Objekte zu verwenden, um ihre inneren Konflikte zu lösen oder sich zumindest Erleichterung von ihnen zu verschaffen. Hysteriker, die Angst davor haben, kastriert oder nicht mehr geliebt zu werden, werden in der Regel versuchen, die Menschen in ihrer Umgebung direkt zu beeinflussen, um sie davon abzuhalten, das zu tun, wovor sie selbst sich ängstigen. Ein Zwangsneurotiker, der mehr Angst davor hat, den Schutz seines Über-Ich zu verlieren und gezwungen zu sein, sich selbst zu verachten, braucht andere Menschen als ein indirektes Mittel, sich Erleichterung von seinen Konflikten zu verschaffen. Was immer die ihm gegenübertretenden Objekte tun oder sagen, nimmt er entweder als Vergebung oder als Anschuldigung wahr. Er unternimmt unterschiedliche, reale oder magische Versuche, solche «Zeugenaussagen» zu beeinflussen. Gelegentlich versucht ein Patient, andere einfach dahin zu bringen, ihm Zeichen ihrer Sympathie zu übermitteln. Manchmal erwarten Patienten aber auch von anderen, daß sie das tun, was sie selbst nicht zu tun wagen. In wieder anderen Fällen wird von anderen erwartet, *nicht* zu tun, was die Patienten nicht zu tun wagen, weil das eine zu große Versuchung darstellen würde.

Nach Freud liegt die unbewußte Grundlage der Gerechtigkeit in der Vorstellung, daß keinem anderen erlaubt sein darf, was einem selbst verboten ist (606). Der Drang zur Gerechtigkeit wurzelt in dem Bestreben, ein Verbot aufrechtzuerhalten, indem man darauf besteht, daß jedermann ihm unterworfen ist (40). Es gibt eine enge Beziehung zwischen den Vorstellungen von Gerechtigkeit und Symmetrie. Manches Gerechtigkeitsstreben läuft einfach darauf hinaus, daß es gut sei, daß der Linken geschieht, was der Rechten bereits geschehen ist. Und ein Streben nach Symmetrie verfolgt gelegentlich das Ziel, daß, was einem Kind geschehen ist, den Brüdern und Schwestern ebenso zu geschehen hat.

Freud bemerkte, daß Personen, die dasselbe Objekt an die Stelle ihres Über-Ich gesetzt haben, sich miteinander identifizieren (606). Nach Redl (1258) können wir hinzufügen, daß auch Personen, die denselben «Zeugen» verwenden, durch wechselseitige Identifizierung miteinander verbunden sind.

In extremen Fällen kann schließlich das Verhalten eines Patienten vollkommen unnatürlich werden. Was immer er tut, tut er, um ein phantasiertes Publikum oder eine imaginäre Jury zu beeindrucken.

Eine ambivalente Abhängigkeit von einem sadistischen Über-Ich und die Notwendigkeit, sich von der Spannung einer unerträglichen Schuld um jeden Preis zu befreien, sind die häufigsten Ursachen des Selbstmords. Das aber wirft die folgende Frage auf: wenn es stimmt, daß diese Faktoren eine so wichtige Rolle bei Zwangsneurosen spielen, warum kommt dann bei Zwangspatienten so selten ein Selbstmord vor? Freud gab darauf die folgende Antwort. Im Gegensatz zur Depression ist bei der Zwangsneurose die Libido des Patienten nicht vollkommen in den Konflikt von Ich und Über-Ich verstrickt. Ein großer Teil seiner Objektbeziehungen bleibt erhalten, und es ist dieser Umstand, der ihn davor schützt, zugrunde zu gehen. Es kann sogar sein, daß die regressive Entstellung der verbleibenden Objektbeziehungen, d. h. ihr Sadismus, zu dieser günstigen Wirkung beiträgt. Weil es einem Zwangsneurotiker gelingt, Objekten gegenüber ein hohes Maß an Aggression zum Ausdruck zu bringen, hat er es nicht nötig, eine starke Aggression gegen sich selbst zu wenden (608).

Dennoch verursachen Schuldgefühle bei Zwangsneurotikern ein großes Maß an seelischem Leid. Die Patienten begeben sich in einen immer anstrengenderen Kreislauf von Gewissensbissen, Bußen, von erneuter Übertretung der Verbote und von erneuten Gewissensbissen. Sie neigen dazu, immer mehr Verschiebungen zu entwickeln, um die Reichweite ihrer Symptome (analog dem «phobischen Vorbau») zu erweitern und die sexuelle Bedeutung ihrer Symptome auf Kosten ihrer Bedeutung als Bestrafung zu erhöhen.

Das vorherrschende Bedürfnis, sich durch die Verwendung von Objekten eine Erleichterung von inneren Konflikten zu verschaffen, die alle direkten Gefühle zu den Objekten überschatten, ist nicht der einzige Faktor, der generell die Objektbeziehungen von Zwangsneurotikern entstellt. Ein weiterer Faktor liegt in der einfachen Tatsache, daß die analsadistische Regression eine Entwicklung reifer Objektbeziehungen verhindert. Sie ruft eine unzuverlässige, ambivalente Einstellung Objekten gegenüber ebenso hervor wie Bisexualitätskonflikte und die Beibehaltung von Einverleibungszielen. Ein dritter Faktor, der die Entwicklung von Objektbeziehungen stört, liegt in der Isolierung von Emotionen, die zur Folge hat, daß den Objektbeziehungen Ursprünglichkeit und Wärme fehlen. Die Besetzungen, die an Symptome und autoerotische Ersatzbildungen gebunden sind, entfallen, sobald die Patienten mit Objekten zu tun haben (vgl. S. 74, XX, 10a und XX, 10f).

8. Das Denken bei Zwangsneurosen

Die Regression auf die Stufe des Analsadismus und der fortdauernde Konflikt mit dem Über-Ich beeinflussen die Denkprozesse von Zwangsneurotikern in einer Weise, daß sie von den archaischen Vorläufern des Denkens durchdrungen oder ersetzt werden.

Im Gegensatz zu den visualisierten Tagträumen der Hysteriker sind die Phantasien der Zwangsneurotiker verbalisiert und beleben erneut die archaischen Einstellungen, die den ersten Gebrauch der Wörter begleitet haben.

Die Urteilsfunktion des Ich, die Entscheidungen antizipiert, wird durch die Übernahme von *Wörtern* ungemein erleichtert. Die Schaffung des mit ihnen gegebenen Abbilds der Außenwelt macht es möglich, innerhalb einer «Modellwelt» einen Handlungsverlauf zu kalkulieren und probeweise auszuführen, bevor er in die Tat umgesetzt wird (vgl. Bd. 1, S. 72 ff.). Wörter und Wortstellungen sind Schatten der Dinge, die zu dem Zweck entworfen worden sind, durch versuchsweises Handeln Ordnung in das Chaos der wirklichen Dinge zu bringen. Der Makrokosmos der Außenwelt spiegelt sich im Mikrokosmos der Stellvertreter der Dinge im Inneren. Diese Stellvertreter haben die Charakteristika von Dingen, aber es fehlt ihnen die Ernsthaftigkeit, die die Dinge besitzen. Und sie sind selbst ein «Besitz»; denn sie werden durch das Ich beherrscht. Sie stellen den Versuch dar, die Dinge zum Zwecke der Herrschaftssicherung über sie mit der Qualität des Ich zu begaben. Wer das Wort für ein Ding weiß, beherrscht dieses Ding. Das ist der Kern der Magie des Namens, die unter den magischen Praktiken eine wichtige Rolle spielt (916). Sie tritt im Märchen von Rumpelstilzchen hervor, in dem der Dämon seine Macht verliert, wenn sein Name bekannt wird.

Ein Patient kannte mehrere hundert Vogelnamen; als Kind hatte er sich vor dem Storch als dem Dämon von Geburt und Tod gefürchtet. Ein Kind wußte alle Bahnhöfe auswendig; es zeigte sich in der Analyse, daß es Jahre zuvor eine Eisenbahnphobie entwickelt hatte. Ein anderes Kind hatte ein außerordentliches Gedächtnis für Eigennamen; es diente ihm dazu, seine ursprünglich vorhandene Sozialangst zu bewältigen.

Da der Zwangsneurotiker sich vor seinen Emotionen ängstigt, muß er sich auch vor Dingen ängstigen, die Emotionen in ihm hervorrufen. Aus dem Makrokosmos der Dinge flieht er in den Mikrokosmos der Wörter. Da er vor der Außenwelt Angst hat, versucht er, den Vorgang zu wiederholen, durch den er als Kind gelernt hat, die angstauslösenden Aspekte der Außenwelt zu beherrschen. Dieser Versuch muß jedoch unter dem Druck der abgewehrten Triebregungen versagen. Versucht er nämlich von den gefühlsauslösenden Dingen zu den nüchternen Wörtern zu fliehen, kehrt das Abgewehrte zurück, und die Wörte bleiben nicht «nüchtern», sondern werden emotional überbesetzt. Sie nehmen einen Gefühlswert an, der bei anderen Personen den Dingen selbst zukommt.
Die ersten Wörter, die in der Kindheit erworben werden, sind magisch und «allmächtig», weil der Mikrokosmos sich noch kaum aus dem Makrokosmos herausgebildet hat und seinen emotionalen Wert noch voll besitzt (457). Segen und Fluch sind Ausdruck der fortdauernden makro-

kosmischen Qualität der Wörter. In der weiteren Entwicklung der Denk- und Sprechfähigkeit wird die bunte Welt immer eintöniger dargestellt, um sie desto leichter handhaben zu können. Bunt und frech bleiben nur bestimmte irrationale Gedanken und Worte sowie Tagträume oder Obszönitäten (451). In der Zwangsneurose sind Denken und Sprechen zu einem Ersatz für die Gefühle geworden, die die Patienten mit der Realität verbinden. Sie erhalten wieder ihre ursprüngliche Qualität, werden «sexualisiert» und verlieren ihre praktische Verwendungsmöglichkeit. Die Wörter werden wieder zu realitätsmächtigem Segen oder Fluch (1154).

Worte können töten und wieder zum Leben erwecken. Sie können Wunder vollbringen und die Zeit zurückdrehen. Durch eine einfache Feststellung glaubt ein Zwangsneurotiker unbewußt, die Realität dahin bringen zu können, sich so zu verhalten, wie er es wünscht. Weil er Worten und Gedanken solche Wirkungen in der Realität zuspricht, muß er sie auch als gefährlich ansehen. Ein achtlos hingesprochenes Wort könnte den sadistischen Triebregungen, die er so mühsam abgewehrt hat, zu neuer Wirksamkeit verhelfen. Wörter und Gedanken müssen mit Sorgfalt behandelt und, wenn nötig, abgewehrt oder ungeschehen gemacht werden. Ihr Mißbrauch ruft die gleiche Strafe hervor wie ein Verbrechen. Denn sie sind ein regressiver Ersatz für Handlungen (567).

Weil sich die Allmacht der Wörter (457) insbesondere bei obszönen Wörtern erhalten hat, die ihre magische Macht nicht verloren haben und Sprecher und Hörer veranlassen, die erwähnten Dinge so aufzufassen, als würden sie tatsächlich wahrgenommen (451), sind Obszönitäten häufig Gegenstand von Zwangssymptomen. Ein betroffenes Schweigen, das das Aussprechen von obszönen Wörtern verhindert und oft durch einen gotteslästerlichen Zwang unterbrochen wird, gerade diese Wörter in allerverfänglichstem Zusammenhang auszusprechen, ist eine Abwehr der Regung, sie in den Mund zu nehmen. Diese Regung, die als Perversion auftreten kann (vgl. S. 223), äußert sich häufig als Zwang. Sie verfolgt das Ziel, dem Hörer magisch ein sexuelles Erlebnis zu vermitteln. Das aber ist gewöhnlich kein einfacher sexueller Wunsch. Er dient vielmehr eher dem Zweck, eine Angst zu bekämpfen, die unbewußt mit sexuellen Vorstellungen verbunden ist. Der sadistische Faktor in dieser Bestrebung ist ebenso offenkundig wie der Umstand, daß anale Wörter eine anale Lust verschaffen und daß die Rede von der Sexualität in sich selbst einen oral-libidinösen Lustgewinn darstellt. Auch die Koprolalie beruht auf einer regredierten Libido und spielt daher in der Symptomatologie von Zwangsneurosen eine große Rolle.

Die Angst vor der Allmacht seiner Gedanken (457, 567) läßt den

Zwangsneurotiker von seinem Denken abhängig werden. Statt mit seinem Denken die Außenwelt zu bewältigen, wird er durch sein (zwanghaftes) Denken überwältigt, das an die Stelle einer unkontrollierten Sexualität tritt.

Die Bestrebung, «allmächtige» Worte als eine Abwehr gegen Gefahren einzusetzen, erklärt den Umstand, daß die gegen Zwangssymptome gerichtete sekundäre Abwehr häufig in der Form zwanghafter magischer Sprachformeln auftritt. Auf das Verhältnis solcher Zwangsformeln zu den Zaubersprüchen der Primitiven ist oft hingewiesen worden (579).

Ein Patient, der die Zwangsbefürchtung hatte, der Analytiker könnte während der Sitzung sterben, sah sich gezwungen, sich umzudrehen und den Analytiker anzuschauen. Dabei sprach er die Formel aus: «Der lebendige Doktor sitzt in Abstand hinter mir.» Daß der Arzt «in Abstand» hinter ihm saß, gab ihm die Gewißheit, das Berührungstabu nicht verletzt zu haben.

Freud wies darauf hin, daß der Glaube an die Allmacht der Gedanken einer bestimmten Tatsache entspricht. Gewiß zeitigen Gedanken nicht die äußere Wirkung, die ein Zwangsneurotiker ihnen zuschreibt. In ihm selbst aber sind Gedanken sehr viel mächtiger als bei Normalen. Zwangsgedanken zwingen ihn wirklich, und eben darin besteht ihre Macht (567). Sie verdankt sich zum Teil der biologischen Kraft der Triebe und stammt zum anderen Teil aus der Macht der Gebote des Vaters. Obwohl Zwangsneurotiker von ihren Zwängen abhängig sind, sind sie sich dieser Verbindung nicht bewußt. Sie unterschätzen die innere Macht der Gedanken ebenso, wie sie ihren äußeren Einfluß überschätzen.

Der Rückzug vom Gefühl zum Denken gelingt in der Regel nur in einer Hinsicht: Zwanghaftes Denken ist *abstraktes Denken,* das von der wirklichen Welt konkreter Dinge isoliert ist.

Aber es ist nicht nur zwanghaft, sondern auch *allgemein* und richtet sich auf eine Systematisierung und kategoriale Erfassung. Statt konkret zu sein, ist es in schlechtem Sinne theoretisch. So interessieren sich manche Patienten nur für Landkarten und Illustrationen und nicht für Länder und Dinge.

In anderer Hinsicht aber versagt zumeist der Rückzug vom Fühlen zum Denken. Der Zwiespalt und die Widersprüche, die das Gefühlsleben von Zwangsneurotikern durchdringen, werden auf die sexualisierten intellektuellen Probleme verschoben und führen zu einem zwanghaften Brüten und Zweifeln. Zweifel ist ein Triebkonflikt, der auf intellektuelles Gebiet verschoben ist.

Ein Patient, der eine Tür betrachtete, sah sich gezwungen, sehr lange darüber zu brüten, ob die Hauptsache der leere Raum sei, der durch die Tür ausgefüllt werde, oder die Tür, die den leeren Raum ausfülle. Dieses «philosophische» Problem verdeckte den Zweifel, ob auf dem Gebiet der Sexualität die Frau oder der Mann wesentlicher sei, und dieses Problem bedeutete seinerseits, daß er sich fragte, ob in ihm selbst Maskulinität oder Femininität den Vorrang habe.

Der unbewußte Inhalt von Zwangszweifeln kann vielgestaltig sein. Die mit ihnen verbundenen Konflikte aber sind besondere Ausformungen einiger weniger allgemeiner Fragen. Es handelt sich um Konflikte, die um Männlichkeit und Weiblichkeit zentriert sind (Bisexualität), um Liebe und Haß (Ambivalenz) und insbesondere um Ansprüche des Es (Triebansprüche) und Über-Ich (Gewissensansprüche).
Entscheidend ist das zuletzt aufgeführte Begriffspaar. Denn Bisexualität und Ambivalenz bilden aus sich selbst heraus keine Konflikte. Sie tun es nur, insofern sie einen strukturellen Konflikt zwischen Triebansprüchen und ihnen entgegenstehenden psychischen Kräften repräsentieren.

Bestimmte Zwangszweifel sind einfacherer Natur. Einige Zweifel über die Gültigkeit eigener Wahrnehmungen oder Urteile stellen den Wunsch dar, daß das, was in Zweifel gezogen wird, nicht wahr sei. Die bezweifelten Tatsachen können für eine Wahrnehmung der Urszene oder des anatomischen Geschlechtsunterschiedes einstehen. Das relativ häufig auftretende Symptom eines Zwangszweifels in bezug auf eine Todesnachricht ist zunächst vor allem eine Angst vor der Allmacht der eigenen Gedanken. Der Patient versucht, die Nachricht zu verleugnen, weil er die Vorstellung abwehren möchte, daß sie auf seiner eigenen Schuld beruhen könnte. Wird der Zweifel so quälend, daß der Patient erleichtert «Gott sei Dank» ruft, wenn die Nachricht ihm bestätigt wird, so ist der psychologische Zusammenhang wie folgt zu verstehen: Wäre der Zweifel gerechtfertigt und wäre die Nachricht vom Tode einem Mißverständnis entsprungen, so würde der Umstand herauskommen, daß der Patient derlei verwerfliche Gedanken gehegt habe. Die Bestätigung der Todesnachricht wird daher als eine Erleichterung empfunden, die den Verdacht entkräftet, er könne in bösartiger Absicht an jemandes Tod gedacht haben.

Die Einsicht in die Natur des zwanghaften Brütens und Zweifelns liefert eine einfache technische Regel. Man darf mit Zwangsneurotikern niemals ihre Zwangsprobleme erörtern. Tut der Analytiker es, so bestätigt er nur den Mechanismus der Isolierung beim Patienten. Solange nämlich dessen Gedanken von seinen Gefühlen isoliert sind, darf nur die Isolierung selbst und nicht ihr Inhalt zum Gegenstand der Analyse gemacht werden.

Mit dem Wechsel vom Handeln zum Denken ist die folgende Vorstellung verbunden. Das Denken ist eine Vorbereitung des Handelns. Menschen, die vor bestimmten Handlungen Angst haben, erhöhen die Anzahl und Dauer ihrer Vorbereitungen. Wie Zwangsneurotiker eher denken als Handeln, so bereiten sie sich auch ständig auf irgendeine Zukunft vor und erleben nie die Gegenwart. Viele Zwangssymptome sind Vorbereitungen für eine Zukunft, die nie zur Gegenwart wird. Die Patienten verhalten sich wie Till Eugenspiegel, der sich freute, bergauf zu gehen, weil er daran dachte, später wieder bergab gehen zu können, und der, wenn es den Berg hinunterging, traurig war, weil es später wieder hinauf gehen würde.

Die Hauptursache für übertiebene Vorbereitungen ist gewiß in einer Angst vor der «Sache selbst» zu sehen. Zugleich drückt sich in der Bestrebung, alles vorzubereiten, eine anale Vorlust aus, die infantile Hinauszögerung der Defäkation, die in sich selbst zwieschlächtig war, weil sich in ihr zugleich das Bestreben ausdrückte, einen plötzlichen Kontrollverlust zu vermeiden und sich erogene Lust zu verschaffen. Daß ein Zwangsneurotiker seine Aufmerksamkeit von einem bedeutsamen Ganzen weg zu unbedeutenden Teilen verschiebt, zeigt, daß er sich eher den Vorbereitungen als der «Sache selbst» widmet. Mit Vorbereitungen beschäftigt handelt er nach der Regel, daß der status quo besser sei als irgend etwas, das durch einen Wechsel herbeigeführt werden könnte. Der status quo ist ihm das geringere Übel.

Die Angst vor jeder Veränderung vom bekannten, gegenwärtigen Zustand zu einem möglicherweise gefährlichen, neuen Zustand veranlaßt die Patienten, sich an ihre Symptome zu klammern. Obwohl ihre Neurose ihnen lästig ist, kennen sie sie und betrachten sie als das geringere Übel im Vergleich mit den Möglichkeiten, die ihnen eine Veränderung bescheren könnte. Eine solche Einstellung bildet oft einen latenten Widerstand, der einer im übrigen gut fortschreitenden Analyse Grenzen setzt. Dem Patienten erscheint in solchen Fällen die Neurose als etwas Altbekanntes. Einige Formen der «negativen therapeutischen Reaktion» auf die analytische Kur (608) bringen eine solche Angst vor Veränderungen zum Ausdruck (818, 1315).

Die Angst vor Veränderungen kann durch ihr Gegenteil, ein beständiges Streben nach Veränderung, begleitet oder ersetzt werden. Die Außenwelt gehorcht nicht dem Zwangssystem eines Patienten. Daher neigen einige Zwangsneurotiker dazu, alles überall zu verändern, um die Welt mit ihrem System zur Deckung zu bringen.

Der folgende Fall bietet ein gutes Beispiel für den Glauben an die Allmacht der Gedanken, für die Schuldgefühle, die sich aus diesem Glauben entwickeln, und für einen Versuch, diese Schuldgefühle durch Ordentlichkeit abzuwehren.

Einige Tage vor Ausbruch des Krieges hing ein Patient seinen Mantel in den Schrank. Plötzlich empfand er einen Zwangsbefehl: «Du mußt den Mantel jetzt besonders ordentlich aufhängen.» Er antwortete sich mit einem Widerstand: «Ich bin zu faul dazu.» Daraufhin empfand er die zwanghafte Drohung: «Wenn du den Mantel nicht ordentlich aufhängst, wird Krieg ausbrechen.» Er kümmerte sich jedoch nicht um diese Drohung.

Einige Tage später brach der Krieg aus. Der Patient erinnerte sich sofort an die Geschichte mit dem Mantel. Er wußte natürlich, daß es nicht seine Nachlässigkeit war, die den Krieg verursacht hatte, er hatte jedoch das Gefühl, daß sie es gewesen sei. Vorher schon war er davon überzeugt, im Krieg sterben zu müssen. Jetzt empfand er den Kriegsausbruch als eine gerechte Bestrafung für seine Nachlässigkeit beim Aufhängen des Mantels.

Das Interesse des Patienten am Krieg hatte eine lange Vorgeschichte. Als Kind hatte er sehr große Angst vor seinem tyrannischen Vater gehabt und diese Angst dadurch abgewehrt, daß er seinen kleinen Bruder in Schrecken versetzte. Diesem jüngeren Bruder gegenüber benahm er sich, insbesondere wenn sie Krieg spielten, ziemlich sadistisch. In den Jugendjahren des Patienten war dieser Bruder an einer Krankheit gestorben. Der Patient reagierte darauf mit der Zwangsvorstellung, daß auch er sterben müsse, und zwar in einem Krieg. Dieser Zwangsgedanke drückte die unbewußte Vorstellung aus: «Ich habe meinen Bruder beim Kriegspielen getötet. Daher muß ich die Rache auf mich nehmen und im Krieg sterben.»

Der Vater des Patienten legte sehr großen Wert auf Ordentlichkeit. Den Mantel korrekt aufzuhängen, hatte für den Patienten die Bedeutung, dem Vater zu gehorchen. Auseinandersetzungen darüber, daß er den Mantel ordentlich aufhängen solle und zu faul dazu sei, hatten oft zwischen dem Patienten und seinem Vater stattgefunden. Später nahm die Ordentlichkeit zusätzlich zu der Bedeutung des Gehorsams dem Vater gegenüber eine weitere unbewußte Bedeutung an. Sie war für ihn die Versicherung, daß er seinen Vater nicht töten würde. Nachlässigkeit bedeutete für ihn, das Risiko einzugehen, zu töten und getötet zu werden. An dem Tag, an dem sich der Vorfall mit dem Mantel ereignete, hatte der Patient beruflichen Ärger gehabt und war ganz besonders wütend.

Die Verbindung des Mikrokosmos der Wörter mit der Vorstellung, einen Besitz zu beherrschen, läßt es verständlich erscheinen, daß, wo immer eine Sexualisierung des Denkens auftritt, die mit dem Denken verknüpfte Sexualität analer Natur ist. Im Verlauf einer Analyse setzen Zwangsneurotiker bewußt oder unbewußt häufig das Hervorbringen von Assoziationen oder deren Hemmung mit der Darmentleerung oder einer Stuhlverhaltung gleich.

Eine weibliche Patientin, die häufig in der Öffentlichkeit reden mußte, setzte unbewußt ihre Worte nicht mit den Faeces, sondern mit Urin gleich. Redete sie, so hatte sie oft das Gefühl, die Kontrolle über die Wörter zu verlieren, die ihrem Mund entströmten. Gelegentlich versiegten sie. Die Patientin wußte dann nicht, was sie sagen sollte und hatte das Gefühl, nichts mehr zu sagen zu haben. Sie hatte in solchen Augenblicken eine Art Lampenfieber. Aber sie erfand einen einfachen Trick, um diese Hemmung zu überwinden. Sie mußte eine Karaffe Wasser vor sich auf dem Tisch stehen haben und konnte, nachdem sie sich mit Wasser «abgefüllt» hatte, ihren Redestrom fortsetzen.

Die Analyse kann häufig auch nachweisen, daß noch subtilere Einzelheiten von Rede- und Denkstilen einzelne frühkindliche Defäkations- oder Miktionsgewohnheiten wiederholen. Allmachtsphantasien, die mit Gedanken und Worten verbunden sind, erweisen sich als Wiederholung der frühkindlichen narzißtischen Überschätzung der Ausscheidungsfunktionen (19).

Zur analen Sexualisierung von Gedanken und Wörtern paßt der Umstand, das neurotische Erscheinungen am Kopf und an den Stimmorganen sich in der Analyse häufig als von der Analerotik abhängig erweisen.

Das stimmt überein mit der Tatsache, daß Denken und Sprechen sehr häufig als Penissymbole verwendet werden und daß die Denk- und Sprechfähigkeit häufig als Zeichen der Potenz angesehen wird (215, 520). Daß bei Zwängen eine anale neben einer phallischen Bedeutung auftritt, beruht auf der die Zwänge begründeten Regression.

Es ist möglich, daß eine physiologische Beziehung zwischen der Blutmenge im Kopf und der in den Unterleibsorganen dazu beiträgt, die unbewußte Verbindung von Gedanken und Faeces herzustellen.

Ein zwanghafter Patient, der an chronischen Kopfschmerzen litt, sprach von diesem Symptom stets nur mit der Wendung: «Die Nerven tun mir weh.» «Nerven» stellte er sich als weiße bis rosafarbene, fadenartige Gebilde vor. Diese Vorstellung hatte er beim Zahnarzt entwickelt, als er den Nerv eines Zahns sah. Einmal träumte er von seinem Nervus vagus, d. h. von dem Nerv, der das größte Innervationsgebiet und die längste Verlaufsbahn aller Nerven hat und daher im Körper «herumzuwandern» scheint. Er stellte sich ihn als einen weißen Faden vor, der sich von unten einen Weg in seinen Kopf gebahnt haben könnte, dort frei herumwandern könnte und auf diese Weise zur Ursache seines Kopfschmerzes geworden sei. Diese Vorstellung verband sich mit einem bestimmten Kindheitserlebnis; denn er hatte als Kind Fadenwürmer gehabt. Unbewußt stellte er sich nun vor, daß diese Würmer ihm heute im Kopf ebenso viele Beschwerden machten, wie als Kind am After.

Eine Überbewertung ihres Intellekts veranlaßt Zwangsneurotiker oft, ihre intellektuellen Fähigkeiten überdurchschnittlich auszubilden. In ihrer hohen Intelligenz allerdings zeigen sich archaische Züge; denn sie ist durchsetzt von Magie und Aberglauben. Ihr Ich weist eine Spaltung auf; sein einer Teil ist logisch, der andere magisch. Der Abwehrmechanismus der Isolierung ermöglicht die Aufrechterhaltung einer solchen Spaltung.

Der Aberglauben der Zwangsneurotiker war das Thema, an dem Freud zuerst die «Übereinstimmung im Seelenleben der Wilden und der Neurotiker» nachwies (579). Dieser Aberglaube beruht auf einem gesteigerten Narzißmus in Verbindung mit der regressiven Wiedererrichtung der mehr oder weniger ursprünglichen infantilen Allmachtsvorstellungen (456). Zwanghafte Spiele, die sich mit diesen Allmachtsvorstellungen beschäftigen, haben das Ziel, Abhängigkeitsgefühle zu widerlegen, und sind ein unbewußtes Äquivalent der «Vatertötung».

Einem Patienten bereitete es große Lust, mit einem kleinen Blumenstrauß aus Papier zu spielen, der, wenn man ihn hin- und herschlug, wie in einem Kaleidoskop seine Form veränderte. In der Analyse zeigte sich, daß er «Gott» spielte und magisch neue Welten erschuf. Ein anderer Patient, der mit seiner Bettdecke ein Zeremoniell auszuführen pflegte, hatte als Kind die Phantasie, daß er Gott sei und die Welt erschaffe. Die Analyse enthüllte, daß die Erschaffung der Welt die Bedeutung der Zeugung hatte und daß er unbewußt die Rolle seines Vaters spielte und Geschlechtsverkehr mit seiner Mutter hatte. Dieser welterschaffende Geschlechtsverkehr wurde jedoch als ein analer Akt wahrgenommen, und die vorgebliche Allmacht war ein Ergebnis der infantilen narzißtischen Überschätzung der Ausscheidungsfunktionen (19). Wieder ein anderer Patient, dessen Analyse seine Fähigkeit zur Selbstbeobachtung geschärft hatte, ertappte sich bei dem Gedanken, wie merkwürdig es doch sei, daß er die Tür öffnen müsse, um hindurchzugehen. Er erwartete tatsächlich, daß sein Wunsch genüge, damit die Tür sich von allein öffne. Die Abweisung dieser Vorstellung durch die höheren Schichten seines Ich unterscheidet einen solchen Glauben von einem Größenwahn.

Das Gegenstück zur Erschaffung der Welt durch Magie stellt das Bestreben dar, einen unerwünschten Teil der Welt «hinwegzuwünschen». Es ist dies die merkwürdige Fähigkeit, die Realität an dem Punkt zu verleugnen, wo sie den Wünschen des Patienten widerstrebt. Ein tatsächlicher Verlust der Fähigkeit zur Realitätsprüfung ist ein Charakteristikum der Psychosen (611). Bei den Neurosen ist die typische Abwendung von der Realität eine Introversion, eine Wendung von den realen zu imaginären oder infantilen Objekten. In dieser Beziehung steht der Zwangsneurotiker wegen seiner Allmachtsvorstellungen der Psychose einen Schritt näher als der Hysteriker. Ein unbewußter Teil des Ich kann Teile der Realität zurückweisen, während das Bewußtsein gleichzeitig weiß, was wahr und falsch ist.

Wegen seines zwanghaften Ordnungssinns störten einen Patienten mit geographischen Zwangsvorstellungen die künstlichen Grenzziehungen zwischen den einzelnen Ländern. Er wünschte sich, daß es nur solche Länder geben solle, die zugleich geographische Einheiten seien. Daher nannte er die gesamte iberische Halbinsel «Spanien» und ignorierte die Existenz Portugals. Eines Tages wurde er einem Ausländer vorgestellt. Der Patient fragte ihn nach seiner Nationalität. Der Mann antwortete «Portugiese». Der Patient beschrieb seine Reaktion auf diese Äußerung mit folgenden Worten: «Ich habe mir gedacht: Es wird ein Spanier sein. Aber er nennt es Portugiese!» Dieses Beispiel zeigt die Beziehung einer «Verleugnung in der Phantasie» zur «Ich-Spaltung» (vgl. Bd. 1, S. 206 ff.).

Kinder, die durch die Realität veranlaßt, den Glauben an ihre Allmacht haben aufgeben müssen, glauben stattdessen, daß die Erwachsenen um sie her allmächtig seien. Spuren der Vorstellung von der Allmacht der Erwachsenen erhalten sich bei Zwangsneurotikern.

Noch während der Latenzperiode war eine Patientin überzeugt, die Erwachsenen seien allmächtig, weil sie über die Macht verfügten, herauszubekommen, wenn sie sich dem Drang zur Defäkation widersetzte.

Späterhin wird die Allmachtsvorstellung von den Erwachsenen auf Gott verschoben, und diese Allmachtsfigur wird bei Zwangsneurosen zum Brennpunkt schwerer Ambivalenzkonflikte. Es gibt kaum eine Zwangsneurose ohne religiöse Züge. So können z. B. Zwangskonflikte zwischen religiösem Glauben und dem Drang zur Blasphemie bei überzeugten Atheisten ebenso auftreten wie bei Personen, die sich für fromm halten (468, 560, 599).

Ein Patient litt an einem überaus starken Drang, während des Gottesdienstes laut loszubrüllen. Während seiner Kindheit war sein Vater einmal erkrankt, und man hatte dem Patienten gesagt, er müsse unbedingt still sein. Bei dieser Gelegenheit trat zum erstenmal der Zwang auf, eine «heilige» Stille durch eine lärmende Blasphemie zu unterbrechen. Später trat Gott an die Stelle des Vaters, und der Drang, laut zu brüllen, ersetzte den Wunsch, den Vater zu töten. Die weitere Analyse enthüllte, daß der störende Lärm ursprünglich nicht als ein Gebrüll erschien, sondern in Form von Blähungen. Die Aggression gegen den Vater war analer Natur und drückte auf einer tieferen Ebene zugleich eine archaische Art von Liebe aus.

Die meisten patriarchalischen Religionen schwanken zwischen Unterwerfung unter eine Vaterfigur und einer Rebellion gegen sie, wobei sowohl die Unterwerfung wie auch die Rebellion sexualisiert werden. Wie ein zwanghaftes Über-Ich verspricht jeder Gott Schutz, wenn man sich ihm unterwirft. Es gibt viele Ähnlichkeiten in dem manifesten Erscheinungsbild des Zeremoniells von Zwangshandlungen und religiösen Ritualen. Sie beruhen auf einer Übereinstimmung der ihnen zugrunde liegenden Konflikte. Freud hat daher die Zwangsneurose ein «Zerrbild einer Privatreligion» genannt (560). Ähnlich hat man auch das Zeremoniell von Zwangsneurotikern als Ritual angesehen, weil es eine gewisse Übereinstimmung mit religiösen Riten aufweist. Es gibt jedoch grundlegende Unterschiede zwischen einem Zwang und dem religiösen Ritus, die im Rahmen dieses Buches nicht erörtert werden.

Die Symptomatologie von Zwangsneurosen ist voll von magischem Aberglauben. Zu ihm gehören Zwangsorakel und Opfer. Manche Patienten befragen solche Orakel, gehen mit Gott eine Wette ein, fürchten die magische Wirkung der Worte anderer, verhalten sich, als glaubten sie an Geister, Dämonen und an ein besonders bösartiges Schicksal. Im übrigen aber sind sie intelligent und sind sich der Absurdität ihrer Ideen vollkommen bewußt.

Ein Orakel zu befragen, bedeutet in der Regel, eine Erlaubnis oder Vergebung für etwas zu erzwingen, das normalerweise verboten ist, oder die Befragung stellt den Versuch dar, die Verantwortung für die Dinge, deretwegen man Schuldgefühle hat, auf Gott abzuwälzen. Das Orakel wird um eine göttliche Erlaubnis gefragt, die als Gegengewicht gegen das schlechte Gewissen dienen kann.

Ein Patient erinnerte sich daran, daß er gewohnheitsmäßig ein rituelles Orakel befragte, um zu entscheiden, ob er der Versuchung zu onanieren nachgeben solle oder nicht, d. h. ob ihm die Onanie einmal mehr gestattet werde. War die Antwort des Orakels positiv, so gab er dem Drang nach und hoffte, die Schuld auf die Götter abschieben zu können. War die Antwort negativ, so erfand er eine Ausrede, um die Befragung des Orakels solange wiederholen zu können, bis er die gewünschte Erlaubnis erhielt. Die Verschiebung der Schuld gelang jedoch nicht. Er konnte seinen Gewissensqualen nicht entfliehen und war sich der Absurdität bewußt, daß dieselben Götter, die zunächst die Onanie verboten hatten, sie bei dieser Gelegenheit gestatten sollten. Ein Orakel dieser Art ist ein Mittel, das Unmögliche zu erreichen. Es diente dem Zweck, die Eltern, die bestimmte Handlungen verboten hatten, zu veranlassen, sie nicht nur zu gestatten, sondern sogar zu fördern.

Der Aberglaube eines anderen Patienten hatte deutlich das Ziel, Vergebung für seine Onanie zu erlangen. Er pflegte alle Handlungen einzuteilen in solche, die Glück bringen, und solche, nach denen man Pech hat. Ob eine Handlung in die eine oder in die andere Kategorie gehörte, wurde nicht durch sein Verhalten, sondern durch das Schicksal entschieden. Denn er konnte nur vermuten, was ihm Glück oder Unglück brachte. Im Verlauf der Analyse stellte sich heraus, daß dieser Aberglaube zuerst in seiner Jugend in Verbindung mit der Vorstellung aufgetreten war: «Wenn ich meine Hände in die Taschen stecke, bringt das Unglück.» Das bedeutete offensichtlich: «Wenn man onaniert, wird man dafür bestraft.» Späterhin wurde der Zauber dann von den Taschen auf die Kleidung verschoben. Bestimmte Anzüge brachten Glück, andere brachten Unglück, je nachdem ob der Patient sie bei glücklichen oder weniger glücklichen Gelegenheiten getragen hatte. Es bereitete dem Patienten großes Vergnügen, gut gekleidet zu sein. Er wollte ansehnlich und stattlich erscheinen und fürchtete sich ständig, als häßlich zu gelten. Er identifizierte seine Männlichkeit mit seiner ansehnlichen und stattlichen Erscheinung, während die Vorstellung von Häßlichkeit sich für ihn mit einer Kastration verband. War er gut gekleidet, so brachte er andere dazu, ihm zu versichern, daß er nicht kastriert sei. Das sollte ihm in seinem Aberglauben auch das Schicksal versichern, indem es ihm eingab, welcher Anzug ihm Glück bringen werde.

Die Zweideutigkeit der Vorhersagen des Orakels entspricht den widersprüchlichen Forderungen derer, die in ihrer Ambivalenz das Orakel befragen; sie wünschen sich die Erlaubnis zu einer Triebbefriedigung, erwarten aber ein Verbot. Sie versuchen, eine Doppeldeutigkeit als Erlaubnis auszulegen, werden aber das Gefühl nicht los, daß sie sie als Verbot und als eine Warnung vor Bestrafung hätten interpretieren sollen. Kris hat auf die Verbindung zwischen der Interpretation von zweideutigen Prophezeiungen und der Lösung von Rätseln aufmerksam gemacht. Ein Individuum, das seine Schuld und die Bedeutung seiner Handlungen zu verdrängen sucht, ist unfähig, ein Rätsel zu lösen, ebenso wie es unfähig ist, eine Prophezeiung richtig zu verstehen. Der Heros, der jedes Rätsel löst, muß nicht so sehr seiner Intelligenz wegen weise sein, sondern deswegen, weil seine emotionale Freiheit, die durch keine Verdrängung behindert wird, ihn in die Lage versetzt, die verborgene Wahrheit zu erkennen.

Das Motiv des *mißverstandenen Orakels* drückt ebenfalls einen Konflikt dieser Art aus. Es besteht darin, daß eine warnende Aussage des Orakels als eine Zusicherung interpretiert wird, d. h. als ein Versuch, Schuldgefühle zu verdrängen. Der Schrecken, in dem die wirkliche Bedeutung eines Orakelspruchs schließlich zutagetritt, stellt die Wiederkehr des verdrängten Schuldgefühls aus der Verdrängung dar (442).

Außer zur Erzwingung einer Erlaubnis oder Vergebung dient das Orakel auch dazu, eine Verantwortung abzuwälzen. Doch ist es auch zu diesem Zweck ein untaugliches Mittel.

Die Projektion von schuldbeladenen Triebregungen auf phantastische Doppelgänger des Ich ist ein häufig auftretender Versuch, sich aus einer Verantwortung zu stehlen. Kinder geben sich oft andere Namen, wenn sie ungezogen waren. Sie wollen damit ausdrücken, daß nicht sie ungezogen waren, sondern X. Überbleibsel solch primitiver Versuche, seinem Gewissen zu entfliehen, sind typisch für bestimmte Charakterstörungen (vgl. XX, 9 a).

Ein Aberglaube kann noch auf andere Weise im Kampf gegen das Gewissen Verwendung finden. Viele Menschen versuchen, ihre Schuldgefühle durch mancherlei Zauber zu bekämpfen. Sie tun es mit dem Ziel, die Handlung, deretwegen sie sich schuldig fühlen, ungeschehen zu machen oder die mit ihr verbundene Schuld bzw. die Gefahr einer Bestrafung zu verleugnen. In manchen Fällen dient die Phantasie nicht bloß als ein Ersatz für eine unangenehme Realität, sondern verleugnet sogar die ganze (magisch wahrgenommene) Realität.

Für eine Patientin wurde das Denken selbst zu einem Zauber. Sie benutzte es, um das, woran sie dachte, daran zu hindern, wahr zu werden. Sie sagte sich, daß es sehr wenig wahrscheinlich sei, daß irgendetwas gerade so passieren werde, wie sie es sich vorher vorgestellt habe. Daher stellte sie sich nun also gerade das vor, was sie auf keinen Fall passieren lassen wollte. Immer wieder bildete sie sich ein, daß etwas nicht wahr sei, weil sie es gedacht habe. Schließlich bezweifelte sie die gesamte äußere Wirklichkeit. Im Verlauf der Analyse bemerkte sie, daß sie unter einer chronischen Spannung stand. Sie benahm sich wie jemand, der auf dem Theater den Vorhang erwartet, damit das Spiel zu Ende geht und das wirkliche Leben beginnt. In einer Art von Depersonalisierung war sie gelegentlich darüber erstaunt, daß Menschen essen oder zur Toilette gehen. Sie benahm sich, als hätte sie geglaubt, daß man an solche triebgesteuerten Handlungen zwar denkt, sie aber nie wirklich ausführt. In ihren Tagträumen kamen Schauergeschichten von Wahnsinnigen vor. Ihr erster großer Angstanfall trat auf, als sie Zeugin des Wutausbruchs eines Psychotikers wurde.

Das bekannte Phänomen eines «Traums im Traum» kann einem ähnlichen Zweck dienen. Es versucht, die Realität der sexuellen Lust zu verleugnen, um trotz der Angst vor Bestrafung einen Zugang zu einer Lust offenzuhalten, die «nur geträumt ist». Aber auch dieser Versuch kann fehlschlagen.

Ein Patient erinnert sich, daß er in seiner Jugend von verfänglichen Situationen zu träumen pflegte, die er nicht zu genießen wagte und bei denen er sich fragte, ob sie dem Traum oder der Wirklichkeit zugehörten. Er suchte diesem Dilemma zu entgehen und machte sich tagsüber folgendes klar: «Jedesmal, wenn ich mich frage, ob etwas wirklich oder nur geträumt ist, kann ich sicher sein, daß es sich um einen Traum handelt. Bin ich wirklich wach, dann habe ich keine solchen Zweifel.» Aber diese Überlegung nützte ihm nichts; denn bereits in seinem nächsten Traum mit sexuellem Inhalt begann er wieder zu zweifeln.

10. Das Körperbild bei Zwangsneurosen

Daß der Krankheitsprozeß bei Zwangsneurosen weniger am Körperbild in Erscheinung tritt als bei der Hysterie, bedeutet nicht, daß bei Zwangsneurosen keine körperlichen Symptome auftreten. Besonders charakteristisch ist bei ihnen die Isolierung der überbetonten Denkprozesse von den sie begleitenden Emotionen und damit von einem Ausdruck in Mimik und Gestik. Die Bestrebung zu einer Trennung des Körpers vom Denken spiegelt sich gewöhnlich in einer allgemeinen körperlichen Rigidität, die sich entweder in allgemeinen oder lokalen Muskelverkrampfungen oder in einem Hypotonus manifestiert. Bestimmte körperliche Verhaltensweisen der Patienten dienen dem Zweck, den Körper nicht durch das beeinflussen zu lassen, was im Geist vorgeht. Sie sind von Reich als ein Panzer beschrieben worden, den sich die Patienten zugelegt haben, und der, falls die Analyse erfolgreich sein soll, gebrochen werden muß (1271, 1279). Der gesamte Körperzustand eines Zwangsneurotikers ist typischerweise rigide. Er ist durch eine Verhaltung charakterisiert sowie durch eine Unfähigkeit zu flexibler Reaktion. Dem Vorherrschen der Analerotik entsprechend leiden die Patienten gewöhnlich unter Verstopfung oder haben sich an eine rigide Regelmäßigkeit in Verdauungsangelegenheiten gewöhnt.

11. Das Problem einer differentiellen Ätiologie

Der Grundkonflikt bei den Zwangsneurotikern ist derselbe wie bei der Hysterie: beiden geht es um eine Abwehr der verpönten Bestrebungen des Ödipuskomplexes. Auch das Vorherrschen der Angst unter den Motiven der Abwehr bei der Hysterie sowie das Vorherrschen von Schuldgefühlen bei Zwangsneurosen unterscheidet beide nicht prinzipiell voneinander, da Schuldgefühle auch bei Hysterie auftreten und Angst auch bei Zwangsneurosen.

Pathognomisch für die Symptombildung bei Zwangsneurosen ist im Vergleich zur Hysterie die analsadistische Regression. Sie hängt von einem der drei folgenden Faktoren oder von einer der möglichen Verbindungen zwischen ihnen ab:

1. von der Art der Überreste, die die anal-sadistische Phase der Libidoentwicklung hinterlassen hat,
2. von der phallischen Organisation und
3. von der Abwehr des Ich (396).

1. Das Ergebnis der ursprünglichen analsadistischen Phase ist wahrscheinlich der entscheidende Faktor. Im allgemeinen tritt eine Regression desto leichter ein, je größer die Fixierung gewesen ist. Unter dem Einfluß der Kastrationsangst werden diejenigen, die über die stärksten analsadistischen Fixierungen verfügen, auf die analsadistische Stufe der Libidoorganisation regredieren. Fixierungen (vgl. Bd. 1, S. 98) können durch eine der folgenden Ursachen bestimmt sein:

a) durch konstitutionelle Faktoren; die Erblichkeit bei der Zwangsneurose zeigt, daß eine konstitutionelle Erhöhung der Analerotik von Bedeutung ist (549; 1630);
b) durch außergewöhnliche Befriedigungen;
c) durch außergewöhnliche Frustrationen;
d) durch einen Wechsel von außergewöhnlichen Befriedigungen und Frustrationen (je größer frühere Befriedigungen waren, desto eher werden spätere Frustrationen als traumatisch erfahren);
e) durch eine Konkurrenz von Triebbefriedigungen mit der Befriedigung von Sicherheitsansprüchen, d. h. mit einer Verleugnung von oder Versicherung gegen besondere Ängste.

Analerotische Bestrebungen treffen in der Kindheit mit der Sauberkeitserziehung zusammen. Die Art, in der diese vorgenommen wird, legt fest, ob anale Fixierungen auftreten oder nicht. Die Erziehung zur Sauberkeit kann zu früh, zu spät, zu streng und zu libidinös sein. Geschieht sie zu früh, so ist ihr typisches Ergebnis eine Verdrängung der Analerotik. Diese Verdrängung ist durch Angst und Gehorsam an der Oberfläche und durch eine tiefsitzende Tendenz zur Rebellion charakterisiert. Geschieht sie zu spät, wird man Rebellion und Sturheit erwarten müssen. Wird sie zu streng vorgenommen, verursacht sie aufgrund der Frustrationen, die sie mit sich bringt, Fixierungen. Ein libidinöses Verhalten von seiten der Mutter verursacht wegen der Befriedigung, die es dem Kind verschafft, ebenfalls Fixierungen. Die Befriedigung von seiten der Mutter ist jedoch häufig eingeschränkt, weil die Mutter das Kind erregt, ihm aber die befriedigende Abfuhr seiner Erregung verbietet. Abführmittel führen tendenziell zu einer verstärkten Abhängigkeit. Klistiere schaffen eine enorme Erregung und zugleich große Angst (626).

2. Eine Schwäche der phallischen Organisation kann eine Regression befördern; denn es ist leicht, etwas aufzugeben, das von geringer Wichtigkeit ist. Was aber ist eine «Schwäche» der phallischen Organisation?

Klinisch fällt dieser Zustand wahrscheinlich mit dem vorigen zusammen, denn je intensiver die prägenitalen Fixierungen sind, desto schwächer ist die darauf folgende phallische Organisation. Eine Regression scheint ebenfalls leichter möglich, wenn eine Kastrationsdrohung Kinder traumatisch überfällt, d. h. wenn die phallische Position plötzlich geschwächt wird.

3. Ein Ich, das besonders dazu neigt, zum Zwecke der Abwehr zu einer Regression seine Zuflucht zu nehmen, ist «stark» in einer Hinsicht und «schwach» in einer anderen. Die kritische Funktion eines solchen Ich und sein Bedürfnis nach handlungsvorbereitendem Denken müssen sich besonders früh entwickelt haben, gewiß aber in einer Phase, in der die Denkfunktionen noch magisch orientiert waren. Gerade dieses Bedürfnis des abwehrenden Ich, sich seiner Funktionen möglichst früh zu bedienen, bringt es mit sich, daß die Methoden, die es verwendet, archaisch und unreif sind. Das Ich von Zwangsneurotikern muß stark genug sein, um seinen Protest gegen die Triebe sehr früh durchsetzen zu können, aber es muß auch zu schwach sein, um diesen Konflikt mit reiferen Methoden auszutragen. Im Gegensatz dazu zeigen viele Personen, die zu introvertierten Tagträumen neigen, und die später Konversionssymptome entwickeln, eine relative Hemmung ihrer intellektuellen Funktionen.

Man wird vielleicht die Frage stellen, ob tatsächlich alle Zwangsneurosen auf einer Regression beruhen. Ist es nicht möglich, so wird man einwenden, daß Entwicklungsstörungen auf der analsadistischen Stufe die Entwicklung eines vollen phallischen Ödipuskomplexes verhindert haben (618)?

Fälle dieser Art treten in der Tat auf. Sie stellen jedoch nicht die typische Zwangsneurose dar. Die große Bedeutung des Ödipuskomplexes, der Kastrationsangst und der Masturbation bei der typischen Zwangsneurose kann als gesichert gelten. Die Entwicklungsstörungen während der analsadistischen Phase führen eher zu Persönlichkeiten ohne ausgesprochene Zwangssymptome, deren Charakter zwar dem von Zwangsneurotikern ähnelt, jedoch mit allgemein infantileren Zügen durchsetzt ist (vgl. XX, 16).

Zwangsneurosen treten bei Erwachsenen in zwei Gruppen auf: in den seltenen akuten Formen und in den häufigeren chronischen. Die akuten Fälle werden durch äußere Umstände ausgelöst. Diese unterscheiden sich nicht von Umständen, die irgendeine andere Neurose auslösen können. Es sind Remobilisierungen verdrängter infantiler Sexualkonflikte, Störungen eines bis dahin wirksamen Gleichgewichtszustandes zwischen den verdrängenden und verdrängten Kräften, absolute oder relative Zunahmen in der Stärke der abgewehrten Triebregungen oder der ihnen entgegenstehenden Ängste (vgl. XIX, 2). Ausgelöst werden kann eine Zwangsneurose nur bei jemandem, der seit seiner Kindheit dazu eine Anlage besitzt, d. h. bei jemandem, der in seiner Kindheit analsadistisch regrediert ist. Diese Regression kann gewiß nur einen kleinen Teil seiner Libido umfaßt haben, so daß die Genitalität sich soweit zu erhalten vermochte, daß es ohne unüberwindliche Schwierigkeiten zur Entwicklung der Pubertät kam. Nichtsdestoweniger muß die infantile Abwehr zu irgendeinem Zeitpunkt den Weg der Regression gewählt haben; denn sonst wäre es nicht möglich, daß eine Enttäuschung im späteren Leben – bei erneutem Aufflackern des Ödipuskomplexes – eine Regression auf die analsadistische Entwicklungsstufe zur Folge haben könnte.

Der chronische Typus der Zwangsneurose tritt viel häufiger auf. Zwangsneurosen dieser Art setzen sich gewöhnlich von Jugend auf ohne Unterbrechung fort, obwohl durch besondere äußere Umstände gelegentlich eine Verschlimmerung ausgelöst werden kann. Nach leichten Zwangssymptomen zur Zeit der Ausbildung des Ödipuskomplexes treten Zwangsrituale während der Latenzperiode, in der sich die intellektuellen Fähigkeiten entwickeln, deutlicher hervor. Die Sexualität, die während der Pubertät zutage tritt, nimmt einen ähnlichen Verlauf wie die der frühen Kindheit, und es findet eine weitere Regression auf die analsadistische Entwicklungsstufe statt. Das Über-Ich, mit dessen Einspruch die neue Welle von analsadistischen Sexualwünschen jetzt in Konflikt gerät, ist seinerseits unfähig, den Auswirkungen der Regression zu entfliehen. Es ist sadistischer geworden und wütet gegen die analen und sadistischen Triebansprüche nicht weniger als zuvor gegen die genitalen. Zugleich wütet es ohne Unterlaß gegen die Abkömmlinge der phallisch-ödipalen Wünsche im engeren Sinne, die sich neben den analsadistischen Triebregungen erhalten haben. «So zeigt sich der Konflikt bei der Zwangsneurose nach zwei Richtungen verschärft, das Abwehrende ist intoleranter, das Abzuwehrende unerträglicher geworden; beides durch den Einfluß des einen Moments, der Libidoregression.» (618).

Der fortgesetzte Zweifrontenkampf und die Auseinandersetzung des Ich mit seinen Symptomen komplizieren die weitere Entwicklung. Mögliche Komplikationen bestehen in sekundären Abwehrkämpfen und gegen Zwangssymptome gerichteten Zwängen, in weiteren Reaktionsbildungen, und in der Tendenz der Symptome, sich von einer Abwehr zu einer Befriedigung zu entwickeln. Reaktionsbildungen können zu sekundärem narzißtischem Krankheitsgewinn verhelfen, der sich z. B. in dem Stolz äußert, außergewöhnlich gut, edel oder intelligent zu sein. Häufig bilden sie einen bei der Analyse von Zwangsneurotikern überaus schwer zu überwindenden Widerstand.

Unter den Zwangsneurosen gibt es wie unter den Phobien Fälle, die sich verschlimmern, und andere, bei denen die Abwehr relativ erfolgreich ist. Bei denen, die sich verschlimmern, treten entweder Angst und Depressionen bei Zusammenbrüchen des relativen, zwanghaften Gleichgewichts auf (was für die Analyse eher günstig sein kann), oder aber die Zwangssymptome nehmen zu bis hin zum gefürchteten Endzustand einer vollkommenen Willenslähmung.

Das folgende ist ein einfaches Beispiel für die Zunahme der Symptomatologie: Ein Patient stand unter dem Zwang, die Zahl drei zu vermeiden, weil sie für ihn Sexualität und Gedanken an Kastration bedeutete. Er pflegte alles viermal zu tun, um sicher zu gehen, daß die Drei vermieden werde. Wenig später hatte er das Gefühl, auch die Vier sei noch zu nahe an der Drei. Aus Sicherheitsgründen begann er, die Fünf vorzuziehen. Fünf aber ist eine ungerade Zahl und daher untauglich. Sie wurde also durch die Sechs ersetzt. Da aber Sechs zweimal Drei bedeutet und Sieben ungerade ist, wurde die Acht über Jahre hinweg die Lieblingszahl dieses Patienten.

Es fällt bei einer Zwangsneurose nicht leicht, festzustellen, was dafür verantwortlich ist, daß der Krankheitsverlauf sich entweder zunehmend verschlechtert oder zu einem Stillstand kommt (vgl. XXII, 2).

Eine Komplikation, die auch bei weniger schweren Fällen auftreten kann, stellt der bereits erwähnte Zusammenbruch des relativen psychischen Gleichgewichts dar, das zuvor durch sühnende Symptome oder andere zwanghafte Einschränkungen des Ich aufrechterhalten worden ist.

Erschütternde Ereignisse, die für die Systeme des Patienten unvorhergesehen kommen, können eine zwanghafte Rigidität durchbrechen. Das Gegenstück zu einer traumatischen Neurose ist die traumatische Heilung eines Zwangscharakters.

Ein solches Ereignis zeigt die Verbindungen zwischen dem Zwangssymptom, dem ursprünglichen aktualneurotischen Zustand und der Angst: Die Angst wird sekundär durch die Entwicklung von Zwangssymptomen «gebunden». Zwangsrituale, die zuvor vorhandene Phobien ersetzen, demonstrieren diese Bindung der Angst überaus deutlich. Nichtsdestotrotz bleibt diese Angst stets mehr oder weniger von Schuldgefühlen durchdrungen.

Angst und Schuldgefühle, die von Zwangssymptomen verdeckt waren, tauchen wieder auf, wenn diese Symptome analysiert werden. Weil die Patienten die Gewohnheit entwickelt haben, ihre Affekte abzuwehren und sie nicht erkennen, tauchen sie häufig in der Form körperlicher und aktualneurotischer Angstäquivalente auf.

Die Regression auf die analsadistische Entwicklungsstufe der libidinösen Organisation erklärt letztendlich die Unterschiede in der Symptombildung bei Zwangsneurosen und Hysterien. Die scheinbare Ungereimtheit, daß bei Zwangsneurosen die abgewehrten Triebregungen phallische Bestrebungen, die mit dem Ödipuskomplex in Verbindung stehen, ebenso umfassen wie analsadistische, kann aber dadurch erklärt werden, daß die Abwehr sich zunächst gegen den phallischen Ödipuskomplex richtet, der durch einen analen Sadismus ersetzt wird, und sich dann auf die analsadistischen Triebregungen ausdehnt. Zahlreiche Differenzierungen im klinischen Bild beruhen auf dem Umstand, daß bei der Hysterie allein die Verdrängung als Abwehrmechanismus Verwendung findet, während bei Zwangsneurosen Reaktionsbildungen, Ungeschehenmachen, Isolierungen und Überbesetzungen von Begriffen und Wörtern (als ein besonderer Fall von Isolierung) eine bedeutende Rolle spielen. Die Verwendung dieser besonderen Abwehrmechanismen beruht darauf, daß nicht genitale, sondern analsadistische Wünsche abgewehrt werden müssen. Die Verwendung unterschiedlicher Abwehrmechanismen erklärt auch die Unterschiede in der Reichweite des Bewußtseins bei beiden Neurosen. Mit der Regression hängt der verhältnismäßig späte Beginn der Zwangsneurose zusammen. Die Introjektion der Eltern ins Über-Ich erklärt die Unterschiede in bezug auf die Internalisierung, die dominante Rolle des Über-Ich und die relative Dominanz strafender und sühnender Symptome gegenüber Symptomen, die eine Befriedigung verschaffen. Darüber hinaus ist die Regression auch für die besondere Strenge des Über-Ich verantwortlich, da dieses sich dem regressiven Zug zum Sadismus nicht entziehen kann. Die Tatsache, daß unabhängig von den einzelnen Symptomen die Krankheit die gesamte Persönlichkeit des Patienten in einem viel größeren Ausmaß erfaßt als bei der Hysterie, muß ebenfalls auf die grundlegende Erscheinung der Regression zurückgeführt werden.

13. Die therapeutischen Möglichkeiten der Psychoanalyse bei Zwangsneurosen

Unterm Gesichtspunkt der analytischen Therapie gilt die Zwangsneurose als der zweite Typus der «Übertragungsneurose» und als das zweite große Indikationsgebiet der Psychoanalyse. Eine Betrachtung der ihr zugrundeliegenden Mechanismen zeigt jedoch, wieviel schwieriger als bei Hysterien die Analyse bei Zwangsneurosen ist. Die Schwierigkeiten sind in der Tat so groß, daß man bei schweren Fällen, bei denen sich die Krankheit bereits über Jahre erstreckt, sehr vorsichtig sein sollte, eine Heilung zu versprechen. Häufig muß man mit einer mehr oder weniger großen Besserung zufrieden sein.

Welcher Art sind nun die erwähnten Schwierigkeiten?

1. Die besondere Art der Gegenbesetzung, die für die Zwangsneurose charakteristisch ist, macht die Einhaltung der Grundregel überaus schwierig oder vollkommen unmöglich. Das beruht auf einer fortgesetzten Beachtung der Zensur, die den Patienten auch nicht für einen Moment freigibt und ihn zwingt, vor unsystematischen freien Assoziationen immer wieder bei programmatischen, substantiellen Vorstellungen Zuflucht zu suchen, die seiner Vernunft entsprechen. Es ist, als gebe der Patient dem Analytiker ein gewissenhaftes, aber unvollständiges Inhaltsverzeichnis oder Titelangaben seiner Erlebnisse, statt diese wirklich zur Sprache zu bringen. Versuche, den Patienten darin zu unter-

weisen, was von ihm erwartet wird, bieten häufig Anlaß zu zwanghaften Haarspaltereien. Während der Patient in seiner kompensierenden Übergewissenhaftigkeit all das zu tun wünscht, das man von ihm verlangt, lenkt er seine Bemühungen in die falsche Richtung und enthüllt damit, daß er unbewußt das Gegenteil dessen zu tun wünscht, was er bewußt intendiert. Einen Weg zu finden, dem Patienten beizubringen, was es bedeutet, frei zu assoziieren und zugleich theoretische Diskussionen zu vermeiden, die ihm nur weiteres Material zum Grübeln bieten, ist vielleicht die technische Hauptaufgabe bei der Analyse von Zwangsneurotikern.

2. Die Internalisierung des Konflikts und die Rolle, die das Über-Ich in ihm spielt, machen eine Analyse sehr viel schwieriger. Hysteriker betrachten ihre Symptome als etwas, das ihrem Ich fremd ist. Im Kampf gegen die Neurose geht das Ich bei ihnen ein Bündnis mit dem Analytiker ein. Diese ideale Arbeitsatmosphäre liegt bei Zwangsneurotikern nie vor. Denn deren Ich ist gespalten. Der Analytiker kann sich nur auf einen Teil desselben verlassen. Der Rest des Ich denkt magisch, nicht logisch und verbündet sich praktisch mit dem Widerstand. Der bewußte Teil der Persönlichkeit kann überaus kooperativ sein, er kann es aber so sehr sein, daß er sich von dem unbewußten, magischen Teil isoliert. Deutungen, die der Patient sehr wohl versteht, bleiben wirkungslos, solange eine solche Isolierung nicht durchbrochen wird.

3. Die der Zwangsneurose zugrundeliegende Regression macht es notwendig, daß die Analyse eine Schicht tiefer dringt als im Fall der Hysterie.

4. Die Regression bringt es ebenfalls mit sich, daß sich die Objektbeziehungen der Patienten verändern. Sie werden von analsadistischen Bestrebungen sowie von einer Ambivalenz und Halsstarrigkeit beherrscht, die sich auch in der Übertragung äußert. Die gemischten Gefühle von Zwangsneurotikern treten in der Neigung zutage, gegen den Analytiker aufzubegehren und sich ihm zugleich zu unterwerfen. Jede Regung wird unmittelbar von ihrem Gegenteil begleitet.

5. Die Isolierung des Vorstellungsinhalts von den begleitenden Emotionen bildet eine besondere Schwierigkeit. Die Analyse steht ständig in Gefahr, vom Patienten nur als eine intellektuelle Verstandesaufgabe angesehen zu werden. Eine solche Auffassung ist natürlich solange

therapeutisch nutzlos, wie sie nicht als ein Widerstand gegen das emotionale Erlebnis der Analyse analytisch durchgearbeitet wird.

6. Das Denken und Sprechen von Zwangsneurotikern ist sexualisiert. Die Gedanken und die Sprache sind aber die Instrumente der Psychoanalyse. Es tritt also bei Zwangsneurotikern der Fall ein, daß sie mit Hilfe gerade der Funktionen geheilt werden müssen, die ihrerseits von der Krankheit befallen sind.

Ein Patient fand hierfür einen treffenden Vergleich. Er sagte, er komme sich vor, als sei er mit dem Handtuch in der Hand ins Wasser gefallen und als versuche nun jemand, ihn mit eben dem Handtuch abzutrocknen, das genau so naß sei wie sein Körper.

Offenbar gibt es keine Lösung dieses Dilemmas. Soweit jedoch die bewußte Persönlichkeit des Patienten sich ein Urteil über die Irrationalität seines Verhaltens zu bilden vermag, kann dieser intakte Teil des Ich dazu verwendet werden, die Analyse ein Stück weiter zu bringen. Dies geschieht in der Hoffnung, daß der analytische Prozeß ein weiteres Stück des Ich wiederbelebt, auf das sich die Analyse in ihrem Fortgang stützen kann.

7. Ein sekundärer Krankheitsgewinn liegt gewiß auch bei der Hysterie vor; er ist jedoch bei ihr nie so vollständig in die Persönlichkeit der Patienten integriert wie der narzißtische Gewinn, den zwangsneurotische Charaktere aus ihren Reaktionsbildungen ziehen. Viele Analysen scheitern, weil es dem Analytiker nicht gelingt, den «guten» Zwangsneurotiker davon zu überzeugen, daß es für ihn von Vorteil wäre, sich durch die Analyse ein klein wenig «verderben» zu lassen. Denn der Analytiker stellt nicht nur das Über-Ich des Patienten dar, er kann auch einen Verführer, einen Agenten des gefürchteten Es repräsentieren, den der Patient natürlich bekämpft.

8. Daß im Verlauf der Behandlung Angst auftritt, die sich gelegentlich in vegetativen Symptomen äußert und zu schweren Komplikationen bei Personen führen kann, die an Affekte nicht gewöhnt sind, und deren Symptome sich auf den Bereich des Seelischen beschränkten, sollte ebenfalls erwähnt werden.

Alle diese Schwierigkeiten sind nicht unüberwindlich, dürfen aber auch nicht unterschätzt werden. Ihretwegen ist jede Analyse einer Zwangsneurose ein schwieriges und langdauerndes Unternehmen. Es gibt natürlich akute Zwangsneurosen, die sich relativ schnell bessern. Häufiger sind jedoch die schweren Fälle von langer Dauer bei Personen, die seit der Latenzzeit ununterbrochen an einer Zwangsneurose leiden. Bei ihnen sind die notorisch «langen» Analysen erforderlich. Man muß jedoch der Gerechtigkeit halber sagen, daß diese langen Analysen und die große Energie, die sie verbrauchen, häufig die Mühe lohnen und daß sogar in Fällen von sehr langer Krankheitsdauer oft eine Heilung erzielt werden kann.

In jedem Einzelfall kann jedoch nur eine Reihe von vorbereitenden Therapiesitzungen einen Eindruck von dem Ausmaß der Schwierigkeiten vermitteln und zu einer genaueren Prognose führen. Frische Fälle sind der Analyse am ehesten zugänglich. Endzustände, Übergänge zur Schizophrenie und Entwicklungsstörungen, bei denen die Patienten die phallische Phase nicht erreicht haben, sind am wenigsten zugänglich. Da aber in solchen Fällen andere Arten von Therapie fruchtlos bleiben, ist es angezeigt, jedem Zwangsneurotiker zu raten, soweit äußere Umstände es ihm möglich machen, eine Psychoanalyse zumindest zu versuchen.

Kapitel XV: Prägenitale Konversionsneurosen

1. Allgemeine Bemerkungen über prägenitale Konversionsneurosen

Bei den Symptomen der Konversionshysterie finden genitale Wünsche, die dem Ödipuskomplex entstammen, einen verzerrten Ausdruck in Veränderungen von Körperfunktionen. Bei der Zwangsneurose sind diese Wünsche aufgrund einer Regression verändert; in ihren Symptomen drücken sich Konflikte um die regressiv entstellten sexuellen Bestrebungen aus. Es gibt eine dritte Art von Neurosen, deren Symptome ganz zweifellos Konversionen darstellen, in denen sich aber unbewußte Triebregungen äußern, die prägenital sind. Während die Symptomatik dieser Patienten Konversionscharakter trägt, entspricht ihre seelische Struktur der von Zwangsneurotikern. Mit diesen teilen sie die prägenitale Ausrichtung des Verhaltens. Auch bei ihnen tauchen erhöhte Ambivalenz und Bisexualität auf sowie eine Sexualisierung der Denk- und Sprach-

prozesse und eine partielle Regression auf die Stufe magischen Denkens. Da das klinische Erscheinungsbild solcher Neurosen äußerlich das einer Hysterie ist, vermochte erst die Psychoanalyse aufzudecken, daß sie innerlich anders gebaut sind.
Theoretisch müßten wir erwarten, daß ein prägenitaler Inhalt sich am ehesten bei solchen Konversionssymptomen findet, die sich direkt an den prägenitalen erogenen Zonen abspielen. So wird man zunächst einen analerotischen Gehalt bei den Organneurosen des Darms erwarten. Diese Erwartung wird zu einem gewissen Teil tatsächlich erfüllt. In der Anamnese vieler später zwanghafter Individuen finden sich psychogene Darmerkrankungen. Diese können im Verlauf einer Analyse als passagere Konversionssymptome reaktiviert werden (599). Reste dieser frühkindlichen Störungen wie Verstopfung und Durchfall tauchen als spontane Symptome bei manchen Zwangsneurosen auf. Nicht alle Darmkonversionen sind jedoch von dieser Art. Die Rolle, die bei ihnen die prägenitale Fixierung spielt, kann auf die Wahl des Organs beschränkt sein, an dem die Symptome ausbrechen.

2. Das Stottern

Funktionale Sprachstörungen, die mehr sind als einfache Hemmungen, sind typische Beispiele für die Gruppe der prägenitalen Konversionsneurosen.
Am Symptom des Stotterns zeigt sich leichter als bei anderen Konversionssymptomen, daß es das Ergebnis eines Konflikts einander widerstreitender Bestrebungen ist. Der Patient will etwas sagen und er will es nicht sagen. Da er die bewußte Absicht hat zu sprechen, muß er unbewußt einen Grund haben, nicht sprechen zu wollen. Dieser Grund ist zweifelsfrei in einer unbewußten Bedeutung des Sprechens zu suchen; er liegt entweder in dem, worüber gesprochen werden soll, oder in der Aktivität des Sprechens selbst.
Verspricht sich jemand, so beruht das auf dem Umstand, daß ihm unbewußt widerstrebt, was er bewußt zu sagen beabsichtigt (553). Die Analyse eines Versprechers enthüllt, welche Regung die ursprüngliche Absicht zu sprechen gestört hat. Beginnt jemand, statt sich nur zu ver-

sprechen, ein wenig zu stammeln, so ist es offensichtlich, daß irgendein unbewußtes Motiv seine Absicht durchkreuzt hat. Man kann in einem solchen Fall nur vermuten, was das Motiv ist (596). Tritt ein solches gelegentliches Stottern regelmäßig als Antwort auf einen bestimmten Reiz auf, so kann die Kenntnis dieses Reizes zum Ausgangspunkt einer Analyse des Störfaktors genommen werden. Stottert dagegen jemand nicht nur als Reaktion auf bestimmte Reize, sondern mehr oder weniger jedesmal, wenn er spricht, so muß der Störfaktor in dem Umstand gesucht werden, daß die bloße Absicht zu sprechen für ihn eine verpönte Bedeutung besitzt. Es können also manche Arten von gelegentlichem Stottern auf einer unbewußten sexuellen Bedeutung dessen beruhen, was jemand gerade sagen will, während in schweren Fällen die Sprachfunktion selbst eine verpönte sexuelle Triebregung darstellt.

Bei der Erörterung der Zwangsneurosen wurde deutlich, daß bestimmte Zustände und Faktoren zu einer Sexualisierung des Sprechens führen, daß diese Sexualisierung regelmäßig analer Natur ist und daß dies besondere Folgen hat (vgl. S. 146 ff., insbesondere 152). All dies gilt auch für das Stottern.

Die Psychoanalyse von Stotterern enthüllt die analsadistische Welt ihrer Wünsche als die Grundlage des Symptoms. Denn die Sprachfunktion hat für Stotterer regelmäßig eine analsadistische Bedeutung. Das Sprechen ist für sie zunächst eine Äußerung obszöner, insbesondere analer Wörter und ferner ein aggressiver Akt, der gegen den Hörer gerichtet ist.

Die analerotische Natur des Sprechens tritt am klarsten hervor, wenn sich eine besondere Situation in der Analyse, die das Stottern entweder hervorruft oder akzentuiert, als anale Versuchung erweist. Das Sprechen wird unbewußt in bestimmten Situationen oder generell als eine sexualisierte Defäkation vorgestellt. Dieselben Motive, die in der Kindheit gegen ein lustbetontes Spiel mit den Faeces gerichtet waren, tauchen wieder auf in Form von Hemmungen oder Verboten einer Lust am Spiel mit den Worten. Die Äußerung oder Zurückhaltung von Wörtern hat die Bedeutung einer Ausscheidung oder Verhaltung der Faeces. Die Zurückhaltung von Wörtern kann ganz ebenso wie die Verhaltung der Faeces sowohl eine Versicherung gegen ihren möglichen Verlust darstellen wie eine autoerotisch lustvolle Aktivität. Man kann das Stottern als eine Verlegung der Funktion der Analsphinkteren nach oben ansehen (708, 1406, 1461).

Zwei Bedingungen treten häufig auf, die das Stottern hervorrufen oder verstärken und die mit seiner sadistischen Bedeutung in Verbindung stehen. Sehr häufig beginnt jemand zu stottern, wenn er besonders darum bemüht ist, zu zeigen, daß er im Recht ist. Hinter seinem scheinbaren Ehrgeiz verbirgt er eine feindselige oder sadistische Neigung, seinen Gegenspieler durch Worte zu töten. Das Stottern ist dann sowohl eine Blockierung dieser Neigung wie auch eine Bestrafung für sie. Häufiger noch verschlimmert sich das Stottern in der Gegenwart von Prominenten oder von Autoritäten, d. h. von Vaterfiguren, denen eine besonders intensive unbewußte Feindseligkeit entgegengebracht wird.

Garma beobachtete einmal eine Patientin, die außer an Stottern an der Angst litt, jemanden zu beschädigen. Das Mädchen glaubte insbesondere, daß die Frau beim Geschlechtsverkehr den Mann verletzen könne. Darüber hinaus hatte sie verschiedene Tagträume, in denen sie mit ihrem Blick die ganze Welt zerstören und alle Männer töten konnte.

Im Traum ist das Sprechen ein Symbol des Lebens und die Stummheit ein Symbol des Todes (552). Dieselbe Symbolik gilt beim Stottern. Ist ein Stotterer unfähig zu sprechen, so drückt seine Hemmung oft den Wunsch zu töten aus, der gegen das eigene Ich gewendet worden ist.

Aus dem gleichen Grund wie bei der Zwangsneurose bedeutet eine analsadistische Sexualisierung des Sprechens eine Remobilisierung der kindlichen Entwicklungsstufe, in der die Wörter als allmächtig angesehen werden (457). Wörter können töten, und Stotterer sind Menschen, die unbewußt der Auffassung sind, daß man mit einer so gefährlichen Waffe wie dem Wort sorgfältig umgehen muß.

Der Umstand, daß obszöne Wörter und Flüche ihre ursprüngliche magische Bedeutung stärker erhalten haben als andere Wörter (451, 1154) (vgl. S. 148 und 223 f.) ist für die Psychoanalyse von Stotterern von Bedeutung. Für viele von ihnen ist jedes Reden eine unbewußte Versuchung, obszöne oder profane Wörter zu benutzen. Sie verbinden damit die unbewußte Absicht, den Hörer gewalttätig oder sexuell anzugreifen.

Die analsadistische Bedeutung des Symptoms stimmt mit der typischer-

weise analsadistischen Persönlichkeitsstruktur des Stotterers überein, die mit der des Zwangsneurotikers identisch ist.
Die analsadistische Regression, die zwischen die ursprünglichen Ödipusphantasien und das Symptom getreten ist, läßt sich gelegentlich unmittelbar beobachten.

Alfhild Tamm berichtet z. B. von einem Jungen, der zunächst genital onanierte, dann diese Praktik durch anale Onanie ersetzte und erst nach deren Unterdrückung zu stottern begann (1527).

Daß analsadistische Wünsche beim Stottern die allergrößte Rolle spielen, bedeutet nicht, daß andere Partialtriebe an ihm nicht teilhaben. Wie bei anderen Symptomen kann jede Art von infantiler Erotik neben der vorherrschenden sexuellen Komponente von zusätzlicher Bedeutung sein. Drei Triebregungen spielen gewöhnlich beim Symptom des Stotterns eine charakteristische Rolle: die phallische, die orale und die exhibitionistische.
1. *Phallische Tendenzen:* Die Sprachfunktion wird unbewußt häufig mit der (vor allem männlichen) Genitalfunktion gleichgesetzt. Reden können bedeutet, potent zu sein. Die Unfähigkeit zu reden, bedeutet, kastriert zu sein (214, 215, 220, 520, 892). Jungen enthüllen häufig, daß ihr starkes Verlangen, gut zu reden, sich als Ersatz für einen phallischen Wettbewerb entwickelt hat («kann ich nicht genausogut reden wie mein Vater?») (473). Mädchen mit entsprechendem Ehrgeiz haben unbewußt den Wunsch, genital wie Männer zu funktionieren. Alle Konflikte, die zwischen den Vorstellungen von Potenz und Kastration möglich sind, können sich, obwohl in regressiv entstellter Form, im Symptom des Stotterns ausdrücken. Das Motiv, daß einem die Zunge herausgeschnitten wird, tritt häufig in Mythen, Märchen, Träumen und neurotischen Phantasien als Kastrationssymbol auf. Das Organ des Sprechens, die Zunge, erscheint dann als ein phallisches Symbol.

Eine Patientin, deren Reden in der Öffentlichkeit für sie eine überaus starke urethrale (Potenz-)Bedeutung hatte, ist oben bereits erwähnt worden (vgl. S. 152 f.). Wenn ihr «die Wörter ausgingen», mußte sie Wasser trinken, um danach wieder weiterreden zu können.
Eine andere Patientin war überzeugt, daß ein Chirurg, der ihr als Kind die Mandeln entfernt hatte, ihr irrtümlich das Gaumenzäpfchen herausgeschnitten hatte. Erst nachdem ihr Kastrationskomplex in der Analyse zur Sprache gekommen war, war sie in der Lage, sich davon zu überzeugen, daß ihr Gaumenzäpfchen völlig normal war.

Das Auftreten phallischer Tendenzen beim Stottern ist ein Beweis dafür, daß die anale Orientierung der Stotterer auf einer Regression beruht. Fälle, bei denen diese phallischen Elemente fehlen, können gelegentlich ihre Ursache in einem Entwicklungsstillstand auf prägenitaler Stufe haben.

2. *Orale Tendenzen:* Das Sprechen ist im weitesten Sinne eine oral-respiratorische Funktion. Die mit ihm verbundene erogene Lust ist daher die der oral-respiratorischen Erotik. Deren Schicksal ist ein bedeutsames Element in der Entwicklung von Sprachstörungen. Die Regression ist beim Stottern häufig auf analsadistischem Niveau nicht zum Stillstand gekommen. In solchen Fällen macht sich eine Oralerotik bemerkbar, deren Konflikte um Einverleibungswünsche gegenüber Objekten ebenso zentriert sind wie um ein autoerotisches orales Verlangen. Die Schwere eines Falles hängt von der relativen Bedeutung der oralen Komponenten ab.

Zuweilen haben die Wörter, die geäußert und nicht geäußert werden dürfen, in der tiefsten Schicht der Seele die Bedeutung introjizierter Objekte. Konflikte, die ursprünglich zwischen dem Patienten und einem Objekt stattgefunden haben, werden nun ausgedrückt durch einen Konflikt zwischen dem Ich und seinen Sprachprodukten, die für das Ich die Bedeutung von Faeces angenommen haben.

Ein Stotterer kann nicht nur unbewußt versuchen, andere durch Wörter zu töten. Auf der jetzt hier in Rede stehenden Entwicklungsstufe drückt sein Symptom auch die Neigung aus, seine eigenen Wörter, die ihm introjizierte Objekte bedeuten, zu töten.

Coriat, der zahlreiche Fälle von Stottern untersuchte (291, 292, 293), war weniger durch die Konflikte beeindruckt, die um die Introjektion zentriert sind, als durch die Rolle der oralen Autoerotik. Statt die Sprachfunktion zur Kommunikation zu verwenden, verwendet sie ein Stotterer nach Coriats Auffassung dazu, lustvolle Empfindungen in den Sprachorganen hervorzurufen. Coriat leugnet sogar, daß es sich bei den Symptomen um Konversionen handelt, und stellt fest, daß eigentlich nichts «konvertiert» worden ist, da die Patienten einfach der Neigung nachgeben, mit ihren Sprachorganen herumzuspielen, um zu lustvollen oralen Empfindungen zu gelangen (291). Nun werden aber wohl alle Stotterer darin übereinstimmen, daß das Symptom des Stotterns lästig, schmerzhaft und keineswegs lustvoll ist und daß sie sich der anal- und oralsadistischen Phantasien, die es ausdrückt, so wenig bewußt sind wie ihrer auf den Ödipuskomplex bezogenen Kastrationsvorstellungen. Obwohl also Stotterer eine oral-erogene Lust suchen, bleibt das Stottern eine prägenitale Konversionsneurose.

Intensive orale Erogeneität drückt sich häufig auch in besonders großem Redeehrgeiz aus. Gelegentlich entwickelt sich dieser Ehrgeiz nach dem Symptom und stellt eine überkompensierende Reaktion dar. Demosthenes war nicht der einzige, der ein großer Redner wurde, gerade weil er gestottert hatte.

Das dezidierte Interesse eines Patienten an Fremdsprachen und philologischen Problemen, das sich mit starkem Ehrgeiz auf diesem Gebiet verband, konnte im Verlauf der Analyse als eine Überkompensierung von Minderwertigkeitsgefühlen erklärt werden, die aus einer vergessenen Kindheitsperiode herrührten, während derer er gestottert hatte und dafür von anderen gehänselt worden war.

In anderen Fällen entwickelte sich der Ehrgeiz zuerst, und das Symptom des Stotterns folgte, sobald der Ehrgeiz zur Vertretung von verbotenen sexuellen oder aggressiven Bestrebungen geworden war. In manchen Fällen von Stottern bleibt der orale Ehrgeiz nicht auf das Gebiet des Sprechens beschränkt; denn sein Ursprung ist älter als der Spracherwerb. Ein frühkindliches narzißtisches Verlangen, mehr (oralen oder analen) Lärm zu machen als die Erwachsenen, kann unter ziemlich grotesken Formen wieder auftauchen (120, 463). Gelegentlich liegt die ursprüngliche Bedeutung eines solchen Verlangens in der Wunschvorstellung, so viel essen zu können, wie die Erwachsenen. Aufgrund einer Identifizierung mit dem Aggressor (541) kann es sich bei dieser Vorstellung um eine Abwehr der Angst handeln, von den Erwachsenen gefressen zu werden.

Zuweilen tritt ein oraler Ehrgeiz dieser Art nicht nur bei der Produktion von Wörtern deutlich hervor, sondern auch bei ihrer Aufnahme im Hören oder Lesen, die beide dann unbewußt die Bedeutung des Essens annehmen (124, 1512).

Bevor das Sprechen zu einem Mittel praktischer Kommunikation wurde, besaß die Aktivität der Sprachorgane eine rein libidinöse Abfuhrfunktion. Die Entwicklung beginnt auf der Stufe eines autoerotischen Brabbelns oder Schreiens (1419), geht dann über zu den Stufen einer magischen Beeinflussung der Umwelt vermittels des Stimmapparats (457), zu einem allmählichen Erwerb des Verständnisses einzelner Wörter

(249, 251, 252) und endet schließlich auf der Entwicklungsstufe, bei der die Sprache als zweckgerichtetes Mittel der Kommunikation eingesetzt wird. Diese Entwicklung ist ein überaus komplexer Prozeß. Sie kann in verschiedenen Punkten Störungen unterliegen. Leider ist sie als Entwicklungsprozeß psychoanalytisch bisher im Detail nicht untersucht worden. Schwere Fälle von Stottern bieten Gelegenheit, sie gerade aufgrund der Störungen zu erforschen, die in ihr auftreten können.

Die Sprache ist ein Mittel der Kommunikation. Bei weniger schweren Fällen von Stottern ist die Kommunikation mit einzelnen Objekten vollständig oder im Hinblick auf bestimmte Assoziationen sexualisiert worden und infolgedessen gestört. In schwereren Fällen von Stottern ist eine Kommunikation ganz aufgegeben worden. Die Sprachorgane werden bei ihnen nurmehr autoerotisch verwendet.

3. *Exhibitionistische Tendenzen:* Daß Exhibitionismus beim Stottern von entscheidender Bedeutung ist, wurde bereits mit der Betonung des Zusammenhangs von Stottern und Ehrgeiz angedeutet. In Fällen, bei denen nur eine Rede in der Öffentlichkeit das Symptom hervorruft, liegt offenkundig eine Hemmung exhibitionistischer Bestrebungen vor. Ein Stottern, das nur dann auftritt, wenn jemand in der Öffentlichkeit spricht, gleicht anderen Neurosen, die, wie etwa die Erythrophobie, das Lampenfieber oder die Sozialangst, auf gehemmten exhibitionistischen Triebregungen beruhen. So kann ein Schauspieler, der von Lampenfieber befallen wird, nicht bloß seinen Text vergessen, sondern tatsächlich zu stottern anfangen (501, 522).

Das exhibitionistische Stottern beruht auf der Vorstellung, das Publikum vermittels allmächtiger Wörter magisch beeinflussen zu können. Wird diese Absicht unter ein Verbot gestellt, so wird eine Hemmung des Sprechens unumgänglich. Das unbewußte Ziel des verpönten Exhibitionismus ist nicht unumwunden erogener Natur. Wie beim perversen Exhibitionismus wird die Reaktion des Publikums als Versicherung gegen Kastrationsangst oder als Befriedigung eines narzißtischen Bedürfnisses gebraucht. Die Mittel, mit denen diese Reaktion herbeigeführt werden kann, können unbewußt überaus sadistisch sein. Gerade wegen des unannehmbaren Sadismus, mit dem eine Versicherung gegen die Kastrationsangst gesucht wurde, wird diese noch weiter intensiviert. Das aber macht eine Hemmung des Exhibitionismus notwendig, deren Ergebnis das Stottern ist. Bei Männern kann diese Art des Stotterns eine Bedeutung annehmen, die sich in folgende Formel fassen läßt: «Der exhibitionistische Zauber, mit dem ich mich gegen die Kastration zu versichern suchte, führt geradewegs zu meiner Kastration.» Bei Frauen stellt der von den Genitalien auf die Stimme verschobene Exhibitionismus einen Versuch dar, sich gegen ein Minderwertigkeitsgefühl zu versichern, das sie befällt, weil sie keinen Penis haben. Ihr Stottern bezeichnet die Angst, daß es herauskommen könnte, daß sie in Wirklichkeit nicht über einen Penis verfügen (vgl. S. 218).

Das Sprechen hat die Bedeutung eines Zaubers. Das Ziel eines Redners ist es, soviel Applaus zu bekommen, wie er braucht, um seine Ängste zu bekämpfen. Besteht die Gefahr, daß ihm das nicht gelingt, so kann ein sadistischer Redner das Gefühl haben, sein Publikum mit Gewalt zwingen zu müssen, ihm zu geben was er braucht. Er kann sogar das Gefühl haben, das Publikum kastrieren oder töten zu müssen. Es ist aber auch möglich, daß er sein Ziel auf anderem Weg erreicht, indem er seinen Einfluß über das Publikum in einer Weise sicherstellt, daß deutlich wird, daß er das Publikum beherrscht. Unter solchen Umständen bedeutet das Stottern eine Warnung, die der Redner sich selbst gibt, nicht weiterzureden, weil sonst das Publikum tatsächlich getötet oder kastriert wird. Oder aber es hat die Bedeutung einer Warnung, nicht weiterzureden, weil sonst herauskommt, daß in Wahrheit nicht das Publikum auf ihn, sondern daß er auf das Publikum angewiesen ist (446).

Das Ich des Stotterers muß wie das des Zwangsneurotikers eine doppelte Frontstellung aufbauen. Sie richtet sich zum einen gegen die verpönten Triebregungen und zum anderen gegen das sadistische und aufgrund seiner Regression archaische Über-Ich. Viele Stotterer produzieren ihr Symptom nur, wenn es sie in eine unvorteilhafte Lage bringt. Es drängt sich der Eindruck auf, daß sie ihr Symptom dazu verwenden, die Ansprüche eines überaus strengen Über-Ich zu befriedigen. Tritt das Symptom nur in Gegenwart von Autoritäten auf, so bedeutet das nicht nur, daß der Patient ihnen gegenüber besonders aggressiv ist, sondern auch, daß er aufgrund seines Versagens ernsthafte Schwierigkeiten erwartet.

Aus dem Stottern kann in mehrfacher Hinsicht ein sekundärer Krankheitsgewinn gezogen werden. Zwei Arten sind besonders charakteristisch: 1. Oberflächlich mag ein Stotterer lächerlich erscheinen; dennoch erweckt er ein Mitleid, das er für seine Zwecke ausnutzen kann. 2. In einer tieferen Schicht bietet das Stottern Gelegenheit zu ausgiebiger Trotzbefriedigung, die durch die pathogene Regression verstärkt wird. Ein Stück weit

kann jeder Stotterer die Aggression befriedigen, die in seinem Symptom latent vorhanden ist.
In weniger schweren Fällen kann das Stottern auf bestimmte Buchstaben oder Wortverbindungen beschränkt sein. In solchen Fällen vermag die Analyse wie bei Lese- oder Schreibhemmungen eine assoziative Verbindung zwischen solchen Buchstaben oder Wörtern und frühkindlichen Sexualkonflikten nachzuweisen (vgl. Bd. 1, S. 256).
Bei einer psychoanalytischen Therapie des Stotterns besteht die Hauptschwierigkeit darin, daß mit dem Sprechvermögen das wichtigste Instrument der Psychoanalyse gestört ist. Das aber ist nicht die einzige Schwierigkeit, die überwunden werden muß. Da sie eine pathogene Regression auf die analsadistische Entwicklungsstufe durchlaufen haben, bieten Stotterer bei einer Analyse im allgemeinen dieselben Schwierigkeiten wie Zwangsneurotiker. Die Prognose ist daher bei beiden die gleiche. Da bloßes Stammeln zunächst einen eher einfachen Hemmungszustand darstellt, ist die Prognose in solchen Fällen sehr viel günstiger, und es werden rasche Heilerfolge bei ihnen gemeldet (154, 155, 213, 292, 346, 1406, 1527). Die zutiefst prägenitalen Arten des Stotterns sind ebenso schwer zu beeinflussen wie andere prägenitale Neurosen. Günstig wirkt jedoch der Umstand, daß das Symptom des Stotterns selbst häufig beseitigt werden kann, bevor die ihm zugrundeliegenden prägenitalen Elemente in der Analyse vollständig durchgearbeitet worden sind. Im allgemeinen ist eine psychoanalytische Behandlung des Stotterns anzuraten, in jedem Fall sollten versuchsweise einige Therapiesitzungen mit der gleichen Vorsicht wie bei der Zwangsneurose durchgeführt werden (vgl. 212, 1026, 1027, 1115, 1119, 1415).

3. Der psychogene Tic

Auch das Symptom des psychogenen Tics verdankt seine Entstehung einem Konversionsvorgang. Ebenso wie beim Krampf, bei der Lähmung, der Kontraktur oder einem schweren Anfall in der Hysterie verweigert auch hier die willkürliche Muskulatur des Körpers dem Ich ihren Dienst und funktioniert unabhängig von dessen Willen. Aber schon das äußere klinische Bild zeigt, daß der Tic sich von der Hysterie unterscheidet. Und diese Unterscheidung wurde bereits lange, bevor es die Psychonalyse gab, vorgenommen. Das Stereotype des Tic ist für einfache hysterische Symptome ungewöhnlich und rückt ihn näher an katatone Erscheinungsbilder. In der Tat zeigen Patienten, die einen Tic haben, alle archaischen Züge einer «regredierten» Persönlichkeit. Sie verfügen nicht nur über einen Zwangscharakter, sondern sind in der Regel auch narzißtisch orientiert. Wahrscheinlich deckt der Begriff des psychogenen Tics eine ununterbrochene Kette von Symptomen, die von der Konversionshysterie bis zur Katatonie reicht. Einige Formen des Tic scheinen sogar enger mit Zwängen zusammenzuhängen. Der typische Tic bietet jedoch zweifellos ein anderes Erscheinungsbild. Zwangsneurotiker führen ihre motorischen Handlungen willkürlich aus (obwohl sie natürlich einem ichfremden Befehl folgen), während der Tic unabhängig vom Willen als eine automatische Handlung auftritt. Nichtsdestoweniger können zwanghafte motorische Handlungsmuster, die über längere Zeit beibehalten werden, allmählich zu den automatischen Bewegungen eines Tic werden (1018).

Tics können in jedem Teil der willkürlichen Muskulatur auftreten. Sie sind den besonderen motorischen Symptomen bei traumatischen Neurosen vergleichbar, die, wie gezeigt wurde (vgl. Bd. 1, S. 172 und 178), Bewegungen darstellen, die in vergangenen Situationen ihren Ursprung haben und entweder unmittelbar ausgedrückt oder im Moment ihres Ausdrucks angehalten werden. Bei traumatischen Neurosen hatte eine überwältigende Erregungsmenge einen unwillkürlichen, motorischen Ausdruck zur Folge. Beim Tic ist die gesamte Handlung, deren einer Teil eine solche Bewegung darstellt, verdrängt worden, und die verdrängten motorischen Bewegungen kehren gegen den Willen des Ich wieder.

Die verdrängten Situationen, deren motorische Intentionen im Tic wiederkehren, sind überaus emotionsbeladen und stellen entweder eine sexuelle Versuchung oder eine Bestrafung für abgewehrte Triebregungen dar. Beim Tic wird eine Bewegung, die einmal eine Begleiterscheinung eines Affekts war (handle es sich bei diesem nun um sexuelle Erregung, Wut, Angst, Gram, Triumph oder Verlegenheit), zu einem Äquivalent dieses Affekts, der seinerseits abgewehrt wird.

Das kann auf verschiedene Art geschehen: 1. Der Tic stellt einen Teil des ursprünglichen affektiven Syndroms dar, dessen seelische Bedeutung unbewußt bleibt. 2. Der Tic stellt eine Bewegung dar, deren unbewußte Bedeutung die einer Abwehr des intendierten Affekts ist. 3. Der Tic stellt weder direkt einen Affekt oder eine Affektabwehr dar, sondern vielmehr andere Bewegungen oder motorische Regungen, die einmal in einem verdrängten Augenblick emotionaler Erregung entweder bei dem Patienten selbst oder bei einer anderen Person auftraten, mit der sich der Patient hysterisch identifizierte (492, 493).

Solche Verbindungen treten in den Fällen am deutlichsten hervor, die in ihrer Struktur hysterischen Anfällen ähneln. So kann z. B. genitale Masturbation nach ihrer Verdrängung nach oben verschoben werden und als ein Tic auftauchen (357, 467, 733, 1265). Andere Tics stellen Bewegungen der Wut dar oder Bewegungen, die verwendet werden, um feindselige Regungen abzuwehren, oder schließlich Bewegungen einer Person, mit der der Patient sich unbewußt identifiziert hatte.

Die ruckartigen Kieferbewegungen eines Patienten, die ihm in einer oberflächlichen Bedeutungsschicht eine Versicherung gegen die Angst boten, daß seine Kiefer gelähmt sein könnten, stellten sich nach eingehender Analyse als eine Nachahmung des Gähnens seines Vaters heraus. Dieses Gähnen hatte er als sexuelle Drohung aufgefaßt und durch eine Identifizierung mit dem Aggressor beantwortet.

Viele Tics sind nicht nur unwillkürliche motorische Äquivalente einer allgemeinen emotionalen Aktivität, sondern vielmehr Störungen einer besonderen emotionalen Funktion, die die Psychoanalyse noch nicht zureichend untersucht hat: des mimischen Ausdrucks der Gefühle und Emotionen (986). Die archaischen Abfuhrsyndrome der Affekte bestehen zum Teil aus Innervationen der mimischen Muskulatur. Dieser Umstand macht aus den mimischen Expressionen ein archaisches Mittel zwischenmenschlicher Kommunikation. Für Säuglinge, die noch keine Sprechfähigkeit erworben haben, sind sie sogar das einzige Mittel, sich mitzuteilen. Auch unter Erwachsenen beherrschen sie viele interpersonale Beziehungen (525, 998, 1517). Sogar wenn Gefühlsausbrüche selten geworden sind, zeigt der Gesichtsausdruck ein unwillkürliches Affektäquivalent an, das auf dem Wege über die Einfühlung dem Betrachter Einblick in die Art der Gefühle eines Menschen gibt (vgl. S. 322 und 342).

Das unwillkürliche Spiel der Gesichtsmuskulatur kann als das normale Vorbild eines Tics angesehen werden. Bei manchen Arten von Tic hat sich ein mimischer Ausdruck, der für einen Affekt steht, verselbständigt.

Ein Patient, der einen Tic hatte und der Hysterie nahe war, war dazu erzogen worden, niemals seine Gefühle zu zeigen. Sein Tic stellte den mimischen Ausdruck eines unterdrückten Weinens dar, dessen er sich nicht bewußt war. Er trat immer dann auf, wenn etwas auftauchte, das ihn zum Weinen veranlaßt haben könnte oder das ihn daran erinnerte, daß er seine Gefühle nicht ausdrücken durfte. Er neigte dazu, ziemlich rasch in Tränen auszubrechen. Während einer bestimmten Zeit seiner Analyse, als der Tic bereits als eine Unterdrückung des Weinens, die unbewußte Bedeutung desselben aber noch nicht analysiert worden war, weinte er in der Tat sehr viel. Das Weinen hatte für ihn urethrale Bedeutung. Daß er sich nicht gestattete, seine Gefühle auszudrücken, verwies auf Konflikte, die um das Bettnässen zentriert waren.

In einem anderen Fall stellte sich ein Tic im Gesicht als Stellvertretung eines beabsichtigten, aber verbotenen triumphierenden Gelächters über den Vater und später über das eigene Über-Ich heraus.

Was über die exhibitionistische Komponente beim Stottern gesagt wurde, gilt ebenso für den Tic. Die Exhibition richtet sich darauf, sich des eigenen Narzißmus zu versichern. Eine solche Absicht kann fehlschlagen und mit einer narzißtischen Kränkung enden.

Es gibt eine enge Beziehung zwischen dem Tic und dem Spiel mit dem Gesichtsausdruck bei Kindern (und Schauspielern). Grimassen zu schneiden, ist ein Spiel, das alle Kinder mögen. «Wenn Du Dein Gesicht zu einer Fratze verziehst, wird es so stehen bleiben!» Das ist die übliche Drohung gegen dieses Spiel. Mancher Tic schaut aus, als habe diese Drohung sich an ihm erfüllt.

Was ist die unbewußte Bedeutung des Fratzenschneidens? 1. Man freut sich daran, aktiv im Spiel eine Situation herbeizuführen, in der man häßlich ist, um zu beweisen, daß man den Unterschied von Schönheit und Häßlichkeit in seiner Gewalt hat, d. h. daß man nicht endgültig kastriert ist, da man die Kastration je nach Belieben herbeiführen und rückgängig machen kann. 2. Häßlich zu sein, versetzt einen in die Lage, andere zu erschrecken; es gibt einem eine Macht, die der eigenen Selbstvergewisserung dient. 3. Den Häßlichen (Kastrierten) zu spielen, ist ein archaisches Mittel, die Mächte irrezuführen, die einen häßlich machen (kastrieren) wollen (296, 483, 500, 634). 4. Das Spiel mit der Häßlichkeit (Kastration) dient als eine magische Geste, als ein Angriff auf den Zuschauer, um diesem zu zeigen, wie häßlich (wie kastriert) er selbst sein sollte.

Das unheimliche Gefühl, daß die Gesichtsmuskeln einem nicht länger gehorchen, und selbsttätig handeln, bedeutet, daß diese Techniken versagt haben, daß man die kastrierten Mächte nicht beherrscht und daß die

Bestrafung mit permanenter Häßlichkeit (permanenter Kastration) unmittelbar bevorsteht.

Das zentrale Problem des Tic ist also, daß die emotionalen motorischen Regungen sich dem Ich gegenüber verselbständigt haben. Es ist bereits darauf hingewiesen worden, daß bestimmte einfachere Arten des Tic sich offenbar wenig von hysterischen Anfällen unterscheiden. In ihnen tritt in entstellter Form eine zuvor verdrängte Regung zutage. Charakteristischere Fälle scheinen jedoch schwerer gestört zu sein. Bei ihnen scheint die Fähigkeit des Ich zur Kontrolle motorischer Störungen zu fehlen oder unzureichend ausgebildet zu sein. Statt im Dienst einer willkürlichen und zielgerichteten Handlung zu stehen, ist die Muskulatur in größerem oder geringerem Umfang wieder zu einem Instrument der unmittelbaren Abfuhr innerer Spannungen geworden (1012, 1100). Es liegt eine mangelnde Organisation des Ich vor. Einzelne Regungen oder Affekte sind nicht in die gesamte Persönlichkeit integriert. Diese mangelnde Integration bestimmt den Unterschied zwischen einem typischen Tic und einer Konversionshysterie. Sie kann, zumindest in bestimmten Fällen, organisch verursacht sein. Psychologisch steht sie stets mit einem Entwicklungsstillstand auf prägenitaler Stufe oder mit einer tiefen prägenitalen Regression in Verbindung, die sich zwischen den Ödipuskomplex und das Symptom geschoben hat.

Die Untersuchung der Persönlichkeit von Patienten, die einen Tic entwickelt haben, zeigt, daß ihr Seelenleben deutlich prägenital ausgerichtet ist. Abraham hat daher den Tic als «prägenitale Konversion» bezeichnet (22).

Die beiden wichtigsten Faktoren, die im Seelenleben von Tic-Kranken nach klinischen Beobachtungen anzutreffen sind (22, 321, 492, 493, 954, 976, 996, 1049), sind erstens ein ausgesprochener Analcharakter und zweitens ein besonders ausgeprägter Narzißmus. Bei schweren Fällen von multiplem Tic *(maladie des tics)* treten diese Charakteristika noch deutlicher hervor als bei Patienten mit isolierten und individualisierten Tic-Bewegungen. Die anale Ausrichtung der Patienten mit *maladie des tics* zeigt sich auf den ersten Blick an ihrem Husten, Spucken, Zucken, Fluchen und an ihrer Koprolalie, die Teil ihres Syndroms ist (492, 1100). Die Verwendung der Muskulatur zur unmittelbaren Abfuhr statt zu zielgerichteter Handlung ist hier das Symptom einer Unfähigkeit, Spannungen zu ertragen und zu warten; eine solche Unfähigkeit findet sich auch bei anderen infantilen Persönlichkeiten (vgl. S. 246 ff.).

Der Analcharakter des Tic hat den gleichen Ursprung wie bei der Zwangsneurose und beim Stottern. Er stellt im wesentlichen eine anal-sadistische Regression vom Ödipuskomplex dar. In einer Minderheit der Fälle kann er einen Entwicklungsstillstand auf prägenitaler Stufe anzeigen. Hatte der Zuwachs an analerotischen Bestrebungen beim Stottern die oral-respiratorische Erotik des Sprechens erhöht, so erhöht er die Muskelerotik beim Tic. Diese Muskelerotik wird manifest in Fällen, bei denen der Tic ein einfaches Äquivalent der Masturbation darstellt (357, 733, 1265).

Die narzißtische Haltung tritt beim Tic im Einzelfall in unterschiedlichem Grad und Ausmaß zutage. Bei manchen Fällen findet sich, zumindest in den unbewußten Phantasien, noch so viel an tragfähigen Objektbeziehungen wie bei einer durchschnittlichen Zwangsneurose. Andere Fälle scheinen sich viel gründlicher von der Objektwelt abgeschnitten zu haben. Die Muskeln, die sich unabhängig vom Ich wie selbständige Persönlichkeiten bewegen, können tatsächlich introjizierte Objekte repräsentieren. Sie können vom Patienten auf narzißtischer Grundlage ebenso gefürchtet und gehaßt werden, wie zuvor bedrohliche Objekte gefürchtet und gehaßt worden sind. Die Beziehung des Ich zu den aufsässigen Muskeln ersetzt bei narzißtischen Persönlichkeiten die verlorengegangenen Objektbeziehungen. Aufgrund einer narzißtischen Regression sind Objektbesetzungen durch Besetzungen von Organrepräsentanzen abgelöst worden. Die Muskeln versuchen, die Besetzung ihrer «Repräsentanzen» abzuführen, die sich wie bei der Hypochondrie aufstaut. Ferenczi sprach von «Icherinnerungssystemen», die im Tic «abreagiert» werden. Während bei der Hysterie die Erinnerung an verdrängte Ereignisse in der Form von objektlibidinösen Phantasien gegen den Willen des Ich durchbricht, brechen beim narzißtischen Tic die entsprechenden organlibidinösen, narzißtischen Erinnerungsspuren durch (492).

Da eine nachträgliche motorische Abfuhr von Erregungseindrücken ein typisches Symptom traumatischer Neurosen ist, wird es verständlich, daß Tics häufig bei Neurosen auftreten, die eine Mischung aus traumatischen und Psychoneurosen darstellen (vgl. XXI), z. B. Neurosen, die sich unter dem Einfluß des Schreckens einer Urszene entwickelt haben.

An einem sehr interessanten Fall von Tic, den Kulovesi berichtet, zeigte sich, daß er durch eine Urszene in der frühen Kindheit bestimmt war (996.) In der Erregung, die das Ereignis begleitete, unterdrückte ein verschreckter kleiner Junge bestimmte Bewegungsimpulse, insbesondere die zu schreien und zu weinen. Die Bewegungen, die er sich in diesem Augenblick versagte, traten daraufhin sein ganzes Leben hindurch in der Form eines Tic auf. Er blieb an die Urszene fixiert und regredierte jedesmal auf sie, wenn er im späteren Leben eine Enttäuschung erlitt. – Melanie Kleins Behauptung, daß die einem Tic zugrundeliegende Erfahrung der Urszene notwendig akustisch gemacht worden sein muß, erscheint nicht überzeugend (954). Wahrscheinlicher ist es, daß die besondere Muskelerotik, mit der Patienten dieses Typus auf die Erfahrung der Urszene reagieren, sich mit erregenden Empfindungen der Tiefensensibilität und des Gleichgewichtssinns verbindet. Allgemein gilt, daß psychogene Dysfunktionen des Muskelsystems eng mit einer Abwehr des Körpergefühls und kinästhetischer Empfindungen zusammenhängen (410). Nicht selten wird eine Erinnerungsspur in den Bogengängen aufbewahrt (526).

Die Prognose der psychoanalytischen Behandlung des Tic wird natürlich – abgesehen von der nicht immer leichten Differentialdiagnose gegenüber organischen Fällen, die zuvor gesichert sein muß – von der jeweiligen unbewußten Struktur abhängen. Hysterische und zwanghafte Formen sind einer Behandlung ebenso zugänglich wie Hysterien und Zwangsneurosen. Katatone Formen erweisen sich als ebenso schwer zugänglich wie Katatonien. Da die typischeren, schwereren Fälle von Tic durch ihren narzißtischen Gehalt pathognomisch charakterisiert sind, wird sich eine psychoanalytische Behandlung als schwierig herausstellen. Das gilt ganz gewiß für die schweren Ich-Störungen bei *maladie des tics*. In Fällen jedoch, bei denen eine ausreichende Übertragungsfähigkeit vorlag, wurden mit einer längeren Analyse therapeutische Erfolge erzielt.

4. *Asthma bronchiale*

Das Asthma bronchiale ist bereits als eine Organneurose des Respirationstrakts erörtert worden (vgl. S. 86 f.). Es wurde erwähnt, daß in praktisch allen Fällen auch Konversionssymptome auftreten. Dem muß jetzt hinzugefügt werden, daß diese Konversionssymptome prägenitaler Natur sind. Bei der Erörterung der organneurotischen Grundlage des Asthma bronchiale wurde deutlich, daß bestimte Körperzustände Konversionen dieser Art ermöglichen. Regelmäßig liegt der unbewußte Inhalt der Konversionen in tiefsitzenden oral-respiratorischen Konflikten, die zumeist die Trennung von der Mutter oder einem Muttterersatz zum Gegenstand haben. Im allgemeinen sind psychogene Störungen der Atmung vor allem Angstäquivalente. Wenn sich diese Äquivalente primär im Atemsystem ausdrücken, tritt die Angst (gleichgültig ob sie zunächst eine Angst vor Liebesverlust oder Kastration war) als eine Furcht vor dem Ersticken auf (735, 741). Im asthmatischen Anfall verbindet sich der Ausdruck einer solchen Furcht mit einem Hilfeschrei, der an die Mutterfigur gerichtet ist. Diese wird als allmächtig vorgestellt und noch prägenital in der Weise wahrgenommen, daß die von ihr ausgehende Beschützung und sexuelle Befriedigung voneinander undifferenziert bleiben. In der Regel wird diese beschützende sexuelle Befriedigung unbewußt als das Ziel der respiratorischen Introjektion aufgefaßt (420).
Mit dem prägenitalen Charakter der grundlegenden Konversion stimmt überein, daß Patienten mit Asthma zumeist einen Zwangscharakter mit allen Zügen einer erhöhten, analsadistischen Orientierung aufweisen (Ambivalenz, Bisexualität, Persönlichkeitsveränderungen durch Reaktionsbildungen, Sexualisierung von Denken und Sprechen). Die Analität der Patienten hat sich in der Regel auf dem Wege über die Riechlust zu einem Interesse an der Atmung entwickelt.

Das physiologische Vorbild der respiratorischen Introjektion ist tatsächlich das Riechen (202, 1184, 1190); denn beim Riechen werden Partikel der Außenwelt in den Körper aufgenommen. Die niederen Sinne weisen im allgemeinen eine engere Beziehung zur prägenitalen Erotik auf als die höheren (777). Der Verdrängungsschub, der die Prägenitalität im ganzen trifft, läßt den Geruchssinn beim durchschnittlichen Erwachsenen viel stärker abstumpfen als beim Kind (624). Offensichtlich wird die Geruchserotik, die verdrängt worden ist, immer dann wiederbelebt, wenn eine Regression zur analen und respiratorischen Erotik stattfindet.

Wie beim Tic ist die Analität auch beim Asthma eng mit Bestrebungen verbunden, die in noch früheren Entwicklungsphasen wurzeln. Asthmatiker sind passiv-rezeptiv, leben in oraler Abhängigkeit, sind an eine gewisse Temperaturerotik gebunden und besitzen ein überaus großes narzißtisches Bedürfnis, ihre verlorene Allmacht wiederzugewinnen. Gelegentlich stehen Einverleibungsziele so sehr im Vordergrund, daß Konflikte zwischen dem Patienten und seinem Atmungsapparat Konflikte repräsentieren können, die ursprünglich zwischen dem Kind und Objekten der Außenwelt vorhanden waren. Ein Asthmaanfall bedeutet letzten Endes eines Reaktion auf die Trennung von der Mutter, einen Hilfeschrei nach der Mutter (675, 1340, 1615). In einem von Weiß (1563) beschriebenen Fall begann die Krankheit tatsächlich als eine Reaktion auf den Verlust der Mutter und auf eine darauf folgende narzißtische Identifizierung mit ihr. Die Forschungen von French und Alexander (531, 535) kamen zu genau dem gleichen Ergebnis.

Die Indikation einer psychoanalytischen Therapie beim Asthma ist ähnlich wie bei anderen prägenitalen Konversionsneurosen, da deren unbewußte Struktur der des Asthma vergleichbar ist. Die organneurotischen und organischen (allergischen) Züge komplizieren jedoch eine Prognose beim Asthma. Eine Heilung des Symptoms ist hier schwerer zu erreichen als beim Stottern. Dem Analytiker fällt die Aufgabe zu, die prägenitale Struktur, die dem Symptom zugrunde liegt, vollständig zu analysieren.

Bei der Erörterung der Probleme einer differentiellen Ätiologie sind als Differenzierungsfaktor zwischen Hysterie und Zwangsneurose die Regressionszustände genannt worden. Im Blick auf sie erfüllen die prägenitalen Konversionsneurosen zweifellos den Begriff von Zwangsneurosen. Denn auch sie beruhen auf einer Regression. Was aber entscheidet dann darüber, ob sich eine Zwangsneurose oder eine prägenitale Konversionsneurose entwickelt? Prägenitale Konversionssymptome treten in der Tat häufig zusammen mit zwangsneurotischen Bestrebungen auf. Man wird einräumen müssen, daß eine genaue Abgrenzung beider voneinander noch nicht möglich ist. Man darf jedoch annehmen, daß bei prägenitalen Konversionsneurosen derselbe Faktor, der bei Zwangsneurosen eine Regression hervorruft, sich mit einem Entgegenkommen des Körpers in den betroffenen Organen verbinden muß, das entweder konstitutionellen Natur ist oder erworben wurde.

Kapitel XVI: Perversionen und Impulsneurosen

1. Allgemeine Bemerkungen

Perverse Handlungen und Impulshandlungen von Psychopathen (wie z. B. der Wandertrieb, die Kleptomanie oder die Drogensucht) werden gelegentlich als Zwangssymptome bezeichnet, weil die Patienten das Gefühl haben, zu ihrem pathologischen Handeln «gezwungen» zu sein. Die Art jedoch, in der sie ihre Triebregungen erleben, unterscheidet sich in so charakteristischer Weise von der der Zwänge, daß man annehmen darf, daß diesem manifesten Unterschied eine besondere strukturelle Unterscheidung beider entsprechen muß. Der manifeste Unterschied ist noch nicht adäquat durch die Feststellung umschrieben, daß Perversionen und krankhafte Triebregungen im allgemeinen lustvoll sind oder zumindest in der Hoffnung auf Lustgewinn ausgeführt werden, während Zwangshandlungen schmerzhaft sind und in der Hoffnung ausgeführt werden, sich von einem Schmerz zu befreien. Diese Regel hat Ausnahmen. Schuldgefühle können eine perverse Handlung in einem solchen Ausmaß stören, daß sie tatsächlich als schmerzhaft empfunden wird. Umgekehrt können bestimmte zwanghafte Spiele einen lustvollen Charakter annehmen. Charakteristischer ist die Unterscheidung danach, wie jeweils der Drang empfunden wird. Ein Zwangsneurotiker fühlt sich gezwungen, etwas zu tun, das ihm keinen Spaß macht, d. h. er ist gezwungen, seinen Willen gegen sein eigenes Verlangen einzusetzen. Ein Perverser fühlt sich gezwungen, etwas, sogar gegen seinen Willen, gern zu tun. Schuldgefühle können seinen Triebregungen entgegentreten; im Augenblick der Erregung aber empfindet er seine Triebregungen als ich-synton, als etwas, das er in der Hoffnung auf positiven Lustgewinn tun möchte. Die in Frage stehenden Impulse haben im Gegensatz zu Zwangsimpulsen «triebhaften» Charakter. Sie werden ganz ebenso empfunden, wie normale Triebregungen von Normalen empfunden werden. Wegen dieses Unterschieds werden Perverse und Impulsneurotiker gelegentlich überhaupt nicht als Neurotiker, sondern als Psychopathen bezeichnet.

2. Perversionen im allgemeinen

Perversionen sind manifest *sexueller* Natur. Wird den pathologischen Triebregungen, die sich in ihnen äußern, nachgegeben, so kommt es zum Orgasmus.

Freud schuf mit seiner Entdeckung der infantilen Sexualität den Ausgangspunkt für die Untersuchung der Perversionen. Er wies nach, daß die Sexualziele von Perversen mit denen von Kindern identisch sind (555). Bei den Perversionen wird die Sexualität durch eine Komponente der infantilen Sexualität ersetzt; Ursache und Art dieser Ersetzung bilden das Problem einer Untersuchung der Perversionen.

Einige Beobachter hatten schon vor der Entstehung der Psychoanalyse darauf hingewiesen, daß perverse Handlungen einseitig und übersteigert Handlungen verzerren, die in weniger ausschließlicher und bestimmter Form auch im Sexualverhalten von Normalen, insbesondere beim Vorspiel zum Geschlechtsverkehr auftreten. Die Verurteilung der Perversionen als «konstitutionell minderwertig» ist ein Ausdruck der universalen Tendenz zur Verdrängung der infantilen Sexualität. Perversionen sind in der Tat etwas allgemein Menschliches. Sie wurden zu allen Zeiten und bei allen Rassen praktiziert und einige von ihnen haben während bestimmter Geschichtsperioden allgemeine Duldung oder sogar hohe Wertschätzung erfahren. Freud fügte dem die Beobachtung hinzu, daß perverse Neigungen oder gelegentliche perverse Phantasien und Handlungen im Leben jedes Individuums auftreten, beim Normalen ebenso wie bei einem Neurotiker, dessen Symptome sich der Psychoanalyse als verdeckte perverse Handlungen enthüllen. Freud schreibt: «Wenn es richtig ist, daß die reale Erschwerung oder die Entbehrung einer normalen Sexualbefriedigung bei Personen perverse Neigungen zum Vorschein bringen, die sonst keine solchen gezeigt hatten, so muß bei diesen Personen etwas anzunehmen sein, was den Perversionen entgegenkommt; oder wenn Sie so wollen, sie müssen in latenter Form bei ihnen vorhanden sein.» (596) Da die Ziele der perversen Sexualität mit denen der infantilen Sexualität identisch sind, wurzelt die Möglichkeit eines jeden Menschen, unter bestimmten Umständen pervers zu werden, in dem Umstand, daß er einmal ein Kind war.

Perverse sind Personen mit einer infantilen, statt einer erwachsenen

Sexualität. Das kann entweder auf einen Entwicklungsstillstand oder auf eine Regression zurückzuführen sein. Daß Perversionen häufig als Reaktion auf eine sexuelle Enttäuschung entwickelt werden, verweist darauf, daß sie das Ergebnis einer Regression sind. Es bietet sich eine einfache Formel an: Personen, die auf sexuelle Frustration mit einer Regression zur infantilen Sexualität reagieren, sind pervers; Personen, die mit einer anderen Abwehr reagieren oder die nach einer Regression andere Abwehrmechanismen verwenden, sind Neurotiker. Dies war die Formel, die Freud in seinen «Vorlesungen zur Einführung in die Psychoanalyse» noch verwendete (596).

Tatsächlich aber liegen die Dinge nicht ganz so einfach. Gewiß gibt es pathologische Zustände, die nichts als eine Regression zur infantilen Sexualität darstellen. Sie aber sind nicht die typischen Perversionen. Denn die perversen Handlungen derer, die diesen Zuständen verfallen, sind polymorph; sie haben in ihrem Sexualleben die Betonung auf die Vorlust gelegt, und es ist bei ihnen nicht leicht zu sagen, wo die Stimulierung endet und wo die Befriedigung beginnt. Patienten dieses Typus sind auch in nicht-sexueller Hinsicht infantil (701, 904). Dem typischen Perversen steht nur ein Weg zur sexuellen Lust offen. All seine Sexualenergie ist in einem besonderen Partialtrieb zentriert, dessen Hypertrophie mit seinem Genitalprimat in Wettbewerb tritt. Ist der perverse Akt vollendet, erreicht die betreffende Person einen genitalen Orgasmus. Daher wäre es eine zu einfache Formel, festzustellen, daß diesen Patienten ein Genitalprimat fehlt. Die Fähigkeit zu einem genitalen Orgasmus wird vielmehr durch irgendein Hindernis blockiert, das durch den perversen Akt mehr oder weniger überwunden wird. Die perverse Sexualität ist daher nicht einfach unorganisiert, wie die Sexualität polymorph perverser Kinder und infantiler Persönlichkeiten. Sie ist eher unter der Vorherrschaft eines Partialtriebes organisiert, dessen Befriedigung einen genitalen Orgasmus wieder möglich macht.

Die Analyse zeigt, daß Perverse wie Neurotiker über Verdrängungen verfügen, die auch bei ihnen von besonderer pathogener Natur sind. Sie haben einen unbewußten Ödipuskomplex und eine unbewußte Kastrationsangst. Die Überbetonung einer Komponente ihrer infantilen Sexualität schließt daher nicht die Möglichkeit aus, daß andere Teile ihrer infantilen Sexualität abgewehrt sind. Das perverse Symptom ermöglicht wie das neurotische die Abfuhr eines Teils der Triebregung, die ursprünglich abgewehrt worden ist, und erleichtert damit die Abwehr der übrigen Triebregungen (58, 601, 1252). Der Unterschied zwischen Neurosen und Perversionen liegt in dem Umstand, daß das Symptom bei Neurosen «desexualisiert» ist, bei Perversionen dagegen eine Komponente der infantilen Sexualität darstellt, daß es ferner bei Neurosen eine schmerzhafte Abfuhr mit sich bringt, bei Perversionen dagegen zu einem genitalen Orgasmus führt.

Das Hauptproblem läßt sich nun folgendermaßen formulieren:

1. Was ruft die Störung des Genitalprimats hervor?
2. Warum vermag die Befriedigung eines besonderen Partialtriebs die Störung des Genitalprimats aufzuheben?

1. Der Faktor, der primär den Genitalprimat stört, ist identisch mit demselben Störungsfaktor bei den Neurotikern. Es sind Angst- und Schuldgefühle, die sich aus dem Ödipuskomplex entwickeln. Von den Ängsten, die bei einer Neurose die Abwehr auslösen, ist die Angst vor Liebesverlust bei Perversionen ebensowenig bedeutsam wie die Angst vor der eigenen Erregung, da letztendlich ein Orgasmus erreichbar bleibt. Daher muß die *Kastrationsangst* (sowie das aus ihr resultierende Schuldgefühl) als entscheidender Faktor für die Störung des Genitalprimats angesehen werden.

Bei Perversionen wird die erwachsene Sexualität durch die infantile ersetzt. Es muß also an der erwachsenen Sexualität etwas Abstoßendes und an der kindlichen etwas besonders Attraktives sein. Während die kindliche Sexualität vielgestaltig ist, ist die erwachsene, unter diesem Gesichtspunkt zumindest, eindeutig. Sie steht unter der Herrschaft des Kastrationskomplexes, der die Fähigkeit zu einem Genuß der genitalen Sexualität beeinträchtigt. Die Unterschiede des männlichen und weiblichen Kastrationskomplexes entsprechen direkt den Unterschieden zwischen den männlichen und weiblichen Perversionen.

2. Nachdem die Kastrationsangst einen Genuß der Genitalität unmöglich gemacht hat, versucht die Person, auf den Teil ihrer infantilen Sexualität zu regredieren, an den sie fixiert ist. Dieser Vorgang aber verläuft nicht einfach in der Weise, daß irgendeine infantile Komponente der Sexualität, vor der sie keine Angst hat, an die Stelle der angstauslösenden genitalen Sexualität tritt. Deutlich bleiben entscheidende Teile der infantilen Sexualität *verdrängt*. Die Hyperthrophie eines einzelnen

infantilen Partialtriebs wird zum Zwecke der Stärkung dieser Verdrängung verwendet.
Die Betonung des Umstands, daß eine Fixierung die Wahl des infantilen Partialtriebs bestimmt, der bei einer Perversion überbesetzt wird (245), bedeutet zunächst, daß in der alten Annahme, Perversionen seien «konstitutionell» bedingt, ein Körnchen Wahrheit steckt. Die Dinge liegen jedoch nicht so einfach, wie einige Autoren, die mit neuen lateinischen Wortbildungen rasch bei der Hand sind, uns glauben machen möchten. Jedem Partialtrieb einfach ein bestimmtes Hormon zuzuordnen, und anzunehmen, daß ein Überschuß dieses Hormons im Fall der entsprechenden Perversion vorliegt, ist wenig überzeugend. Daß zudem Normale unter bestimmten Umständen pervers werden, schränkt die Bedeutung konstitutioneller Faktoren unbedingt ein.
Daß Perversionen mit Fixierungen an Kindheitserlebnisse zu tun haben, war bereits vor der Entstehung der Psychoanalyse bekannt. Die Kindheitserlebnisse jedoch, die von präanalytischen Autoren angeführt werden, waren nicht die Ursache, sondern eher das erste Auftreten einer Perversion. Die Feststellung, daß die erste sexuelle Erregung zugleich mit bestimmten «zufälligen» Begleitumständen auftrat und daß daher die sexuelle Reaktionsweise eines Individuums an solche Begleitumstände gebunden blieb, weicht der Frage danach aus, welche Ursache dafür verantwortlich ist, daß eine sexuelle Erregung in eben diesem Augenblick auftrat. Denn Kindheitsereignisse dieser Art erweisen sich in der Analyse nicht bloß als Erlebnisse, die eine Fixierung ausgelöst haben, sondern als Deckerinnerungen, die zur Tarnung der wirklichen Ursachen einer Fixierung dienen. Erhärtet wird diese Erkenntnis durch die Tatsache, daß Vorfälle dieser Art allzu leicht erinnert werden und daß Perverse nur zu leicht bereit scheinen, ihnen den Ursprung ihrer Perversion zuzuschreiben.

Ein Patient erinnerte sich, daß er einmal in seiner Jugend ein Mädchen mit nackten Beinen gesehen hatte. Er gab sich in diesem Augenblick den Merkbefehl: «Du mußt dich dein ganzes Leben hindurch daran erinnern, daß auch Mädchen Beine haben.» Späterhin entwickelte dieser Patient fußfetischistische Neigungen. Zum Zeitpunkt jenes Vorfalls verlangte der Patient wegen seiner Kastrationsangst unbewußt nach einer Erfahrung, die ihm den Glauben daran ermöglichen sollte, daß Mädchen einen Penis haben. Die Perversion entstand also nicht deswegen, weil der Patient als Junge «zufällig» durch den Anblick von Mädchenbeinen sexuell erregt worden war, sondern er wurde vielmehr sexuell erregt, weil der Anblick von Mädchenbeinen seine Kastrationsangst herabsetzte, die unter anderen Umständen seine sexulle Erregung gestört haben würde (423).

Unter den Erlebnissen, die eine Fixierung als Grundlage von Perversionen ausgelöst haben, ist ein Typus vorherrschend. Es sind Erlebnisse sexueller Befriedigung, mit denen sich ein Gefühl der Sicherheit verband, das irgendeine Angst verleugnete oder widerlegte. Bei einer Störung seiner genitalen Sexualität durch die Kastrationsangst regrediert ein Perverser auf den Teil seiner infantilen Sexualität, der ihm in seiner Kindheit ein Gefühl der Sicherheit oder zumindest des Schutzes gegen eine Angst vermittelt hat und dessen Befriedigung gerade wegen dieser Sicherheit oder dieses Schutzes mit besonderer Intensität erlebt wurde. Man kann das auf folgende Formel bringen: Pervers ist jemand, dessen sexuelle Genußfähigkeit durch die Vorstellung der Kastration blockiert ist. Durch die Perversion versucht er zu beweisen, daß es keine Kastration gibt. Soweit er an diesen Beweis glaubt, wird seine sexuelle Genußfähigkeit wieder hergestellt und ein Orgasmus ist möglich.

Die Hypertrophie des einen infantilen Partialtriebs dient zugleich als Sicherheitsvorkehrung bei der Aufrechterhaltung der Verdrängung des Ödipuskomplexes und der übrigen Partialtriebe. Die infantile Sexualität wird also teilweise verdrängt und teilweise übersteigert (601).

Bei der Erörterung des Abwehrmechanismus der Verleugnung trat bereits die Psychologie der Deckerinnerungen in den Blick. Jemand, der versucht, eine Erinnerung zu verdrängen, sucht nach Szenen, die assoziativ mit ihr verknüpft sind und die er seinem Gedächtnis als Ersatz anbieten kann (409, 553). Diese Erscheinung findet eine Parallele in der Symptombildung bei Perversionen. Während unter anderen Bedingungen alles, was mit dem Verdrängten in Verbindung steht, ebenfalls verdrängt wird, wird bei Perversionen wie bei Deckerinnerungen die Arbeit der Verdrängung offenbar dadurch erleichtert, daß etwas, das assoziativ mit dem Verdrängten verknüpft ist, bewußt hervorgehoben wird. Der Umstand, daß bestimmte Triebregungen, die gewöhnlich verboten sind, im Bewußtsein verbleiben, garantiert hier die Verdrängung des Ödipuskomplexes und des Kastrationskomplexes (1331).

Manche Leute meinen, daß Perverse sich einer intensiveren sexuellen Genußfähigkeit erfreuen als Normale. Das ist nicht der Fall. Ihre Triebabfuhr ist erst nach einer Überwindung von Hindernissen und nur durch Verzerrungen hindurch möglich geworden und bleibt daher notwendig unvollständig. Sie sind, wie Freud feststellt, arme Teufel, die einen hohen Preis für ihre begrenzte Lust zahlen (601). Die landläufige Meinung, die dem widerspricht, ist wahrscheinlich darauf zurückzuführen, daß Perverse, obwohl sie weniger genußfähig sind als Normale, in einem bestimmten Sinn in ihrer Sexualität lustvoller sind als Neurotiker, deren verdrängte infantile Sexualbestrebungen nicht befriedigt werden. Neurotiker, die ihre perversen Bestrebungen verdrängt haben, können daher die Perversen beneiden, die diese Bestrebungen offen zum Ausdruck bringen.

Die folgende Darstellung der einzelnen Perversionen wird Gelegenheit bieten, diese Theorie zu überprüfen.

3. Die männliche Homosexualität

Die Wahl eines gleichgeschlechtlichen Sexualpartners läßt sich nicht einfach auf einen infantilen Partialtrieb zurückführen. Kindern ist jedoch das Geschlecht ihres Liebesobjekts weit weniger wichtig als Erwachsenen. In der Latenzperiode und in der Jugend tritt unter den vorherrschenden kulturellen Bedingungen regelmäßig eine gewisse mehr oder weniger manifeste Homosexualität auf (vgl. Bd. 1, S. 165). Anfänglich ist jeder fähig, seine Sexualität ohne Ansehen der Geschlechtertrennung zu entwickeln. Die Objektsuche wird weniger durch das Geschlecht eines Objekts eingeschränkt, als man gemeinhin vermutet.

Es ist von großer praktischer Bedeutung, sich dieses Umstands bewußt zu bleiben. So blieb zum Beispiel ein Gedicht, das ein Patient in seiner Kindheit zusammen mit seinem älteren Bruder und seiner Schwester schrieb, während der Analyse für einige Zeit unverständlich. In ihm traten drei Männer und drei Frauen auf; es war unmöglich zu verstehen, wen diese Personen darstellten, bis sich in der Analyse ergab, daß sie eine doppelte Darstellung der drei Geschwister waren. Ohne Rücksicht auf ihr Geschlecht tauchten sie an einer Stelle als Männer und an der anderen als Frauen auf.

Eine «gegengeschlechtliche» Übertragung, bei der ein Patient eine Mutterübertragung auf einen männlichen Analytiker oder eine Vaterübertragung auf einen weiblichen Analytiker vornimmt, kommt in der analytischen Praxis häufiger vor.

Für die Mehrzahl der Patienten ist es nicht sehr wichtig, welches Geschlecht der Analytiker hat. Sowohl männliche wie weibliche Patienten sind in der Lage, auf ihre Analytiker, seien sie nun männlich oder weiblich, sowohl eine Vater- wie eine Mutterübertragung vorzunehmen. Eine Minderheit von Patienten kann jedoch eine vollständig andere Reaktion aufweisen, je nachdem ob der Analytiker männlich oder weiblich ist. Diese Minderheit von Patienten besteht aus Personen, die unter der Herrschaft eines stärkeren Kastrationskomplexes stehen als andere und schließt die Homosexuellen ein.

Daß bei Normalen die Objektwahl später mehr oder weniger auf das andere Geschlecht beschränkt bleibt, stellt in sich selbst ein Problem dar. Weniger schwierig ist dies Problem beim Jungen, denn die Mutter, sein erstes Liebesobjekt, gehört dem anderen Geschlecht an. Die Entwicklung des Mädchens in der Richtung einer normalen Objektwahl verläuft komplizierter, denn ihr erstes Liebesobjekt ist homosexuell (vgl. Bd. 1, S. 132 ff.).

Ein bestimmter Betrag an sexuellem Interesse dem eigenen Geschlecht gegenüber erhält sich bei allen Menschen als ein Rest der ursprünglichen Freiheit der Objektwahl.

Diese Freiheit kann einer biologischen «Bisexualität» des Menschen zugeschrieben werden. Dieser Begriff ist jedoch in seiner Bedeutung schwer zu umgrenzen (216, 1243). Daß sich weibliche Hormone bei Männern finden und männliche bei Frauen, hängt (ohne damit identisch zu sein) gewiß mit der Tatsache zusammen, daß jeder Embryo die Anlage sowohl eines Wolffschen wie eines Müllerschen Gangs besitzt, oder mit der weiteren Tatsache, daß beide Geschlechter über einige rudimentäre Eigenarten des jeweils anderen Geschlechts verfügen. All dies ist wahrscheinlich (ohne wiederum damit identisch zu sein) mit den Grundtatsachen der zytologischen Theorie in Verbindung zu bringen, denen zufolge jede einzelne lebende Zelle eine materielle (weibliche) und eine lokomotorische (männliche) Komponente umfaßt. Nach dieser Theorie ist die Geschlechtsbestimmung nur relativ, so daß ein und dieselbe Zelle im Vergleich mit einer männlicheren Zelle weiblich und im Vergleich mit einer weiblicheren männlich sein kann (752).

Aber der Begriff der Bisexualität ist auch innerhalb der Psychologie unklar. An ihm sollten drei Aspekte, die oft zusammengesehen worden sind, voneinander getrennt werden:

a) Ob eine Person ein Objekt des gleichen oder des anderen Geschlechts auswählt;

b) ob eine Person das Sexualziel verfolgt, einen Teil ihres eigenen Körpers in den ihres Objekts einzuführen, oder ob sie den Wunsch hat, daß eine andere Person etwas in ihren Körper einführt;

c) ob eine Person im allgemeinen eine aktive, vorwärtsdrängende Lebenseinstellung hat oder eine eher passive und abwartende.

Diese drei Aspekte von «Männlichkeit» oder «Weiblichkeit» fallen gelegentlich bei ein und demselben Individuum zusammen, variieren aber bei anderen unabhängig voneinander, so daß es sehr aktive männliche Homosexuelle und sehr passive weibliche gibt. In der Tat hängt, was männlich und weiblich genannt wird, stärker von kulturellen und sozialen Faktoren als von biologischen ab. Bestimmte Triebregungen, die aktive bzw. passive Triebziele verfolgen, treten bei beiden Geschlechtern auf.

Das Problem der Homosexualität reduziert sich dann auf die Frage: Wenn ein Homosexueller wie jedes andere menschliche Wesen ursprünglich die Fähigkeit besitzt, seine Objektwahl auf beide Geschlechter auszudehnen, was schränkt dann diese Fähigkeit auf Objekte des eigenen Geschlechts ein?

Man wird in diesem Zusammenhang zunächst nach den konstitutionellen Faktoren zu fragen haben. Unter dem Druck bestimmter Konflikte sind manche Individuen eher als andere bereit, homosexuell zu werden. Entscheidende Bedingungen dieser Bereitschaft sind biologischer (hormonaler) Natur. Sie werden verständlicher erscheinen, sobald die psychogenen Ursachen der Blockierung einer heterosexuellen Objektwahl geklärt sein werden (vgl. S. 204 und 243 f.).

In bestimmten Situationen, in denen es, wie etwa auf See oder im Gefängnis, keine Frauen gibt, beginnen Männer, die unter anderen Umständen normal geblieben wären, homosexuelle Beziehungen aufzunehmen. Man nennt dies okkasionelle Homosexualität (555). Sie beweist, daß latent jeder Mann zu dieser Objektwahl fähig ist. Normalerweise zieht zwar ein Mann eine Frau als Sexualobjekt vor, wenn aber Frauen nicht zur Verfügung stehen, fällt seine zweite Wahl auf einen Mann.

Wenn bei der okkasionellen Homosexualität die völlige Abwesenheit von Frauen Männer dahin bringt, zu ihrer zweiten Wahl zu greifen, so muß bei homosexuellen Männern irgendein anderer Grund die Möglichkeit der ersten Wahl ausschließen. Die Suche nach diesem anderen Grund fördert ein eindrucksvolles Faktum zutage. Die Ablehnung von Frauen seitens homosexueller Männer ist im allgemeinen deutlich auf die Genitalität beschränkt. Viele homosexuelle Männer freunden sich mit Frauen an und haben großen Respekt vor ihnen. Jede Vorstellung eines genitalen Kontaktes aber ist für sie abstoßend oder angsterregend. Wenn der Geschlechtsunterschied an den Genitalien eine herausragende Bedeutung für jemanden gewinnt und wenn seine Beziehungen zu seinen Mitmenschen in jeder Hinsicht durch deren Geschlecht bestimmt werden, so steht er unter der Herrschaft eines starken Kastrationskomplexes. Dies gilt von homosexuellen Männern, bei deren Analyse sich regelmäßig erweist, daß sie Angst vor dem weiblichen Genitale haben. Der Anblick eines Wesens ohne Penis ist für sie so schrecklich, daß sie ihn vermeiden und jede sexuelle Beziehung mit einem solchen Wesen ablehnen (160, 162, 1345). Der homosexuelle Mann, sagt Freud, ist so sehr von dem Vorhandensein eines Penis abhängig, daß er es ablehnt, bei seinem Sexualpartner darauf zu verzichten (566).

Der Anblick des weiblichen Genitales kann bei Jungen auf zweierlei Art Angst erregen:

1. Die Erkenntnis, daß es tatsächlich menschliche Wesen ohne Penis gibt, führt zu der Schlußfolgerung, daß sie ebenfalls zu solchen Menschen werden könnten. Die Beobachtung des Geschlechtsunterschieds erhöht also die Wirksamkeit alter Kastrationsdrohungen (566, 599, 612).
2. Das weibliche Genitale kann durch eine Verbindung der Kastrationsangst mit alten oralen Ängsten als Kastrationsinstrument wahrgenommen werden, das dazu dient, den Penis abzubeißen oder abzureißen (814). Häufig ist eine Verbindung beider Ängste anzutreffen.

Die Mythologie und die Träume von Männern mit Kastrationsangst sind voll von Vorstellungen schreckenerregender phallischer Frauen. Zu ihnen gehören die Vorstellungen vom Medusenhaupt, dessen Schlangen mit Sicherheit phallische Symbole sind, oder von Hexen mit hervorstehendem Zahn, die auf einem Besen durch die Lüfte reiten. Diese Vorstellungen sind nicht schreckenerregend, *weil*, sondern eher *obwohl* sie phallisch sind. Denn die phallischen Züge sind ein Versuch, das Fehlen des Penis durch Überkompensation zu verleugnen. Die Zuschreibung phallischer Züge aber erweist sich als wenig erfolgreich, weil die Figuren selbst nach diesem Zusatz schrecklich bleiben (634).

Ein Kastrationsschock, der bei kleinen Jungen durch den Anblick des weiblichen Genitales hervorgerufen wird, ist keineswegs für Homosexuelle charakteristisch. Häufig findet er sich ebenso in der Lebensgeschichte heterosexueller Männer. Entscheidend ist die jeweilige Reaktion auf diesen Schock. Homosexuelle Männer reagieren so, daß sie sich weigern, späterhin mit diesem schrecklichen Anblick in Berührung zu kommen.

Es gibt einige wenige homosexuelle Männer, die in ihrer frühen Kindheit über eine ungewöhnliche Fixierung auf einen Mann verfügten. Meist handelt es sich um Fälle, bei denen keine Mutterfigur zur Verfügung stand, so daß der Vater den Platz einzunehmen hatte, den gewöhnlich die Mutter innehat. Männer mit einer solchen Einstellung regredieren einfach auf ihre Fixierung und wählen ihrerseits Männer aus, die sie an ihr erstes Liebesobjekt erinnern (1621). Die meisten Homosexuellen jedoch können sich nicht so einfach von ihrem normalen biologischen Verlangen nach Frauen befreien. Frauen bleiben weiterhin für sie attraktiv, obwohl sie die Vorstellung nicht ertragen können, daß es sich bei ihnen um Wesen ohne Penis handelt. Ihr Verlangen richtet sich daher auf phallische Frauen, sozusagen auf Hermaphroditen. Dieses intensive Verlangen nach Objekten, die über einen Penis verfügen, zwingt sie, sich Jungen auszuwählen, die besonders intensive weibliche oder mädchenhafte Züge besitzen. Menschen dieses Typus hängen noch an ihrem ursprünglichen Liebesobjekt. Da ihnen aber die physischen Attribute der Weiblichkeit widerwärtig sind, müssen ihre Objekte im Gewand der Männlichkeit erscheinen. In den Praktiken und Phantasien von Homosexuellen spielen Männer in Frauenkleidern eine ebenso große Rolle wie Mädchen in Männerkleidern. Das homosexuelle Ideal des Pagen beweist, daß Homosexuelle in der Tat nach einem Mädchen mit einem Penis suchen. In der Psychoanalyse zeigt sich, daß homosexuelle Männer gewönlich nicht aufhören, von Frauen sexuell erregt zu werden; sie verdrängen einfach dieses Interesse und verschieben ihre Erregung, die ursprünglich von Frauen ausgelöst wurde, auf Männer (555). Sehr oft weisen die männlichen Objekte von Homosexuellen bestimmte Eigenarten der Mütter oder Schwestern der Patienten auf.

So hatte z. B, der Freund eines homosexuellen Patienten eine verblüffende Ähnlichkeit mit dessen Schwester und trug darüber hinaus einen Namen, der dem ihren ähnelte.

Die Mehrzahl der Homosexuellen weist nicht nur wie die Neurotiker eine ödipale Liebe zu ihren Müttern auf, sondern zumeist ist die Intensität dieser Mutterfixierung sogar noch ausgeprägter als bei Neurotikern. Gelegentlich bleibt die hingebungsvolle Verehrung der Mutter nicht unbewußt, sondern wird unumwunden eingestanden.

Nach dem Verlust eines Objekts oder nach einer Enttäuschung neigt jeder dazu, von der Ebene der Objektliebe auf die einer Identifizierung zu regredieren; er wird dann selbst zu dem Objekt, das er nicht besitzen kann. Daher identifiziert sich auch ein Homosexueller mit dem weiblichen Geschlecht, nachdem er von dessen Genitale enttäuscht ist (608, 1364); was darüber entscheidet, ob er homosexuell wird, ist, wie und in welcher Richtung diese Identifizierung stattfindet. Ein homosexueller Mann identifiziert sich mit seiner Mutter, die ihn enttäuscht hat, in einer besonderen Hinsicht: wie sie liebt auch er Männer.

Bei einer ganzen Anzahl männlicher Homosexueller hat sich die entscheidende Identifizierung mit der Mutter als eine Identifizierung mit einem Aggressor vollzogen. Dies gilt insbesondere für Jungen, die vor ihren Müttern sehr große Angst hatten.

Nach der entscheidenden Identifizierung kann die weitere Entwicklung in verschiedenen Richtungen laufen:

1. Der eher narzißtische als «feminine» Typus wird zunächst vor allem dafür sorgen, einen Ersatz für seine ödipalen Bestrebungen zu finden. Da er sich mit seiner Mutter identifiziert hat, verhält er sich nun in der Weise, wie er sich zuvor das Verhalten seiner Mutter ihm gegenüber gewünscht hatte. Er wählt junge Männer oder Jungen zu Liebesobjekten, die ihm nach seiner Auffassung ähnlich sind. Er liebt sie und behandelt sie mit ebensoviel Zärtlichkeit, wie er sie sich von seiner Mutter ersehnt hatte. Während er handelt, als wäre er seine Mutter, ist er emotional auf sein Liebesobjekt konzentriert und genießt es daher, von sich selbst geliebt zu werden.

Dieses einfache Entwicklungsschema kann sich vielfältig komplizieren. So kann etwa die Frau, mit der sich der Patient identifiziert, nicht seine Mutter, sondern vielmehr eine Schwester oder irgendeine andere Frau aus seiner frühkindlichen Umgebung sein. Der Wechsel von der Mutter zu dieser anderen Person kann zu einem frühen Zeitpunkt eingetreten sein oder aber zugleich mit der Regression von der Objektliebe zur Identifizierung.

Diese Entwicklung führt zu «Subjekthomoerotikern», die aktiv nach jüngeren Personen als Liebesobjekten suchen (164, 465). Da sie als «phallische Charaktere» (vgl. XX, 8 j) narzißtisch in sich und ihren Penis verliebt sind und an die Entwicklungsperiode ihres Lebens fixiert bleiben, in der die entscheidende Wende auftrat, lieben solche Personen in der

Regel heranwachsende Jungen, in denen sie sich selbst zur Zeit ihrer eigenen Jugend sehen (555). Meist verhalten sie sich ihren Objekten gegenüber sehr zärtlich. Es kann aber, wenn ihre Sexualität zuvor masochistisch entstellt worden ist, auch vorkommen, daß sie ihnen gegenüber ein sadistisches Verhalten an den Tag legen.

Die Analyse eines Patienten mit sehr weichem, femininem, hingebungsvollem Charakter, dessen manifestes Sexualleben sich auf Onanie beschränkte, der aber zahlreiche Freunde hatte, an denen ihm viel mehr gelegen war als an Frauen, so daß man ihn ruhig als im Grund homosexuell bezeichnen konnte, vollzog sich fast stets so, daß er psychologische Entdeckungen an seinen Freunden machte, von denen ihm die Analyse dann nachwies, daß sie auch für ihn selbst Gültigkeit hatten. So war die narzißtische Natur seiner Objektwahl sichergestellt. Derselbe Patient umgab seine Freunde mit einer zärtlichen Fürsorge, die man nur als mütterlich bezeichnen konnte. Er fühlte seine passive Natur allmählich selbst als der seiner stillen Mutter verwandt. Er äußerte einmal: «Ich und die Mutter, wir müssen zusammenhalten, denn wir sind Leidensgenossen.» Diese in einem bestimmten bewußten Zusammenhang gebrauchten Worte verrieten unbewußt die genitale Identifizierung mit der (kastrierten) Mutter, von der aus der Patient seine ich-ähnlichen Freunde wählte.

Ein anderer Patient, dessen Persönlichkeit und Neurose unter der Herrschaft einer Identifizierung mit seiner Mutter standen, hatte ein perverses Verlangen danach, seine Geliebte, die er freundlich dazu ermutigte, in seiner Gegenwart urinieren zu lassen. Er spielte dabei die Rolle seiner Mutter, die ihn als Kind auf den Topf zu setzen pflegte.

Derselbe Mechanismus tritt auch bei Heterosexuellen auf. Narzißtische Männer, die während ihrer Kindheit oder Pubertät sich selbst gern als Mädchen ansahen, können sich später in (mehr oder weniger jungenhafte) «kleine Mädchen» verlieben, in denen sie sich selbst als Jugendliche wiedererkennen und die sie so zärtlich behandeln, wie sie selbst gern von ihren Müttern behandelt worden wären (416). Solche Männer lieben ihre weiblichen Partnerinnen nicht als Individuen, sondern sie lieben in ihnen die weiblichen Anteile ihres eigenen Ich (1565). In diesen Fällen kann eine Kastrationsangst, die der von Homosexuellen ähnlich ist, zu einer unbewußten Konstellation führen, bei der das narzißtisch ausgewählte Mädchen mit der ganzen Zärtlichkeit geliebt wird, die der Patient einst von seiner Mutter ersehnte. Es verkörpert nicht nur ihn selbst in seiner Jugend, sondern insbesondere seinen eigenen Penis (428). Bestimmte Charaktere werden von dem Bedürfnis beherrscht, anderen zu geben, was sie selbst nicht erhalten haben. Aufgrund einer Identifizierung mit der Person, der sie etwas schenken, genießen sie das Beschenktwerden (607). Anna Freud hat eine Art «Altruismus» beschrieben, bei dem bestimmte Vergnügungen, die die Patienten sich selbst ihrer Hemmungen wegen nicht gönnen, anderen bereitet werden, um sie auf dem Umweg einer Identifizierung mit ihnen zu genießen (541). Eine Liebe zu Freundinnen, die auf diese Weise privilegiert werden, kann überaus ambivalent sein; denn in sie mischt sich Neid, und sie kann sich sofort in Wut verwandeln, wenn die Mädchen nicht so glücklich sind, wie es die Patienten von ihnen verlangen.

Der dieser Art von Homosexualität zugrundeliegende Mechanismus ist wahrscheinlich auch die Wurzel einer anderen Perversion, der Pädophilie (247, 927). Gewiß können gelegentlich oberflächlichere Anlässe genügen, um Kinder als attraktiv erscheinen zu lassen. Denn Kinder sind schwach, und man kann sich ihnen auch dann noch nähern, wenn andere Objekte aufgrund großer Angst außer Reichweite gelangt sind. Freud bezeichnete die Pädophilie als die Perversion feiger und impotent gewordener Individuen (555). Gewöhnlich aber beruht die Liebe zu Kindern auf einer narzißtischen Objektwahl. Unbewußt sind die Patienten narzißtisch in sich selbst als Kinder verliebt; sie behandeln ihre kindlichen Liebesobjekte, wie sie selbst als Kinder gern behandelt worden wären oder wie sie selbst in der Tat behandelt worden sind (950).

In sublimierter Form können die gleichen Motive, die zur Pädophilie führen, ein pädagogisches Interesse hervorrufen. Kinderlieb zu sein, drückt gewöhnlich den Wunsch aus, daß die Kinder es besser haben sollen, als man selbst es einst hatte. In einer Minderheit von Fällen gilt das Gegenteil, daß es den Kindern nicht besser gehen soll, als es einem selbst früher ergangen ist (128).

Die Verdrängung einer pädophilen Einstellung kann zu einer Angst vor Kindern oder zur Verständnislosigkeit ihnen gegenüber führen. Manche Menschen sind mehr oder weniger verwirrt, wenn sie mit Kindern oder Jugendlichen umzugehen haben. Bei ihnen handelt es sich zumeist um Personen, die sich gezwungen sehen, das zu verdrängen, was sie als Kinder oder Jugendliche empfunden haben. (In einer Minderheit von Fällen stellen die «anderen Kinder» in der Tat nicht die eigene Person, sondern Kinder aus der Kindheitsgeschichte des Patienten dar, z. B. die Geschwister.)

2. Das klinische Bild ist sehr verschieden, wenn, nach einer Identifizierung mit der Mutter, eine anale Fixierung die weitere Entwicklung bestimmt. Der Wunsch nach sexueller Befriedigung bei der Mutter wird in den Wunsch umgewandelt, diese Befriedigung in der gleichen Weise zu genießen wie die Mutter. Damit wird der Vater zu einem Liebesobjekt, und das Individuum strebt danach, sich ihm wie die Mutter passiv-rezeptiv zu unterwerfen (555). Bei der Erörterung der Zwangsneurose wurde deutlich, welche Faktoren eine anale Regression begünstigen und daß diese bei Männern zu einer Zunahme der Feminität führt (vgl. S. 160f).

Die abgewehrte Weiblichkeit, die bei Zwangsneurotikern latent vorhanden blieb, wird bei Homosexuellen dieses Typus manifest. Sie ist die Grundlage für die Entwicklung von «Objekthomoerotikern» (465). Bei ihnen wurde der Ödipuskomplex durch die Übernahme einer negativen ödipalen Einstellung gelöst, die für das andere Geschlecht charakteristisch ist (608).

Während Patienten dieses Typus sich in ihrer «Femininität» manifest überaus sanft und zärtlich verhalten, können sie unbewußt von mehr oder weniger großer Feindseligkeit gegenüber den Vaterfiguren beherrscht sein, denen sie sich unterwerfen. Nunberg hat eine Unterabteilung dieses Typus von Homosexuellen beschrieben, die durch eine ungewöhnliche Intensität solch latenter Feindseligkeit charakterisiert ist (1181). Die passive Unterwerfung unter den Vater verdeckt die unbewußte Vorstellung, ihn bei dieser Gelegenheit seiner Männlichkeit zu berauben. Der homosexuelle Geschlechtsverkehr hat für solche Männer die Bedeutung einer aktiven Kastration. Eher «feminine» Männer haben ihr Bestreben, männlich zu sein, oft nicht ganz aufgegeben. Unbewußt betrachten sie ihre Femininität als vorübergehend, als ein Mittel zum Zweck. Sie glauben als «weiblicher» Partner eines männlichen Mannes von ihrem «Meister» die Geheimnisse der Männlichkeit entweder lernen zu können oder aber ihm diese Geheimnisse zu rauben. In solchen Fällen verbindet sich die passive Unterwerfung unter den Vater mit Zügen einer alten und ursprünglichen (oralen) Identifizierungsliebe zum Vater (147). Jeder Junge liebt seinen Vater als ein Vorbild, dem er gern ähnlich sein möchte. Er empfindet sich als einen «Schüler», der, aufgrund vorübergehender Passivität, die Fähigkeit erwirbt, späterhin aktiv zu werden. Diese Art der Liebe könnte man auch als «Lehrlingsliebe» bezeichnen; sie ist stets ambivalent, weil ihr letztes Ziel darin besteht, den Meister zu verdrängen. Nachdem er den Glauben an seine eigene Allmacht aufgegeben und seine Allmachtsphantasien auf den Vater projiziert hat, gibt es für einen Jungen verschiedene Wege, an der Allmacht des Vaters zu partizipieren. Die beiden Extreme sind zum einen die Vorstellung, den Vater zu töten, um seinen Platz einzunehmen, und zum andern die Vorstellung, sich durch Gehorsam und Unterwerfung in einem solchen Ausmaß beim Vater beliebt zu machen, daß dieser freiwillig eine Teilnahme an seiner Allmacht gewährt. Homosexuelle Männer des hier erörterten Typus verteilen sich ihrer Charakterstruktur nach auf der ganzen Skala zwischen diesen beiden Extremen (436).

Manche Homosexuelle werden unbewußt von einer ambivalenten Liebe zu «großen Jungen» beherrscht, die die Dinge zu tun wagen, an die sie sich selbst nicht herantrauen. An den sexuellen Abenteuern der «Jungen von nebenan» teilzunehmen, bietet ihnen den Vorteil eines sexuellen Vergnügens bei herabgesetzter Verantwortlichkeit. Denn sie meinen, sich immer aus der Verantwortung stehlen zu können, weil nicht sie selbst es waren, die etwas Bestimmtes getan haben. Die Liebe kann sich für sie mit allen Arten von Feindseligkeit und Angst vor den «großen Jungen» verbinden.

Es kann aber durch diese Art der homosexuellen Liebe nicht nur eine unbewußte Feindseligkeit gegen den Vater überkompensiert werden, sondern ebenso auch eine frühere Angst vor dem Vater. «Ich brauche vor meinem Vater keine Angst zu haben, weil wir uns gegenseitig lieben.» Dieser Fluchtversuch gelingt jedoch nicht immer. Die Art, in der eine Verleugnung der Angst versucht wird, kann ihrerseits neue Angst auslösen. Der Versuch, der Kastration als einer Bestrafung für ein sexuelles Verlangen nach der Mutter zu entgehen, kann in der Angst vor einer Kastration enden, die unbewußt als Voraussetzung für eine sexuelle Befriedigung durch den Vater vorgestellt wird (599).

Femininität verfolgt bei Männern das Sexualziel, sich vom Geschlechtspartner etwas in den eigenen Körper einführen zu lassen und sich dabei in der Phantasie als Frau zu fühlen (163). Häufig, aber nicht notwendig, tritt sie zusammen mit Homosexualität auf. Ihre Grundlage bildet eine Identifizierung mit der Mutter in bezug auf das Triebziel. Diese Art der Identifizierung erscheint, wenn ihr eine Fixierung auf passiv-rezeptive Einverleibungsziele der prägenitalen Entwicklung vorausgegangen ist. In der Regel wird dabei die anal-erogene Zone verwendet. Es gibt auch bei Männern eine «passive Genitalzone», die Erogeneität der Prostata; praktisch aber ist sie von der Analität ununterscheidbar (vgl. Bd. 1, S. 123). Die Tatsache, daß die prägenitalen Einverleibungsziele der weiblichen Genitalität sehr viel ähnlicher als der männlichen sind, bildet die Grundlage der «Femininität» bei Männern.
Diese steht stets in Zusammenhang mit der Kastrationsangst:
a) Die entscheidende Identifizierung mit der Mutter kann aus der Kastrationsangst erwachsen, die mit dem Anblick ihres Genitales in Verbindung steht. Manche Männer, die überhaupt nicht homosexuell sind, legen ihren Geschlechtspartnern gegenüber eine Liebe an den Tag, die von Zügen der Identifizierung durchdrungen ist. Diese Identifizierung dient dem Zweck, ihre Angst zu bekämpfen. Ein Patient, der Frauen mit dieser Art von «Identifizierungsliebe» zugetan war, wollte seinen Freundinnen beweisen, wie gut er sie und alle ihre Interessen verstand und daß er zu einem Grad von Einfühlung in der Lage war, der jeden Unterschied zwischen ihnen und ihm verwischte. Der verhältnismäßig späte, traumatische Anblick eines weiblichen Genitales hatte seine Ent-

wicklung als Junge gestört. Er erlebte diesen Anblick als etwas vollkommen Fremdartiges. Alle seine früheren Kastrationsängste verdichtete er in der Angst vor diesem fremdartigen Ding, das er als eine orale Gefahr wahrnahm. Er versuchte, seine Angst dadurch zu bändigen, daß er leugnete, daß Frauen anders sind. Er stellte sich auf den Standpunkt, daß sie ebenso seien wie er und daß keine schreckenerregenden Entdeckungen an ihnen zu machen seien, weil er alles über sie wisse. Er identifizierte sich mit dem Objekt seiner Angst und wurde «feminin».

b) In anderen Fällen von Femininität bei Männern ist eine Einstellung bedeutsam, die auf der Angst beruht, von Männern kastriert zu werden. Patienten dieses Typus wollen daher mit ihnen nichts zu tun haben und ziehen es vor, unter Frauen zu leben. Solche Menschen sind selbstverständlich, obwohl sie sich vielfach Frauen angleichen, heterosexuell. Sie müssen ihre Homosexualität verdrängen, weil sie für sie einen Kontakt mit Männern bedeuten würde. Männer dieses Typus sind viel eher an weiblicher Homosexualität interessiert, denn sie wollen «ein Mädchen unter Mädchen» sein und weibliche Spiele und Aktivitäten beobachten. Häufig vermag dieser Typ von Femininität die Angst nur so lange in Schach zu halten, bis der Umstand, daß Frauen keinen Penis haben, mit anderen Mitteln verleugnet werden kann.

Als ein Schutz gegen die Gefahr der Kastration kann die Femininität vollkommen versagen, wenn nicht zu leugnen ist, daß der Wunsch, ein Mädchen sein zu wollen, den Verlust des Penis bedeuten würde. Bei effeminierten Männern finden sich vielfach Versuche, diese Verleugnung aufrechtzuerhalten. Sie sind bemüht, den Umstand zu betonen, daß sie tatsächlich einen Penis besitzen, obwohl sie sich wie Mädchen benehmen. Sie sind, wie sie glauben machen wollen, Mädchen mit einem Penis. Ein ähnlich häufig auftretendes unbewußtes Verhalten läßt sich folgendermaßen formulieren: «Ich habe Angst davor, kastriert zu werden. Wenn ich mich wie ein Mädchen benehme, werden die Leute denken, daß es bereits geschehen sei, und ich kann auf diese Weise der Kastration entgehen.»

Femininität ist bei Männern im allgemeinen Ausdruck eines Infantilismus, einer Regression auf passive Arten der Realitätsbewältigung. Anfangs ist auch die phallische Liebe des kleinen Jungen zu seiner Mutter keine aktive Liebe (1071). Als Baby genießt der Junge ebenso wie das Mädchen passiv, daß man sich um ihn kümmert. «Feminines» Verhalten kann bei Männern ganz einfach infantil sein und muß sich daher nicht notwendig auf gleichgeschlechtliche Personen richten, sondern kann auch auf irgendeinen Mutterersatz gerichtet sein.

Es wurden bei der Erörterung der Hemmungszustände Männer beschrieben, deren Aktivität hauptsächlich deswegen generell gehemmt ist, weil sie unbewußt über eine intensive Aggressivität verfügen, vor der sie Angst haben (vgl. Bd. 1, S. 253 f.). Männer dieses Typus haben gelegentlich das Gefühl, daß man von ihnen, wenn sie eine Frau wären, keinerlei Aktivität erwarten würde. Aus diesem Grund entwickeln sie dann weibliche Verhaltensformen. Die abgewehrte Aggressivität kann aber in der unbewußten Vorstellung wiederkehren, daß sie als Frau die Möglichkeit haben würden, sich an den Männer zu rächen.

Bei bisexuellen Männern ist es gelegentlich nicht leicht, zu entscheiden, ob bei ihnen ein positiver oder negativer Ödipuskomplex die führende Rolle gespielt hat. In der Regel gelangt man zu einem besseren Verständnis, wenn man annimmt, daß der normale Ödipuskomplex die tiefere Schicht bildet, während der verkehrte Ödipuskomplex als Reaktion auf den normalen anzusehen ist.

3. Da narzißtische neben analen Fixierungen bei ein und derselben Person auftreten können, gibt es Verbindungen zwischen beiden Arten von Homosexualität. Begriffe wie «subjekthomoerotisch» und «objekthomoerotisch» sind von nur relativer Bedeutung. Aktive Homosexualität kann bei Männern dazu dienen, ein tieferliegendes homosexuelles Verlangen zu verdrängen und umgekehrt. Fälle mit narzißtischer und analer Ausrichtung bilden die Mehrzahl aller männlichen Homosexuellen. Daneben treten aber gelegentlich auch andere Arten von Homosexualität auf.

4. Die Möglichkeit, daß jemand, der ohne Mutter aufgewachsen ist, auf einen Kastrationsschock mit einem vollständigen Interesseverlust an Frauen reagiert und zu den männlichen Objekten seiner Kindheit zurückkehrt, ist bereits erwähnt worden (1621).

5. Freud hat einige Homosexuelle beschrieben, bei denen das frühe männliche Vorbild der Fixierung nicht der Vater, sondern ein älterer Bruder war (607). Eine extreme Freundlichkeit unter gleichgeschlechtlichen Geschwistern enthüllt sich in der Analyse oft als eine Überkompensierung eines ursprünglichen Hasses. Eine zärtliche Einstellung zum Bruder entwickelte sich erst nach einer Periode der Feindseligkeit, und der anfängliche Haß kann sich noch in Anzeichen von Ambivalenz in der späteren Liebe verraten. Die homosexuelle Liebe dieses Typus, die nach Freud wesentlich zu dem beiträgt, woraus sich später « soziale Gefühle» bilden (606), ist mit Zügen der Identifizierung vermischt. Jüngere Brüder, die erfolgreich Neid und Haß auf ihre älteren Brüder überwunden haben, betrachten diese mit geschwisterlicher Zärtlichkeit, sobald ihre Identifizierung weit genug reicht, um die Erfolge ihrer Brüder als ihre eigenen ansehen zu können. Sie haben dann nicht mehr das Gefühl, ihre Brüder seien erfolgreich und sie nicht, sondern äußern: «Wir haben Erfolg.» Solche Mechanismen spielen oft eine entscheidende Rolle bei pathologischer Heldenverehrung.

Einem Patienten, der einen sehr erfolgreichen Bruder hatte, war es gelungen, dessen Ruhm zu teilen. Sein ursprünglicher Neid aber verriet sich noch in seinem zwanghaften Grübeln darüber, ob dieser Held «größer» sei oder jener.

Diese Art einer überkompensierenden Liebe aufgrund einer Identifizierung dient dem Zweck, sich von einem störenden und hoffnungslosen Haß zu befreien; denn der Patient muß nun nicht länger mit seinem Bruder konkurrieren. Sie können vielmehr ihre Betätigungsfelder zwischen sich aufteilen. Einige werden dem Bruder übergeben, weil sein Erfolg dem anderen alle erforderliche Befriedigung verschafft. Auf diese Weise wird vermieden, daß beide Brüder in der Konkurrenz aneinandergeraten. Dieses Modell ist die Grundlage bestimmter Arten von «Altruismus», bei denen ein beneideter Erfolg freiwillig einer anderen Person überlassen wird (604). In der Identifizierung mit ihr kann ihr Erfolg genossen werden, während Schuldgefühle den Genuß eines eigenen Erfolges unmöglich machen würden (541). Diese Art auszuweichen wird insbesondere auch auf das Gebiet der Sexualität ausgedehnt. Ist jemand homosexuell und verlangt seinen Bruder als Liebesobjekt, so wird auf diesem Wege eine sexuelle Konkurrenz mit dem Bruder vermieden.

Es ist deutlich, daß es zahlreiche Berührungspunkte zwischen diesem Typus einer überkompensierenden Identifizierungsliebe und den Arten von Homosexualität gibt, die zuvor beschrieben worden sind. Der Bruder, dem gegenüber man sich «altruistisch» verhält, kann zugleich das Bild dessen darstellen, der man selbst zu sein gewünscht hatte. Eine Identifizierung mit der Mutter schließt gewiß eine gleichzeitige Identifizierung mit einem Bruder auf einer anderen Stufe nicht aus.

Im allgemeinen spielt die Identifizierung eine größere Rolle bei der homosexuellen als bei der heterosexuellen Liebe. Homosexuelle Objekte ähneln der eigenen Person mehr als heterosexuelle, woraus sich die enge Beziehung zwischen Homosexualität und Narzißmus erklärt (1364).

Der gewonnene Einblick in die Mechanismen der Homosexualität ermöglicht eine Erörterung des Problems ihrer differentiellen Ätiologie. Prägenitale und insbesondere anale Fixierungen sowie die Bereitschaft, Identifizierungen an die Stelle von Objektbeziehungen zu setzen, sind notwendige Voraussetzungen der Homosexualität. Diese Bereitschaft muß sich mit einem besonders intensiven sekundären Narzißmus verbinden. Die Wahrscheinlichkeit einer homosexuellen Orientierung wächst, je mehr sich ein Junge mit seiner Muter identifiziert. Kinder neigen im allgemeinen dazu, sich stärker mit dem Elternteil zu identifizieren, von dem sie nachdrücklichere Frustrationen erfahren haben. Das erklärt

Freuds Entdeckung, daß Männer, die einen «schwachen» oder gar keinen Vater hatten und daher in wesentlichen Dingen von ihrer Mutter frustriert worden sind, stärker dazu neigen, homosexuell zu werden, als andere. Aber auch das Gegenteil ist richtig. Jungen, die keine Mutter hatten, neigen ebenfalls dazu, homosexuell zu werden. Bei ihnen liegen aber andere Gründe vor. Die Disposition zur Homosexualität beruht hier darauf, daß ihnen der Genuß der passiven Lust in der Zeit der Prägenitalität durch die Hände eines Mannes statt durch die einer Frau verschafft wurde. Freud gab zu bedenken, daß das Ausmaß der männlichen Homosexualität im alten Griechenland auf die Tatsache zurückgeführt werden kann, daß die Kinder zu dieser Zeit von männlichen Sklaven aufgezogen wurden (555).

4. Die weibliche Homosexualität

Der Kastrationsschock, der seinen Ursprung im Anblick des weiblichen Genitales hat, ist hauptsächlich dafür verantwortlich, daß männliche Homosexuelle das weibliche Geschlecht ablehnen. Ist es nun möglich, daß der Anblick des Penis das Sexualverhalten mancher Frauen auf ähnliche Weise stört? Wenn bestimmte Unterschiede zwischen den Geschlechtern beachtet werden, wird man diese Frage bejahen müssen. Der Anblick eines Penis kann bei manchen Frauen Angst vor einer bevorstehenden Verletzung auslösen. Häufiger mobilisiert er Gedanken und Gefühle, die sich mit dem Unterschied der körperlichen Erscheinungsform der Geschlechter beschäftigen. Solche Ängste, Gedanken und Gefühle können die sexuelle Genußfähigkeit in einem Ausmaß stören, daß eine sexuelle Lust nur dann noch möglich bleibt, wenn die betreffende Person nicht einem Penis konfrontiert wird. Insofern ist also die weibliche Homosexualität der männlichen tatsächlich analog. Ein anderer Faktor aber macht die Dinge komplizierter. Bei Frauen kann die Abwendung vom heterosexuellen Genitale über eine *Regression* erfolgen. Das erste Liebesobjekt eines jeden Menschen ist die Mutter; alle Frauen haben, im Gegensatz zu Männern, zuerst eine homosexuelle Liebesbindung, die später, wenn eine normale Heterosexualität blockiert ist, reaktiviert werden kann. Während ein Mann in dieser Situation nur die

Möglichkeit besitzt, von einer Objektbeziehung zur Mutter auf eine Identifizierung mit der Mutter zu regredieren, kann eine Frau von einer Objektbeziehung zum Vater auf eine Objektbeziehung zur Mutter regredieren (328, 329, 626, 628, 1007).

Bei der weiblichen Homosexualität müssen also zwei ätiologische Faktoren in Betracht gezogen werden:

a) Die Abkehr von der Heterosexualität, die im Kastrationskomplex ihren Ursprung hat, und

b) die Hinwendung zu gleichgeschlechtlichen Liebesobjekten aufgrund einer frühen Fixierung an die Mutter.

Beide Faktoren ergänzen sich wechselseitig; denn eine Mutterfixierung kann gegen die Mächte des Kastrationskomplexes Schutz und Sicherheit bieten. Daher erweist sich auch hier die Gültigkeit der allgemeinen Formel der Perversionen: daß gerade die Fixierungen wiederbelebt werden, die gleichzeitig sexuelle Befriedigung und Sicherheit zu bieten vermögen.

In bezug auf die Faktoren, die zu einer Zurückweisung der normalen Heterosexualität führen, sind also männliche und weibliche Homosexualität analog. Freud beschrieb einen Fall, bei dem der entscheidende Faktor für die Entwicklung einer weiblichen Homosexualität in einer schweren Enttäuschung bestand, die ein Vater seiner jugendlichen Tochter bereitet hatte. Die Patientin beantwortete diese Enttäuschung durch eine Identifizierung mit ihrem Vater. Sie wählte seit dieser Zeit Frauen als Liebesobjekte, die ihrer Mutter ähnlich sahen. In ihrem Fall war ein sekundärer Krankheitsgewinn offensichtlich, den sie sich ebenso dadurch verschaffte, daß sie die Konkurrenz mit der Mutter vermied, wie dadurch, daß sie Gelegenheit erhielt, sich an ihrem Vater zu rächen, der sie gekränkt hatte (604). Dieser Fall entspricht dem zweiten Typus der männlichen Homosexualität (vgl. S. 199 f.). Nach einer Identifizierung mit der Mutter entwickelten die Männer dieses Typus das Verlangen, von ihrem Vater ebenso geliebt zu werden, wie er ihre Mutter liebte. Bei den Frauen liegt nun nach einer Identifizierung mit dem Vater das Verlangen vor, die Mutter ganz ebenso zu lieben, wie der Vater sie liebt.

Die ausschlaggebende Enttäuschung in Freuds Fall (604) war die Geburt eines Geschwisters während der Pubertät der Patientin, d. h. zu einer Zeit, in der sie selbst sich unbewußt und überaus intensiv ein Kind von ihrem Vater wünschte. In seiner Erörterung des Falles fragt Freud, ob die Entwicklung dieser besonderen homosexuellen Orientierung nicht auf dem Umstand beruhen kann, daß die ausschlaggebende Enttäuschung von dem Mädchen zur Zeit seiner Pubertät und nicht früher erfahren wurde. Es erscheint wahrscheinlicher, daß das Ereignis in der Pubertät eine so schwerwiegende Wirkung deshalb zeitigte, weil es als eine Wiederholung eines analogen frühkindlichen Erlebnisses angesehen wurde. Man wird erwarten dürfen, daß dieses frühkindliche Erlebnis mit dem Kastrationskomplex in Verbindung steht. Da nun aber die Analyse dieses Falles unvollständig geblieben ist, gibt es keinen Hinweis in dieser Richtung. Wir erfahren nur, daß zusätzlich zu dem Kind, das während der Pubertät der Patientin geboren wurde, ein weiteres Geschwister vorhanden war, das drei Jahre früher geboren wurde.

Der oben erwähnte zweite Typus scheint unter weiblichen Homosexuellen häufig vertreten zu sein. Die Patientinnen beantworten die Enttäuschung ihrer ödipalen Wünsche durch eine Identifizierung mit ihrem Vater und nehmen folglich eine aktive, maskuline Einstellung Frauen gegenüber an, die für sie einen Mutterersatz darstellen. Diese aktive, maskulin homosexuelle Einstellung gegenüber den Objekten als Mutteräquivalenten tritt häufig in Verbindung mit all den Zügen des Wunscherfüllungstypus des weiblichen Kastrationskomplexes auf, die Abraham beschrieben hat (20). Wie Freuds Patientin ihre Homosexualität aggressiv gegen den Vater wendete, so verbinden sich bei anderen Patientinnen Homosexualität und eine allgemeine Feindseligkeit Männern gegenüber. Solche Frauen verhalten sich, als wünschten sie zu beweisen, daß sie keine Männer brauchen, da sie selbst Manns genug sind.

Bei der Beschreibung der normalen sexuellen Entwicklung wurde bereits festgestellt, daß die Sexualität der Klitoris bei Frauen die normale Sexualität leichter stört als die Erogeneität der Prostata bei Männern (vgl. Bd. 1, S. 123). Hierin liegt einer der Gründe dafür, daß «Männlichkeit» bei Frauen wichtiger ist als «Femininität» bei Männern. Ein weiterer Grund ist in der unterschiedlichen Behandlung zu suchen, die Männern und Frauen unter gegenwärtigen kulturellen Bedingungen widerfährt.

«Maskulinität» bei Frauen, also die Verhaltensweise, die das Sexualziel verfolgt, etwas in den Körper des Geschlechtspartners einzuführen, entsteht analog zur «Femininität» bei Männern durch eine Identifizierung mit dem heterosexuellen Elternteil (oder mit einem Bruder). Während das «feminine» Ziel von Männern einem prägenitalen Einverleibungsziel entspricht, steht das Ziel «maskuliner» Frauen in genauem Gegensatz dazu. In Fällen, bei denen eine Frustration von Einverleibungswünschen zu der sadistischen Einstellung geführt hat, sich gewaltsam zu nehmen, was einem nicht gegeben wird, kann diese Gewaltsamkeit, die ursprünglich oft als Eindringen in den Mutterleib vorgestellt wird (958), durch eine spätere «Maskulinität» remobilisiert werden.

Auch bei Frauen gilt, daß «Maskulinität» nicht notwendig mit Homosexualität verbunden sein muß. Frauen können sich auch Männern gegenüber sehr «männlich» verhalten.

Ihre Liebe ist dann eng mit Zügen einer Identifizierung durchsetzt. Sie sehen und lieben in ihren männlichen Partnern sich selbst in Männergestalt (1565). Sie können die Virilität ihrer männlichen Partner betonen, intensiv auf deren Penis reagieren und sind in ihren Vorstellungen oft überaus stark an männlicher Homosexualität interessiert. Häufig denken Mädchen, daß sie von ihrem Vater nur deshalb nicht geliebt werden, weil sie Mädchen sind, und daß sie geliebt werden würden, wenn sie Jungen wären. In ihrem späteren Liebesleben können sie sich aufführen wie ein vom Vater geliebter Junge oder wie ein Vater, der seinen Jungen liebt.

Ob die «Maskulinität» bei Frauen sich mit Homosexualität verbindet, hängt von zwei Umständen ab:

a) von der Intensität der frühen Fixierung an die Mutter und
b) von der besonderen Konfiguration des jeweiligen Kastrationskomplexes.

Es gibt bei Frauen auch eine Analogie zum ersten Typus der männlichen Homosexualität. Manche aktiv homosexuellen Frauen, die sich mit ihrem Vater identifiziert haben, wählen als Liebesobjekte jüngere Mädchen, die ihnen als ideale Verkörperungen ihrer eigenen Person erscheinen. Ihnen gegenüber verhalten sie sich so, wie sie selbst gern von ihrem Vater behandelt worden wären.

Eine Patientin war während ihrer Kindheit realen inzestuösen Handlungen ihres Vaters ausgesetzt gewesen. Er pflegte die Hand des kleinen Mädchens auf seinen Penis zu legen und so zu masturbieren. Die Homosexualität der Patientin setzte mit dem folgenden Vorfall ein. Während ihrer Pubertät kroch sie ins Bett ihrer jüngeren Schwester und legte deren Hand auf ihre eigene Klitoris. Sie verhielt sich also ihrer Schwester gegenüber gerade so, wie ihr Vater sich ihr gegenüber verhalten hatte. Ihre inzestuösen Erfahrungen hatten bei der Patientin eine außerordentliche Angst davor ausgelöst, daß ihr Genitale beschädigt werden könnte. Sie fürchtete, das große Glied des Vaters könnte in ihren kleinen Körper eindringen und ihn zerspalten oder zerreißen. Aus dieser Angst heraus lehnte sie jeden Penis ab und konnte nur unter Ausschaltung des Penis lieben. In ihren heterosexuellen Beziehungen zog sie impotente Männer vor. Generell aber galt ihre Vorliebe Frauen, mit denen sie das Kindheitserlebnis mit ihrer Schwester zu wiederholen pflegte. Sie übernahm die Rolle des Vaters und versuchte den Frauen anzutun, was ihr Vater ihr angetan hatte (415).

Diese Art der Liebe, bei der eine homosexuelle Frau sich ihrem Objekt gegenüber, das sie «altruistisch» selbst darstellt, so verhält, wie sie selbst gern behandelt werden würde, kann ganz ebenso ambivalent sein wie die analoge männliche Liebe.

Eine Patientin liebte «schöne» junge Mädchen. Sie verfügte über einen extremen Häßlichkeitskomplex und ein intensives Verlangen, selbst so schön zu sein wie ihre Liebesobjekte. Vor dem Spiegel konnte sie sich dem Spiel hingeben, selbst eines ihrer geliebten Objekte zu sein. Sie war zudem überaus eifersüchtig auf ihre heranwachsende Tochter. Ihr Verhalten in ihren ambivalenten homosexuellen Liebesbeziehungen trug offenbar Züge einer Identifizierung mit ihrem Vater.

Schließlich kann auch eine Rivalität zwischen Schwestern in der Weise überkompensiert werden, daß sich daraus eine milde Form homosexueller Identifizierungliebe entwickelt.

Eine Patientin, die nicht offen homosexuell war, verfügte über eine ungewöhnlich große Zahl von Freundinnen. Sie war von zärtlichster Fürsorge für ihre ältere Schwester erfüllt und pflegte sich schwere Vorwürfe zu machen, wenn sie sich etwas gönnte, auf das ihre Schwester hatte verzichten müssen. Sie war überaus altruistisch und konnte die kleinen Freuden ihrer Schwester genießen, als wären es ihre eigenen. In diesem Fall war es nicht schwer, einen ursprünglichen Haß auf diese Schwester als Grundlage der Zärtlichkeit nachzuweisen.

Bei Frauen bringt die Abwendung von der Heterosexualität eine Regression mit sich, die Erinnerungsspuren an die frühe Beziehung zur Mutter wiederbelebt. Weibliche Homosexualität ist daher in ihrem Ansatz archaischer als männliche. Sie erneuert die Lust, die Verhaltensmuster und Ziele, aber auch die Ängste und Konflikte der ersten Lebensjahre. Die Aktivität weiblicher Homosexueller besteht in erster Linie darin, wechselseitig füreinander «Mutter und Kind» zu spielen (328, 329). Die empirische Tatsache, daß die Oralerotik bei der weiblichen Homosexualität im Vordergrund steht (wie die Analerotik bei der männlichen) stimmt mit deren archaischer Natur überein.

Frauen, deren Homosexualität von einer passiv-rezeptiven Einstellung zur Mutter beherrscht ist, sind in ihrem allgemeinen Verhalten nicht notwendig «maskulin».

Vergleicht man die Analyse der Homosexualität mit dem, was weiter oben über Perversionen im allgemeinen gesagt worden ist, so läßt sich feststellen, daß weder vom Ödipus- noch vom Kastrationskomplex im manifesten Bild der Homosexualität etwas zu entdecken ist und daß eine Analyse dennoch zu zeigen vermag, daß beide von entscheidender Bedeutung sind. Homosexualität hat sich als Ergebnis bestimmter Abwehrmechanismen erwiesen, die eine fortdauernde Verdrängung sowohl des Ödipus- wie des Kastrationskomplexes erlauben. Zugleich ist das Ziel einer homosexuellen Objektwahl die Vermeidung von Emotionen, die mit dem Kastrationskomplex in Verbindung stehen und die bei einer normalen Objektwahl den Genuß der Sexualität stören oder zumindest verunsichern würden (601, 1331).

5. *Fetischismus*

Auch die als nächste zu erörternde Perversion, der Fetischismus, besteht nicht einfach in einer Hypertrophie eines infantilen Partialtriebs. Die Verleugnung der Kastrationsangst ist jedoch bei ihm besonders evident. Die psychologische Literatur, die sich vor der Entstehung der Psychoanalyse mit dem Fetischismus beschäftigte, beschrieb ihn als eine Erscheinungsform, die durch irgendein Kindheitserlebnis ausgelöst worden ist, das zu einer Art bedingtem Reflex führte. Die fetischistische Triebregung, so nahm man an, beruhe darauf, daß die sexuelle Erregung auf einen Umstand verschoben worden sei, der zufällig das erste Auftreten der Sexualität begleitet habe. Analytisch müssen solche «zufälligen» Vorgänge als Deckerinnerungen angesehen werden. Ein Fußfetischist, dessen Fixierung auftrat, als er den schönen Fuß seiner Gouvernante sah (596), hatte unbewußt einen Grund dafür, daß der normalerweise doch recht unschuldige Anblick eines Fußes ihn sexuell erregte. Die tatsächliche Bedeutung dieser Deckerinnerung wird erst durch die symbolische Gleichsetzung von Fuß und Penis verständlich. Denn die Erinnerung scheint den unbewußten Gedanken des Patienten zu verbergen, daß er den Penis seiner Gouvernante gesehen hat. Selbstverständlich aber kann er nichts dergleichen gesehen haben. Offenbar verwendet er diese Vorstellung nur, um zu leugnen, daß er gesehen hat, daß seine Gouvernante *keinen* Penis besitzt. Gerade diese unangenehme Erinnerung aber wird durch die Deckerinnerung in die Verdrängung zurückgewiesen. Die sexuelle Erregung, die er beim Anblick des Fußes erlebte, kann wie folgt beschrieben werden: «Der Gedanke, daß es menschliche Wesen ohne Penis gibt und daß auch ich zu ihnen gehören könnte, macht es mir unmöglich, mir eine sexuelle Erregung zu gestatten. Jetzt aber sehe ich hier ein Penissymbol bei einer Frau, das es mir erlaubt, meine Angst abzulegen und mich sexuell zu erregen.» Dieser selbe Mechanismus bleibt dann das ganze Leben des Patienten hindurch erhalten. Er ist nur dann in der Lage, sexuell auf eine Frau zu reagieren, wenn ihm ihr Fuß ausdrücklich versichert, daß Frauen einen Penis haben.

Freud hat darauf hingewiesen, daß die meisten der typischen Fetische wie Schuhe, lange Haare oder Ohrringe Penissymbole sind. Ein Pelz dient als symbolischer Ersatz für das Schamhaar, bei dessen Anblick sich ein Kind fragt, ob es einen Penis verbirgt oder nicht. Die Vorliebe für Frauenwäsche entspricht der Abneigung vor dem nackten weiblichen Körper; solange die Wäsche noch nicht abgelegt ist, könnte ja auch unter ihr der Penis verborgen sein. Werden weniger typische Fetische verwendet, so lassen sich in der frühkindlichen Lebensgeschichte Erlebnisse auffinden, bei denen diese Objekte subjektiv die Bedeutung eines weiblichen Penis angenommen haben (621).

Ein Patient berichtet im Verlauf seiner Analyse die folgende Erinnerung. Als er ungefähr vier Jahre alt war, lag er im Bett seiner Eltern. Aufgrund einer zufälligen Blöße sah er den Penis seines Vaters und wurde durch dessen Größe erschreckt. Er fragte sich, ob seine Mutter wohl einen ebenso großen Penis besäße. Dann wartete er auf eine Gelegenheit, bei der er unbeobachtet ihr Nachthemd ein bißchen anheben konnte. Er sah einen großen Penis und war mit seiner Entdeckung sehr zufrieden. Natürlich war dem Patienten die Absurdität dieser Geschichte klar. Der Vorfall selbst aber hatte sich in seinem Gedächtnis so lebendig erhalten, daß er das Gefühl hatte, ihn verbürgen zu können. Der Widerspruch in seiner Geschichte, daß ihn zuerst die Größe des Penis seines Vaters erschreckte, daß er sich dann aber über die Größe des Penis seiner Mutter befriedigt zeigte, wurde zum Ausgangspunkt der Analyse dieser Deckerinnerung. Wahrscheinlich hatte sich ihm der tatsächliche Ablauf der Wahrnehmungen verkehrt. Der Junge sah wohl aufgrund einer zufälligen Blöße zuerst das Genitale der Mutter, war durch dessen Anblick erschreckt und fragte sich nun, ob das des Vaters ebenso aussah. Darum hob er dessen Hemd vorsichtig empor und sah zu seiner tiefen Befriedigung einen großen Penis (437).
Dieser Patient wurde nicht zum Fetischisten. Die Wahrnehmung, die er als Verleugnung des fehlenden Penis bei seiner Mutter verwendete, bezog sich auf eine Beobachtung des väterlichen Körpers. Es ist vorstellbar, daß er zum Fetischisten geworden wäre, wenn er irgendeinen mit dem Körper der Mutter zusammenhängenden Penisersatz zu dem Zweck verwendet hätte, zu dem er den Penis des Vaters verwandte.

Einen Einwand gegen diese Theorie des Fetischismus (621) scheinen die Fälle darzustellen, bei denen der Fetisch nicht ein Symbol des Penis, sondern der Faeces, des Urins oder der Objekte ist, die einmal mit prägenitalen Aktivitäten in Verbindung standen (77, 677, 987). Manche Fetischisten wählen hohle Objekte als Fetische, in die sie ihre Finger einführen, andere wählen Objekte, die eine Penisbedeutung haben oder ihren eigenen Penis. Sogar die Vagina scheint einen Fetisch darstellen zu können (476). Daneben macht sich bei Fetischisten der Zwang besonders stark bemerkbar, der einzige Besitzer des Objekts zu sein. Daher sind einige Fetischisten ausgesprochene Sammler (1597). Der Fetisch kann ein Objekt mit wenig eigenem Wert sein, nimmt aber für sie aufgrund

der fetischistischen Überschätzung eine immense Bedeutung an. Oft spielt dabei der Geruch des Fetisch eine entscheidende Rolle.
Dies Material widerspricht nicht der These, daß die hauptsächliche Bedeutung des Fetisch darin besteht, den Penis der Mutter darzustellen. Individuen, bei denen eine Kastrationsangst sehr plötzlich und sehr intensiv hervorgerufen wird, können später leichter zu Fetischisten werden. Sie suchen den Gefahren einer Kastration durch die Regression auf prägenitale Entwicklungsstufen zu entkommen (1072, 1515). Daher können die prägenitalen Attribute von Fetischen wie Zwänge betrachtet werden, bei denen sich genitale und prägenitale Antriebe und Ängste verschränken, oder aber wie die phallischen Attribute der schreckenerregenden phallischen Mutterfiguren.

Die Analyse eines Mannes mit einer fetischistischen Neigung zu bestimmten Gerüchen, die deutlich anal bestimmt war, enthüllte, daß überraschende unbewußte Phantasien für seine Neigung verantwortlich waren. Die Mutter dieses Patienten war in seiner frühen Kindheit gestorben, und er war in dem Glauben aufgezogen worden, daß seine Stiefmutter seine wirkliche Mutter sei. Er erriet jedoch die Wahrheit und verwandte viel Energie darauf, seinen Verdacht auszudrücken. Es stellte sich heraus, daß sein ausgesprochen feminines Verhalten durch die Vorstellung bestimmt war, dem Vater zu zeigen, daß er selbst ein besserer Ersatz für seine gestorbene Mutter gewesen wäre als seine Stiefmutter. Diese Identifizierung mit der toten Mutter beruhte auf einer respiratorischen Introjektion ihrer «Seele» (420). Seine Vorliebe für bestimmte Gerüche stellte diese Neigung zu nasaler Introjektion dar. Die prägenitale respiratorische Introjektion war jedoch eng mit genitalen Bestrebungen verbunden, die im Kastrationskomplex ihren Ursprung hatten. Die femininen Wünsche dieses Patienten wurden durch eine ungeheure Angst davor blockiert, daß eine Erfüllung seines Wunsches, eine Frau sein zu wollen, seinen Penis gefährden würde. Er suchte sich auf vielfältigen Wegen zu vergewissern, daß es ihm möglich sein würde, eine Frau zu werden und dennoch seinen Penis zu behalten. (Er war zugleich Transvestit.) Das Einatmen des Geruchs der Faeces, das zum einen das Einatmen der toten Mutter bedeutete, hatte zugleich die Bedeutung eines Einatmens des Geistes des Penis, durch das er selbst sich seines Penis vergewisserte.

Es ist möglich, daß bei manchen Männern der Anblick einer jeden Frau Kastrationsangst hervorruft. Das Objekt, das ihnen den Penis der Frau vorstellt, führt bei ihnen daher nur dann zur sexuellen Erregung, wenn es nicht in Verbindung mit dem Körper einer Frau auftritt. Das ursprüngliche Liebesobjekt bleibt vollständig verdrängt, und nur der Fetisch, der einmal dessen Teil war, verbleibt mit übersteigerter Intensität im Bewußtsein. Das Verlangen richtet sich nicht auf Schuhe an

Frauen, sondern auf Frauenschuhe, die isoliert von den Frauen auftauchen. Freud sprach von einer teilweisen Verdrängung, die es ermöglicht, daß ein *pars pro toto* sich im Bewußtsein erhält, während das *totum* verdrängt bleibt (621; vgl. auch 4, 1215).

Bestimmte Fetischisten weisen ausgesprochen sadistische Züge auf. Sie können zu einer Befriedigung gelangen, indem sie symbolische Kastrationshandlungen in Verbindung mit ihren Fetischen vornehmen. Es ist, als würden sie jedesmal, wenn sie sexuell erregt sind, durch ihre Kastrationsangst in die Nähe der Vorstellung der Kastration gedrängt (220). So sind z. B. Zopfabschneider Haarfetischisten. Wie eine Art Kastrationshandlung gegen die Kastrationsangst psychische Sicherheit zu geben vermag, wird später in Verbindung mit dem Zopfabschneiden und dem Sadismus erörtert werden (vgl. S. 220f. und 229f.).

Als Versuch, eine Wahrheit zu leugnen, die ein anderer Teil der Persönlichkeit zugleich anerkennt, setzt der Fetischismus eine gewisse Spaltung des Ich voraus. Personen, deren Kindheitsgeschichte ihnen eine außergewöhnlich intensive Verwendung des Abwehrmechanismus der Verleugnung erlaubt hat, sind daher zur Ausbildung eines Fetischismus prädisponiert (633, 635, 694, 1215).

Es besteht eine Beziehung zwischen dem Fetischismus und den subjektiven Liebesbedingungen der Normalen. Zum Teil stellen diese Bedingungen einfach infantile Fixierungen dar («anaklitischer Typus») (585). Zu einem größeren Teil jedoch sind sie nach Mechanismen aufgebaut, die denen des Fetichismus analog sind. Die Liebesbedingungen, nach denen man unbewußt verlangt, bieten eine Sicherheit gegen die Gefahren, die man mit der Sexualität in Verbindung bringt.

Diese Theorie des Fetischismus scheint nur auf männliche Fälle anwendbar zu sein. Denn die Vorliebe für ein Penissymbol kann ein Mädchen nicht in die Lage versetzen, den Glauben daran aufrechtzuerhalten, daß sie einen Penis besitzt. In der Tat tritt weiblicher Fetischismus sehr selten, zumindest viel seltener als männlicher auf. Die untersuchten Fälle machen es jedoch wahrscheinlich, daß Frauen tatsächlich unter außergewöhnlichen Umständen dazu in der Lage sind, das im allgemeinen Unwahrscheinliche zu tun und ein Penissymbol als beruhigende Sicherung gegen die Gefühle zu akzeptieren, die mit der Vorstellung entstehen, keinen Penis zu haben. Auch beim weiblichen Fetischismus spielt der Kastrationskomplex die Hauptrolle. Zumeist tritt er in der Form des Wunscherfüllungstypus auf

(20). Der Fetisch bedeutet in diesen Fällen einen zugleich gefürchteten und ersehnten Penis, den Penis, den die Frau aufgrund ihrer Identifizierung mit ihrem Vater zu besitzen wünscht (824).

6. Transvestitismus

Ein Homosexueller ersetzt seine Liebe zur Mutter durch eine Identifizierung mit ihr. Ein Fetischist weigert sich, anzuerkennen, daß eine Frau keinen Penis besitzt. Der männliche Transvestit tut beides zugleich (161, 416). In seiner Phantasie begabt er die Frau mit einem Penis und überwindet dadurch seine Kastrationsangst, um sich dann mit dieser phallischen Frau zu identifizieren. Der Grundzug des Transvestitismus ist daher derselbe wie bei der Homosexualität und dem Fetischismus: die Verleugnung der Kastrationsgefahr. Die Identifizierung mit der Mutter läuft beim Transvestitismus allerdings nicht über eine Nachahmung ihrer Objektwahl, sondern über eine unmittelbare Imitation ihrer Frauenrolle. Das Handeln des Transvestiten hat eine doppelte unbewußte Bedeutung:

a) eine objekterotische und fetischistische. Der Patient wohnt nicht einer Frau bei, sondern umgibt sich mit ihren Kleidern, die ihm symbolisch einen Penis repräsentieren;

b) eine narzißtische. Der Transvestit stellt für sich selbst die phallische Frau dar, unter deren Kleidung sich ein Penis verbirgt. Transvestiten, die exhibitionistisch ihre weibliche Aufmachung zur Schau stellen, zeigen ihren symbolischen Penis in genau der gleichen Weise und aus demselben Grund, wie Exhibitionisten es tun. Ein Verhalten dieser Art setzt Narzißmus voraus. In tieferen Seelenschichten finden sich Introjektionsphantasien, bei denen der Penis mit einer introjizierten Frau gleichgesetzt wird. In einer oberflächlicheren Schicht sucht der Transvestit, der sich selbst mit einer phallischen Frau identifiziert, neue Liebesobjekte und orientiert sich dabei nach dem zweiten der oben erörterten Typen homosexueller Objektwahl, hauptsächlich am Vater, von dem er geliebt zu werden wünscht wie die Mutter und von dem er gleichzeitig erfahren möchte, daß er aufgrund dieses Wunsches seinen Penis nicht in Gefahr bringt. Oft findet die weibliche Identifizierung nicht mit der Mutter statt,

sondern mit einem «kleinen Mädchen», z. B. mit einer (realen oder imaginären) kleinen Schwester sowie, in einer tieferen Seelenschicht, mit dem eigenen Penis (428).
Beim weiblichen Transvestitismus kann das Anlegen von Männerkleidern der Frau, die sie trägt, ganz gewiß nicht die Illusion vermitteln, einen Penis zu besitzen. Es kann ihr aber die Illusion vermitteln, daß Zuschauer an die Existenz eines solchen Penis glauben. Jedenfalls hat es die Bedeutung, «den Mann zu spielen». Andere glauben zu machen, daß man einen Penis besitzt, und «Vater» zu spielen, sind die unbewußten Bedeutungen des weiblichen Transvestitismus. Der Unterschied von männlichem und weiblichem Transvestitismus besteht darin, daß der Mann, obwohl er eine Frau spielt, in der Tat die Möglichkeit besitzt, sich selbst zu beweisen, daß sein Penis bei diesem Spiel nicht verlorengeht, während ein Mädchen nicht in der Lage ist, sich diese Sicherheit zu verschaffen. Sie kann nur so tun als ob. Transvestitismus ist also bei Frauen eine Verschiebung des Penisneids zu einem Neid auf die männliche Kleidung. Männlicher Transvestitismus ist ernstzunehmender, weiblicher gehorcht einem bloßen Als ob.

7. *Exhibitionismus*

Beim Exhibitionismus findet eine Verleugnung der Kastration durch einfache Überbesetzung eines Partialtriebs statt. Bei Kindern hat Exhibitionismus gewiß selbst den Charakter eines Partialtriebs. Jedes Kind gewinnt Lust aus dem Vorzeigen seiner Genitalien sowie (in prägenitaler Zeit) der anderen erogenen Zonen und ihrer Funktionen (vgl. Bd. 1, S. 108). Perverse regredieren auf dieses infantile Triebziel, weil dessen Überbetonung als Verleugnung einer Gefahr verwendet werden kann, die ihnen mit der normalen Sexualität in Zusammenhang zu stehen scheint. Sicherheit gegen die Kastration kann ein Exhibitionist auf folgenden Wegen erlangen:
1. Er wendet sich an seine Zuschauer mit dem unbewußten Verlangen, daß sie ihm beweisen sollen, daß er einen Penis hat, indem sie auf dessen Anblick reagieren. Innere Zweifel zwingen offenbar das Individuum, sich anderer als Zeugen zu bedienen.

2. Er wendet sich an den Zuschauer mit dem unbewußten Verlangen, daß sie ihm beweisen sollen, daß sie vor seinem Penis *Angst* haben und folglich auch ihn selbst fürchten, weil dann er selbst sich nicht fürchten muß. Es liegt also auch hier eine Identifizierung mit dem Aggressor vor (541). Besonders deutlich wird das, wenn Exhibitionisten einen Lustgewinn aus ihrer Perversion nur dann zu ziehen vermögen, wenn sie sie vor kleinen Mädchen ausüben, die noch nie einen Penis gesehen haben. (Gelegentlich mag hier auch die Angst mitspielen, daß wegen der geringen Größe des Penis nur kleine Mädchen und keine erwachsenen Frauen zu beeindrucken sind.)

Eine sadistische Komponente des männlichen Exhibitionismus kann das Ergebnis frühkindlicher Vorstellungen von urethralen Angriffen sein und mit einer aggressiven Bedeutung des Bettnässens sowie einiger Arten von Ejaculatio praecox in Verbindung stehen.

3. Der exhibitionistische Akt wird als eine Art magischer Geste ausgeführt. Der Exhibitionist zeigt, was er selbst gern von anderen gezeigt bekommen möchte (555). Auf dieser Stufe ist der Exhibitionismus nicht nur eine Maske der Schaulust, sondern jede Exhibition eines Penis wird als ein magisches Mittel vorgestellt, eine Situation zu erreichen, in der das angegriffene Mädchen genau das gleiche, nämlich einen Penis und kein weibliches Genitale vorzeigen kann. In diesem Sinn verhält sich ein Exhibitionist wie ein Transvestit. Auch er spielt das Mädchen, das seinen Penis vorzeigt.

Indem er das Individuum vor einer Kastration schützt, vermag der Partialtrieb des Exhibitionismus alle sexuelle Energie auf sich zu ziehen und erleichtert damit eine Verdrängung der übrigen Teile der infantilen Sexualität, insbesondere des Ödipuskomplexes.

Ein Fall von Exhibitionismus zeigte eine bemerkenswerte Verbindung des Kastrationskomplexes mit einem «Familienroman». In der Phantasie dieses Patienten war sein Vater nicht wirklich sein Vater, sondern ein niedriger und gemeiner Stiefvater, der ihn zu kastrieren wünschte. Der Penis des Patienten, den er narzißtisch überbewertete, war ihm ein sichtbarer Beweis seiner vornehmen Abstammung. Wenn er ihn vorzeigte, verlangte er eine Anerkennung dieser Tatsache. Vermittels dieser Anerkennung schützte er sich vor der Gefahr einer Kastration.

Die Interpretation des Exhibitionismus als eines Versuchs, die Kastrationsangst zu überwinden, ist indes auf Frauen nicht anwendbar. In der Tat kommt genitaler Exhibitionismus als Perversion bei Frauen nicht

vor. Eine nicht-genitale Zurschaustellung aller anderen Körperteile zum Zwecke der Erregung von Vorlust ist jedoch beim weiblichen Geschlecht verbreiteter als beim männlichen.
Hárnik erklärt diesen Unterschied in der Entwicklung des Exhibitionismus bei beiden Geschlechtern durch den Unterschied des männlichen und weiblichen Kastrationskomplexes. Die einfache Tatsache, daß das Mädchen keinen Penis besitzt und dies als eine narzißtische Kränkung empfindet, läßt sie ihre exhibitionistischen Triebregungen verschieben. Sie ersetzt ihr frühkindliches Verlangen, ihre Genitalien vorzuzeigen, durch das Verlangen, ihren ganzen Körper mit Ausnahme der Genitalien zur Schau zu stellen (736). Aus diesem Grund kann der verschobene Exhibitionismus keine Sicherheit gegen die Kastrationsangst bieten und sich nicht zu einer Perversion entwickeln.

Bei beiden Geschlechtern ist der Exhibitionismus als ein ursprünglicher Partialtrieb vorhanden. Während der Mann, der sich davor ängstigt, seinen Penis zu verlieren, sich vor dieser Angst dadurch schützen kann, daß er seinen Penis vorzeigt, versucht die Frau, die in der Tat keinen Penis besitzt und das als narzißtische Kränkung empfindet, diesen Mangel zu verbergen. Bei Männern dient also der frühkindliche genitale Exhibitionismus als Schutz gegen die Kastrationsangst. Folglich bleibt der männliche Exhibitionismus genital und kann sich zu einer Perversion entwickeln. Männer beweisen auf diesem Weg ihre Potenz. Der Exhibitionismus von Frauen wird vom Genitale weg verschoben. Frauen beweisen durch ihn ihre Attraktivität. Wo diese Verschiebung nur unzureichend gelingt, haben exhibitionistische Frauen *Angst* davor, häßlich oder lächerlich zu sein bzw. beleidigt zu werden. Auch Frauen versuchen, ihren Exhibitionismus zu magischen Zwecken einzusetzen, d. h. ihre Zuschauer so sehr zu bezaubern, daß diese gezwungen sind, ihnen die nötige Anerkennung zu zollen. Nie aber verläßt sie die Angst, daß solche Versuche fehlschlagen könnten. Exhibitionistische Frauen benehmen sich ständig, als verstellten sie sich und hätten Angst, daß die Wahrheit herauskommen könne. Die Vorstellung, als «Kastrierte» aller Welt gezeigt zu werden, ist der unbewußte Inhalt vieler weiblicher Angsthysterien. Typisch ist sie auch für weibliches Lampenfieber. (Der Umstand, daß analoge Vorstellungen sich auch bei männlichem Lampenfieber finden, ist darauf zurückzuführen, daß auch Männer eine Art «weiblichen» Kastrationskomplex entwickeln können, d. h. die Vorstellung, irgendwann einmal verletzt worden zu sein und daher im Vergleich mit anderen Männern ein kleineres Genitale zu besitzen (501).)
Unter bestimmten Umständen kann ein paradoxer Exhibitionismus der Häßlichkeit das Ergebnis eines eigensinnigen Rachetypus des weiblichen Kastrationskomplexes sein. Es entwickelt sich dann eine magische Geste, die darauf zielt, Männer durch den erzwungenen Anblick einer «Kastrationswunde» ihrerseits zu kastrieren (483, 634, 739, 1249).
Alle neurotischen Konflikte, die um den Exhibitionismus zentriert sind, soweit dieser ein Mittel ist, narzißtische Zufuhr zu erzwingen, können auch bei perversen Exhibitio-

nisten auftreten. Weiter oben wurden sie bereits im Zusammenhang mit der Erythrophobie (vgl. S. 18) und der sozialen Hemmung (vgl. Bd. 1, S. 259) erörtert.

Gelegentlich spielt jedoch die Bestrebung, das Genitale unumwunden zu exhibieren in der Vorlustphase bei Frauen eine Rolle. In der Analyse zeigt sich, daß dies bei Frauen geschieht, die aufgrund bestimmter Erlebnisse sich in hohem Maße die Illusion haben erhalten können, einen Penis zu besitzen.

Die Neigung zu genitalem Exhibitionismus tritt bei Frauen gewöhnlich zusammen mit einer Vorliebe für den Cunnilingus auf, der dem Mann gegenüber Gelegenheit zu einer besonders intensiven Exhibition der Genitalien bietet. Eine Patientin hatte die Masturbationsphantasie, sie werde gezwungen ihr Kleid in der Genitalgegend so auszuschneiden, daß das Genitale sichtbar werde. Auch dieser Exhibitionismus trat zusammen mit einer Vorliebe für den Cunnilingus auf. Sie hatte die unbewußte Vorstellung, sich an den Männern durch ihren Zauber zu rächen und sie in eine Abhängigkeit von und eine Angst vor dem Organ zu zwingen, das sie einmal verachtet hatten. Sich als kastriert zu zeigen, war für sie eine magische Geste, die darauf zielte, den Zuschauer zu kastrieren. In einer tieferen Schicht ihrer Seele glaubte die Patientin unbewußt, einen Penis zu besitzen. Ihre Perversion verlangte, daß die Männer nur genauer hinsehen müßten – dann würden sie schon den Penis entdecken.
Verständlicherweise taucht eine exhibitionistische Tendenz dieser Art häufiger in der Form auf, daß sie von den Genitalien auf irgendeinen «symbolischen Penis» verschoben ist. Eine Patientin war auf ihre schönen Füße übermäßig stolz, liebte es, barfuß zu gehen und Fotografien herumzuzeigen, auf denen sie keine Schuhe trug. Die unbewußtphallische Natur dieser Exhibition wurde durch das hysterische Symptom geklärt, während des Beischlafs ihre Zehen strecken und spreizen zu müssen.
Obwohl er gegen das Gefühl, kastriert zu sein, keine Sicherheit zu bieten vermag, kann weiblicher Exhibitionismus als Rache in doppelter Weise Verwendung finden:
a) Durch eine Zurschaustellung weiblicher Schönheit und weiblichen Charmes, denen die unbewußte Einstellung zugrundeliegen kann, die Männer dadurch zu erniedrigen, daß sie gezwungen werden, das zu bewundern und von dem abhängig zu werden, was sie zuvor verachtet haben. Es ist dies die Methode der Circe, die die Männer, die sie durch ihre Schönheit betörte, in Schweine verwandelte.
b) Durch eine Exhibition des «häßlichen» Genitales, der die unbewußte Absicht zugrundeliegt, die Männer durch die hartnäckige Drohung zu erniedrigen, selbst zwar kastriert zu sein, aber durch eine Exhibition dieses Kastriertseins wiederum die Männer zu kastrieren.
Sind solche unbewußten sadistischen Einstellungen sehr stark, so erwecken sie Schuldgefühle und Ängste. Ein Beispiel einer solchen Angst liegt bei Kindern vor, die Fratzen schneiden und daraufhin befürchten, daß sie ihr auf diese Weise häßlich gewordenes Gesicht nicht mehr bewegen können (vgl. S. 180).

8. *Voyeurismus*

Im Unbewußten von Voyeuren finden sich die gleichen Tendenzen wie bei Exhibitionisten. Die Kindheitserlebnisse, an die Voyeure fixiert sind, sind gelegentlich Szenen, die ihnen Sicherheit vor der Kastrationsangst zu bieten vermochten. Ein solcher Vorfall ereignete sich etwa bei Freuds Fußfetischisten (596). Häufiger jedoch sind Voyeure an Erlebnisse fixiert, die, wie etwa eine Urszene oder der Anblick der Genitalien Erwachsener, ihre Kastrationsangst hervorgerufen haben. Die Patienten versuchen, die Berechtigung dieser Angst zu verleugnen, indem sie die schreckenerregenden Szenen mit bestimmten Veränderungen wiederholen. Dieser Typus des Voyeurs verfügt über einen Hunger nach Deckerlebnissen, die zwar dem Original so ähnlich sind, daß sie für es eintreten können, die aber in einem entscheidenden Punkt von ihm abweichen und damit die Sicherheit bieten können, daß keine Gefahr vorliegt (1198). Diese Bestrebung kann sich mit dem Verlangen verdichten, eine traumatische Szene zu wiederholen, um sie nachträglich zu bewältigen (vgl. Bd. 1, S. 173).

Die unbewußte Bedeutung der Schaulust tritt am deutlichsten in den Fällen hervor, bei denen eine Befriedigung nur dann erlangt wird, wenn das sexuelle Schauspiel, dessen Zuschauer der Patient zu sein wünscht, ganz bestimmte Bedingungen einhält. Diese wiederholen dann entweder Bedingungen, die in einem wichtigen Kindheitserlebnis vorherrschten, oder aber sie sind eine Verleugnung eben dieser Bedingungen bzw. ihrer Gefährlichkeit.

Abraham erzählte mündlich von einem Perversen, der nur dann zur Befriedigung kam, wenn ein Mann und Frau im Nebenraum Geschlechtsverkehr ausübten. Der Patient begann dann zu weinen, und die Frau mußte ihren Partner verlassen und zu dem Patienten eilen. Wahrscheinlich war dies der Wunsch, der unerfüllt blieb, als er als Kind die Urszene tatsächlich erlebte. – Sabina Spielrein beschrieb eine Voyeurperversion, bei der ein Patient eine frühere Verdrängung der genitalen und manualen Sexualität zu überwinden suchte, die durch intensive Kastrationsangst hervorgerufen war (1454).

Der Umstand, daß kein Anblick tatsächlich die Sicherheit zu bieten vermag, nach der die Patienten suchen, hat für die Charakterstruktur von Voyeuren unterschiedliche Konsequenzen. Sie werden entweder unersättlich – sie müssen dann wieder und immer wieder hinschauen, mit ständig zunehmender Intensität mehr und mehr sehen – oder sie verschieben ihr

Interesse von den Genitalien auf das Vorspiel und die Prägenitalität bzw. allgemein auf Szenen, deren Anblick einen besseren Schutz gegen die Kastrationsangst zu bieten vermag als eine Beobachtung der Genitalien. Wegen ihrer Unersättlichkeit kann die Schaulust immer stärker eine sadistische Bedeutung annehmen. Bei weiblichen Voyeuren, denen die Vorstellung, daß andere Mädchen einen Penis haben, keinen ausreichenden Schutz gegen den Kastrationskomplex zu geben vermochte, kann die Schaulust von Anfang an ein Ersatz sadistischer Handlungen sein. Daß sie etwas nicht selbst getan haben, sondern nur zuschauten wie andere es taten, ist eine sehr häufige Entschuldigung bei Kindern (vgl. XX, 9a). In gleicher Weise verschieben Voyeure ihr Interesse von einer Zerstörung (der Kastration) auf das bloße Zuschauen, um Schuldgefühle und Verantwortung zu vermeiden. In der Regel gelingt das nicht und das Schauen nimmt selbst die unbewußte Bedeutung der ursprünglichen Triebregung an.

Bei Frauen ist Neugierde gelegentlich mehr oder weniger offen darauf gerichtet, zum Zeugen von Katastrophen, Unfällen, kriegerischen Auseinandersetzungen, Operationen oder Krankheiten zu werden. In einer solchen Neugierde stellen sich aktive sadistische Kastrationsbestrebungen dar, die aus Handlungen zu bloßen Beobachtungen geworden sind.

Das Bestreben, Handlungen durch reines Zuschauen zu ersetzen, weckt in Personen, die sich in einem Konflikt darüber befinden, ob sie einer Triebregung nachgeben sollen, das Verlangen, daß ein anderer die entsprechende Handlung ausführen soll. Daß sie auf diesem Weg von der Verantwortung entlastet werden, erklärt das Verführerische schlechter Beispiele (1258).

9. *Zopfabschneiden*

Als Anhang zur Erörterung des Exhibitionismus und des Voyeurismus sollte eine besondere Form von Sadismus erwähnt werden, die mit diesen Perversionen zusammenhängt und die später als Ausgangspunkt für die Untersuchung des Sadismus dienen wird. Aus offensichtlichen Gründen ist die Perversion des Zopfabschneidens heutzutage selten geworden. In ihr verbindet sich ein sadistischer Angriff mit einer fetischistischen Vorliebe für das Haar. Sie beruht im wesentlichen auf demselben Mechanismus, von dem sich auch ein Exhibitionist unbewußt Sicherheit vor der Kastrationsgefahr erhofft: der Identifizierung mit dem Aggressor. Ihre Bedeutung läßt sich wie folgt darstellen: «Wenn ich anderen den Zopf abschneide, wird meiner nicht abgeschnitten. Ich bin der Abschneider und nicht jemand, dem etwas abgeschnitten wird.»

Die Kastration ist hier symbolisch erstaunlich wenig verborgen. Hárnik konnte bei der Analyse eines Zopfabschneiders zeigen, daß sich im Unbewußten dieses Patienten die Vorstellung, der Kastrierende und nicht der Kastrierte zu sein, mit der Vorstellung verband, nur eine symbolische, keine wirkliche Kastration auszuführen. In der Phantasie dieses Patienten spielte der Gedanke eine große Rolle, daß das Haar der Mädchen, die er angriff, wieder wachsen würde. Durch die Analyse wurden noch weitere Bedingungen zutage gefördert, die dazu dienten, die Vorstellung einer Kastration zurückzuweisen (740).

Das beruhigende Vergnügen, daß das Spiel einer symbolischen Kastration keine wirkliche und endgültige Kastration darstellt, zeigt sich in der Freude, die Jungen daran haben, Mädchen an den Haaren zu ziehen. Unzweifelhaft ist dies eine abgeschwächte Form des Zopfabschneidens. Eine Vorliebe für verkrüppelte Mädchen (307 a) oder ein anderes offenkundiges Interesse an äußeren Anzeichen einer Kastration des Sexualpartners enthüllt sich in der Analyse als eine Verbindung der beiden gegen die Kastrationsangst gerichteten Vorstellungen, daß man selbst der Kastrierende, nicht der Kastrierte ist und daß die Frau nur symbolisch, nicht wirklich kastriert ist. Perversionen dieser Art hängen sehr eng mit kontraphobischen Einstellungen im Charakter der betreffenden Individuen zusammen (vgl. XX, 8 c).

10. Koprophilie

Ist ein Erwachsener über Ausscheidungsfunktionen sexuell zu erregen, so beweist er damit eindeutig, daß seine Sexualität sich noch auf einem infantilen Entwicklungsniveau befindet. Das gilt unabhängig davon, ob diese Erregbarkeit sich auf die Ausscheidungen seines Liebesobjekts oder autoerotisch auf seine eigenen bezieht. In beiden Fällen dient eine Regression zur Abwehr genitaler Triebwünsche. Sie verfährt jedoch nicht bloß allgemein wie beim Zwangsneurotiker, sondern spezifischer. Denn koprophile Phantasien stellen regelmäßig Versuche dar, die Gefahr einer Kastration zu verleugnen. Bei ausgesprochen analen Perversionen nimmt die Analität sehr häufig auf Kosten eines ursprünglich gleich starken urethralen Interesses zu, weil es in bezug auf die Analfunktionen keinen Geschlechtsunterschied gibt. Die zunehmende Analität drückt den Wunsch aus, sexuelle Lust zu genießen, ohne an den Unterschied der Geschlechter erinnert zu werden, der die Kastrationsangst auslöst. In einer tieferen Bedeutungsschicht gilt eine symbolische Gleichsetzung der Faeces mit dem Penis (593). Ein männlicher skoptophiler Perverser, der Frauen bei der Defäkation zusehen möchte, bringt damit unbewußt die Vorstellung zum Ausdruck, daß er sehen möchte, wie trotz allem etwas einem Penis Ähnliches aus dem Körper der Frau hervortritt. In ähnlicher Weise haben Frauen, die sexuell an ihren eigenen Analfunktionen interessiert sind, das Gefühl, über ein Organ zu verfügen, das wider Erwarten zutagetritt. Die Vorstellung, daß es sich dabei um ein Kind handelt, dient als Brücke zwischen der koprophilen Auffassung der Faeces und genitalen Vorstellungen.

Frances Deri beobachtete einen Fall von Koprophilie, der durch den Umstand bestimmt war, daß der Patient als kleiner Junge seiner Mutter bei der Defäkation zugeschaut hatte. Die unbewußte Bedeutung dieses Erlebnisses war analog zu der des Fetischisten, der den Fuß seiner Gouvernante beobachtete. Der Kot der Mutter wurde als Symbol des Penis wahrgenommen.

Urethralerotische Perversionen, insbesondere ein sexuelles Interesse an weiblicher Miktion bei Männern, lenken, wie es scheint, die Aufmerksamkeit auf den Unterschied der Geschlechter. Daher scheint dieses Interesse wenig geeignet, eine Sicherheit gegen die Kastrationsängste zu bieten. Die Analyse solcher Fälle zeigt jedoch, daß besondere Kindheitserlebnisse dazu Anlaß boten, sogar die weibliche Miktion zu dem Zweck zu verwenden, gegen die Kastrationsangst Sicherheit zu gewinnen.

Die Untersuchung eines Falles, bei dem das sexuelle Interesse sich auf die Miktion von Frauen konzentrierte, führte zunächst auf die Wahrnehmung des Patienten, daß sein Kastrationskomplex immer dann remobilisiert werde, wenn er sexuell erregt war. Es stellte sich heraus, daß die Perversion eine besonders intensive Zurückweisung jedes Gedankens an einen Penis bedeutete. Entwickelt wurde sie, um die Verdrängung früher anal-homosexueller Erfahrungen zu sichern. Die Bedeutung des weiblichen Urins war einfach die, daß es sich bei ihm nicht um männliche Faeces handelte. Der Patient hatte als Kind geglaubt, daß Frauen nur über eine Öffnung verfügen und durch den Anus urinieren. Die Perversion war daher ein Versuch, sexuelle Lust zu gewinnen, ohne entweder an den Penis oder an die Faeces erinnert zu werden. Die weibliche Miktion erschien ihm als sauber und spielerisch; denn sie mobilisierte nicht die gefährlichen Gedanken, die beim Anblick der männlichen Defäkation auftraten. Die Perversion war darüber hinaus durch eine gleichzeitige Hemmung des Schauens charakterisiert, die den Patienten in die Lage versetzte, an seiner Phantasie festzuhalten, daß Frauen durch den Anus urinieren. Er konnte es also durch den Anblick einer urinierenden Frau vermeiden, an die Kastration erinnert zu werden. In einer tieferen Schicht war das Interesse, Frauen bei der Miktion zu beobachten, mit der Hoffnung verbunden, herauszufinden, daß auch sie einen Penis haben. Ein urinierendes Mädchen hatte für ihn die Bedeutung eines urinierenden Penis (428).

Eine Verbindung von Koprophilie, Exhibitionismus und Sadismus drückt sich in der Koprolalie aus, d. h. in der Freude am Aussprechen von Obszönitäten und in einem übersteigerten Interesse an Pornographie (366). In obszönen Worten erhalten sich Spuren der alten magischen Kraft, die einst die ganze Sprache besaß; sie zwingen den Hörer (oder sollen ihn zumindest zwingen), mit halluzinatorischer Klarheit die Objekte zu visualisieren, die sie bezeichnen (451). Leser pornographischer Literatur haben häufig die Phantasie, daß ein «unschuldiger» Zuhörer anwesend ist (oder sie malen sich aus, selbst ein solcher Zuhörer zu sein), dem die gleiche Rolle zufällt wie den «verschreckten» Objekten der Exhibitionisten oder Zopfabschneider. Aus diesem Grund kann die Koprolalie auch durch Fluchen ersetzt werden (1154). Koprolalie während des Beischlafs verwendet den Geschlechtspartner dazu, auf diesem Wege gegen eine Kastrationsangst Sicherheit zu gewinnen. Denn der Gebrauch obszöner Worte verleiht einem das Gefühl, daß die gefährlichen «Dämonen» der Sexualität unter Kontrolle sind (vgl. S. 148).

Bei Liebhabern von Pornographie findet man oft zwei einander widersprechende Einstellungen: 1. Der Umstand, daß sexuelle Details im Druck beschrieben werden, beweist ihnen das objektive Vorhandensein der Sexualität. Die Möglichkeit, Schuldgefühle in bezug auf die Sexualität mit anderen zu teilen, gibt ihren sexuellen Phantasien größere «Objektivität». 2. Nichtsdestoweniger ist die gefürchtete Sexualität nicht ganz real. Durch die Lektüre eines Buches wird sie nur auf dem Umweg über die Einfühlung genossen und nicht wirklich erlebt. Damit aber ist sie weniger gefährlich.

Die Masturbation unter Zuhilfenahme pornographischer Literatur ist in einer Hinsicht der normalen Sexualität näher als eine Masturbation, die ohne sie stattfindet; denn das Buch ist ein Medium zwischen der sexuellen Phantasie und der sexuellen Realität. Bei Jugendlichen oder bei Personen mit perversen Neigungen, die sich schämen, ihre Wünsche zuzugeben, kann ein Buch oder Bild einfach einen Ersatz für einen Sexualpartner darstellen.

Die Begriffe Pornographie und Koprolalie betonen schon von sich aus ihren Zusammenhang mit der Analerotik. Gelegentlich werden anale

Obszönitäten ausdrücklich genitalen vorgezogen, doch selbst wenn dies nicht der Fall ist, bleibt die Lust an genitalen Obszönitäten oft mit der Vorstellung verbunden, daß sie «schmutzig» sind.

Das Gegenstück zur Koprolalie spielt eine große Rolle in der Psychologie des Stotterns und des Tic sowie in vielen Zwangssymptomen, bei denen die unbewußte Sexualisierung der Worte regelmäßig anale Bedeutung besitzt. Die Verbindung von Worten mit der Analerotik tritt in dem verbreiteten Zwang zutage, auf der Toilette zu lesen. Sie beruht auf der Vorstellung, daß man nichts ausscheiden sollte, ohne zugleich etwas anderes in sich aufzunehmen.

11. Orale Perversionen

Die Bevorzugung der oralen erogenen Zone für den Sexualverkehr tritt wohl sehr selten als ausgesprochene Perversion auf, die andere Befriedigungsmöglichkeiten ausschließt. Dennoch weist auch hier die Analyse nach, daß der Mund häufig dann als Genitalersatz genommen wird, wenn die genitale Betätigung durch Kastrationsideen gehemmt ist (13). Bei der Fellatio wird das dadurch deutlich, daß die Analyse sie als Äquivalent (bzw. Verleugnung) der Abbeißphantasie nachweist, aber auch beim Cunnilingus spielt bei beiden Geschlechtern die Idee vom verborgenen Penis der Frau eine ebenso große Rolle, wie die Bestrebung, den Penis vom Geschlechtsakt fernzuhalten.

Die Analyse eines männlichen Patienten, der eine Vorliebe für den Cunnilingus hatte, enthüllte, daß er sich als Frau phantasierte, die weibliche Homosexualität praktizierte. Diese Phantasie war eine Flucht vor seinem Penis, der in ihm Kastrationsangst auslöste.

12. Extreme sexuelle Unterwürfigkeit

Extreme Unterwürfigkeit als Bedingung sexueller Befriedigung ist eine Perversion, die nicht selten bei Frauen und gelegentlich auch bei Männern auftritt (1200, 1261). Sie stellt eine extreme Übersteigerung bestimmter Züge dar, die bei jeder Verliebtheit auftreten. Die gesamte Aufmerksamkeit wird von der eigenen Existenz auf die Persönlichkeit des Partners verschoben. Der Patient lebt dann nur mit und durch den Partner, empfindet sich selbst als ein Nichts und ihn als alles. Er ist bereit, für ihn jedes Opfer zu bringen (insbesondere wenn er dadurch stärkeres Interesse an sich selbst erwecken kann). Verliebtheit als solche ist gewiß keine Perversion; dazu wird sie erst, wenn die einzig mögliche sexuelle Erregung in dem Gefühl besteht, im Vergleich mit der Großartigkeit des Partners völlig unbedeutend zu sein (606).

Diese Beschreibung zeigt, daß die in Frage stehende Perversion einen Übergangszustand zwischen einer Verblendung und dem Masochismus darstellt. Mit jener hat sie den monomanischen Charakter gemein, mit diesem den Genuß daran, selbst unbedeutend zu sein.

Das Gefühl, einem großartigen Geliebten gegenüber selbst nur klein zu sein, ist gewiß zunächst eine unbewußte Erinnerung an die Zeit, in der dieses Gefühl buchstäblich zutraf, in der der Patient sich als Kind in eine erwachsene Person verliebt hatte. «Unterwürfigkeit» verweist auf den Ödipuskomplex, und bestimmte ihrer Züge trifft man häufig bei Hysterikern an. Wächst die Unterwürfigkeit jedoch soweit an, daß sie eine Art Perversion bildet, so spiegelt sie nicht nur die Liebe des Kindes zu seinen Eltern, sondern einen besonderen Aspekt dieser Liebe wider.

Es wurde bereits erwähnt, daß der genitale Höhepunkt einer Objektbeziehung auch eine Art Regression auf ihren frühesten Vorläufer mit sich bringt; denn es handelt sich bei ihr insofern um eine Einverleibung, als in ihr das Gefühl einer Einheit und einer Aufhebung des Getrenntseins herrscht. Eine Verblendung nun ist dadurch charakterisiert, daß dieses Gefühl die Form annimmt, daß der Partner in dieser Einheit die wichtigere Hälfte darstellt. Eine Überschätzung des Sexualpartners drückt zugleich das Verlangen aus, an seiner Größe teilhaben zu wollen. In diesem Sinn verschafft jede Liebe eine narzißtische Befriedigung, eine Wiedererlangung der verlorenen und auf den anderen projizierten Allmachtsgefühle (585).

In übersteigerterer Form tritt ein ähnliches Gefühl in Beziehungen auf, die man gewiß nicht als Liebe bezeichnen sollte. Es gibt Personen, bei denen die Überschätzung ihres Partners dem Umstand nicht widerspricht, daß sie kein Interesse an und keine Vorstellung von der wirklichen Persönlichkeit dieses Menschen haben, und die daher dieselbe Bewunderung heute für diesen und morgen für jenen zu empfinden vermögen. Dies sind Personen, die niemals selbständige Individuen geworden sind und die daher, um ihre eigene Existenz spüren zu können, an einer

größeren Einheit teilnehmen müssen. Zumeist sind sie oral fixiert und bedürfen ständiger Liebesbeweise, ohne selbst in der Lage zu sein, andere wirklich zu lieben (vgl. S. 266).
Narzißtische Zufuhr kann auf verschiedenen Wegen erstrebt werden. Einer von ihnen ist die Phantasie, von einem Objekt einverleibt zu werden, nichts mehr zu sein als ein Teil einer mächtigeren Persönlichkeit und dadurch die eigene Minderwertigkeit zu überwinden (265, 712). Die Vorstellung, einverleibt zu werden, kann zugleich als eine Abwehr gegen die sadistische Idee Verwendung finden, sich andere aktiv einzuverleiben. Kommt es zu dem Gefühl, daß sich eine Einheit mit dem Partner ohne Zutun des Subjekts herstellen läßt, so ist keine gewaltsame Vereinigung mehr nötig (428). Diese Verleugnung des Sadismus gelingt jedoch nicht immer. Häufig ist es ziemlich offensichtlich, daß die «Liebe» eines unterwürfigen Menschen zu einem allmächtigen Partner überaus ambivalenter Natur ist.
Die unbewußte Grundlage der Perversion extremer Unterwürfigkeit besteht in der Phantasie, ein Teil des Körpers des Partners zu sein. Diese Phantasie versucht, die Angst vor einem Verlassensein zu widerlegen, die zuvor den Genuß der Sexualität gestört hat.
Josine Müller schrieb 1925 in der Darstellung eines solchen Falles: «Die Patientin bildete sich ein, sie sei der Penis ihres vornehmen Vaters und daher dessen liebster und wichtigster Teil» (1160). Frances Deri meinte, daß die Phantasie, ein Teil des Körpers des Geliebten zu sein, die Grundlage der extremen Unterwürfigkeit darstellte. Andere Autoren haben diese These bestätigt (428, 426, 1055, 1261).
Eine Identifizierung mit dem Penis des Partners ist eine Phantasie, die man bei beiden Geschlechtern antrifft. Die grundlegende Phantasie des männlichen Transvestiten, sich selbst als eine phallische Frau darzustellen, verdichtet sich oft mit der Phantasie, selbst einen Penis darzustellen.

Ein Patient verband mit seiner Femininität eine naive narzißtische Liebe zu seinem Penis, den er mit einem Kosenamen benannte. Auch der Mädchenname, den er gern annahm, wenn er ein Mädchen spielte, war diesem Kosenamen des Penis sehr ähnlich (416).

Bei Mädchen tritt eine Identifizierung mit dem Penis sogar noch häufiger auf. Die Phantasie, ein Penis zu sein, ist für sie ein Ausweg aus dem Konflikt zwischen den beiden einander widerstreitenden Bestrebungen, einen Penis haben und einen Mann lieben zu wollen. Die Phantasie, der männliche Penis zu sein und auf diesem Wege in untrennbarer Einheit mit dem Mann verbunden zu sein, dient als überkompensierende Verdrängung der entgegengesetzten Vorstellung, dem Mann den Penis rauben zu wollen und daher vor seiner Rache Angst zu haben.

Die Gefahren, die vermittels dieser Phantasie verleugnet werden, können unterschiedlicher Natur sein. Entweder kann der Penis, mit dem die Patienten sich identifizieren, den Penis der Mutter darstellen und damit die Existenz von Wesen ohne Penis verleugnen oder er stellt den Penis des Vaters dar und verleugnet die Angst vor einer Kastration durch eine Identifizierung mit dem Aggressor.

Wo die Beziehungen zum Penis von Introjektionsphantasien beherrscht werden, beruhen sie auf der prägenitalen Vorgeschichte der Patienten. Der Penis, mit dem sich unterwürfige Personen identifizieren, kann darüber hinaus ein Kind, die Faeces (den Inhalt des Mutterleibs) oder Milch darstellen. Der Penis selbst ist erst das letzte Glied in einer langen Kette von Introjekten (593).

Extreme Unterwürfigkeit findet sich ebenfalls in manchen Formen von Heldenverehrung, die auf der unbewußten Phantasie beruhen, Teil eines Helden zu sein. Charakteristisch ist sie auch für eine Art der Religiosität, bei der sich die Verehrung für Gott mit der Phantasie verbindet, daß Gott ohne den, der ihn verehrt, so unvollständig wäre, wie dieser ohne Gott. In solcher Religiosität wird die Vorstellung ausgebildet, daß man nicht nur schwach, hilflos und bloß ein Teil eines mächtigeren Partners ist, sondern daß man auch den wichtigsten und mächtigsten Teil dieses Partners darstellt. Während man selbst tatsächlich von Gott abhängig ist, ist Gott seinerseits, so denkt man, magisch von einem selbst abhängig.

RILKE

Was wirst du tun, Gott, wenn ich sterbe?
Ich bin Dein Trank, wenn ich verderbe,
bin Dein Gewand und Dein Gewerbe,
Ich bin Dein Krug; wenn ich zerscherbe,
mit mir verlierst Du Deinen Sinn.

ANGELUS SILESIUS

Ich bin so groß als Gott: er ist als ich so klein:
er kann nicht über mich, ich unter ihm nicht sein. –
Ich weiß, daß ohne mich Gott nicht ein Nu kann leben,
werd' ich zu nicht, er muß vor Not den Geist aufgeben.

13. Sadismus

Läßt sich die allgemeine Theorie der Perversionen auf den Sadismus anwenden? Anders gefragt: ist es denkbar, daß, ein Objekt zu quälen, Sicherheit gegen Kastrationsängste zu geben vermag? Und wenn das so ist, was bestimmt dann gerade diese Form von Sicherheit?

Wenn sexuelle Lust durch Angst gestört wird, ist es verständlich, daß eine «Identifizierung mit dem Aggressor» (541) Erleichterung verschaffen kann. Wenn jemand anderen zufügen kann, wovor er Angst hat, daß es ihm selbst geschieht, so braucht er keine Angst mehr zu haben. Daher kann alles, was dazu dient, die Macht oder das Prestige des Subjekts zu erhöhen, ihm gegen seine Ängste Sicherheit bieten. Was dem Subjekt passiv geschehen kann, wird von ihm aktiv anderen in der Antizipation eines Angriffs zugefügt.

Unter Kindern, die an Ängsten leiden, sind ältere Geschwister stets in einer besseren Position als jüngere, weil sie die kleineren bedrohen können.

Die Vorstellung, sich vor dem Genuß der Sexualität davon überzeugen zu müssen, daß man über Macht verfügt, ist gewiß noch nicht damit identisch, sexuelle Lust nur erlangen zu können, indem man andere quält. Sie ist jedoch bereits der Ausgangspunkt einer sadistischen Entwicklung. Der «drohende» Typus des Exhibitionisten, der Zopfabschneider und der Mann, der «unschuldigen» Anwesenden pornographische Bilder zeigt – sie alle genießen die Machtlosigkeit der anderen, die für sie die Bedeutung hat, daß sie sich selbst nicht vor ihnen ängstigen müssen, und die ihnen daher Zugang zu einer Lust verschafft, die sonst durch Angst blockiert geblieben wäre. Sadisten dieses Typus beweisen, indem sie ihre Objekte bedrohen, daß sie Angst davor haben, selbst bedroht werden zu können.

Viele Menschen ängstigen sich nicht nur davor, während des Geschlechtsaktes Opfer einer Kastration zu werden, sondern haben darüber hinaus Angst, sich durch ihre eigene Erregung Schaden zuzufügen. Von dieser Angst können sie sich befreien, wenn es ihnen gelingt, in anderen eine gleiche Angst vor der eigenen Erregung zu erwecken.

Analog hierzu ist das häufige Zwangssymptom des Lachens als Reaktion auf eine Todesnachricht. Dieses Symptom tritt nicht nur nach dem Tood einer Person auf, der der Patient zuvor unbewußt den Tod gewünscht hatte. Es kann vielmehr ein allgemeinerer Ausdruck des Schutzes vor der Angst sein, die durch diese Nachricht ausgelöst wird, und kann dem Triumph Ausdruck verleihen, daß ein anderer, nicht man selbst gestorben ist.

Oft bekämpfen Sadisten nicht nur die unbewußte Angst vor einer Kastration und vor ihrer eigenen gefährlichen Erregung, sondern auch bestimmte selbstzerstörerische Tendenzen, die sie in sich spüren. Der Ursprung solcher Tendenzen wird später erörtert werden (vgl. S. 233 ff.). Sind sie aber einmal vorhanden, so werden sie dadurch bekämpft, daß sie nach außen gegen die Sexualobjekte gewendet werden. Da der Masochismus in der Regel dadurch zustande kommt, daß ein ursprünglicher Sadismus nach innen gewendet wird, kann sich eine dreifache Schichtung ergeben. Der manifeste Sadismus der dritten Schicht unterscheidet sich dabei stark von der ursprünglichen Feindseligkeit der ersten Schicht. Freud hat in seiner Untersuchung «Ein Kind wird geschlagen» die typische Entwicklung einer solchen dreifachen Schichtung beschrieben (601).

Wie der Zopfabschneider gehen auch andere Sadisten nicht nur nach der Formel vor: «Ich bin der Kastrant, nicht der Kastrierte», sondern auch nach der ergänzenden Formel: «Ich bin nur ein Pseudokastrant und kein wirklicher Kastrant.» Indem sie nur symbolisch, nicht tatsächlich kastrieren, beruhigen sie sich mittels der Erfahrung ihrer Opfer, daß die schrecklichen Dinge, vor denen sie Angst haben, doch nicht ganz so schrecklich sind. Die perversen Handlungen, die von Sadisten ausgeführt werden, haben in der Tat oft spielerischen Charakter und dienen dem gleichen Zweck wie jedes andere Spiel. Da die Patienten Angst davor haben, daß sexuelle Erregung zur Kastration führen könnte, versuchen sie, diese Schwierigkeit aktiv zu bewältigen, indem sie sexuelle Handlungen mit «kleineren» Kastrationen verbinden.

So wird bei Zopfabschneidern die Vorstellung, daß das Haar wieder wächst, und bei Koprophilen das Wissen, daß jeden Tag neue Faeces hervorgebracht werden, als Beweis dafür verwandt, daß eine Kastration nicht endgültig sein muß (740, 1054).

Der folgende Fall zeigt dieselbe Tendenz in etwas komplizierterer Form. Die sexuellen Phantasien eines zwangsneurotischen Patienten waren mit sadistischen Vorstellungen angefüllt, in denen er Frauen beschämte. Er wollte sie zwingen, ihre sexuelle Erregung in einer für sie erniedrigenden Weise zum Ausdruck zu bringen. In seiner Kindheit pflegte dieser Patient anal zu masturbieren. Er schämte sich dieser Masturbation sehr und verbarg sie sorgfältig. Seine Neurose stand unter der Herrschaft der Angst, entdeckt zu werden und unter einer Scham, die diese Entdeckung bereits vorwegnahm. Denn unbewußt hatte er sich als Kind bereits danach gesehnt, daß man sie entdecken werde, und er hatte sogar versucht, eine solche Entdeckung zu provozieren. Das Motiv dazu bestand weniger in einem Strafbedürfnis als vielmehr in dem Versuch, andere zu verführen, in einer Sehnsucht, sich von der Autoerotik abwenden und Objekten zuwenden zu können, die sich an seinen sexuellen Handlungen beteiligten.
In seinen sadistischen Handlungen oder Phantasien fügte er anderen gerade das zu, wovon er ambivalent geglaubt hatte, daß es ihm selbst widerfahren werde. Sein Sadismus hatte die folgenden Bedeutungen: 1. Das, wovor er sich ängstigte, passierte ihm nicht; statt dessen fügte er es anderen zu. 2. Wonach er sich sehnte, wovor er aber auch Angst hatte, geschah schließlich. Er erlebte es «altruistisch» und daher insofern sicher, als er Mitgefühl mit den Frauen hatte, denen er antat, was eigentlich ihm hätte angetan werden sollen. 3. Was wirklich geschah, war keine Kastration, sondern das geringere Übel der Schamröte.

Das Gefühl der Einheit mit einem Objekt, das gegen die Angst verlassen zu werden, Sicherheit bietet, wird bei extremer Unterwürfigkeit durch die Vorstellung erreicht, nur ein kleiner Teil des großen Körpers des Geliebten zu sein. Es kann aber auch durch die entgegengesetzte Vorstellung erreicht werden, daß die andere Person nur ein kleiner Teil des eigenen Körpers ist. Dieses Gefühl kann in einer Situation entstehen, in der der andere vom Patienten und seinen Launen vollkommen abhängig ist.

Ein Patient spielte als Junge das «sadistische» Spiel, alle Menschen zu «hypnotisieren». Er genoß die Vorstellung, daß seine Opfer machtlos seien. Er hatte früher gestottert, und seine Schwester hatte sich über ihn lustig gemacht. Diese Erinnerung wurde als Deckerinnerung für andere Situationen verwendet, in denen seine Schwester sich auch über seine geringer entwickelte Sexualität lustig gemacht und sie als minderwertig hingestellt hatte. Die sadistische Phantasie der Hypnose war also eine Rache an seiner Schwester. Durch sie konnte er ihr seine Überlegenheit und sogar seine Allmacht beweisen. Mit seinem Sadismus verleugnete er seine Angst, sexuell minderwertig (kastriert) zu sein. Die Zweifel der Schwester an seiner Männlichkeit waren dennoch wirksam, weil sie seine eigenen Zweifel unterstützten. Seine Träume enthüllten, daß die Vorstellung von der Hypnose an die Stelle einer älteren Vorstellung getreten war, vom Vater hypnotisiert zu werden. Der Sadismus wurde also dazu verwendet, einen gefährlichen Masochismus in Schach zu halten.

Die Beruhigung, daß das, was man einem Opfer antut, nicht wirklich geschieht, gilt jedoch nicht für den Sadismus allgemein; denn es gibt sadistische Handlungen, bei denen das Opfer schwer verletzt oder sogar getötet wird. Bei solchen Fällen muß es für den Täter eine entscheidende Rolle spielen, einer schrecklichen Erfahrung, der er passiv ausgeliefert ist, nur dadurch entgehen zu können, daß er sich ihr entzieht und sie aktiv anderen zufügt. Zugleich spielt hier die unbewußte Absicht mit, eine mystische Einheit mit dem Opfer herzustellen.
Bisher ist noch kein Triebmörder analysiert worden. Sieht man sich jedoch die Fälle an, bei denen Phantasien dieser Art eine führende Rolle spielten (1444), sowie die Erfahrungen mit weniger exzessiven Sadisten, so darf man annehmen, daß diese Fälle durch das Eingreifen des Über-Ich kompliziert werden (1029). Denn die sadistische Handlung hat nicht nur die Bedeutung, zu töten, um nicht getötet zu werden, sondern auch die einer Bestrafung, um eine Bestrafung zu vermeiden, und schließlich sogar die Bedeutung einer gewaltsam erzwungenen Vergebung. Personen, die einer verstärkten narzißtischen Zufuhr bedürfen, neigen, wenn sie frustriert sind, zu intensiven sadistischen Reaktionen. Unter bestimmten Bedingungen kann eine solche Neigung soweit anwachsen, daß sie schließlich in einer Handlung kulminiert, die eine besonders intensive Angst verleugnet. Es ist dies die Angst vor einer Bestrafung für sexuelle Handlungen. Verleugnet wird sie durch die unbewußte Überlegung: «Ich quäle dich solange, bis ich dich durch die Intensität deiner Leiden dazu gewungen habe, mir zu vergeben und mich von dem Schuldgefühl zu befreien, das meine Lust blockiert. Ich zwinge dich durch und mit deiner Vergebung, mir sexuelle Befriedigung zu verschaffen.» Der Sadist, der unabhängig zu sein vorgibt, verrät damit seine tiefe Abhängigkeit von seinem Opfer. Durch Gewalt versucht er, dessen Liebe zu gewinnen. Die Liebe, die er verlangt, ist ihrer Natur nach primitiv; denn sie hat die Bedeutung einer bloßen narzißtischen Zufuhr.

Das Vorbild dieser Art von Sadismus ist der Preußenkönig Friedrich Wilhelm, der seine Untertanen mit dem Ruf zu schlagen pflegte: «Ihr sollt mich nicht fürchten, sondern lieben!»

Durch das Über-Ich hervorgerufene Störungen dieser Art spielen zweifellos auch dann eine Rolle, wenn der Sadismus unbewußt als das «kleinere Übel» angesehen wird.

Das vorstehende Material zeigt, daß bei einer sadistischen Perversion der Partialtrieb des Sadismus tatsächlich dazu verwendet wird, Sicherheit gegen die Kastrationsangst zu erlangen. Die Bestrebung, die Angst auf diesem Wege unter Kontrolle zu bringen, hängt natürlich von der Vorgeschichte des sadistischen Partialtriebs ab (1157).

Dieser Partialtrieb kann konstitutionell besonders stark ausgeprägt sein. Manchen Kindern macht es mehr Spaß, Tiere zu quälen, als anderen. Sadistische Fixierungen entstehen aus denselben Ursachen wie andere Fixierungen (vgl. Bd. 1, S. 98). Insbesondere Frustrationen intensivieren den Sadismus, mit dem ein frustriertes Triebziel schließlich verfolgt wird. Ohne Zweifel hängt Sadismus enger mit prägenitalen als mit genitalen Triebzielen zusammen. Es gibt sicher sadistische Regungen aus verschiedenen erogenen Quellgebieten. Es gibt einen manualen Sadismus, oder richtiger, einen Sadismus der Muskelerotik (1338, 1346); es gibt einen Hautsadismus, der wahrscheinlich eine Projektion des «erogenen Masochismus» der Haut und die Quelle der sexuellen Lust beim Schlagen darstellt (601, 613); es gibt einen analen Sadismus (der bei der Zwangsneurose abgewehrt wird) (581) und es gibt einen oralen Sadismus. Die Differenzen von analem und oralem Sadismus sind im Gebiet ihrer «Negative», Impulsneurose und Depression, gründlicher erforscht als bei der sadistischen Perversion. Abraham (26) und van Ophuijsen (1205) haben nachgewiesen, daß auch bei der sadistischen Perversion der Ursprung der regressiv wiederbelebten prägenitalen Regungen bis in die destruktiven Tendenzen der oralen Zeit zurückverfolgt werden kann. Daneben gibt es einen ausgesprochen phallischen Sadismus (385). Der Umstand, daß die Einverleibungsvorstellung notwendig mit einer Zerstörung des Objekts einhergeht, läßt alle Objektbeziehungen mit Einverleibungszielen ambivalent erscheinen. Individuen, die zu ihnen regredieren, neigen dazu, Sadisten zu werden.

An der Entwicklung einer typischen sadistischen (oder eher sadomasochistischen) Phantasie, «ein Kind wird geschlagen», konnte Freud zum erstenmal zeigen, daß die mit dem Ödipuskomplex verbundenen Konflikte die sexuelle Erregung mit Feindseligkeit, Ängsten und Schuldgefühlen verbinden (601). Aus diesen Konflikten resultieren die Schlagephantasien.

Die häufig auftretende Vorstellung, «ein Kind wird geschlagen», ist das Ergebnis einer

Entwicklung, die verschiedene Stadien durchläuft. In der tiefsten Schicht bewahrt die Phantasie eine Erinnerung an die autoerotische Entwicklungsstufe; das geschlagene Kind hat hier Bedeutung eines Penis oder der Klitoris, das Schlagen die einer masturbatorischen Reizung (617). Die Erinnerung an die infantile Masturbation wurde durch eine Verdichtung der sexuellen Lust mit der Vorstellung verzerrt, daß eine gehaßte Person geschlagen werden müsse. Nach Freud ist diese gehaßte Person ein Rivale, das andere Kind. Jedes Kind sagt sich, daß der Vater, wenn er ein anderes Kind schlägt, ihm selbst versichert, daß er es liebe (601). Die gehaßte Person kann aber auch die Mutter sein (112). Schuldgefühle wegen dieses Hasses führen zu einer Identifizierung mit der geschlagenen Person, und die Vorstellung, vom Vater geschlagen zu werden, wird zugleich zum Ausdruck einer Bestrafung für böse Wünsche gegenüber dem Rivalen und zu einem verzerrten Ersatz der Vorstellung, vom Vater geliebt zu werden. Die darauf folgende Entwicklung unterscheidet sich bei den beiden Geschlechtern. Bei Mädchen steht die Vorstellung, vom Vater geschlagen zu werden, in gefährlicher Nähe zu einem verpönten ödipalen Wunsch. Daß der Vater der Schlagende ist und es selbst geschlagen wird, wird dabei verdrängt. Übrig bleibt eine undeutliche Phantasie, daß «ein Kind (gewöhnlich ein Junge) geschlagen wird», die entweder sadistisch oder masochistisch erlebt werden kann (60). Bei Jungen gewinnt die Schlagephantasie nur dann eine entscheidende Bedeutung, wenn ein negativer ödipaler Wunsch die Vorstellung, vom Vater geschlagen zu werden, sexualisiert. Masochistische Männer ersetzen die unbewußte Vorstellung, vom Vater geschlagen zu werden, durch die weniger verpönte, von einer Frau (der Mutter) geschlagen zu werden. Sadistische Männer dagegen ändern die ursprüngliche Vorstellung dahin ab, daß sie sich mit dem schlagenden Vater identifizieren und damit verleugnen, daß sie selbst das Kind sind, das geschlagen wird (112, 1432).

Auf diese Weise dienen auch die sadomasochistischen Perversionen dazu, die gewöhnlich anstößige infantile Sexualität, die ödipalen Bestrebungen und die Kastrationsangst zu verdrängen. Denn der Sadist ist ein Mensch, der einen Teil seiner infantilen Sexualität dem Bewußtsein zugänglich erhalten und sogar übersteigert hat, um desto einfacher die übrigen Teile verdrängen zu können.

14. Masochismus

Die Probleme des Masochismus sind zwar denen des Sadismus analog, sind aber in einer Hinsicht komplizierter. Denn der Masochismus scheint dem Lustprinzip zu widersprechen. Während nämlich die Menschen generell dazu neigen, Schmerz zu vermeiden, scheint der Schmerz von Masochisten erstrebt zu werden und ihnen Lust zu bereiten (613).

Der Versuch, die allgemeine Formel der Perversionen auf den Masochismus anzuwenden, führt in Schwierigkeiten. Auf der einen Seite ist ein Konflikt zwischen Triebbedürfnis und Angst bei Masochisten offensichtlich. Denn bei ihnen treten gegensätzliche Bestrebungen insofern deutlich zutage, als sie gleichzeitig nach Befriedigung streben und sie hinausschieben. Sie scheinen die Vorlust der Lust und die Phantasie der Realität vorzuziehen (1297, 1299). Auf der anderen Seite erscheint es als paradox, daß ein gefürchteter Schmerz dadurch vermieden oder verleugnet werden kann, daß man Schmerzen erleidet.

Die klinische Erfahrung lehrt, daß dieses Paradox tatsächlich möglich ist und immer dann auftritt, wenn eine oder mehrere der folgenden Bedingungen erfüllt sind:

1. Aufgrund bestimmter Erlebnisse kann jemand zu der festen Überzeugung gelangt sein, daß sexuelle Lust mit Schmerz zusammenhängen muß. Dieses Leiden ist allerdings eine Voraussetzung, die nicht ursprünglich angestrebt, sondern sekundär gesucht wird. Es ist der notwendige Preis, den man zahlen muß, um störende Schuldgefühle loszuwerden (1277).

2. Masochistische Handlungen gehorchen dem Mechanismus des «Opfers»; der Preis, den man im voraus zahlt, soll die Götter beruhigen und sie mit einem vergleichsweise geringen Opfer zufriedenstellen. Masochistische Handlungen dieses Typus sind das «geringere Übel» (1240). So verwenden Masochisten Symbole der Selbstkastration, um eine Kastration zu vermeiden. Freud hat darauf hingewiesen, daß die meisten Masochisten Verletzungen und Schmerzen an allen Körperteilen außer an den Genitalien anstreben (613).

3. Jede Angst kann durch eine spielerische Antizipation der Handlung bekämpft werden, auf die sie sich richtet. Jedes Spiel hat die Funktion, etwas dadurch, daß das Ich seine Zeit und sein Ausmaß bestimmt, aktiv zu antizipieren, was ganz einfach überwältigend wäre, wenn es unerwartet hereinbräche (1552). Wie bestimmte Sadisten andere quälen, um die Vorstellung zu verleugnen, daß sie selbst gequält werden könnten, so quälen sich auch Masochisten. Sie geben anderen zu diesem Zweck Anweisungen und fertigen ihnen Arrangements an, um die Möglichkeit auszuschließen, unerwartet und in unkontrollierbarem Umfang gequält zu werden (349, 350, 351).

4. Als Schutzmaßnahme kann auch eine Betonung der Passivität dienen. Eine Regression auf den oral-rezeptiven Typus der Realitätsbewältigung kann eine Vereinigung mit einer allmächtigen Schutzinstanz darstellen. Die Betonung der eigenen Hilflosigkeit und Kleinheit kann das Ziel haben, eine drohende oder schützende Macht um Gnade anzuflehen. Von dieser Art ist der Masochismus der extrem unterwürfigen Personen, deren Charakterstruktur oben erörtert wurde (817, 819).

Die vier dargestellten Mechanismen sind zweifellos beim Masochismus vorhanden. Sie genügen jedoch nicht, um ihn zu erklären. Sie mögen es verständlich machen, daß jemand einen bestimmten Betrag an Leiden auf sich nehmen muß, bevor er die Fähigkeit erreicht, Lust zu empfinden. Das aber ist nicht für den perversen Masochisten charakteristisch, der Lust eher *durch* das Leiden als *nach* einem Leiden gewinnt.

Zum Teil ist dies eine Frage der genauen Beobachtung. Manche Masochisten haben in der Tat Lustempfindungen eher, nachdem sie gelitten haben, als während sie leiden. Masochisten sind Individuen, deren Fähigkeit, einen Orgasmus zu erreichen, offensichtlich durch Angst und Schuldgefühle gestört ist. Sie verlagern daher ihr Interesse auf Vorlustspannungen und entwickeln ausführliche Phantasiegebilde. Aus diesem Grund ist eine Masturbation für sie oft befriedigender als eine Ausführung ihrer perversen Handlungen, die nicht allen antizipierten Einzelheiten des Arrangements gerecht wird (1297, 1299). Unzweifelhaft wird mit den komplizierten Phantasiesystemen versucht, die Angst zu überwinden, die die Fähigkeit zur Endlust blockiert. Charakteristisch ist auch, daß das, was mit den Patienten geschieht, im voraus arrangiert sein muß, damit es ihnen Lust bereitet, denn sie haben Angst vor Überraschungen, können aber diese Angst solange kontrollieren, wie sie im voraus wissen, was passieren wird.

Das aber kann nicht jene Fälle erklären, die zweifellos vorkommen, bei denen eine «Lust am Schmerz» vorliegt. Beim eigentlichen Masochismus wird nämlich die aktive Antizipation eines geringeren Übels durch einen anderen Faktor kompliziert, der die Gleichzeitigkeit von Lust und Schmerz zu erklären vermag. Wie bei anderen Perversionen wird die Sicherheitsmaßnahme gegen die Angst mit einer erogenen Lust verdichtet. Der erogene Masochismus ist auf den Umstand zurückzuführen, daß, wie jede Regung im menschlichen Organismus eine Quelle auch der

Sexualerregung darstellt, auch der Schmerz als solche Quelle in Betracht kommt (555, 601) (vgl. Bd. 1, S. 106). Zu einer solchen Quelle wird der Schmerz nur, wenn er nicht zu intensiv und nicht zu ernhaft ist. Geschlagen zu werden, erregt Kinder sexuell, weil es eine intensive Erregung der erogenen Haut- und Muskelzonen am Gesäß mit sich bringt. Eine Verschiebung der Libido vom Anus auf die Haut scheint ein charakteristischer Vorläufer einer jeden Lust am Geschlagenwerden zu sein. Aus diesem Grunde erleichtert eine anale Konstitution und Fixierung den Weg zum Masochismus. Wird der Schmerz aber zu intensiv, überwiegt die Unlust die erogene Stimulierung, und das Lustempfinden endet.

Ein Verlangen nach Befriedigung des erogenen Masochismus bei Kindern sowie das später bei Erwachsenen auftretende Verlangen nach Befriedigung eines perversen Masochismus können sich hinter einem scheinbar überaus aktiven und sogar sadistischen Verhalten verbergen. Viele Kinder (und auch Erwachsene) wissen ganz genau, wie «ungezogen» sie sein müssen, um andere dazu zu provozieren, sie zu schlagen oder so zu bestrafen, daß es dem Geschlagenwerden gleichkommt.

Fixierungen an den erogenen Masochismus können aus den gleichen Gründen auftreten, wie Fixierungen an jeden anderen Partialtrieb. Werden Menschen mit einer solchen Fixierung späterhin durch die Kastrationsangst gezwungen, sich der beschriebenen Mechanismen zu bedienen, so kann das zu dem Ergebnis führen, daß das Leiden nicht nur eine Voraussetzung der Lust, sondern ihre Quelle wird.

Unter den Ursachen einer Fixierung an den erogenen Masochismus herrscht ein Typus vor: Es ist eine Fixierung, die auf der Gleichzeitigkeit erogener Lust und einer Sicherheit vor Angstgefühlen beruht. Diese Sicherheit wird dadurch erlangt, daß die betreffenden Patienten eine «Strafe» auf sich nehmen, durch die ihnen eine Vergebung zuteil wird, aufgrund derer die zuvor durch Schuldgefühle blockierte sexuelle Lust ihnen wieder zugänglich wird.

Passive Triebziele treten in der Sexualität einer Person insbesondere unter zwei Umständen hervor:

1. Nachdem eine Feindseligkeit gegen das eigene Ich gewendet worden ist. Klinische Erfahrung beweist, daß der Masochismus eine Wendung des Sadismus gegen das eigene Selbst darstellt.

Freuds Begriff eines primären Masochismus beruht allein auf seiner Spekulation über die Existenz eines Todestriebs. Klinisch verraten sich masochistische Tendenzen als destruktive Neigungen, die durch den Einfluß von Angst oder Schuldgefühl ihre Richtung geändert und sich gegen das Ich gewendet haben.

Es ist gewiß interessant, einige Passagen zu zitieren, die Freud schrieb, bevor er seine Hypothese vom Todestrieb formulierte.

Es darf beim Masochismus, so schreibt er, «zunächst bezweifelt werden, ob er jemals primär auftritt oder nicht vielmehr regelmäßig durch Umbildung aus dem Sadismus entsteht» (555).

«Beim Gegensatzpaar Sadismus–Masochismus kann man den Vorgang folgendermaßen darstellen:

a) Der Sadismus besteht in Gewalttätigkeit, Machtbetätigung gegen eine andere Person als Objekt.

b) Dieses Objekt wird aufgegeben und durch die eigene Person ersetzt. Mit der Wendung gegen die eigene Person ist auch die Verwandlung des aktiven Triebzieles in ein passives vollzogen.

c) Es wird neuerdings eine fremde Person als Objekt gesucht, welche infolge der eingetretenen Zielverwandlung die Rolle des Subjekts übernehmen muß.

Fall c) ist der des gemeinhin so genannten Masochismus. Die Befriedigung erfolgt auch bei ihm auf dem Wege des ursprünglichen Sadismus, indem sich das passive Ich phantastisch in seine frühere Stelle versetzt, die jetzt dem fremden Subjekt überlassen ist. Ob es auch eine direktere masochistische Befriedigung gibt, ist durchaus zweifelhaft. Ein ursprünglicher Masochismus, der nicht auf die beschriebene Art aus dem Sadismus entstanden wäre, scheint nicht vorzukommen» (588).

«Es scheint sich zunächst zu bestätigen, daß der Masochismus keine primäre Triebäußerung ist, sondern aus einer Rückwendung des Sadismus gegen die eigene Person, also durch Regression vom Objekt aufs Ich entsteht. Triebe mit passivem Ziel sind ... zuzugeben, aber die Passivität ist noch nicht das Ganze des Masochismus; es gehört noch der Unlustcharakter dazu, der bei einer Trieberfüllung so befremdlich ist. Die Umwandlung des Sadismus in Masochismus scheint durch den Einfluß des ... Schuldbewußtseins zu geschehen» (601).

Auch Freuds Analyse der typischen Schlagephantasie zeigte, daß dem Wunsch, geschlagen zu werden, der Wunsch vorausging, daß der gehaßte Rivale geschlagen werden sollte (601).

2. Bei Männern entsteht eine Betonung passiver Triebziele als Voraussetzung der Entwicklung des Masochismus durch die Ausbildung femininer Wünsche. So kann sich z. B. die Vorstellung, geschlagen zu werden, als Verzerrung der Vorstellung erweisen, feminine sexuelle Erlebnise zu haben («femininer Masochismus») (613). Die Faktoren, die bei Männern für eine Wendung zur Femininität verantwortlich sind, sind bereits erörtert worden (vgl. S. 201 f.). Wenn eine Handlung unbewußte als gefährlich eingestuft wird, können passive prägenitale (anale) Bestrebungen als Abwehr maskuliner Wünsche verwendet werden.

Femininität kann dagegen auch die Kastrationsangst erhöhen, weil sie mit der Vorstellung verbunden ist, daß eine feminine Befriedigung nur um den Preis der Kastration erreichbar ist (599). Daher bestehen bei Männern sehr enge Verbindungen zwischen Femininität, Kastrationsangst und Schuldgefühlen. Entwickeln solche Männer auch einen der oben beschriebenen Mechanismen, so verzerren sie ihre Weiblichkeitswünsche masochistisch. Von einer Frau (der Mutter) geschlagen zu werden, verdeckt dann die tiefere Vorstellung, von einem Mann (dem Vater) geschlagen zu werden. Aufgrund der unbewußten Übernahme der Frauenrolle bekommen die masochistischen Praktiken den Sinn von Koitiertwerden und Gebären (601, 613).
Deutlicher als beim Sadismus ist die Rolle, die das Über-Ich beim Masochismus spielt. Die Vorstellung, geschlagen zu werden, ist regelmäßig mit der einer Strafe für schlechtes Verhalten verbunden, das in ödipalen Wünschen oder in dem Wunsch besteht, daß jemand anders geschlagen werden soll (642). In aller Regel wird sie verdichtet mit der Rechtfertigung, daß es sich dabei um das «kleinere Übel» handle. Denn das Schlagen wird gewöhnlich als keine sehr schmerzhafte Angelegenheit aufgefaßt, da sein Schauplatz das Kinderzimmer ist.
Masochistische Arrangements vermitteln gelegentlich einen anderen Eindruck. Wie traumatische Neurotiker immer wieder nach Wiederholungen schmerzhafter Traumen streben, so scheinen manche Masochisten unfähig, sich von Kastrationsvorstellungen zu befreien. Immer wieder müssen sie bestimmte Anspielungen auf die Kastration wiederholen. Wahrscheinlich geschieht das, um sich die beruhigende Gewißheit zu verschaffen, daß es sich diesmal nur um ein Spiel, nicht um etwas Ernsthaftes, ganz gewiß nur um ein Geschlagenwerden, nicht um die Kastration handelt. Offenbar aber können sie nie ganz sicher sein und haben immer wieder das Bedürfnis nach Handlungen, die der Kastration beruhigend ähnlich sind. Regelmäßig wird jede sexuelle Erregung bei ihnen durch die beunruhigende unbewußte Kastrationsangst unterbrochen. Sie sind nicht nur bereit, sich schlagen zu lassen, weil das den erogenen Masochismus ihrer Haut und ihrer Muskeln erregt, sondern auch, weil sie nach einer nicht allzu schweren Bestrafung verlangen, in der Hoffnung, sich endlich vom störenden Druck des Über-Ich befreien zu können.
Auch hier wird also die Verdichtung schuldbeladener Aggressionen und

erogener Lust assoziativ mit dem Ödipuskomplex verknüpft, dessen Verdrängung dadurch sichergestellt wird (121, 642, 1604).

Der von einer Patientin heißgeliebte Vater verachtete die Frauen und ließ das die Tochter unausgesetzt spüren. Er zog der Patientin eine ältere Schwester vor. Er verpönte ganz besonders streng alle analen Tendenzen. Die Patientin stand also vor der Aufgabe: den Vater zu lieben (denn das verlangte ihr Ödipuskomplex), dabei aber den Penis als Grund alles Ärgernisses (seines Mangels wegen wurde sie ja vom Vater verachtet) auszuschalten. Ebenso eine starke anale Triebgrundlage auszuschalten, sich an der Schwester zu rächen und des Vaters Strenge und Verachtung zu ertragen, ohne ihre Liebe zu ihm aufzugeben. Sie wurde Masochistin, das Geschlagenwerden und Verachtetwerden ihr Sexualziel. Damit war der anstößige Penis durch die schlagende Hand, der Anus durch die Gesäßhaut ersetzt; in der unbewußten Phantasie galten die Prügel eigentlich der Schwester und waren nur sekundär gegen das Ich gewendet, und das reale Verhalten des Vaters konnte der Patientin in versteckter Weise ihre masochistisch verzerrte Ödipus-Befriedigung bringen.

Häufig stellt die masochistische Phantasie nur eine Hälfte einer vollständigeren Phantasie dar, deren andere Hälfte verdrängt wurde. Eine Aufdeckung dieser zweiten Hälfte läßt aber erst den Zusammenhang mit dem Ödipuskomplex erkennen.

So hatte die eben erwähnte Patientin das Sexualziel des Geschlagenwerdens. Das ging auf zwei Erlebnisse zurück. Erstens auf die Erinnerung an einen Jungen, der in der Kindheit der Patientin wiederholt wirklich geschlagen worden war. Zweitens auf die an ein kleines Mädchen, das (genital und anal) exhibiert hatte und von dem die Patientin phantasierte, es hätte die Strafe des Geschlagenwerdens verdient. Mit diesem Mädchen also hatte sich die Patientin identifiziert und die zu rekonstruierende unbewußte Phantasie lautet: Ich möchte wie dieses Mädchen exhibieren und dafür wie jener Junge geschlagen werden. Nun spielte die Exhibitionslust in der ganzen Analyse eine große Rolle, und zwar zunächst eine anal-feminine Exhibitionslust mit dem unbewußten Sinn: Seht, wie ich Kinder bekommen, wie ich Kot produzieren kann. Dazu paßte ein besonderer Krankheits- und Blutstolz der Patientin: Seht, wie tapfer ich bluten kann, was mit der Idee der Niederkunft verdichtet war. Dieser Blutstolz erwies sich aber weiter als Überkompensation einer großen Blut-, d. h. Kastrationsangst. Schließlich stellte sich heraus, daß die ganze feminin-anale Exhibition ein regressiver Ersatz für eine intendierte und durch Angst gehemmte ursprünglichere phallische Exhibitionstendenz war, – und Träume ließen endlich rekonstruieren, daß nicht nur jenes Mädchen, sondern auch der realiter geschlagene Junge als Kind einmal vor der Patientin (urinierend) exhibiert hatte. Die volle Sexualphantasie, von der das Geschlagenwerden nur ein Teil war, lautet also: Ich will auch einen Penis demonstrieren wie dieser Junge da, damit der Vater mich lieb hat. Ich will nicht glauben, daß ich für eine solche Tat kastriert wurde (oder: kastriert werden könnte), nein, man wird dafür nur geschlagen. Geschlagen aber wurde auch jener Junge, der noch seinen Penis besitzt (vgl. 326, 1008).

Die Verbindung von Masochismus und Exhibitionismus, die in diesem Beispiel so deutlich vorgeführt wird, scheint typisch zu sein.

Sie ist verantwortlich für die demonstrative und provokative Art mancher masochistischer Arrangements (1297, 1299). Nicht nur der Exhibitionismus, sondern auch andere Perversionen wie der Fetichismus und die Koprophilie verschmelzen oft mit dem Masochismus oder werden von ihm überlagert.

Masochistische Charaktere ziehen gewöhnlich einen Lustgewinn daraus, ihr Elend zu exhibieren. Daß sie elend aussehen, steht ein für den Vorwurf, daß der Betrachter dieses Elend verschuldet habe. Masochistisches Verhalten hat einen anklagenden oder erpresserischen Ton. Der Sadismus, der im Falle des Masochismus gegen das eigene Ich gewendet wurde, kehrt in der Art wieder, mit der die Patienten ihre Objekte zu zwingen versuchen, ihnen Liebe oder Zuwendung zu geben. Die Hauterotik, die die erogene Grundlage der Schlagephantasien ist, drückt sich in einem Verlangen nach der wärmenden Nähe von Objekten aus, die durch Selbstquälerei erzwungen wird, wenn sie anders nicht zu erreichen ist. In dieser Art von Masochismus zeigt sich ein Konflikt, der für alle Personen mit rezeptivem Verlangen charakteristisch ist. Es ist dies der Konflikt zwischen einer sadistischen Zerstörung des Objekts, von dem eine Versagung ausging, und einer masochistischen totalen Hingabe an das Objekt in der Hoffnung, daß dieses damit zu einem Widerstand unfähig wird. Ein solcher Masochismus ist ein Kompromiß zwischen beiden Verhaltensweisen. Er stellt eine totale Unterwerfung dar, die zu sadistischen Zwecken eingesetzt wird (1277). Verwandt mit dieser Art von Masochismus ist der bereits erwähnte Exhibitionismus der Häßlichkeit (Exhibitionismus der Minderwertigkeit und negativer Charakteristika).

Ein Mädchen, das sich vor sexuellen Erlebnissen fürchtete, machte sich so häßlich zurecht, daß es auf Männer unattraktiv wirkte. Im Verlauf der Analyse gab sie schließlich zu, daß sie eine paradoxe masochistische Befriedigung daraus zog, häßlich zu sein. Ihren Masochismus bewies sie auch in anderen Dingen. Sie zupfte sich das Schamhaar aus, was überaus schmerzhaft war und zu einer Dermatitis führte. Als Kind hatte ihr Vater ihr das Genitale und den Anus gepudert. Ohne Zweifel versuchte sie durch die Ausbildung einer Dermatitis unbewußt, ihren Vater zu einer Wiederholung dieser Handlung zu verführen. Das Erlebnis, vom Vater behandelt zu werden, war jedoch nicht lustvoll. Denn der Vater, der ein sehr strenger Mann war und durch seine Strenge die Tochter dazu brachte, masochistisch zu werden, hatte ihr den Eindruck vermittelt, daß die Behandlung eine Bestrafung der Masturbation sei. Ihre Angst vor der Sexualität war eine Angst davor, daß herauskommen könnte, daß sie ihren Körper, wie sie sich einbildete, ruiniert hatte. Ihr Versuch, die Entdeckung dadurch abzuwenden, daß sie sich häßlich machte, führte zu einer Wiederkehr dessen, was abgewehrt worden war; denn nun stellte sie gerade ihr ruiniertes Äußeres zur Schau. Eine tiefere Schicht ihrer Seele war von aktiven Rache- und Kastrationsphantasien erfüllt. Sich häßlich zu machen, bedeutete für sie: a) ihren Vater zu sexuellen Handlungen ihr gegenüber zu zwingen, b) ihn durch eine Masturbation vor seinen Augen zu kränken (sich häßlich machen = sich ruinieren = masturbieren) und c) den Vater durch den Anblick der eigenen Zerstörung zu zerstören.

Unter die Kategorie der hier behandelten Fälle gehört auch die Askese. Bei Asketen wird die Abtötung des Fleisches zu einem verzerrten Ausdruck der blockierten Sexualität und bereitet masochistische Lust. Diese Art Masochismus ist in der Regel eher anal; denn sie ist charakterisiert durch die Verhaltung sowie durch die Fähigkeit, eine Spannung zu ertragen. Mit ihr hängt der «Leidensstolz» zusammen, den viele Kinder an den Tag legen, die ihre Schwäche dadurch zu verleugnen suchen, daß sie eine Spannung aushalten.

Beim moralischen Masochismus wird kein körperlicher Schmerz gesucht, sondern offenbar Versagen und Erniedrigung. Das geschieht gelegentlich, weil es zu sexueller Lust verhilft, gelegentlich aber auch ohne erkennbaren Zusammenhang mit der Sexualität. Die Freude an Erniedrigungen zeigt an, daß die Vorstellung, das Sexualobjekt des Vaters zu sein, die ursprünglich in die Phantasie verwandeln wurde, vom Vater geschlagen zu werden, sich weiter verwandelt hat zu der Idee, von Gott oder dem Schicksal geschlagen zu werden. Die Moral, die genetisch ein Abkömmling des Ödipuskomplexes ist, ist in diesem Fall wieder auf den Ödipuskomplex regrediert (613).

Schwerere Fälle von moralischem Masochismus, bei denen keine Verbindung zur Sexualität offen zutage liegt oder bei denen die Patienten sich des Umstands nicht bewußt sind, daß sie sich quälen, können nicht als sexuelle Perversionen angesehen werden. Charakterzüge dieser Art haben sich zweifellos im Unbewußten nicht unabhängig von der Sexualität entwickeln können. Sie stellen Versuche des Ich dar, mit einem strengen Über-Ich fertigzuwerden. Im moralischen Masochismus verdichten sich zwei einander widersprechende Bestrebungen, Rebellion und Unterwürfigkeit. Das eigene Leiden wird als Demonstration des Ausmaßes der Unterwürfigkeit ausgegeben, die man bereit ist zu ertragen, um die Vergebung des Vaters zu erlangen. Zugleich ist das masochistische Verhalten

Ausdruck einer Rebellion, der feindseligen Demonstration der schrecklichen Taten, die der Vater zu begehen imstande ist (vgl. S. 289).
Schwere Selbstzerstörung läßt sich gewiß nicht als ein «kleineres Übel» auffassen. Sie kann jedoch eine aktive Antizipation dessen sein, was einem sonst passiv widerfahren könnte. Sie liegt jedenfalls nicht «Jenseits des Lustprinzips» (605), denn sie stellt die unerwünschte Konsequenz von etwas Erwünschtem dar. Die Selbstzerstörung kann das subjektive Ziel haben, ein Objekt zu zerstören, das nach seiner Introjektion durch das Ich selbst vorgestellt wird und diese Objektzerstörung kann sogar mit einer Unterwürfigkeit dem Objekt gegenüber verdichtet werden. Der Versuch, dem Druck des Über-Ich zu entfliehen, ist das Ziel aller Selbstzerstörung. Besonders deutlich wird das in Fällen, bei denen die Selbstzerstörung mit einer Art asketischem Stolz verbunden ist. Die Analyse dieses asketischen Stolzes führt regelmäßig auf die Vorstellung eines Selbstopfers zum Zwecke erneuter Teilhabe an der Allmacht. Der Stolz bedeutet den Triumph darüber, eine solche Teilhabe erreicht zu haben. «Ich opfere mich für die große Sache, und darum fällt die Größe der Sache auf mich.» So handeln Priester, die sich kastrieren, um sich ganz Gott zu überantworten. Ihre Selbstkastration ist ein Mittel, in einer großen schützenden Einheit aufzugehen (436).

Während Initiationsriten Privilegien und Schutz unter der Bedingung des Gehorsams versprechen und diese Bedingung durch eine symbolische Kastration erzwingen (1284), versuchen Masochisten dieses Typus von den von ihnen für allmächtig gehaltenen Personen Privilegien und Schutz dadurch zu erzwingen, daß sie sich mehr oder weniger wirklich kastrieren. Nach einem solchen Opfer müssen die für allmächtig Gehaltenen sich an ihr Versprechen gebunden fühlen (523, 1481). Während das eine Extrem einer Teilhabe an der Allmacht darin bestehen würde, die allmächtige Person zu töten, besteht das andere in einer Selbstkastration, die eine Aufgabe allen Handelns symbolisiert, um eine passiv-rezeptive Vereinigung mit der allmächtigen Person zu erlangen. Es ist paradoxerweise möglich, daß dieses zweite Extrem eine unbewußte Einstellung, die dem ersten entspricht, deckt (vgl. S. 272).
Vielleicht hat sich in jeder Selbstzerstörung eine Spur des archaischen Reaktionsmusters der Autotomie erhalten, bei der eine Spannung dadurch überwunden wird, daß das besetzte Organ aufgegeben wird (1242).

Freud betont mit Nachdruck, daß perverse Neigungen paarweise antithetisch mit jeweils aktiven und passiven Triebzielen auftreten (555). Eine Untersuchung von Sadismus und Masochismus zeigt, warum beide

Bestrebungen notwendig und regelmäßig bei ein und derselben Person auftreten.

15. Die Verbindungen von Perversionen mit Neurosen und die differentielle Ätiologie der Perversionen

Perversionen treten gelegentlich in Verbindung mit Neurosen auf. Wegen der gemeinsamen prägenitalen Fixierung geschieht dies am häufigsten in der Verbindung mit Zwangsneurosen und Psychosen. Dabei ist jede der folgenden Möglichkeiten anzutreffen: 1. Perversion und Neurose entwickeln sich nebeneinander. 2. Eine Neurose kompliziert eine zuvor bereits ausgebildete Perversion. 3. Eine Perversion tritt zu einer zuvor entwickelten Neurose hinzu.

In seinem Kampf mit dem Ödipuskomplex überantwortet sich das Ich des Perversen einem Teil der infantilen Sexualität. Das schließt jedoch die Möglichkeit nicht aus, daß es gegen verpönte Triebregungen gleichzeitig irgendeinen anderen Abwehrmechanismus verwendet, der die Grundlage einer Neurose bilden kann. Perversion und Neurose verlaufen dann parallel zueinander. Es kann auch vorkommen, daß ein Patient mit einer bereits entwickelten Perversion in eine Situation gerät, die seine Perversion stärker an den ödipalen Konflikt bindet oder seine Kastrationsangst erhöht. Solche Situationen erfordern weitere Abwehrmaßnahmen, die eine Neurose hervorrufen können. Der plötzliche Ausbruch einer Angsthysterie oder paranoider Reaktionen kann z. B. eine bereits längere Zeit andauernde Perversion komplizieren. Kompliziert werden kann auch die männliche Homosexualität, wenn in ihr «Impotenz», d. h. ein Verlust der Erektionsfähigkeit, vorliegt. Es kann aber auch die dritte der oben aufgeführten Möglichkeiten eintreten, daß die Symptome einer lang andauernden Zwangsneurose als so befriedigend hingenommen werden, daß sich aus ihnen eine sekundäre Perversion entwickelt (475).

Die differentielle Ätiologie der Perversionen ist an die folgenden Bedingungen gebunden, die erfüllt sein müssen, damit die Entwicklung einer Perversion möglich wird: 1. An ein somatisches Entgegenkommen konstitutioneller Faktoren, die eine hormonale physiologische Untersuchung erfordern. Sie bestehen im wesentlichen aus einer unverhältnismäßig starken Erogeneität besonderer erogener Zonen. Sadismus und Masochismus sind wahrscheinlich nicht nur an besondere Erfahrungen, insbesondere an Frustrationen gebunden, sondern hängen auch mit einer konstitutionell erhöhten Erogeneität der oralen, analen, kutanen oder muskulären Zonen zusammen (549, 1630). 2. An Erfahrungen, die zu der entscheidenden pathogenen Fixierung geführt haben. Die den Perversionen zugrundeliegenden Fixierungen unterscheiden sich von denen, die den Neurosen zugrundeliegen insofern, als sie in aller Regel sexuelle Befriedigung und zugleich ein Gefühl der Sicherheit vermitteln, das einer gehemmten Angst widerspricht.

16. Die psychoanalytische Therapie von Perversionen

Bei der Beurteilung der Prognose der analytischen Therapie bei Perversionen kommt gegenüber den Neurosen ein komplizierender Faktor hinzu. Bei den Perversionen sind die Symptome lustvoll oder versprechen doch zumindest, es zu sein. Eine Behandlung droht daher nicht nur eben die Konflikte wiederzubeleben, denen der Patient vermittels seiner Krankheit ausgewichen ist, sondern sie bedroht den Patienten mit dem Verlust eines Genusses, der einzigen Sexuallust, die er kennt, während ihm die versprochene normale Lust als Taube auf dem Dach erscheinen muß. Einen Patienten, der mit seiner Perversion innerlich einverstanden ist, wird man deshalb kaum analysieren können (604). Die Prognose hängt also zunächst davon ab, wie weit ein Heilungswille bei dem Patienten vorhanden ist oder sich wecken läßt. Ein solcher Heilungswille kann natürlich von den verschiedensten seelischen Quellen her gespeist werden; außer der eigenen Unzufriedenheit kommt vor allem die Rücksicht auf andere geliebte Personen in Betracht. Die Probeanalyse wird also hier die Aufgabe haben, Tiefe und Ernst des Gesundungswillens abzuschätzen. Man wird nach dem Gesagten verstehen, daß die Prognose paradoxerweise dort am besten ist, wo ein Patient am meisten leidet, bei den Mischfällen mit Neurosen.

Von Zeit zu Zeit stellen die Patienten das Ansinnen, sie möchten von der Neurose befreit werden, aber ihre Perversion behalten. Daß der Analytiker das nicht versprechen kann, ist im Wesen der Psychoanalyse begründet. Es kann natürlich vorkommen, daß z. B. bei Homosexuellen, die sekundär eine Angst ausbilden, die Psychoanalyse diese Angst heilen kann, ohne daß die Homosexualität angegriffen würde. Man kann aber nicht voraussehen, ob es so ausgehen wird, oder ob die Analyse des Ödipuskomplexes den Patienten nicht vor die Frage: alles oder nichts, stellen wird.

Neben diesem besonderen Problem bietet die Analyse von Perversionen keine größere Schwierigkeit als die der prägenital bestimmten Neurosen; denn auch bei Neurosen spielen konstitutionelle Faktoren eine Rolle. Bei Homosexuellen, die auch körperlich sehr deutlich Anzeichen des anderen Geschlechts aufweisen, also biologisch Übergänge zum Pseudohermaphroditismus darstellen, wird eine Analyse entsprechend schwieriger. Doch selbst wenn man alle Kranken mit solchen Charakteristika vorsichtig zurückweist, bleiben genug Fälle übrig, bei denen die Psychoanalyse indiziert ist. Verschiedene Autoren haben darauf hingewiesen, daß die Prognose der analytischen Behandlung von Homosexuellen besser sei als vielfach angenommen wird (742, 1516), daß neuerdings bestimmte Modifikationen der Technik notwendig seien, die mit der von Freud für die Angsthysterie geforderten Veränderung der Therapie verglichen werden können (600). Da die normale sexuelle Situation von Homosexuellen phobisch gemieden wird, wird es nötig, im geeigneten Moment der analytischen Kur den Patienten zu veranlassen, den Verkehr mit Frauen zu suchen (742).

Das Sicherheitsbedürfnis, daß sich in der Entwicklung von Perversionen ausdrückt, beruht oft auf einem intensivierten narzißtischen Bedürfnis, und die Fähigkeit zu selbstberuhigender Verleugnung beruht auf einer Instabilität der Funktion der Realitätsprüfung. Dementsprechend gibt es viele Patienten, die im Übertragungsverhalten und auch sonst im Leben das Bild einer narzißtischen Charakterstörung oder gar einer Psychose bieten (1215). Für solche Fälle gelten natürlich die Schwierigkeiten, die der die Perversion begleitenden Charakterstörung oder Psychose zukommen.

Auch andere impulsive Handlungen, die zwar ich-synton, aber nicht sexuell sind, dienen dem Zweck, vor einer Gefahr zu fliehen, sie zu verleugnen oder sich ihr gegenüber in Sicherheit zu bringen. (Diese Formel gilt natürlich nur, wenn die «Depressionen» zu den «Gefahren» gerechnet werden.) Die Bekämpfung einer Gefahr als das Ziel solcher impulsiven Handlungen muß nicht notwendig erreicht werden.

Der Abwehrzweck pathologischer impulsiver Triebregungen schließt die Möglichkeit nicht aus, daß sie zugleich eine verzerrte sexuelle oder aggressive Triebbefriedigung mit sich bringen. Charakteristisch für die unwiderstehlichen impulsiven Triebregungen ist die Art, in der bei ihnen ein Sicherheitsstreben mit einem Streben nach Triebbefriedigung verdichtet wird.

Impulsive Triebregungen werden nicht wie Zwänge erfahren. Sie sind ich-synton und nicht ichfremd. Sie werden jedoch nicht so erlebt, wie Normale ihre Triebregungen erleben. Sie verraten eine charakteristische *Unwiderstehlichkeit,* die sie von einer normalen Triebregung unterscheidet und die durch eine Verdichtung von triebhaftem Drang und Abwehrbestrebung verursacht ist (99).

Die Unwiderstehlichkeit drückt sich darin aus, daß die betreffenden Patienten keine Spannungen ertragen können. Was immer sie brauchen, müssen sie sofort haben. Solange der Säugling nach dem Lustprinzip handelt (575), versucht er, jede Spannung sofort abzuführen und erfährt jede Erregung als ein «Trauma», auf das er mit unkoordinierten Abfuhrbewegungen antwortet. Die Überwindung dieses Zustands beruht auf zwei Entwicklungsfaktoren: a) der physiologischen Fähigkeit, die Motilität zu beherrschen, d. h. unkoordinierte Abfuhrbewegungen in zweckgerichtete Handlungen zu überführen, und b) der Fähigkeit, eine unmittelbare Reaktion zurückzustellen. Es ist, als hätten die Impulsneurotiker den ersten dieser beiden Entwicklungsschritte, nicht aber den zweiten gelernt. Denn sie führen zwar keine unkoordinierten Bewegungen aus, sondern Handlungen; aber sie handeln, statt zu denken. Sie können nicht warten (114). Daher haben sie ihr Realitätsprinzip nicht voll entwickelt und verfallen auf der Grundlage vergangener Erfahrungen einer falschen Beurteilung der Realität. Sie handeln noch, als bringe jede

Spannung ein gefährliches Trauma mit sich. Ihre Handlungen sind weniger auf das positive Ziel hin orientiert, etwas zu erreichen, als auf das negative, eine Spannung loszuwerden. Ihr Ziel ist nicht die Lust, sondern eine Unterbrechung des Schmerzes. Sie empfinden jede Spannung, wie der Säugling Hunger empfindet, d. h. als eine Bedrohung ihrer Existenz.

Was macht die Patienten Spannungen gegenüber so intolerant und was bestimmt die Art ihrer ich-syntonen impulsiven Triebregungen, die darauf zielen, eine unerträgliche Spannung zu überwinden?

Als Antwort auf die erste dieser beiden Fragen ergibt sich, daß diese Patienten durch eine starke oral- und hauterotische Fixierung charakterisiert sind, die auf konstitutionellen Faktoren oder auf bestimmten Erlebnissen beruhen kann. Die frühe Erfahrung von Traumen, die die Angst vor schmerzhaften Spannungen erhöhen, trägt zur Prädisposition ebenfalls bei. Die Patienten nehmen zu unterschiedlichen Handlungen ihre Zuflucht, um sich von Spannungen zu befreien. In bestimmten Fällen kommen diese Handlungen den Perversionen nahe, wie z. B. die der Pyromanen. In anderen Fällen steht die Abwehr im Vordergrund. Generell aber weisen Impulsneurosen wie kein anderes neurotisches Phänomen eine dialektische Verbindung von Triebbefriedigung und Triebabwehr auf. Die früheste Befriedigung, die Milch, brachte dem Säugling zugleich Befriedigung und Sicherheit. Die darauf folgenden Triebansprüche sind ebenso Abkömmlinge des frühkindlichen Hungers wie die späteren Ansprüche auf Sicherheit und narzißtische Zufuhr. Patienten, die sich vor einer Triebgefahr fürchten, können sich nach der Sicherheit sehnen, die sie an der Mutterbrust genossen haben. In ein schweres Dilemma geraten sie, wenn sie diese Sehnsucht selbst als eine gefährliche Triebspannung auffassen. Ihre impulsiven Handlungen können dann das Streben nach einem Ziel bedeuten, das sie zugleich zu vermeiden suchen, weil sie vor ihm Angst haben. Sie machen ihre Objekte dafür verantwortlich, daß sie ihnen nicht die erforderliche Entspannung verschaffen und sie fühlen sich wegen der Aggressivität schuldig, mit der sie ihre Objekte provozieren. Das mag sie dazu veranlassen, Abweisungen herauszufordern, durch die sie ihre Schuldgefühle insofern lindern, als sie ihnen die Auffassung ermöglichen, ungerecht behandelt worden zu sein. Auf diesem Wege können sie sogar sadistische Rachegelüste rationalisie-

ren. Die Impulsivität dieser oralen Patienten hat also entweder die Bedeutung, daß sie nichts hergeben wollen, weil auch ihnen nie jemand etwas gegeben hat, oder daß sie jedem alles hergeben wollen, um zu beweisen, daß sie großzügiger sind als ihre Eltern es ihnen gegenüber waren (104, 106, 110). In der Regel drücken sich diese Konflikte zuerst in Schwierigkeiten mit der Masturbation aus, die dann späterhin durch eine krankhafte Gier ersetzt wird (1440).
Impulsneurotiker sind an jene frühe Entwicklungsphase fixiert, in der das Streben nach Sexualbefriedigung und das Verlangen nach Sicherheit noch nicht voneinander geschieden sind. Sie sind abhängig davon, geliebt oder anerkannt zu werden, Zuwendung oder Prestige zu erhalten. Der Umstand, daß sie diese Zufuhr benötigen, um ihre Existenz aufrechtzuerhalten, erklärt die Intensität, mit der sie um sie kämpfen. Sie sind an die orale Phase fixiert und neigen dazu, auf Frustrationen mit Gewalt zu reagieren. Ihr grundlegender Konflikt wird zwischen dieser Neigung zur Gewalt und der Neigung ausgetragen, jede Aggressivität aus Angst vor Liebesverlust zu unterdrücken. Objekte sind für sie noch nicht Personen, sondern bloße Zulieferer von Zuneigung und Prestige und daher austauschbar. Diese Fixierung ist auch für Depressionen charakteristisch (vgl. S. 272 ff.), und die Tatsache, daß die grundlegende Disposition zu pathologischen Impulshandlungen und zu Depressionen ein und dieselbe ist, erklärt, warum die meisten impulsiven Handlungen dem Zweck dienen, Depressionen zu vermeiden. Natürlich ist der Unterschied von Bedeutung, ob die Zufuhr von einem wirklichen Objekt verlangt wird oder ob ein Patient narzißtisch regrediert ist und sich mit seinen Ansprüchen an das eigene Über-Ich wendet.

18. Impulsives Fortlaufen

Impulsives Fortlaufen (85, 1083, 1310, 1471, 1482, 1483) ist entweder a) ein Fortlaufen vor einer angenommenen Gefahr bzw. Versuchung oder b) eine Suche nach beruhigender Sicherheit bzw. Befriedigung. Die Gefahr besteht in aller Regel in Depressionen und Schuldgefühlen, die der, der fortläuft, hinter sich zu lassen versucht. Denn fortzulaufen kann eine Abwehr und ein Äquivalent von Depressionen sein. Die Beziehung

der Wanderlust zu manisch-depressiven Zuständen läßt sich daran ablesen, daß die Anfälle in regelmäßigen periodischen Intervallen auftreten.
Es besteht eine gewisse Ähnlichkeit zwischen dem Verhalten eines Phobikers, der eine innere Gefahr nach außen projiziert, und dem Verhalten dieser Art von Patienten, die zwar vor einer äußeren Situation wegrennen, tatsächlich aber einem inneren Spannungszustand zu entfliehen versuchen. Es ist tragisch für sie, daß sie sich, wohin auch immer sie laufen mögen, mitnehmen müssen. Ihre typische Ruhelosigkeit entsteht aus einer Intoleranz Spannungen gegenüber und aus einer Regression zu passiv-rezeptiven Formen der Realitätsbewältigung. Das Fortlaufen bedeutet daher für sie eine Bewegung von einem Ort, an dem ihnen niemand hilft, zu einem anderen, wo ihnen Schutz und Hilfe zuteil werden. Gewöhnlich wird das Fortlaufen durch die Angst vor Aggressivität kompliziert, die in der sadistischen Gewalt zutage tritt, mit der sich die Patienten die benötigte Hilfe zu erzwingen suchen.
Das Fortlaufen als Flucht vor Situationen der Bestrafung oder Versuchung wird zumeist von Personen gewählt, die in ihrer Kindheit Gelegenheit hatten, dieses Mittel erfolgreich anzuwenden. Bernfeld hat darauf hingewiesen, daß das nur in einer bestimmten sozialen Umgebung der Fall ist, in der die Kinder, jedesmal dann, wenn sie sich nicht wohlfühlen, aus der Wohnung auf die Straße oder zu Fremden laufen können, um später, wenn die Gefahr vorbei ist, zurückzukehren (133).
Daß es sich bei dem Ort, den die, die weglaufen, zu erreichen suchen, um etwas handelt, das die Bedeutung einer «helfenden oralen Mutter», einer «Befriedigung ohne Reue» besitzt, kann man an den seltenen Fällen sehen, bei denen die ganze Neurose plötzlich geheilt ist, wenn es dem Patienten gelingt, einen solchen Ort zu finden. Abraham hat den Fall eines Hochstaplers beschrieben, dessen Situation sich besserte, als er in eine Lage geriet, die ihm eine tiefe Befriedigung seiner ödipalen Wünsche und seiner oralen Mutterfixierung erlaubte, ohne daß er deswegen hätte Schuldgefühle haben müssen (29). Symbolisch wird diese Suche nach Ruhe und Schutz an der Mutterbrust in der verbreiteten Sehnsucht nach der grenzenlosen Weite des Ozeans ausgedrückt, durch die eine immer wieder unbefriedigte Nostalgie in einer langen Reise nach Hause befriedigt werden soll. Die gewöhnliche Ruhelosigkeit bei Wanderern

wurzelt in dem Umstand, daß der Schutz, den sie suchen, wiederum zu einer Gefahr werden kann, weil sie die Gewalt ihres Verlangens als einen gefährlichen Trieb empfinden. Ein klein wenig Ruhe ist ihnen nur möglich, wenn die Situation, der sie nachlaufen, dem ursprünglichen unbewußten Ziel nahe genug ist, um als ein Ersatz akzeptierbar zu sein, und wenn sie zugleich von diesem Ziel so weit entfernt ist, daß sie keine Angst auslöst. Zu Hause glaubt der Seemann, daß ein solcher Ort auf See sei, ist er an Bord, wähnt er ihn zu Hause.

Darüber hinaus kann das Fortlaufen eine verborgene sexuelle Bedeutung haben. Für jeden hat das Reisen seine Reize, weil beim Reisen die sexuellen Partialtriebe vielfältig angesprochen werden. Die Welt zu sehen, befriedigt die Schaulust; zu wandern befriedigt die Muskelerotik und in Fahrzeugen mit hoher Geschwindigkeit zu reisen, befriedigt die Gleichgewichtserotik. Fortzugehen bedeutet im allgemeinen «Exogamie», d. h. an einen Ort zu gehen, an dem das Inzesttabu und die zu Hause gehörten Drohungen wirkungslos sind. Aufgrund einer Rückkehr des Verdrängten aus der Verdrängung bedeutet es in einer anderen Schicht gewöhnlich auch, daß man auszieht, die Mutter zu gewinnen (10). Diese verborgenen sexuellen Bedeutungen jedoch fügen sich zum Bild einer Impulsneurose nur dann zusammen, wenn die Symptome zugleich die oben beschriebenen typischen Konflikte zum Ausdruck bringen.

19. Kleptomanie

Kleptomanie bedeutet im allgemeinen eine Inbesitznahme von Dingen, die einem die Macht verleihen, eine angenommene Gefahr zu bekämpfen. Das gilt insbesondere für die Gefahr eines Verlusts von Selbstgefühl oder Zuneigung. Die unbewußte Formel der Kleptomanie lautet: «Wenn du es mir nicht gibst, hole ich es mir» (47, 92, 169, 248, 644, 756, 757, 912, 944, 955, 1043, 1112, 1401, 1408, 1526, 1533, 1606, 1646).

Wenn es stimmt, daß ein Kleptomane nach verlorener sexueller Befriedigung strebt, die sich ihm zugleich als Schutz, Vergebung und Regulierung des Selbstgefühls darstellt, so muß das vom Kleptomanen gestohlene Gut notwendig eine Symbolisierung der Milch sein. Aber man darf nicht etwa glauben, daß diese tiefste Bedeutung auch die ökonomisch ausschlaggebende sein muß. Sie kann vielmehr regressiver Ausdruck für die Sehnsucht nach Objekten der höheren Organisationsstufen, Kot, Penis und Kind sein. Das relative Gewicht dieser verschiedenen unbewußten Bedeutungen des gestohlenen Objekts hängt von den vorherrschenden Fixierungen eines Patienten ab. Bei den kleptomanen Bestrebungen von Patienten, die nicht sehr schwer gestört sind, steht die Bedeutung des «Penis» im Vordergrund. Das erklärt, warum Kleptomanie im allgemeinen bei Frauen häufiger auftritt als bei Männern. Eine zentrale Phantasie einiger Frauen, die zum Rachetypus des weiblichen Kastrationskomplexes (20) gehören, besteht darin, «einen Penis zu stehlen». Diese Frauen haben Angst vor offener Aggressivität und ersetzen einen Raub durch Diebstahl. Auch bei Jungen ist ein solcher unbewußter Wunsch nach einem Penis nicht so absurd. Sie können sich ja einen anderen, größeren Penis wünschen, wie ihn der Vater hat.

Die häufigste Komplikation bei der Kleptomanie stellen Konflikte zwischen Ich und Über-Ich dar. Da sie nicht genug Zuwendung erhalten, versuchen sich die Patienten davon zu überzeugen, daß sie ein Recht darauf haben zu stehlen. In aller Regel aber gelingt ihnen das nicht. Statt dessen fühlen sie sich schuldig, versuchen dieses Schuldgefühl auf verschiedene Art zu bekämpfen und können sogar zu «Verbrechern aus Schuldbewußtsein» werden (592), die immer weiter stehlen und sich dadurch in einen Circulus vitiosus verstricken (vgl. XX, 9b).

Das Stehlen kann auch wie das Fortlaufen eine unmittelbar sexuelle Bedeutung haben. «Heimlich etwas Verbotenes zu tun», verweist auf die Masturbation. In bestimmten Fällen steht diese unmittelbar sexuelle Bedeutung im Vordergrund. Kleptomanien dieser Art kommen einer Perversion nahe.

Eine 40jährige Rückfalldiebin gab an, nicht nur bei ihren Diebstählen sexuelle Erregung und im Moment ihres Gelingens Orgasmus zu empfinden, sondern auch keine andere Form des Orgasmus zu kennen. Sie war völlig frigide und auch beim Onanieren phantasierte sie, daß sie stehle.

In Fällen dieser Art dient das orale Nehmen, das sexuelle Befriedigung verschafft, zugleich als Sicherung gegen die drohende Möglichkeit einer Kastration. Es hat damit die gleiche Funktion wie der Fetisch im Fetischismus. Sehr wahrscheinlich sind die Objekte, die von perversen Kleptomanen gestohlen werden, deren Fetische.

20. *Pyromanie*

Sexuelle Erregung beim Anblick von Feuer ist bei Kindern normal. Sie ist nicht einfach zu erklären. Die Analyse enthüllt an ihr sadistische Antriebe, die darauf abzielen, ein Objekt zu zerstören, sowie eine kutane Lust an der Wärme des Feuers. Es ist aber noch etwas Besonderes an der Erregung, die das Feuer auslöst. Regelmäßig liegt eine tiefe Beziehung zur Urethralerotik vor. Freud nahm dies zum Anlaß einer spekulativen These über den Ursprung des kulturellen Gebrauch des Feuers (627).

Wie es koprophile Perversionen gibt, die auf der Urethralerotik basieren, kann es auch Perversionen dieses verschobenen Gebietes der Urethralerotik geben, der Lust am Feuer. Sie kann unter denselben Bedingungen wie ein Partialtrieb Orgasmusfähigkeit erhalten, und so die Lust, Feuer anzuzünden, real oder in der Phantasie unerläßliche Bedingung des Sexualgenusses werden (229, 1221, 1623; vgl. 788). Bei einer solchen Feuerperversion beherrschen intensive sadistische Bestrebungen das Sexualleben. Die destruktive Gewalt des Feuers dient als Symbol für die Intensität des sexuellen Verlangens. Die Patienten sind voll von rachsüchtigen Triebregungen, die ihre besondere Form aus der urethralerotischen Fixierung beziehen. Wie bei anderen Impulsneurosen besteht auch hier das typische Ziel der Feindseligkeit darin, ein Objekt dazu zu zwingen, einem die narzißtisch benötigte Zufuhr oder Aufmerksamkeit zu geben.

21. *Die Spielleidenschaft*

Auch die Spielleidenschaft erweist sich in der Analyse als verschobener Ausdruck der wichtigsten Konflikte des infantilen Sexuallebens, die durch die Angst verursacht sind, einen notwendigen Schutz gegen Ängste oder Schuldgefühle zu verlieren (116, 623, 1435). In der Regel sind es Konflikte, die um die Masturbation zentriert sind.

Die Erregung des Spielers entspricht der sexuellen Erregung, der Gewinn dem Orgasmus (dem Töten), der Verlust der strafenden Kastration (dem Getötetwerden). Ebenso wie Zwangsneurotiker verschiedene

Orakel erfinden, um Gott zu zwingen, ihnen die Masturbation zu erlauben und sie von ihrem Schuldgefühl zu befreien (das sich zumeist dennoch erhält), versucht auch der Spieler, das Schicksal dazu zu bringen, ihm zu sagen, ob es seinem Spiel (seiner Masturbation) wohlgesonnen ist oder ihn kastrieren will. Wie immer, wenn der Onanie im Seelenleben eine wichtige Rolle zukommt, erscheint sie auch hier als Sündenbock der verpönten (feindseligen) Phantasien, deren Agent sie ist. Die Intensität der Konflikte wegen der notwendigen Zufuhr verweist wiederum auf eine orale Fixierung. Daneben tritt das anale Element in der Bedeutung hervor, die dem Geld beim Spiel zugemessen wird.

All das genügt jedoch kaum, die besondere Leidenschaft für das Spiel zu erklären. Sie ist ihrem Wesen nach eine Herausforderung des Schicksals, das gezwungen wird, sich für oder gegen ein Individuum zu entscheiden. Das Glück im Spiel bedeutet ein Schutzversprechen (im Hinblick auf narzißtische Zufuhr) bei zukünftigen Triebhandlungen. Wichtiger aber ist, daß der typische Spieler bewußt oder unbewußt an sein Recht glaubt, das Schicksal um einen besonderen Schutz zu bitten. Sein Spiel ist ein Versuch, das Schicksal magisch dazu zu zwingen, seine «Pflicht» zu tun. Zugleich aber ist das Spiel ein *Kampf* mit dem Schicksal. Der Spieler droht, das Schicksal «umzubringen», wenn es ihm die nötige Zufuhr verweigert, und er ist bereit, seinerseits das Risiko einzugehen, getötet zu werden. Im Zentrum der unbewußten «Masturbationsphantasien» von Spielern steht oft ein Vatermord (623).

Ein leidenschaftlicher Lotteriespieler benahm sich, als sei es eine ausgemachte Sache, daß er einmal einen Haupttreffer machen müsse. Das Schicksal sei es ihm einfach schuldig. Die Analyse ergab, daß das «Schicksal», wie so oft, eine Deckfigur für den Vater war. Sich vom Vater erhalten zu lassen, ihm sein Geld wegzunehmen, war das immer wiederkehrende Motiv des ganzen Lebens. Während seiner ersten drei Lebensjahre war dieser Patient sehr verwöhnt worden. Sein Vater nahm ihm dann sehr plötzlich seine Sonderstellung. Sein ganzes Leben hindurch verlangte er nach einer Entschädigung dafür.

Bei einem ehrlich verlaufenden Spiel ist die Chance zu verlieren so groß wie die Chance zu gewinnen. Der Spieler wagt es, die Götter zu einer Entscheidung über ihn zu zwingen und hofft, daß sie ihm vergeben werden. Es erscheint ihm dabei erträglicher, das Spiel zu verlieren (verurteilt oder getötet zu werden), als weiterhin dem unerträglichen Druck des Über-Ich ausgesetzt zu sein.

Bedeutet ein Gewinn beim Spiel eine Rebellion mit dem Ziel, sich das Benötigte einfach zu holen, so wird ein Verlust unbewußt als eine Anbiederung an das Schicksal aufgefaßt, die dem gleichen Zweck dient.
Viele impulsive Handlungen drücken tendenziell nicht nur Triebregungen, sondern auch Ansprüche eines strengen Über-Ich aus. So kann sich ein Spieler schließlich ruinieren, und ein Brandstifter bzw. Dieb wird gefaßt. Impulsives Verhalten tritt oft bei moralischen Masochisten mit einem intensiven Strafbedürfnis auf. Qualitativ besteht in dieser Hinsicht kein Unterschied zwischen Impulshandlungen und Zwängen bzw. Perversionen. Viele Zwänge haben zum Ziel, Ansprüchen des Über-Ich vermittels einer Bestrafung Genüge zu tun. Manche Exhibitionisten etwa, fühlen sich nur dann zu einer Exhibition veranlaßt, wenn sich ein Polizist in der Nähe befindet. Quantitativ besteht jedoch ein Unterschied zwischen Impulshandlungen und Zwängen bzw. Perversionen. Denn bei den Impulsneurosen beherrscht häufiger ein Konflikt mit dem Über-Ich das Krankheitsbild (1133). Der wahre Spieler wird sich ruinieren. Bei Impulsneurosen wechseln Perioden eines starken Schuldbewußtseins mit Perioden, in denen sich das Über-Ich untätig zu verhalten scheint (vgl. S. 304).
Freud hat als extremes Beispiel dieses Typus den «Verbrecher aus Schuldbewußtsein» beschrieben (592). Es ist dies eine Person, die von einer unbewußten Schuld so sehr bedrückt wird, daß sie schließlich etwas Verurteilenswertes begeht, um sich durch eine Bestrafung und durch eine Rationalisierung ihres Schuldgefühls insofern Erleichterung zu verschaffen, als sie die Schuld unbekannten Ursprungs zerstreut, indem sie sie mit einem bekannten Faktor in Verbindung bringt.
Das Glückspiel und die Masturbation haben darüber hinaus insofern etwas gemeinsam, als beide wie ein Spiel aufgefaßt werden. Die psychologische Funktion eines Spiels besteht darin, sich von extremen Spannungen zu befreien, indem man sie in einer selbstgewählten Dosierung und zu einem selbstgewählten Zeitpunkt aktiv wiederholt oder antizipiert. Die Masturbation während der Kindheit und Pubertät hat unter diesem Aspekt den Sinn einer spielerischen Erprobung der sexuellen Erregung, die das Ich mit dieser Erregung bekanntmacht und es darauf vorbereitet, sie späterhin kontrollieren zu können. Auch die Spielleidenschaft hat zu Anfang wirklich etwas Spielerisches; denn das Orakel wird

nur spielerisch gefragt, wie es im Ernstfall entscheiden würde. Unter dem Druck innerer Spannungen kann dieser spielerische Charakter verlorengehen. Das Ich vermag dann nicht mehr zu kontrollieren, was es einmal angefangen hat und wird von einem Teufelskreis aus Angst, gewalttätigem Sicherheitsbedürfnis und erneuter Angst vor der Intensität dieser Gewalt überwältigt. Der Zeitvertreib wird zu einer Angelegenheit von Leben oder Tod (984).

22. Triebhafte Charaktere

Es finden sich auch weniger typische Impulshandlungen. Bei bestimmten Personen mit einer oral-narzißtischen Fixierung kann sich jede Handlung in den oben beschriebenen Circulus vitiosus verstricken und mit pathologischer Impulsivität ausgeführt werden.

Die Analyse bestätigt nicht die Annahme, daß impulsive Charaktere glückliche «narzißtische Psychopathen» sind, die über kein Über-Ich verfügen und sich daher ohne Rücksicht auf andere jedes Verlangen zu befriedigen vermögen (1603). Gewiß können traumatische Erlebnisse oder eine orale Fixierung sowie das Fehlen dauernder Objektbeziehungen in der frühen Kindheit eine vollständige und bestimmte Ausbildung eines wirksamen Über-Ich unmöglich machen. Dies ist z. B. der Fall, wenn die Elternfiguren einander in so rascher Folge abgelöst haben, daß objektiv keine Zeit oder Gelegenheit vorhanden war, dauernde Beziehungen und Identifizierungen zu entwickeln. Nichtsdestoweniger erleben auch triebhafte Charaktere Frustrationen, auf die auch sie in bestimmter Weise reagieren. Ihr Über-Ich fehlt nicht, sondern es ist unvollständig oder pathologisch. Die Reaktionen des Ich auf das pathologische Über-Ich spiegeln die Ambivalenz und die Widersprüche wider, die diese Menschen ihren ersten Objekten gegenüber empfunden haben (84, 1122, 1266, 1525). Die Psychoanalyse von kriminellen Jugendlichen bietet verschiedene Beispiele solcher verzerrten Beziehungen zum Über-Ich (31, 756, 911, 1266). Weniger schwere Fälle sind chronisch unbefriedigt. Sie sind «hypersexuell» und überaus triebhaft, weil sie sich in einem ständigen Stauungszustand befinden. Schwerere Fällen werden von oralen und kutanen Fixierungen beherrscht sowie von einer extremen Ambivalenz allen Objekten gegenüber, von einer Identität erotischer und narzißtischer Bedürfnisse und von Konflikten zwischen Auflehnung und Liebedienerei.

Manche Schwindler verfügen über eine außerordentliche Fähigkeit, ihre Opfer in sich verliebt zu machen, um sie dann zu betrügen. Sie werden von dem narzißtischen Bedürfnis beherrscht, sich selbst zu beweisen, daß man sie lieben kann. Nichtsdestoweniger bleiben sie unbefriedigt und rächen sich für ihr Unbefriedigtsein.

Manchmal sind die Anomalien aus der Kindheitsgeschichte ohne weiteres verständlich. Die typische Anamnese der Verwahrlosten zeigt einen häufigen Milieuwechsel, eine lieblose Umgebung und die Inkonsequenz der Außenwelteinflüsse. Es ist eine Anamnese, die es begreiflich erscheinen läßt, daß auch der Ödipuskomplex und seine Erledigung entsprechend zerrissen, schwach und widerspruchsvoll gewesen sein muß. Manche Patienten haben es einfach nie gelernt, Objektbeziehungen zu entwickeln.

Es gibt wohl mannigfache qualitative Anomalien des Über-Ich und der Stellungnahme des Ich ihm gegenüber, die für die Triebhaftigkeit bedeutsam sind. Eine ist in der «Bestechung des Ich» durch Erhöhung des Selbstgefühls gelegen, in dem also die Triebfreiheit durch vorangegangene oder gleichzeitige Idealerfüllung erkauft wird (vgl. S. 142). Einen weiteren, allgemeineren Mechanismus, der sich diese «Bestechung» nutzbar machen kann, hat Reich als charakteristisch für triebhafte Charaktere beschrieben (1266): die «Isolierung» des gesamten Über-Ich. Während sonst das Ich bestrebt ist, soweit wie möglich die Forderungen des Über-Ich zu erfüllen, und sie nur gelegentlich abwehrt, scheint das Ich hier das Über-Ich aktiv und konsequent von sich fernzuhalten. Erlebnisse mit den Personen, deren Ansprüche ins Über-Ich übernommen worden sind, haben es dem Ich ermöglicht, an manchen Orten und zu manchen Zeiten (und zumeist in entstellter Form) ein Gewissen zu verspüren, von den hemmenden Einflüssen des Über-Ich aber relativ frei zu sein, wenn es durch einen unwiderstehlichen Drang der Bestrebungen nach Triebbefriedigung und Sicherheit in eine Versuchung gerät. Einem solchen Impuls wird unmittelbar nachgegeben, noch bevor sich eine Hemmung des Über-Ich entwickeln kann. Später erst, und oft in einen ganz anderen Zusammenhang verschoben, treten «Gewissensbisse» auf.

Eine solche Isolierung wird begünstigt, wenn das Ich zuvor eine sehr intensive Organlust und eine intensive Frustration durch die Umwelt erfahren hat. Dies gilt besonders, wenn solche Erlebnisse im Zusammenhang mit einer Person stehen, die bereits durch eine orale Regulierung des Selbstgefühls und eine Intoleranz gegenüber Spannungen charakterisiert ist, die sich unter dem Einfluß früher Traumen oder oral fixierter Erlebnisse entwickelt haben.

Ein Patient war unter dem Einfluß eines pathologischen und überaus inkonsequenten Vaters extrem impulsiv geworden. Dieser Vater hatte ihm gelegentlich großzügige Geschenke gemacht und im nächsten Augenblick wieder fortgenommen; daneben hatte er zahlreiche Versprechungen nicht eingehalten. Der Sohn lernte daher, sofort und schnell alles zu nehmen, was er kriegen konnte, bevor man es ihm wieder wegnahm. Er lernte weiter, jedem Impuls so schnell wie möglich zu folgen, bevor etwas verboten werden konnte.

Daß sich Perioden des Handelns und Perioden von Gewissensbissen abwechselten, zeigt, daß hier eine Beziehung zu manisch-depressiven Störungen vorliegt; denn das Handeln entsprach der Manie, die Gewissensbisse den Depressionen.

Mit der «Isolierung des Über-Ich» eng verwandt ist das Phänomen der «Idealisierung« der Triebbetätigung, das gleichsam zu einem zweiten triebbejahenden Über-Ich führt, indem entweder die eigene Halsstarrigkeit als ein «Kampf für die gute Sache» rationalisiert wird oder der Einfluß triebbejahender Erwachsener sich geltend macht (840). Das jedoch ist weniger charakteristisch für die Impulsivität als für ein sogenanntes asoziales Verhalten, das gelegentlich ganz und gar nicht impulsiv ist (vgl. XX, 9 d).

Mit dem Problem des impulsiven Verhaltens hängt das des Agierens in der psychoanalytischen Kur zusammen (445, 1570). Unter dem Einfluß der Übertragung kann jeder, dessen infantile Konflikte durch die Analyse wiederbelebt werden, das Bestreben entwickeln, vergangene Erlebnisse in der gegenwärtigen Realität zu wiederholen oder sogar diese Realität so falsch aufzufassen, als wäre sie eine Wiederholung der Vergangenheit. Er ist dann nicht in der Lage, die verdrängten Ereignisse in einem angemessenen Zusammenhang zu erinnern. Manche Patienten neigen jedoch mehr zum Agieren als andere. Es gibt zudem eine Neurose, bei der das Agieren nicht auf die analytische Kur beschränkt ist, sondern bei der das gesamte Leben des Patienten aus Handlungen besteht, die der Realität nicht angemessen sind und nur darauf abzielen, eine Erleichterung von unbewußten Spannungen zu erreichen. Diese Art von Neurose ist zuerst von Alexander unter dem Namen des «neurotischen Charakters» beschrieben worden (38). Auf sie wird weiter unten detaillierter eingegangen (vgl. XX, 9 f). Im allgemeinen hat sie die gleiche orale Struktur wie eine Impulsneurose. Eine Komplizierung, die auch für gewisse Impulsneurotiker gilt, liegt in dem Umstand, daß die in Frage stehenden Handlungen Versuche sein können, durch Wiederholung und aktive «Dramatisierung» traumatische Erlebnisse zu bewältigen.

23. Rauschmittelsucht

Derselbe Drang, der andere pathologische Triebregungen beherrscht, liegt auch bei Süchtigen vor: das für die gesamte Existenz einer Person wesentliche Bedürfnis, nicht bloß sexuelle Befriedigung zu erlangen, sondern Sicherheit und ein Gefühl der Selbstbehauptung. Die Süchte sind die am schärfsten umrissene Gruppe der Impulshandlungen.
Manche Kleptomanen geraten in einen fatalen Circulus vitiosus, weil ihnen das Stehlen allmählich immer weniger Befriedigung verschaffen kann. Sie müssen dann mehr und immer mehr stehlen. Man könnte sie als diebstahlsüchtig bezeichnen. Andere Menschen verspüren einen heftigen und impulsiven Zwang, jedes Stück Nahrung zu verschlingen, das sich in ihrer Reichweite befindet. Sie sind freßsüchtig. Das Wort Sucht verweist bereits auf die Dringlichkeit eines Bedürfnisses und das schließliche Scheitern aller Versuche, es zu befriedigen. Rauschmittelsüchte unterscheiden sich in einem Punkt von rauschmittellosen Süchten, nämlich in der chemischen Wirkung der Mittel, aufgrund derer sie gewöhnlich komplizierter verlaufen.
Die gewöhnlichen Wirkungen der Rauschmittel sind entweder beruhigend oder aufputschend. Es gibt im Leben viele Gelegenheiten, bei denen ein Verlangen nach diesen Wirkungen legitim sein kann. Verwendet jemand in einer solchen Situation ein Rauschmittel und hört danach auf, es anzuwenden, wird man ihn nicht als süchtig bezeichnen können. Wer an Schmerzen leidet und eine Morphiuminjektion erhält, dem ist ein notwendiger Schutz gegen Schmerzen zuteil geworden. Ähnlich ist die euphorisierende Wirkung der Rauschgifte ein Schutz gegen psychische «Schmerzen», z. B. ein oft recht wirksamer Schutz gegen Depres-

sionen. Bleibt es bei dieser «Reizschutz»-Funktion, so können wir noch nicht von einer «Sucht» sprechen. Denn ein Süchtiger ist jemand, für den die Wirkung des Rauschmittels eine subtile, imperative Bedeutung hat. Anfangs mag ein Patient nichts als Trost gesucht haben, später aber gelangt er dahin, die Wirkung eines Rauschmittels zur Befriedigung anderer innerer Bedürfnisse zu verwenden (oder verwenden zu wollen). Er wird dann von dieser Wirkung abhängig, und sie wird schließlich so überwältigend, daß sie alle anderen Interessen außer Kraft setzt. Das Problem der Sucht reduziert sich also auf die Frage nach der Natur der besonderen Befriedigung, die Personen dieses Charaktertypus sich durch ihre chemisch herbeigeführte Beruhigung oder Aufputschung verschaffen oder verschaffen wollen, sowie auf die Frage nach den Ursprungsbedingungen des Wunsches nach einer solchen Befriedigung.

Süchtige verfügen also über eine Disposition, auf die Wirkungen von Alkohol, Morphium oder anderen Rauschmitteln in einer besonderen Weise zu reagieren, indem sie nämlich die Wirkungen dieser Mittel dazu verwenden, ein archaisches orales Verlangen zu befriedigen, das ein sexuelles Verlangen, ein Sicherheitsbedürfnis und ein Bedürfnis nach Aufrechterhaltung des Selbstgefühls in einem ist (1236, 1239). Ursprung und Wesen der Sucht werden also nicht durch die chemische Wirkung der Rauschmittel bestimmt, sondern durch die seelische Struktur eines Patienten (691, 692).

Die prämorbide Persönlichkeit entscheidet demnach über das weitere Schicksal. Süchtig wird derjenige, für den die Wirkung eines Rauschmittels eine besondere Bedeutung gewinnt. Sie besteht in der Erfüllung (oder zumindest in einer Hoffnung auf Erfüllung) eines tiefen und primitiven Verlangens, das als zwingender empfunden wird als ein sexuelles oder anderes triebhaftes Verlangen bei Normalen. Die Lust eines Süchtigen oder die Hoffnung auf sie läßt ihm eine genitale Sexualität uninteressant erscheinen. Die genitale Organisation löst sich auf, eine großartige Regression setzt ein, je nach den verschiedenen Fixierungspunkten kommen verschiedene Gebiete der infantilen Sexualität, Ödipuskomplex, infantile Onaniekonflikte und prägenitale Regungen, wieder in den Vordergrund, und schließlich bleibt die Libido in Form einer «amorphen erotischen Spannkraft» ohne «differenzierende Merkmale und Organisationsform» übrig (1236).

Die oben gegebene Schilderung der Impulshandlungen erleichtert ein Verständnis der Lust, die die Süchtigen suchen. Patienten, die bereit sind, jede Objektlibido aufzugeben, sind notwendig Personen, die sich nie sehr viel aus Objektbeziehungen gemacht haben. Sie sind auf ein passiv-narzißtisches Ziel fixiert und allein daran interessiert, ihre Befriedigung zu erlangen. Ihr Interesse richtet sich weder auf die besondere Persönlichkeit ihrer Partner noch darauf, ihnen Befriedigung zu verschaffen. Die Objekte dienen ihnen einzig dazu, eine Zuwendung zu erhalten. Die führenden erogenen Zonen sind bei ihnen die Haut und die orale Zone. Ihr Selbstgefühl und sogar ihre Existenz hängt davon ab, Nahrung und Wärme zu erhalten.

Die Wirkung der Rauschmittel beruht auf dem Umstand, daß sie als Nahrung und Wärme empfunden werden. Süchtige reagieren auf Situationen, in denen ein Bedürfnis nach Beruhigung oder Aufputschung entsteht, anders als andere. Sie sind nicht in der Lage, mit Spannungen fertig zu werden. Sie können weder Schmerzen, noch Frustrationen, noch Situationen ertragen, in denen sie warten müssen. Sie nehmen jede Gelegenheit zu einer Flucht bereitwilliger wahr und können die Wirkung eines Rauschmittels als viel befriedigender erfahren als die Situation, die durch das Auftreten von Schmerz oder Frustration unterbrochen wurde. Nach dem Rauscherlebnis werden Schmerzen oder Frustrationen für sie noch unerträglicher und führen zu einem erhöhten Rauschmittelkonsum. Alle anderen Regungen werden allmählich mehr und mehr durch ein pharmakotoxisches Verlangen abgelöst (1239). Die Realität hat, da sie von keinem sexuellen Interesse mehr ist, überhaupt kein Interesse, soweit sie nicht die Erreichung des Giftgenusses beeinflußt; schließlich kann die gesamte Realität nur mehr in der Spritze repräsentiert sein, dergegenüber alles andere nebensächlich wird.

Die Analyse von Süchtigen zeigt, daß der Genitalprimat am ehesten zusammenbricht bei Menschen, deren Genitalprimat wenig stabil gewesen ist. Sonst aber zeigt sie Bilder aller prägenitalen Wünsche und Konflikte. Der Endzustand ist hierbei lehrreicher als das Durcheinander der Bilder, die im Verlauf der Sucht auftreten. Die restierende «amorphe Spannkraft» ähnelt tatsächlich den allerersten Stufen der Libidoentwicklung vor jeder Organisation, also der oralen Einstellung des Säuglings, der nach Befriedigung verlangt, ohne sie seinerseits geben zu können und ohne sich um die Realität zu kümmern. Orale und kutane Tendenzen sind am deutlichsten nachzuweisen, wo das Gift auch oral oder durch Injektion appliziert wird. Bei der Spritze überwiegt gewiß der genitalsymbolische Charakter; aber der vermittelte Genuß wird über die Haut empfunden und ist passiv-rezeptiver Natur. Wichtiger als jede erogene Lust ist jedoch bei einem Rauscherlebnis die überwältigende Erhöhung des Selbstgefühls. Narzißtische und erotische Befriedigung fallen im Rausch sichtbar zusammen. Und dies ist der entscheidende Punkt.

Verschiedene Funde anderer Autoren (299) ordnen sich einer solchen Auffassung unter: wenn die Suchthandlung nach Simmel zunächst die genitale Onanie mit den ihr zugehörigen Phantasien und Konflikten, dahinter Konflikte aller Triebstufen bis zu der oralen, zum Inhalt hat (1441), so entspricht das dem allmählichen regressiven Verfall des Genitalprimats, der durch seinen Endpunkt und nicht durch seine Zwischenglieder charakterisiert ist. Wenn nach Simmel die Organe des Süchtigen oft introjizierte Objekte repräsentieren, so stimmt das gewiß zur Prävalenz der oralen Triebwelt. Wenn Groß die Dysfunktionen des Über-Ich beim Süchtigen hervorhob und eine spezifische Eigenart in seinen Identifizierungen nachwies, so läßt auch das daran denken, daß die Identifizierung die Objektbeziehung der oralen Stufe ist.

Die Betonung der oralen Fixierung kann uns auch die manifeste Verwandtschaft mit den manisch-depressiven Erkrankungen verständlich machen. Mit Recht nennt Simmel das Rauscherlebnis eine «künstliche Manie» (1441). Im Endzustand lebt der Süchtige nurmehr in der inhaltsleeren Abwechslung von Rausch und Kater, die letzten Endes der Abwechslung von Hunger und Sättigung beim psychisch noch wenig differenzierten Säugling entspricht (vgl. S. 304).

In der späteren Entwicklung der Süchte herrscht mehr und mehr eine depressive Katerstimmung vor. Die entscheidende Komplikation in der Psychologie der Süchtigen stellt ein zunehmendes Ungenügen des Rauschzustandes dar. Physiologische und psychologische Bedingungen, die weiterer Untersuchung bedürfen, lassen den Rausch als unzureichend erscheinen. Die Patienten müssen in kürzeren Intervallen zu höheren Dosen greifen. Die fehlende Wirkung erhöht das Verlangen. Würde es nicht befriedigt, wäre die Spannung unerträglich. Die Spritze wird jetzt weniger dazu verwendet, eine besondere Lust zu gewinnen, sondern vielmehr dazu, gegen eine unerträgliche, dem Hunger und Schuldgefühl verwandte Spannung einen immer wieder unangemessenen Schutz zu suchen.

Die abnehmende Wirkung der Rauschmittel hat gewiß physiologische Gründe. Es gibt aber auch psychologische. Ist man nach einem Drogenrausch demselben Elend konfrontiert, das den Griff nach der Droge veranlaßte, so erscheint das Elend als noch unerträglicher und erfordert eine noch häufigere und noch intensivere Flucht. Wir haben oben erwähnt, daß Impulshandlungen, die zum Zwecke des Schutzes gegen angenommene Gefahren ausgeführt werden, ihrerseits gefährlich werden können. Auf diese Weise stellt sich dann ein Circulus vitiosus her. Dasselbe geschieht bei Süchtigen. Werden sie ihrer fortschreitenden seelischen und geistigen Desintegration gewahr, so sehen sie gewiß in ihr eine Gefahr. Sie verfügen jedoch über kein anderes Mittel, dieser Gefahr zu begegnen, als die Dosierung des Rauschmittels zu erhöhen. Die Vorstellung, daß es gefährlich ist, den Schutz der Götter zu erzwingen und daß man wegen dieser Gefahr den Zwang den Göttern gegenüber erhöhen muß, gilt für jeden Impulsneurotiker. Bei der Sucht dagegen ist die Vorstellung, daß die Schutzmaßnahme gefährlich sein könnte, aus physiologischen Gründen überaus real. Denn sie *ist* eine Gefahr. Die Patienten werden dessen gewahr und geraten in einen nicht mehr zu durchbrechenden Circulus vitiosus. Der manisch-depressive Kreislauf von Rausch und Kater wird immer unregelmäßiger, wobei der Rausch kürzer und immer kürzer wird, bis er schließlich ganz verschwindet und die Depression zum Dauerzustand wird.

Die Frage nach den speziellen psychischen Wirkungen der einzelnen Rauschgifte, also nach einer psychoanalytischen Ergänzung der Beschreibung ihrer pharmakologischen Wirksamkeit, ist trotz Schilders Forderung nach einer «Pharmakopsychoanalyse» (1379) noch kaum in Angriff genommen worden (747).

Die Besonderheit des Alkoholrausches ist durch den Umstand charakterisiert, daß Hemmungen sowie eine schrankensetzende Rücksichtnahme auf die Realität eher als Triebregungen aus dem Bewußtsein entfernt werden, so daß jemand, der sich an keine Triebhandlung wagt, sowohl Befriedigung wie Entspannung mit Hilfe des Alkohols zu erlangen vermag. Das Über-Ich ist definiert worden als «der in Alkohol lösliche Teil der Seele». Der Alkohol ist daher stets gepriesen worden, weil er die Macht besitzt, Sorgen zu bannen. Unter seinem Einfluß erscheinen Hindernisse geringer und Wunscherfüllungen näher. Das beruht bei manchen Personen auf einer Verminderung ihrer Hemmungen, bei anderen auf einem Rückzug von der Realität zu lustvollen Tagträumen.

Die Gründe dafür, sich dem Alkohol zuzuwenden, liegen dementsprechend entweder in äußeren Frustrationen, d. h. in Elendszuständen, die man gerne vergessen und durch angenehme Phantasien ersetzen würde, oder in inneren Hemmungen, d. h. in Zuständen, in denen man ohne derlei artifizielle Unterstützung nicht gegen das Über-Ich zu handeln wagt. Von größter Wichtigkeit sind unter diesen Hemmungen die depressiven Neigungen.

Ist das (äußere oder innere) Elend vorbei, so kann das Trinken aufgegeben oder beibehalten werden. Diejenigen, die es beibehalten, heißen Alkoholiker. Es handelt sich bei ihnen um die oben im Zusammenhang mit den Süchten allgemein beschriebenen oralen und narzißtischen, prämorbiden Persönlichkeiten. Einige Bestimmungen jedoch sind für den Alkoholismus spezifisch. Knight (960, 963, 964) und andere (2, 157, 260, 273, 301, 450, 685, 799, 856, 903, 926, 947, 1142, 1155, 1156, 1305, 1561) haben nachgewiesen, daß bei chronischen Alkoholikern schwierige Familienverhältnisse zu besonderen oralen Frustrationen in der Kindheit geführt haben. Diese Frustrationen hatten orale Fixierungen zur Folge sowie entsprechende Konsequenzen für die Persönlichkeitsstruktur. Bei Jungen führten diese Frustrationen auch zu einer Abwendung von der frustrierenden Mutter und zu einer Hinwendung zum Vater, d. h. zu mehr oder weniger verdrängten homosexuellen Tendenzen. Die unbewußten Regungen von Alkoholikern sind typischerweise nicht nur oral, sondern auch homosexuell.

Um eine Bestätigung für diese Tatsache zu finden, muß man sich nur die zahlreichen Trinksitten vor Augen führen. Daß latent Homosexuelle, durch soziale Frustrationen dazu verführt, dem Alkohol besonders zugetan sind, ist wahrscheinlicher, als daß Alkohol aufgrund seiner toxischen Wirkung die Homosexualität begünstigen könnte.

Es bedeutet einen großen Unterschied, ob ein Mensch in äußerer oder innerer (depressiver) Not zum Alkohol greift, der bei Schwinden der

Not überflüssig wird, oder ob er in seiner ganzen Psychosexualität und im Selbstgefühl-Haushalt vom Rauschwunsch dirigiert ist, oder ob schließlich dieser Rauschwunsch selbst schon zum Scheitern verurteilt ist und der Kranke in «pharmakotoxisch-orgastischer Impotenz» einem unerreichbaren Glück bis zum eigenen Untergang nachjagt.

Entscheidend ist also, ob die notwendige Zufuhr noch von einem Objekt verlangt wird und ob der Alkohol als Mittel eingesetzt wird, dieses Objekt leichter gewinnen zu können, oder ob der Alkohol selbst bereits zu dieser Zufuhr geworden ist und das Interesse an ihm jedes andere objektgerichtete Interesse ersetzt hat.

Bis zu einem gewissen Grade gibt schon das allgemeine Verhalten der Außenwelt gegenüber einen Anhaltspunkt über den Grad des Zerfalls der Objektbeziehungen. Wer mit Freunden zecht, gibt sicher eine bessere Prognose als der Alleinsäufer.

Der «Quartalssäufer» ist eine der periodischen Depression analoge Bildung. Wird Alkohol als Mittel verwendet, vor äußerem oder innerem Elend zu fliehen, so erscheint dieses nach dem Rausch verschlimmert.

Während Alkohol im allgemeinen dazu beiträgt, sich von depressiven Stimmungen zu befreien, die dann freilich im Kater am nächsten Morgen wiederkehren, löst er bei manchen Personen unmittelbar Depressionen aus. Der Analyse gelingt es gelegentlich, das Versagen der Intention des Trinkers aus dessen Lebensgeschichte zu erklären. Jede tatsächliche Versorgung mit der erforderlichen Zufuhr wird in einem solchen Fall zu einer neuen Gefahr oder Schuld. Das Trinken spielt dann die Rolle einer «pathognomischen Introjektion» und löst Depressionen aus (vgl. S. 285 f.).

Sehr wenig psychoanalytisch untersucht sind noch die Alkoholpsychosen (205, 946, 1254, 1379, 1529, 1585). Sofern sie manisch-depressiver Natur sind, genügt die psychologische Verwandtschaft beider Zustände als Erklärung. Kann die Sucht als letztes Mittel angesehen werden, einen depressiven Zusammenbruch zu vermeiden, so wird es verständlich, daß ein Zusammenbruch eintritt, wenn die Sucht endgültig unzureichend wird. Die Nutzlosigkeit der objektiven Außenwelt, die durch die pharmakotoxische Orientierung überflüssig geworden ist, erleichtert schließlich einen psychotischen «Bruch mit der Realität». Wenn Psychosen häufig in der Abstinenz ausbrechen, so beruht das auf dem Umstand, daß der Entzug die Realitätsreste noch unerträglicher erscheinen läßt. Bei den nicht den manisch-depressiven zuzuordnenden Psychosen ist bisher nicht ausgemacht, wo die klinischen Symptome entstehen und in welchem Ausmaß sie psychogen, organisch oder toxisch sind. Die paranoiden Symptome werden in dem Kapitel über Schizophrenie erörtert (vgl. XVIII, 3 c).

Eine sehr lesenswerte Arbeit von Tausk (1529) erkannte im Beschäftigungsdelir ein «Koituswunschdelir» des durch den Alkohol libidinisierten und gleichzeitig in der Potenz geschädigten, aber in tieferer Schicht narzißtisch-homosexuellen Trinkers.

24. Rauschmittellose Süchte

Die Mechanismen und Symptome der Süchte können auch ohne Zuhilfenahme von Rauschmitteln auftreten. Es fehlen dann ebenfalls die Komplikationen, die sich aufgrund der chemischen Wirkungen dieser Mittel einstellen. Zu einer besonderen Kategorie gehören die bereits erwähnten Freßsüchtigen, deren Krankheitsbild in verschiedenartiger Ausprägung auftritt (99). Bei Freßsüchtigen hat keine Verschiebung die Nahrung als das ursprüngliche Objekt der Bestrebungen nach gleichzeitiger Befriedigung der Sexualität und des Selbstgefühls überformt. Spätere Entwicklungsstufen haben jedoch der pathologisch verlangten Nahrung andere unbewußte Bedeutungen hinzugefügt. Denn sie kann zugleich die Faeces, ein Kind (den Embryo) und den Penis darstellen. Bei schweren Fällen wird das Essen zu dem einzigen Interesse, das die Person noch an die Außenwelt bindet. Wulff hat einen besonderen Fall von Freßsucht beschrieben, der nur bei Frauen auftritt, einen zyklischen Verlauf nimmt und in enger Beziehung zu manisch-depressiven Störungen steht (1619) (vgl. S. 72 f.).

Zuweilen ist die verlangte Nahrung etwas Besonderes, das von vergessenen Erlebnissen abhängt, die bestimmte Grundkonflikte hervorgerufen haben. So hatte ein hierhergehöriger Patient sexuelle Erregung beim Würstchenessen, das er mit triebhafter Gier betrieb.

Während der Schwangerschaft werden alte unbewußte Introjektionsphantasien wieder mobilisiert. Frauen mit oralen Fixierungen und einer ambivalenten Einstellung zu ihrer Schwangerschaft neigen dazu, frühere orale Konflikte wiederzubeleben. Daher treten besondere Nahrungsgelüste häufiger während der Schwangerschaft als in jedem anderen Zustand auf (829, 1144).

Manchen Patienten gelingt es, ihre Sucht soweit zurückzuhalten, daß sie sich nicht zu einer vollen Freßsucht ausbildet. Es sind dies Personen, die mehr oder weniger zwanghaft Kaffee, Milch, Schokolade oder sogar Wasser benötigen, sich unabhängig davon aber relativ normal verhalten.

Es gibt eine charakteristische Beziehung zwischen Nahrungsgelüsten bzw. Nahrungsphobien und bestimmten Arten von Anorexie. Diese letzteren können durch eine Verdrängung krankhafter oraler Gelüste bestimmt sein. Manchmal gelingt es der Analyse, bei Fällen von Nahrungsphobie in der Kindheit der Patienten eine vergessene Periode krankhafter Gelüste nach eben der Nahrung aufzudecken, die dann späterhin gemieden wurde.

In anderen Fällen ist aufgrund einer Entstellung die Nahrungsqualität von krankhaft verlangten Objekten weniger offensichtlich. Ein Beispiel hierfür bietet die Lesesucht, die nicht selten unter Jugendlichen und gelegentlich bei Erwachsenen auftritt.

Ein Patient, der unfähig war zu warten, trug zwanghaft Bücher mit sich herum, um in jeder freien Minute lesen zu können. Er mußte unbedingt das Alleinsein mit sich vermeiden. Trug er ein Buch in der Tasche, so gab ihm das die gleiche Sicherheit, die ein Drogensüchtiger verspürt, wenn er Morphium in seiner Tasche hat. Die Analyse enthüllte, daß er unbewußt das Lesen mit dem Essen gleichsetzte. Dieser Zusammenhang ist typisch sowohl für die Lesesucht wie auch für neurotische Lesestörungen (124, 1512). Eine Lesephobie kann sich aus der Verdrängung eines starken Verlangens zu lesen entwickeln. Ein zwanghaftes Lektüreritual kann die Bedingung darstellen, unter der einem übermäßig starken Verlangen zu lesen wieder nachgegeben wird. Der Drang, beim Essen zu lesen, ist ein Versuch, die Aufmerksamkeit von der oralerotischen Erregung abzulenken, die jedoch aus der Verdrängung wiederkehrt.

Dasselbe gilt für Hobbys, die den Charakter einer Liebhaberei verloren haben und sich zu einer zwanghaften Beschäftigung auswachsen, die zu einer absolut notwendigen Vorbedingung des Wohlbefindens und zu einem Schutz gegen Depressionen geworden ist (99).

Am auffälligsten sind hier jene «Liebessüchtigen», für die die Zuneigung oder Bestätigung, die sie von äußeren Objekten erhalten, dieselbe Rolle spielt, wie die Nahrung für die Freßsüchtigen. Obwohl sie selbst unfähig sind, Liebe zu erwidern, benötigen sie unbedingt ein Objekt, von dem sie sich geliebt fühlen. Sie benötigen es aber nur als ein Mittel, um sich intensive orale Befriedigung zu verschaffen. Diese «Liebessüchtigen» stellen einen großen Prozentsatz der oben beschriebenen «Hypersexuellen» (vgl. S. 74 ff.) und neigen später zu manisch-depressiven Störungen (vgl. S. 272 ff.).

Infolge bestimmter frühkindlicher Erlebnisse litt eine Patientin an einer schweren Angst davor, verlassen zu werden. Wie ein verängstigtes Kind nicht einschlafen kann, wenn nicht seine Mutter schützend an seinem Bett sitzt, so mußte sich diese Patientin als Erwachsene einer schützenden Einheit mit anderen vergewissern. Im Verlauf der Analyse bestand ihr Widerstand hauptsächlich darin, sicherzugehen, daß der Analytiker ihre Partei ergriff. Aus demselben Grunde war sie unfähig, Männern gegenüber Nein zu sagen. War sie allein, so mußte sie sofort das Haus verlassen, um sich einen Mann zu suchen. Damit erweckte sie den Anschein, als führe sie ein aktives und erwachsenes Sexualleben. Tatsächlich aber hatte dieses Sexualleben für sie dieselbe Funktion, wie sie die schützende Hand der Mutter für ein verängstigtes Kind hat. Denn ihr Sexualverhalten war nur ein Mittel zur Verdrängung ihrer vollen sexuellen Triebregungen, die oral-sadistischer Natur waren (vgl. XX, 10 f.).

Alle Süchte (gleich ob mit oder ohne Rauschmittel) sind ebenso wie sämtliche krankhafte Triebregungen erfolglose Versuche, aktiv mit Schuld, Depressionen oder Angst fertigzuwerden. Sie sind darin den kontraphobischen Einstellungen verwandt (vgl. XX, 8 c).
Die Patienten versuchen, spielerisch die Gefahren wieder zu inszenieren, vor denen sie sich ängstigen, um auf diesem Weg zu lernen, sie zu beherrschen. Häufig aber geschieht es, daß sich das Spiel in «die Sache selbst» verkehrt und daß die Gefahr, die sie zu kontrollieren versuchen, sie überwältigt.

25. Übergangszustände zwischen krankhaften Triebregungen und Zwängen

Wir haben bisher in diesem Kapitel scharf zwischen den ich-syntonen krankhaften Triebregungen und den ichfremden Symptomen der Zwangsneurotiker unterschieden. Es gibt aber zwischen beiden gewisse Übergangsformen. Manche der rauschmittellosen Süchte sind von Zwängen kaum zu unterscheiden. Hierher gehört z. B. die große Klasse von relativ belanglosen kleineren Zwangssymptomen, bei denen, eben wegen dieser Belanglosigkeit, die sekundäre Sexualisierung besonders gut gelungen ist, und die deshalb dem Ich durchaus positiven Lustgewinn bringen. Man kann sie als «lustvolle Zwänge» bezeichnen. Sie bilden eine Übergangsform zu den Perversionen (475). Manche Patienten bringen z. B. Stunden damit zu, mit erheblichem Lustgewinn im Atlas oder in Fahrplänen zu lesen, eine Buchführung oder irgendwelche Kalkulationen zu machen. Solche Angewohnheiten stehen in Verbindung mit allerlei kleinen Zwangsspielen. Es sind Hobbys, die als Abkömmlinge weit genug von der ursprünglichen Triebregung entfernt sind, um noch toleriert zu werden, die ihr aber auch noch nahe genug sind, um Lust zu verschaffen. Man kann sie auch als einen Übergangszustand zwischen einem neurotischen Symptom und einer Sublimierung betrachten; meist aber steht der Zwang zu sehr im Vordergrund, als daß sie als Sublimierung angesehen werden könnten. In einem bestimmten Umfang kann jeder Zwangsneurotiker neben seinen schweren Symptomen eine ganze Reihe solcher Zwangsspiele bei sich entdecken, die ihm Vergnügen machen und die er keineswegs missen möchte. Die Ähnlichkeit vieler Kinderspiele und ihrer strengen Gesetze mit solchen Zwangsspielen weckt den Verdacht, daß dieser sekundären Sexualisierung einer ursprünglich auch der Abwehr dienenden Zwangshandlung in der Psychologie der Kinderspiele eine größere Rolle zukommen dürfte. Manche Hobbys, Liebhabereien oder Zwangshandlungen, die Abkömmlinge der frühkindlichen Autoerotik darstellen, nehmen eine Zwischenposition zwischen den Zwangshandlungen und Perversionen ein (1159, 1304).

Ihrer Struktur nach sind sie Perversionen, d. h. sie stellen eine Verdichtung erogener Bestrebungen mit einem Schutz gegen Ängste vor eben diesen Bestrebungen dar. Ein Patient hatte das Hobby, alles war er las, zu exzerpieren und seine Exzerpte in verschiedenen Ordnern zu sammeln. Indem er das tat, verschaffte er sich eine doppelte Lust. Sie war zum einen analerotischer Natur. Was er las, stellte ihm die Nahrung dar und seine Ordner hatten für ihn die Bedeutung von Faeces, in die er die Nahrung verwandelt hatte. Er liebte es, seine Faeces zu betrachten und seine «Produktivität» zu bewundern. Zum anderen bot ihm jene Lust einen Schutz. Denn das Ordnungssystem hatte den Zweck, ihm zu beweisen, daß er die Dinge «unter Kontrolle» hatte.

Ein anderer Patient empfand eine zwanghafte Lust daran, aus Versandhauskatalogen etwas zu bestellen. Er war stolz darauf, für jede Art von Waren Experte zu sein. Als Kind pflegte er die Kataloge von Sears & Roebuck bis ins Detail zu studieren, und er versuchte mit seinem späteren Hobby zu beweisen, daß dies nicht nutzlos gewesen war. Die Geschichte dieser Vorliebe erwies sich als ziemlich kompliziert. Um sie in ihrer Doppelnatur als Sexualhandlung und als Schutz vor einer Sexualhandlung zu verstehen, genügen die folgenden Tatsachen:

1. Als der Patient ein kleiner Junge war, zeigte sein Vater ihm einmal ein Bild einer nackten Frauenstatue in einem Katalog und sagte: «So sehen Frauen aus.» Der Patient erinnerte sich, daß er nicht ganz verstand, was sein Vater meinte und ziemlich verwirrt war. (In der Analyse ließ sich hypothetisch entwickeln, daß der Junge das Bild spontan angeblickt haben könnte, durch den fehlenden Penis verwirrt war, seinen Vater danach fragte und zur Antwort bekam: «So sehen Frauen eben aus.») Seine spätere Beschäftigung mit Versandhauskatalogen war also einer skoptophilen Perversion durchaus analog. Indem er sich die Bilder anschaute, versuchte der Patient seine Unwissenheit und Verwirrung sowie (in einer tieferen Schicht) seine Kastrationsangst zu überwinden und zu leugnen. Die ursprünglich gesehene nackte Frau war jedoch ein zu großer Schreck für ihn und mußte daher durch «Waren» ersetzt werden.

2. Ungefähr zu dieser Zeit ging der Patient einmal allein in ein Eisenwarengeschäft, um einige Werkzeuge zu kaufen. Er wußte aber nicht genau, welche er kaufen wollte, und wurde vom Verkäufer ausgeschimpft und heimgeschickt. Diese narzißtische Kränkung kompensierte er, indem er sich eine außergewöhnliche Kenntnis der Waren verschaffte. Das Studium der Warenhauskataloge war für ihn eine zwanghafte «Vorbereitung» für den «Ernstfall» eines wirklichen Kaufs. Weiterhin kompensierte er die Kränkung dadurch, daß er vom persönlichen Kauf zum Versandhauseinkauf überging. Träume und Symptome zeigten, daß das Erlebnis im Eisenwarengeschäft als eine Deckerinnerung für ein noch früheres Ereignis diente. Nach der analytischen Rekonstruktion hatte er als kleiner Junge einmal, als er in einem Laden war, seine Hosen naß gemacht und sich sehr dafür geschämt.

3. Die Mutter des Patienten war überaus streng und kritisch, obwohl sie in ihrer Kritik sehr sprunghaft verfuhr. Sie verletzte nicht nur oft den männlichen Stolz des Jungen, sondern kritisierte auch, daß der Vater nicht aktiv genug sei und sich anderen gegenüber zu entgegenkommend verhalte. Der Ehrgeiz, gut einzukaufen, stellte also auch einen ödipalen Wunsch des Jungen dar.

Indem er die Versandhauskataloge studierte, präparierte er sich auf zukünftige Proben seiner Männlichkeit, bei denen er sein Versagen und seine Verwirrung nicht wiederholen wollte. Jetzt bedeuteten ihm alle Waren «nackte Frauen», die er ausreichend verstand, um stolz auf sich sein zu können und seine Männlichkeit zu exhibieren. Der Zwangscharakter seines Hobbys und die Bevorzugung des Versandhausgeschäftes, die eigentlich eine Kaufphobie ist, zeigten, daß er seiner Sache noch nicht sehr sicher war. Obwohl sehr ehrgeizig, war er von Kastrationsangst und Minderwertigkeitsgefühlen erfüllt, die er in seinem lustvollen Hobby zu verleugnen suchte.

Eine sekundäre Lust bei Zwängen muß von einer zwanghaften Ausführung scheinbar sexueller Handlungen ohne (oder ohne zureichende) sexuelle Gefühle unterschieden werden. Symptome, die zu dem Zweck ausgebildet wurden, die Masturbation abzuwehren, können, nachdem sie von den abgewehrten Kräften durchdrungen sind, schließlich durch die Masturbation ersetzt werden. Eine Masturbation dieser Art verschafft keinerlei Lust. Der Mangel an Befriedigung erhöht das Streben nach Befriedigung. Schutz und Vergebung der Götter, die eine entspannende Befriedigung möglich machen würden, können mit derselben aggressiven Wut in der Onanie gesucht werden, mit der sie der Glücksspieler in einem Spiel sucht. Und die Masturbation kann wie das Glücksspiel zum Zwecke der Bestrafung als unbewußtes Kastrationsäquivalent ausgeführt werden (412). Das Ich führt dem Über-Ich seine Selbstzerstörung vor und bittet liebedienerisch oder eigensinnig um Vergebung. Das Über-Ich hingegen verhält sich wie die Götter, die die Gier des König Midas bestraften, indem sie ihn durch die Erfüllung seiner Wünsche zugrundegehen ließen. Die Sexualität, die das Ich sich wünscht, wird ihm als schmerzhafte und zerstörerische gewährt. Das mag auch für bestimmte perverse Handlungen gelten, die man als zwanghafte Perversionen bezeichnen könnte. Auch ein triebhaftes Verhalten dieser Art kann einen verzweifelten und unzulänglichen Versuch darstellen, auf sexuellem Weg Spannungen aller Art abzuführen. Der Akt wird nicht nur ausgeführt, um sich Lust zu verschaffen oder um bestraft zu werden, sondern auch, um eine unerträglich schmerzhafte Spannung loszuwerden und sich von einer Depression zu befreien (665). Wie ein Rauschmittel bei Süchtigen eine unzureichende Wirkung zeitigen kann und eine immer höhere Dosis erforderlich macht, so kann in solchen Fällen eine orgastische Impotenz (1270) mehr und mehr pseudosexuelle Akte erfordern. In schweren Fällen von «sexueller Sucht» verliert die Sexualität ihre spezifische Funktion und wird zu einem unzureichenden, unspezifischen Reizschutz.

Menschen dieses Typus, die mit ihrer Sexualität ständig beschäftigt sind, ohne aus ihr sexuelle Lust zu gewinnen, können statt dessen aus ihrer vermeintlichen Potenz eine narzißtische Lust ziehen (vgl. XX, 10 f).
Bei manchen sexuellen Handlungen dient der Sexualpartner dem gleichen Zweck wie die Droge bei der Sucht.

26. Die psychoanalytische Therapie von Impulsneurosen und Süchten

Bei der Frage der psychoanalytischen Therapie der Süchtigen und Impulskranken ist vieles noch strittig. Eine Untersuchung der zugrundeliegenden psychischen Mechanismen macht deutlich, daß solche Patienten im Prinzip einer psychoanalytischen Behandlung zugänglich sind, daß sich aber unter einem praktischen Gesichtspunkt besondere Probleme stellen. Nicht allein ist das Symptom selbst lustvoll, so daß diese Fälle dem Analytiker die gleichen Schwierigkeiten bieten wie Perversionen, sondern die prägenitale, narzißtische Verfassung der Patienten macht es darüber hinaus notwendig, mit ihnen die tiefsten Schichten ihrer Seele durchzuarbeiten. Ihre Spannungsintoleranz erfordert zudem Veränderungen der psychoanalytischen Technik. Generell aber ist man sich einig, daß eine psychoanalytische Behandlung, wo immer sie möglich ist, versucht werden sollte. Wird die prämorbide Disposition eines Süchtigen nach einer Entziehungskur unverändert gelassen, wird sie den Patienten bald wieder zu neuer Giftapplikation führen. Nicht allein die chemische Wirkung, sondern der verhängnisvolle Rauschwunsch ist ja zu bekämpfen.

Am günstigsten ist es wohl, knapp nach oder während einer Entziehungskur mit der Behandlung einzusetzen, doch wird man nicht erwarten können, daß der Patient während der ganzen Analyse asketisch bleibt. Hat er die Möglichkeit dazu, so wird er wohl im Widerstand zu einem Rauschmittel greifen. Es ist dies ein Grund dafür, daß die Analyse der Süchtigen in der Anstalt besser durchzuführen ist als ambulant (219, 964, 1440). Darüber, wann und wie bei Rückfällen das Gift zu entziehen ist, wird man keine generellen Vorschriften machen können. Überhaupt ergibt sich ja aus der Auffassung, daß die Entwicklung der Sucht ein chronischer Zerfallprozeß ist, daß alles davon abhängt, auf welcher Stufe dieses Zerfalls die Analyse begonnen wird. Unter «Süchtigen» werden eben Menschen mit sehr verschiedenen Beziehungen zur Realität, mit sehr verschiedener Übertragungsfähigkeit verstanden (1440).

Man darf vor allem nie vergessen, daß die Süchtigkeit mit dem Suchen nach einem Reizschutz einsetzt. Bei dem größeren Prozentsatz der sogenannten «Trinker» richtet sich dieser Schutz gegen äußere unhaltbare Lebensumstände. Da nutzt keine «Therapie», solange die Lebensumstände die gleichen bleiben, und es würde vielleicht eine besondere Therapie überflüssig, wenn es gelänge, die sozialen Vorbedingungen der Trunksucht radikal zu ändern. Bei den mehr von innen heraus bestimmten Fällen läßt sich allgemein sagen, daß eine Heilungsaussicht desto größer ist, je frischer die Sucht ist. Bei den anderen Impulshandlungen hängt die Prognose zunächst von denselben Faktoren ab wie bei den Perversionen und dann aber auch davon, ob die Spannungsintoleranz einer Behandlung zugänglich ist. Durch eine Art Vorbehandlung kann möglicherweise die Krankheitseinsicht des Patienten und sein Genesungswunsch vergrößert werden, bevor die eigentliche analytische Behandlung beginnt. Eine gewisse Aktivität seitens des Analytikers wird bei der Behandlung der Spannungsintoleranz und der Neigung zum Ausagieren unumgänglich sein. Bezüglich solcher Modifikationen der Technik muß auf die Spezialliteratur verwiesen werden (438, 445, 491, 506, 669, 1271, 1279, et al.).

Kapitel XVII: Depression und Manie

1. Depression und Selbstgefühl

Ein Verständnis der Impulsneurosen und Süchte schafft den notwendigen Hintergrund für die Untersuchung des häufigsten und zugleich problematischsten Mechanismus der Symptombildung, der Depression. In geringem Umfang treten Depressionen bei fast allen Neurosen auf. Zumindest spielt in fast jeder von ihnen ein neurotisches Minderwertigkeitsgefühl eine Rolle. In größerem Umfang wird eine Depression zu dem schrecklichsten Symptom im quälerischen psychotischen Zustand der Melancholie.

Die Depression beruht auf derselben Prädisposition wie eine Sucht oder wie pathologische Triebregungen. Ein Mensch, der an einen Entwicklungsstand fixiert ist, in dem sein Selbstgefühl durch Zufuhr von außen reguliert wird, oder ein Mensch, dessen Schuldgefühle ihn dazu bringen, auf einen solchen Zustand zu regredieren, hat ein vitales Bedürfnis nach einer solchen Zufuhr. Denn er bewegt sich durch diese Welt in einem Zustand ununterbrochener Gier. Werden seine narzißtischen Bedürfnisse nicht befriedigt, so sinkt sein Selbstgefühl auf einen Gefahrenpunkt herab. Er ist bereit, alles zu tun, um das zu vermeiden. Er wird jedes Mittel verwenden, um andere dazu zu bringen, ihn an ihrer vorgeblichen Macht teilhaben zu lassen. Auf der einen Seite manifestiert sich die prägenitale Fixierung solcher Menschen in der Neigung, auf Frustrationen mit Gewalt zu reagieren. Auf der anderen Seite sind sie durch ihre orale Abhängigkeit genötigt, durch Unterwürfigkeit und Liebedienerei zu bekommen, was sie so dringend brauchen. Ein Konflikt zwischen diesen einander widerstrebenden Einstellungen ist für Menschen mit einer solchen Prädisposition charakteristisch.

Im Verlauf der Analyse zeigt sich oft, daß die Methoden der Unterwerfung zugleich die der Rebellion sind. Opfer und Gebet, die klassischen Methoden der Unterwerfung, werden zuweilen als eine Art magischer Gewalt vorgestellt, mit der Gott gezwungen wird, das Nötige zu geben. Viele depressive Verhaltensweisen sind gerade solche Verdichtungen von Unterwerfung und Aggressivität.

In ihrem unausgesetzten Bedürfnis nach Zuwendung, die ihnen zugleich sexuelle Befriedigung und eine Erhöhung des Selbstgefühls gewähren soll, sind solche Personen «liebessüchtig». Sie sind selbst unfähig dazu, aktiv zu lieben, verspüren aber ein starkes Bedürfnis danach, sich passiv geliebt zu fühlen. Daneben sind sie durch eine narzißtische Objektwahl und durch ihre Unselbständigkeit charakterisiert. Ihre Objektbeziehungen sind mit Zügen von Identifizierung durchmischt und sie neigen zu einem häufigen Objektwechsel, weil ihnen kein Objekt die nötige Befriedigung zu verschaffen vermag. Sie verlangen von seiten ihrer Objekte ein Verhalten, das ihnen eine Teilnahme an deren Leben erlaubt oder sie dazu ermutigt, indem es ihnen das Gefühl vermittelt, mit dem jeweiligen Partner eins zu sein. Ohne die Gefühle ihrer Mitmenschen in Betracht zu ziehen, verlangen sie von ihnen ein Verständnis ihrer eigenen Gefühle. Sie sind stets darauf aus, mit anderen ein «gutes Einvernehmen» herzustellen, ohne selbst in der Lage zu sein, ihr Teil dazu beizutragen. Dieses Bedürfnis zwingt sie, ihre allgegenwärtige Bereitschaft zu feindseligen Reaktionen zu verleugnen.

Da Personen dieses Typus auf einer frühen Entwicklungsstufe fixiert bleiben, spielt für sie die Persönlichkeit eines Objekts keine große Rolle. Sie bedürfen der Zufuhr, und es ist ihnen gleich, wer sie zur Verfügung stellt. Es muß sich dabei nicht notwendig um eine Person handeln, sondern es kann auch ein Rauschmittel oder ein zwanghaftes Hobby sein. Manche unter diesen Personen sind schlimmer dran als andere; denn sie bedürfen nicht nur der Zufuhr, sondern ängstigen sich zugleich vor ihr, weil sie sie unbewußt für gefährlich halten.

Ähnlich wie Rauschmittelsüchtige können auch «Liebessüchtige» dazu unfähig werden, die gewünschte Befriedigung zu erlangen; das wiederum erhöht ihre Sucht. Die Ursache dieser entscheidenden Unfähigkeit ist die extreme Ambivalenz, die mit ihrer oralen Ausrichtung verbunden ist (1238).

Das Verständnis dieser archaischen Regulierung des Selbstgefühls wird durch eine Rekapitulation der Entwicklungsstadien des Schuldgefühls erleichtert (vgl. XX, 10b). Hunger und Sättigung wechseln einander im Leben des Säuglings ab. Der hungrige Säugling erinnert sich an vorausgegangene Befriedigung und versucht, eine Wiederkehr dieses Zustands zu erreichen, indem er schreiend und gestikulierend seine «Allmacht» zur Geltung bringt. Er braucht eine Anteilnahme oder das Gefühl, geliebt zu werden, ebensosehr, wie er zuvor die Milch gebraucht hat. Der Wechsel von Hunger und Sättigung wird jetzt durch den Wechsel von Zuständen ersetzt, in denen sich das Kind allein fühlt (und daher eine Art Selbstentwertung erlebt, die wir als Annihilierung bezeichnet haben), und von Zuständen, in denen es sich geliebt fühlt (und in denen sein Selbstgefühl wiederhergestellt wird). Noch später erwirbt das Ich die Urteilsfähigkeit, indem es die Zukunft antizipiert. Es schafft (oder vielmehr es verwendet) Zustände einer «geringen Annihilierung» oder einer minimalen Herabsetzung des Selbstgefühls als Vorsorge gegen die Möglichkeit eines konkreten und bestimmten Verlusts narzißtischer Zufuhr. Das Gefühl, geliebt zu werden, ist nun nicht mehr die alleinige Voraussetzung des Wohlbefindens, sondern nötig ist jetzt das Gefühl, etwas Rechtes getan zu haben. Als eine warnende Instanz entwickelt sich das Gewissen. Denn ein schlechtes Gewissen schafft Zustände einer geringen Annihilierung oder einer minimalen Herabsetzung des Selbstgefühls, um vor der diesmal vom Über-Ich ausgehenden Gefahr eines endgültigen Verlusts narzißtischer Zufuhr zu warnen. Unter bestimmten Umständen kann das Warnsignal des Gewissens versagen und sich in das quälende Gefühl vollständiger Annihilierung verkehren, das der Melancholie eigen ist. Dies geschieht auf die gleiche Weise, wie sich bei der Angsthysterie das Warnsignal der Angst plötzlich in eine totale Panik verkehren kann. Eine Erklärung dieses Versagens des Gewissens soll bis zur Erörterung der Depression zurückgestellt werden.

Die schwere Depression ist der Zustand, in den ein oral abhängiges Individuum gerät, wenn es ihm an lebenswichtiger Zuwendung mangelt. Eine leichte Depression dient als warnende Antizipation eines solchen Zustands.

Angst oder Schuldgefühle sind die Motive der Abwehr von Triebregungen. Ganz ebenso wie eine Angst, die die Abwehr motiviert, noch in der Angsthysterie manifest ist, manifestiert sich ein Schuldgefühl als Motiv der Abwehr bei manchen einfachen Depressionen.

Nach langen Deprivationen und Frustrationen neigt jeder dazu, apathisch, langsam, retardiert und desinteressiert zu werden. Offensichtlich brauchen sogar Normale einen bestimmten Betrag an äußerer narzißtischer Zufuhr und geraten, wenn diese vollständig aufhört, in eine Verfassung, die der von vernachlässigten Säuglingen ähnelt. Solche Zustände sind ein Modell von «einfachen Depressionen». Es gibt Übergangszustände zwischen «Depressionen» dieser Art und Regressionen zu einem passiven Zustand halluzinatorischer Wunscherfüllung, in dem an die Außenwelt keinerlei Ansprüche mehr gerichtet werden und das Leben, wie in manchen katatonen Zuständen, durch eine objektlos passive, vegetative Existenz abgelöst wird (vgl. Bd. 1, S. 178).

Neurotische Depressionen sind ein verzweifelter Versuch, von einem Objekt die lebensnotwendige Zuwendung zu erzwingen, während bei psychotischen Depressionen ein vollständiger Objektverlust wirklich stattgefunden hat und sich die Versuche, mit ihm fertigzuwerden, ausschließlich auf das Über-Ich richten (597, 668, 1238).

Das jedoch ist kein absoluter Unterschied. Denn auch bei neurotischen Depressionen spielen Schuldgefühle und die Angst, vom Über-Ich verlassen zu werden, eine bedeutende Rolle. Die Zuwendung äußerer Objekte wird bei ihnen dazu verwendet, dem Schuldspruch des Über-Ich zu widersprechen. Und bei psychotischen Depressionen, bei denen der Kampf narzißtisch ausgetragen wird, bleibt eine Ambivalenz den Objekten der Außenwelt gegenüber erkennbar.

2. *Die Oralität bei Depressionen*

Die Prägenitalität depressiver Patienten zeigt sich zunächst vor allem an ihrer analen Ausrichtung. Abraham wies nach, daß die Manisch-Depressiven besonders im freien Intervall weitgehend dem sogenannten Zwangscharakter gleichen (5, 26). Häufig treten Verbindungen von Depressionen mit Zwangsneurosen auf. Sehr oft spielt Geld im klinischen Bild eine entscheidende Rolle (Angst vor Geldverlust und Armut bei Depressionen). Hinter dieser analen Ausrichtung sind bestimmte Züge einer oralen Fixierung stets erkennbar. Die Nahrungsverweigerung ist nicht nur das weitest verbreitete klinische Symptom der Melancholie, sie ist eine Begleiterscheinung jeder Depression. Gelegentlich tritt sie im Wechsel mit Heißhunger auf.

In dem Kapitel über Organneurosen wurde eine Art von neurotischer Depression erwähnt, bei der die depressiven Phasen von Heißhunger begleitet waren, während die Phasen, in denen die Patienten die Nahrungsaufnahme einschränkten, die waren, in denen sie sich wohlfühlten (vgl. S. 72).

Kannibalistische Phantasien sind nachweisbar, sei es in Wahnideen der Melancholie, sei es bei weniger schweren Fällen in Träumen oder endlich erst in der Analyse als unbewußter Sinn des einen oder anderen Symptoms. Depressive greifen auf orale Beschäftigungen ihrer Kinderjahre,

z. B. auf das Daumenlutschen, zurück. Sie weisen darüber hinaus verschiedene andere orale Züge auf (5, 13, 26, 597) (vgl. XX, 8 g).

Die unbewußten Vorstellungen und oft auch das bewußte Denken von Depressiven sind von der Phantasie beherrscht, Personen oder Teile von Personen gefressen zu haben. Man kann gegenüber den in der Psychologie des Unbewußten nicht Bewanderten nicht genug betonen, wie wörtlich diese oralen Einverleibungen als Auffressen gedacht sind (153).

In einem der vorhergehenden Kapitel wurde eine Patientin erwähnt, die keinen Fisch essen konnte, weil Fische, wie sie glaubte, eine «Seele» haben und den Vater der Patientin darstellten, der in ihrem ersten Lebensjahr gestorben war. Sie hatte neurotische Magen-Darm-Sensationen und meinte, ihr Zwerchfell täte ihr weh. Sie wehrte sich in ihren Symptomen gegen den Ödipuswunsch, der die Form angenommen hatte, den toten Vater zu essen. Nun stellte sich heraus, sie hatte, ihrem Dialekt folgend, «Zwerchfell» wie «Zwergfell» ausgesprochen und sich einen kleinen Zwerg vorgestellt, der in ihrem Bauch herumspringe und rumore. Dieses Zwerchfell war also mit dem aufgegessenen Vater bzw. mit seinem aufgegessenen Penis identisch.

Wem das Wirken kannibalistischer Wünsche und Ängste unglaubwürdig erscheint, der braucht übrigens nur Kinder zu beobachten, die oft genug erkennen lassen, daß sie affektiv noch an die Möglichkeit des Auffressens und Aufgefressenwerdens bewußt glauben, wo sie es intellektuell nicht mehr tun (vgl. S. 177).

Die charakteristische rezeptive Oralität tritt zusammen mit einer rezeptiven Erotisierung der Haut auf, d. h. mit einer Sehnsucht nach Wärme und Geborgenheit.

Eine Patientin mit schweren Angstgefühlen war unfähig, abends zu Bett zu gehen, weil sie sich nicht zu entspannen vermochte und weil sie unbewußt ihr Nicht-zu-Bett-Gehen als einen Weg ansah, das Schicksal zu zwingen, ihren Bedürfnissen entgegenzukommen. Ein bißchen Ruhe und Entspannung verschaffte sie sich durch zwei Formen des Liebesersatzes: sie trank und sie saß auf der Heizung, um deren Wärme zu spüren.

Einverleibungsziele bezeichnen zugleich den Unterschied zwischen der Analität bei Depressionen und der bei Zwangsneurosen. Die Analität der Depressiven versucht nicht, ihre Objekte festzuhalten; sie zielt vielmehr auf eine Einverleibung, selbst wenn ein Objekt zu diesem Zweck zerstört werden muß. Abraham hat gezeigt, daß dieser Typus von Analität der alten Untergruppe des analsadistischen Stadiums entspricht. Offenbar ist die Regression zu dieser früheren analen Stufe ein verhängnisvoller Schritt. Der Patient scheint mit dem damit verbundenen partiellen Objektverlust jeden Halt zu verlieren, die Libidoregression geht unaufhaltsam noch weiter in die Oralität und in den Narzißmus (26).

3. Abriß der Probleme bei den Mechanismen der Depression

Erlebnisse, die Depressionen auslösen, stellen entweder einen Verlust des Selbstgefühls oder einen Verlust der Zufuhr dar, von der der Patient gehofft hatte, daß sie sein Selbstgefühl garantieren oder gar vergrößern würde. Es sind entweder Erlebnisse, die auch für Normale einen Verlust von Selbstgefühl zur Folge haben würden, wie Fehlschläge, Prestige- oder Geldverlust sowie Trauerzustände, oder sie bedeuten den Verlust äußerer Zufuhr, wie es etwa nach einer Liebesenttäuschung bzw. dem Tod des Geliebten der Fall ist, oder aber es handelt sich um Aufgaben, die dem Patienten gestellt sind und ihn objektiv oder subjektiv seine «Minderwertigkeit» spüren lassen. Paradoxerweise können sogar Erlebnisse, die bei einem Normalen zu einer Zunahme des Selbstgefühls führen müßten, eine Depression auslösen. Das geschieht, wenn ein Erfolg einem Patienten als Drohung oder Vergeltung erscheint oder wenn sich mit diesem Erfolg die Möglichkeit abzeichnet, daß ihm weitere Aufgaben auferlegt werden, die seinen Bedarf an Zuwendung erhöhen.

Patienten, die auf Liebesenttäuschungen mit schweren Depressionen reagieren, sind stets Personen, denen das Liebeserlebnis nicht bloß sexuelle, sondern auch narzißtische Befriedigung gebracht hat. Mit ihrer Liebe verlieren sie ihre gesamte Existenz. Sie ängstigen sich vor einem solchen Verlust und sind gewöhnlich überaus eifersüchtig. Die Intensität ihrer Eifersucht entspricht ganz und gar nicht der ihrer Liebe. Die eifersüchtigsten Menschen sind diejenigen, die selbst unfähig sind zu lieben, aber das Gefühl brauchen, geliebt zu werden. Nach einem jeden Verlust versuchen sie, unmittelbar einen Ersatz für den verlorenen Partner zu finden, indem sie z. B. trinken oder sich sofort nach jemandem anders umsehen. Gerade dies aber erhöht ihre projektive Eifersucht. Denn die Sehnsucht nach einem anderen Partner wird projiziert, und die Patienten glauben, daß ihre Partner ihrerseits nach einem neuen Liebesobjekt suchen (vgl. S. 334 und XX, 10 d).

Bei der Phänomenologie der Depressionen steht ein mehr oder weniger großer Verlust von Selbstgefühl im Vordergrund. Beruht er darauf, daß die Patienten von äußerer Zufuhr abgeschnitten sind, so lautet die subjektive Formel der Depression: «Ich habe alles verloren; jetzt ist die Welt leer.» Beruht er hingegen auf einem Verlust innerer Zufuhr von seiten des Über-Ich, so ist er auf die Formel zu bringen: «Ich habe alles verloren, weil ich nichts verdiene.»

Die Patienten versuchen, die Menschen ihrer Umgebung dazu zu bewegen, ihnen ihr verlorenes Selbstgefühl wiederzugeben. Oft gehen sie dabei so vor, daß sie ihre Objekte masochistisch auf sich aufmerksam machen, indem sie ihnen ihr Elend vorführen und die Objekte dann dafür beschuldigen und verantwortlich machen. Der bereits erwähnten Methode Friedrich-Wilhelms von Preußen entsprechend versuchen sie von ihren Objekten Zuwendung zu erzwingen und sogar zu erpressen (vgl. S. 231). Das läßt sich an neurotischen Depressionen einfacher als an psychotischen beobachten, weil die unterwürfige Einstellung von Neurotikern sich eher auf äußere Objekte richtet.

Es läßt sich aber auch an einem einfachen neurotischen Minderwertigkeitsgefühl und an schlechten Launen beobachten (1617), die sehr häufig das Gefühl ausdrücken, daß der, der sie hat, nichts taugt. Latente Schuldgefühle sind unter Neurotikern verbreitet, weil sie spüren, daß die abgewehrten «bösen» Triebregungen in ihnen noch wirksam sind.

Neurotische Minderwertigkeitsgefühle wurzeln stets in einem unerledigten Ödipuskomplex. Sie haben die unbewußte Bedeutung: «Weil meine infantile Sexualität mit einem Versagen endete, bin ich geneigt zu glauben, daß ich selbst stets ein Versager bleiben werde» (585). Minderwertigkeitsgefühle sind auch eng mit dem Kastrationskomplex verbunden. Den Kranken bedeuten die Vergleiche, die sie zwischen sich und anderen ziehen, unbewußt einen Vergleich der eigenen und der fremden Genitalien. Diese Umstände allein bestimmen noch nicht das neurotische Minderwertigkeitsgefühl. Dessen wirkliche Quelle ist das Bewußtsein der Verarmung des Ich aufgrund von unbewußten neurotischen Konflikten (585). Da ein großer Prozentsatz der zur Verfügung stehenden seelischen Energie in unbewußten Konflikten verbraucht wird, beruht manch eine einfache neurotische Depression auf dem Umstand, daß nicht genug Energie für einen normalen Lebensgenuß übrig ist. Eine weitere Ursache der neurotischen Minderwertigkeitsgefühle liegt in dem latenten Schuldgefühl, das aus dem Fortwirken abgewehrter Triebregungen entsteht. Menschen, die zu Depressionen neigen, versuchen ihr Schuldbewußtsein loszuwerden, indem sie andere dazu bringen, ihnen die benötigte Zuwendung zu geben. Gehen sie dabei zunehmend sadistisch vor, so entstehen intensivere Schuldgefühle, und es beginnt ein Circulus vitiosus.

Sogar psychotisch-depressive Personen neigen dazu, andere zu beschuldigen, daß sie sie nicht lieben, und sich äußeren Objekten gegenüber sadistisch zu verhalten. Das ist an bestimmten Verhaltensmustern dieser Patienten abzulesen. Ein depressiver Patient, der den Anschein extremer Unterwürfigkeit erweckt, ist in Wirklichkeit oft in der Lage, seine gesamte Umgebung zu beherrschen. In der Analyse erweist sich dies als eine Äußerung seines intensiven oralen Sadismus.

Nestroy läßt in einem seiner Stücke einen Melancholiker sagen: «Wenn ich nicht anderen Leuten mit meiner Melancholie lästig fallen könnte, würde ich sie überhaupt nicht genießen.»

Neurotische Depressionen, bei denen ein ambivalenter Kampf um narzißtische Zufuhr zwischen dem Patienten und seinen Objekten ausgetragen wird, und psychotische Depressionen, bei denen dieser Konflikt internalisiert ist, lassen sich nicht scharf voneinander trennen. Konflikte zwischen Über-Ich und Ich liegen überall da vor, wo einer narzißtische Bedürfnisse hat. Und Spuren von Hoffnung auf Hilfe von außen können sich sogar in schweren depressiven Psychosen erhalten (1383).

Da Depressionen stets mit einer Zunahme der narzißtischen Bedürfnisse beginnen, die sich in dem Gefühl ausdrückt, von niemandem geliebt zu werden, könnte man erwarten, daß die Patienten das Gefühl haben, von jedem gehaßt zu werden. Tatsächlich treten Wahnbildungen dieser Art auf. Sie sind jedoch häufiger bei Fällen, die Übergangszustände zum Verfolgungswahn darstellen. Die im klassischen Sinn Depressiven neigen eher zu dem Gefühl, nicht so gehaßt zu werden, wie sie es verdienen, weil ihre Verworfenheit anderen nicht hinreichend deutlich ist. Charakteristisch ist nicht so sehr die Einstellung, von jedem gehaßt zu werden, wie vielmehr die, sich selbst zu hassen. Ein depressiver Patient vermag offensichtlich sich selbst ebensowenig zu lieben wie ein äußeres Objekt; denn er ist sich selbst gegenüber ebenso ambivalent wie gegenüber seinen Objekten. Die beiden Komponenten seiner Ambivalenz treten jedoch in verschiedenen Schichten auf. In bezug auf ein Objekt sind eher die Liebesregungen (oder zumindest die Regung, geliebt werden zu wollen) manifest, während der Haß verborgen bleibt. In bezug auf das eigene Ich tritt der Haß deutlich zutage, während die ursprüngliche narzißtische Überschätzung des Ich verborgen bleibt. Allein die Analyse enthüllt, daß ein depressiver Patient sich oft überaus arrogant verhält und seine Objekte mit dieser Arroganz plagt.

Die Feindseligkeit den frustrierenden Objekten gegenüber hat sich in eine Feindseligkeit dem eigenen Ich gegenüber verkehrt. Der Selbsthaß erscheint in der Form eines Schuldgefühls, d. h. eines Widerspruchs von Ich und Über-Ich. Die Existenz einer psychischen Instanz, die als Über-Ich bezeichnet wird, wurde zuerst an der Untersuchung von Depressionen entdeckt (597, 608). Evident wird das Wirken des Über-Ich nur,

wenn es nicht mit dem Ich übereinstimmt. Das ist zwar bei jedem schlechten Gewissen der Fall, geschieht aber in extremem Maße bei Depressionen.
Eine Wendung der ursprünglich objektgerichteten Feindseligkeit gegen das Ich und die daraus resultierenden pathologischen Konflikte innerhalb der Persönlichkeit sind auch außerhalb des Bereichs depressiver Störungen anzutreffen. Bei der Hypochondrie und bei manchen prägenitalen Konversionssymptomen werden Konflikte zwischen dem Individuum und den äußeren Objekten in die Persönlichkeit verschoben, in der sie als Konflikte zwischen dem Ich und dem Über-Ich oder zwischen dem Ich und bestimmten Organen weiterwirken. Manche Zwangssymptome sind Äußerungsformen von Angriffen des Ich auf das Über-Ich (vgl. S. 140 ff.). Eine Internalisierung des ursprünglich äußeren Konflikts wird bei Depressionen ebenso über eine Introjektion erreicht wie bei diesen Phänomenen. Die Introjektion besteht in der Phantasie, daß das ambivalent geliebte Objekt verschlungen wurde und jetzt innerhalb des Körpers existiert. Eine solche Introjektion ist zugleich eine Sexualphantasie von Patienten, deren Sexualität oral ausgerichtet ist.
Es ist für die Depression und insbesondere für eine psychotische Depression charakteristisch, daß die Versuche, das verlorene narzißtische Gleichgewicht vermittels einer Introjektion von Objekten wiederzugewinnen, zum Scheitern verurteilt sind. Wegen ihrer sadistischen Natur wird die Introjektion als eine Gefahr oder Schuld wahrgenommen, und die Auseinandersetzungen, die sich ursprünglich mit einem äußeren Objekt abgespielt hatten, werden im «Magen» des Patienten mit dem introjizierten Objekt fortgesetzt. Der Umstand, daß im Über-Ich bereits ein anderes introjiziertes Objekt gegenwärtig ist, das jetzt in die Auseinandersetzung mit einbezogen wird, kompliziert das Bild. Nach der Introjektion eines Objekts verspürt ein Depressiver nicht mehr das wütende Verlangen, es (sich) töten zu wollen, sondern eher das Gefühl, selbst den Tod verdient zu haben. In der Regel wendet sich das Über-Ich mit der gleichen Wut gegen das Ich, die dieses zuvor im Kampf mit dem Objekt an den Tag gelegt hat. Das Ich verhält sich dem Über-Ich gegenüber, wie es sich zuvor dem Objekt gegenüber verhalten hat. Das Ergebnis ist, daß sich der Kampf *Subjekt versus Introjekt* in doppelter Weise kompliziert: Im Vordergrund steht der Kampf *Über-Ich versus Ich + Introjekt;* aber

in seiner Ambivalenz dem Über-Ich gegenüber verändert das Ich diesen Kampf auch in einen Kampf *Ich versus Über-Ich + Introjekt* (26, 597).

4. *Trauer und Depression*

Freud verglich die Depression mit der ihr verwandten Erscheinung der Trauer bei Normalen, um die Introjektion und ihre Folgen aufzuklären (597). Ein Objektverlust hat bei einem Kind die Folge, daß es durch die nun nicht mehr vom Objekt gebundenen libidinösen Bestrebungen überflutet wird, die in ihm eine Panik hervorrufen können. Der «Kummer» der Erwachsenen dient dazu, durch eine Verzögerung des notwendigen Ablösungsprozesses, ein solches Überflutetwerden zu verhindern. Die Bindung an das verlorene Objekt ist nicht eine einmalige Angelegenheit, sondern sie haftet an tausenderlei Einzelerinnerungen; an jeder von ihnen muß diese Lösung durchgeführt werden. Das nimmt Zeit in Anspruch. Freud hat diesen Vorgang als Trauerarbeit bezeichnet. Die Durchführung der Trauerarbeit ist eine schwierige und unangenehme Angelegenheit, die manche dadurch aufzuschieben suchen, daß sie der Illusion anhängen, die verlorene Person sei noch am Leben.
Diese Illusion hängt eng mit einer Identifizierung mit der toten Person zusammen. Ihren deutlichsten Ausdruck findet die Identifizierung in einem Affektmangel bei Trauernden. Offenbar pflegt jeder Trauernde sich die Aufgabe zu erleichtern, indem er sich nach dem Verschwinden des Objektes aus der realen Welt sozusagen ein Ersatzobjekt in seinem eigenen Ich aufbaut. Er benutzt dazu den gleichen Mechanismus, den alle enttäuschten Menschen, die Depressiven eingeschlossen, verwenden. Er regrediert von der Liebe zur Einverleibung, von der Objektbeziehung zur Identifizierung. Man kann sehr häufig beobachten, daß der Trauernde in der einen oder anderen Beziehung dem verlorenen Objekt ähnlich wird, daß er etwa, wie Abraham es beschrieb, graue Haare bekommt wie das verlorene Objekt sie hatte (26), daß er Herzsymptome produziert, wenn das Objekt an einer Herzkrankheit gestorben ist, daß er seine Rede- und Bewegungsweise in dem einen oder anderen Punkte annimmt. Freud hat darauf hingewiesen, daß das nicht nur für den Verlust eines Objekts durch den Tod gilt, sondern auch für einen rein psychischen

Verlust, indem er darauf aufmerksam machte, wie oft Frauen nach einer Trennung vom Geliebten Züge von diesem annehmen (608). Auch Symptome wie der Heißhunger (der, in der Form des Leichenschmauses institutionalisiert, an die Totemfeste der Wilden erinnert und auf die unbewußte Vorstellung verweist, die tote Person zu essen) (579, 1640) sowie die Nahrungsverweigerung, bei der diese Vorstellung unbewußt zurückgewiesen wird, fallen in den Bereich des Normalen. All dies macht deutlich, daß es sich um eine echte Identifizierung mit der toten Person handelt, deren Exekution subjektiv als orale Einverleibung von gleicher Tiefe, nur von geringerem Ausmaß als bei der psychotischen Depression wahrgenommen wird.

Folkloristische und ethnologische Betrachtungen der Toten- und Bestattungsgebräuche überzeugen erst von der allgemeinen Verbreitung der oralen Identifizierung als Reaktion auf Objektverluste (606, 1640). Auch unsere schwarze Trauerkleidung ist ein Rest der primitiven Trauer in Sack und Asche, welche eine Identifizierung mit der toten Person darstellt (1642).

Die vorstehenden Ausführungen werden durch Freuds Bemerkung gestützt: «Vielleicht ist diese Identifizierung überhaupt die Bedingung, unter der das Es seine Objekte aufgibt» (608). Man findet unter Menschen, die einen Elternteil in früher Kindheit verloren haben, außerordentlich häufig solche mit Anzeichen einer oralen Fixierung, mit der Neigung, neben und nach eigentlichen Objektbeziehungen weitgehend Identifizierungen bzw. Einverleibungsziele zu entwickeln.

Offenbar fällt es einem Normalen leichter, seine Bindungen an ein Introjekt zu lösen als an ein äußeres Objekt. Die Introjektion ist ein Mittel, diesen Ablösungsvorgang zu erleichtern. Die Trauer besteht aus zwei psychischen Handlungen, zunächst aus einer Introjektion, dann aus einer Ablösung der libidinösen Bindungen an das introjizierte Objekt. Sie wird komplizierter oder sogar pathologisch, wenn die Beziehung des Trauernden zu dem verlorenen Objekt extrem ambivalent war. In einem solchen Fall nimmt die Introjektion eine sadistische Bedeutung an. Die Einverleibung stellt dann nicht nur einen Versuch dar, das geliebte Objekt zu bewahren, sondern ebenso einen Versuch, ein gehaßtes Objekt zu zerstören. Steht eine feindselige Bedeutung dieser Art im Vordergrund, so entstehen aufgrund einer Introjektion neue Schuldgefühle.

Ein Todesfall kann stets Ambivalenz hervorrufen. Der Tod eines Menschen, dem man zuvor den Tod gewünscht hatte, kann als eine Erfüllung dieses Wunsches aufgenommen werden. Der Tod anderer vermag einem Freude zu bereiten, weil es nicht einen selbst, sondern jemand anders getroffen hat. Im Zustand schmerzhafter Trauer neigen narzißtische Menschen dazu, ihren toten Freunden Vorwürfe dafür zu machen, daß sie ihnen soviel Schmerz bereitet haben. Reaktionen dieser Art rufen Schuldgefühle und Gewissensbisse hervor. Tatsächlich fehlen auch bei heutigen Beerdigungsritualen kaum je die Gewissensbisse. Bettler und Schwindelfirmen wissen dies auszunutzen.

Die Identifizierung mit einem Toten hat auch einen strafenden Sinn: «Weil du dem anderen den Tod gewünscht hast, mußt du selbst sterben.» Weil er dem anderen durch «Allmacht» seines Todeswunsches den Tod gebracht hat, fürchtet in einem solchen Fall der Trauernde, daß der Tote auf Rache sinnen und wiederkehren könnte, um ihn, den Lebenden, zu töten. Diese Angst vor dem Toten erhöht noch die Ambivalenz. Der Trauernde versucht, den Toten zu beruhigen *(de mortuis nil nisi bonum)* und ihn zugleich noch einmal und noch wirksamer zu töten. Die frommen Bräuche, an der Bahre des Toten die Nacht zu durchwachen, Erde auf sein Grab zu werfen oder ihm steinerne Monumente zu errichten, sind auf archaische Veranstaltungen zurückzuführen, deren Sinn es war, eine Wiederkehr der Toten zu verhindern (591, 1640). Kummer ist im allgemeinen eine «gezähmte» Form der gewaltigen primitiven Affektabfuhr von Angst und Selbstzerstörung, die sich an trauernden Wilden beobachten läßt (vgl. Bd. 1, S. 231). Solche Ausbrüche sind desto stärker, je ambivalenter die Einstellung zu dem verlorenen Objekt gewesen ist. Unsere über einen längeren Zeitraum ausgedehnte Trauer ist eine Abwehr der überwältigenden Macht dieses primitiven Affekts (332).

Zusammenfassend läßt sich sagen, daß Trauer durch eine ambivalente Introjektion eines verlorenen Objekts charakterisiert ist, durch eine Fortsetzung von Gefühlen dem Introjekt gegenüber, die einst dem Objekt gegolten haben, und durch Schuldgefühle, die den ganzen Prozeß der Trauer begleiten.

Ähnliche Mechanismen sind auch bei anderen Arten von Traurigkeit am Werk. Traurig zu sein bedeutet eine Abnahme des Selbstgefühls. Jemand, der nur ein bißchen traurig ist, benötigt Trost, Mitleid und Zuwendung. Ein sehr trauriger Mensch zieht sich von den Objekten zurück und wird aufgrund einer Einverleibung eines unbefriedigenden Objekts narzißtisch. Nach dessen Introjektion führt er den Kampf um die Wiederaufrichtung seines Selbstgefühls intrapsychisch weiter.

Unter bestimmten Bedingungen wird das narzißtische Bedürfnis und der Introjektionskonflikt bei einer trauernden oder traurigen Person eine mehr als gewöhnliche Intensität besitzen. Es ist dies der Fall, wenn a) das verlorene Objekt nicht mit wirklicher Reife geliebt, sondern nur als eine Instanz narzißtischer Zufuhr verwendet wurde, b) wenn die frühere Beziehung zu diesem Objekt ambivalent gewesen ist oder c) wenn die Person oral fixiert gewesen ist und ein unbewußtes Verlangen nach einem sexualisierten «Essen» gehabt hat.

Die Menschen, die oben als besonders anfällig für Depressionen beschrieben worden sind, verfügen über alle drei dieser Charakteristika: über ein erhöhtes narzißtisches Bedürfnis, eine Zunahme an Ambivalenz und eine gesteigerte Oralität. Verliert ein solcher Mensch ein Objekt, so haßt er es, weil es ihn verlassen hat und versucht, es mit gewalttätigen magischen Mitteln zu zwingen, den Verlust wiedergutzumachen. Er setzt diese Versuche nach einer ambivalenten Introjektion des Objekts fort und erhöht dadurch die Schuldgefühle, die er abzubauen versucht. Die sehr stark besetzte Fortführung des Kampfes gegen das Introjekt konstituiert die Depression. Diese ist ein verzweifelter Versuch, ein oral einverleibtes Objekt dazu zu zwingen, Verzeihung, Schutz, Liebe und Sicherheit zu gewähren. Die destruktiven Elemente, die durch solchen Zwang freigesetzt werden, rufen weitere Schuldgefühle und Vergeltungsängste hervor. Der Depressive gerät in eine unhaltbare Position, denn er muß nun fürchten, daß die Gewährung der Zufuhr, die er verzweifelt braucht, zugleich die Rache eines Objekts oder Introjekts bedeuten könnte.

Ambivalenz kann das klinische Bild der Trauer auch bei nichtdepressiven Zuständen, wie z. B. bei zwanghaften Selbstvorwürfen nach einem Todesfall bestimmen. Pathognomisch für die Depression ist die tiefe bestimmte und volle Regression, die sich jenseits der späten analen Phase in die Oralität und den Narzißmus erstreckt (26, 608).

5. Die pathognomische Introjektion

Die Depression ist bisher als ein Verlust des Selbstgefühls dargestellt worden. Sie ist, so wurde gesagt, entweder ein vollständiger Zusammenbruch des Selbstgefühls oder dessen teilweise Außerkraftsetzung, die als Warnung vor einem vollständigen Zusammenbruch dienen soll, diese Formulierung muß nun durch die Bemerkung ergänzt werden, daß der Depressive versucht, einen Verlust ungeschehen zu machen, ihn aber tatsächlich durch eine pathognomische Introjektion des ambivalent geliebten Objekts erschwert. Erst dieser Zusatz ermöglicht ein Verständnis dafür, daß das Warnsignal des Gewissens versagt und ein Gefühl äußerster Annihilierung die Folge ist. Die oral-sadistische Introjektion eines Objekts, dessen Liebe als narzißtische Zufuhr verlangt wird, wirkt wie ein Streichholz im Pulverfaß aufgestauter narzißtischer Bedürfnisse.

Die Introjektion ist also nicht nur ein Versuch, den Objektverlust ungeschehen zu machen. Sie ist zugleich ein Versuch, zu einer *unio mystica* mit einer allmächtigen Person zu gelangen, zum «Kompagnon», d. h. zum Brotgenossen der verlorenen Person zu werden, indem deren Substanz die eigene durchdringt und man selbst zu ihrer Substanz wird (vgl. Bd. 1, S. 63 und 97). Die Ambivalenz verleiht einer solchen Introjektion jedoch eine feindselige Bedeutung. Der Wunsch, das Objekt zur Zustimmung zu dieser Einheit zu zwingen, endet mit einer Bestrafung für die Gewaltsamkeit dieses Wunsches. Nach der Introjektion setzt sich der Kampf um Verzeihung auf narzißtischer Grundlage in der Auseinandersetzung des Über-Ich mit dem Ich fort.

Der Depressive klagt über seine Nichtswürdigkeit und Nichtigkeit und handelt, als hätte er sein Ich verloren. Faktisch hat er ein Objekt verloren. Objekt und Ich sind also irgendwie gleichgesetzt. Der Sadismus, der einmal dem Objekt galt, wird jetzt gegen das Ich gewendet.

Diese Wendung des Sadismus gegen das Ich wurde von Freud in der Analyse von Selbstvorwürfen Depressiver entdeckt (597). Scheinbar sinnlose Selbstvorwürfe erwiesen sich als sinnvoll, wenn man in die Klagen des Patienten an die Stelle von «Ich» den Namen des von ihm gehaßten Objekts einsetzte. Die Klagen waren also ursprünglich Anklagen. Die Introjektion als Grundlage einer Depression ist das genaue Gegenteil des Abwehrmechanismus der Projektion. In ihr werden die schlechten Eigenschaften eines Objekts, die man sich aus Angst vor dem Haß, den sie auslösen würden, nicht bewußt zu machen wagt, statt dessen am eigenen Ich wahrgenommen. Ein depressiver Patient bezichtigt sich, ein Lügner zu sein, wenn er sagen möchte, daß er auf einen anderen wütend ist, weil der ihn belogen hat. Oder er beschuldigt sich, ein Mörder zu sein, weil er sagen möchte, daß er auf jemanden wütend ist, der ihn so schlecht behandelt hat, als wolle er ihn umbringen.

Manche Selbstvorwürfe von Depressiven machen den Eindruck, keine Wahnbildungen, sondern mehr oder weniger objektiv zu sein. Wie Paranoiker so sind auch Depressive den Teilen der Realität gegenüber, die ihren seelischen Bedürfnissen entgegenkommen, überaus sensibel und reagieren übertrieben auf sie.

Durch die Introjektion ist ein Teil des Ich des Patienten zum Objekt geworden. Freud sagt: «Der Schatten des Objekts ist auf das Ich gefallen» (597). Im Gegensatz zur hysterischen wird man diese Identifizierung eine narzißtische nennen müssen, denn das Objekt ist hier vollkommen durch eine Veränderung des Ich ersetzt worden (408). Eine «Regression von einer Objektbeziehung zur Identifizierung», eine «Regression zum Narzißmus» und eine «Regression zur Oralität» sind Bezeichnungen, die ein und dasselbe meinen, es aber unter verschiedenen Aspekten sehen.

Erinnern wir uns, daß Helene Deutsch etwas Ähnliches in der Psychose der Agoraphobie aufgedeckt hat, nämlich eine verhängnisvolle Identifizierung mit dem gehaßten bzw. sadistisch besetzten Objekt (325, 327). Das aber wirft die Frage auf, wodurch sich die Identifizierung des Depressiven von der des Agoraphoben unterscheidet. Diese Frage ist nicht schwer zu beantworten. Die Regression zum Oralen findet bei der Agoraphobie in ungleich geringerem Ausmaße statt. «Der Unterschied ist, daß bei der Agoraphobie die Identifizierung auf einer höheren Stufe der Libidoentwicklung zustande kommt und somit eine passagere und korrigierbare ist» (327).

6. Der Konflikt zwischen Über-Ich und Ich

Nach der Introjektion ergreift der Sadismus die Partei des Über-Ich und attackiert das durch die Introjektion veränderte Ich. Dieses Ich empfindet keine Wut, sondern Schuldgefühle. Der Sadismus des Über-Ich bei der Depression übertrifft den Sadismus, der sich im Über-Ich von Zwangsneurotikern findet, um soviel mehr, als die Ambivalenz des Depressiven die des Zwangsneurotikers übersteigt. Das Über-Ich behandelt das Ich ganz ebenso, wie der Patient unbewußt das verlorene Objekt hatte behandeln wollen.

Es treten aber noch weitere Komplikationen auf. Die Auseinandersetzung bei der Melancholie hat, wie bereits erwähnt wurde, nicht immer die Form *Über-Ich versus Ich + Introjekt,* sondern findet gelegentlich in der Form *Ich versus Über-Ich + Introjekt* statt. Das introjizierte Objekt kann sich also dem Über-Ich anschließen.

Freud hatte die für viele Fälle sicher verblüffend zutreffende Formel gefunden: Die Klagen der Depressiven sind Anklagen, sie richten sich eigentlich gegen das introjizierte Objekt (597). Abraham fügte hinzu: Manche Klagen scheinen auch geradezu umgekehrt vom introjizierten Objekt auszugehen, wiederholen z. B. Vorwürfe, die einmal das reale Objekt gegen den Patienten geäußert hatte (26). Daß das introjizierte Objekt sich auf die Über-Ich-Seite schlägt, paßt zu der grundlegenden Theorie von Freud, daß das Über-Ich einer Objektintrojektion seine Entstehung verdankt.

Abraham konnte sogar einen Fall beschreiben, bei dem zwei Objekte, das eine ins Über-Ich, das andere ins Ich, introjiziert waren. Die Selbstanklagen des Patienten entsprachen Vorwürfen, die die introjizierte Mutter dem introjizierten Vater machte (26).

Bei melancholischen Depressionen tritt nicht selten ein Vergiftungswahn auf. Er entsteht aus dem Gefühl, von einer oral introjizierten Macht zerstört zu werden. Weiß konnte zeigen, daß dieser Wahn eine Introjektion eines Objekts auf die Über-Ich-Seite widerspiegelt (1566).

Das braucht natürlich nicht einer in oberflächlicher Schicht gültigen Befruchtungsbedeutung der Vergiftungsidee zu widersprechen. Das als Gift empfundene gefährliche Introjekt kann in verschiedenen Schichten eine jeweils andere Bedeutung haben. Es kann ein Kind und einen Penis ebenso bedeuten wie Milch und die Brust. Dem Gefühl, vergiftet zu werden, entspricht eine intrapsychische Wahrheit. Der Patient hat sich in seiner Phantasie ein Objekt introjiziert, das nun von innen her gegen ihn seine Anklagen erhebt. Die großartigen hypochondrischen Wahnbildungen bei schweren Melancholien entsprechen solchen entstellten Auseinandersetzungen mit dem Vorgang der Introjektion. Besonders deutlich wird das bei der Angst, von etwas im Körperinnern Befindlichen von innen her zerfressen zu werden. Dieses Etwas kann als pathogener Virus rationalisiert sein und damit eine Brücke zur gewöhnlichen Infektionsphobie bilden. Die Idee, von einem Introjekt zerfressen zu werden, läßt viele Neurotiker die geheimnisvolle Krebskrankheit so fürchten (948, 1566).

Bei der Melancholie scheint sich das Zentrum der Persönlikeit vom Ich zum Über-Ich verschoben zu haben. Das Gewissen der Patienten stellt ihre gesamte Persönlichkeit dar. Das durch die Introjektion veränderte Ich ist zum bloßen Objekt dieses Gewissens geworden, das es sich vollkommen unterworfen hat.

Freud hat eine ähnliche Situation an einer Stimmung beschrieben, die das genaue Gegenteil der Depression ist, am Humor (620). Auch beim Humor tritt eine Verschiebung des Persönlichkeitszentrums vom Ich zum Über-Ich hervor. Der Unterschied zur Depression besteht nun beim Humor darin, daß hier das überbesetzte Über-Ich das freundliche und schützende positive Ich-Ideal darstellt, während es bei der Depression das negative, feindselige, strafende Gewissen ist.

Das Über-Ich ist zwieschlächtig. Es stellt eine schützende und eine strafende Macht dar. Unter normalen Umständen herrscht seine Schutzfunktion vor, und gelegentliche Bestrafungen werden vom Ich hingenommen, um sich wieder mit dem Über-Ich zu versöhnen. Der gesamte Ablauf einer Depression erscheint als ein großartiger Reparationsversuch mit dem Ziel, das durch den Liebesverlust zugrundegegangene Selbstgefühl des Ich wieder herzustellen. Von narzißtischer Zufuhr abgeschnitten zu sein, hat das gesamte psychische Gleichgewicht gestört. In der Depression wird nun das Objekt, das diese Störung ausgelöst haben soll, gezüchtigt und getötet. Das Objekt aber ist durch seine Introjektion zu einem Teil des Patienten selbst geworden. In seinem gegen das böse Objekt gerichteten Vernichtungsstreben erleidet das depressive Ich das Schicksal des Dorian Gray, der sterben mußte, als er sein Porträt vernichten wollte.

Das Ich, das vom Über-Ich in einem solchen Ausmaß verfolgt wird, hat kein anderes Mittel zu seiner Verfügung als das Ich des Zwangsneurotikers, das sich in einer Auseinandersetzung mit dem Über-Ich befindet. Wie dieses reagiert es mit Unterwürfigkeit ebenso wie mit versuchsweiser Rebellion. Die letztere kann jedoch wegen der Macht, die das sadistische Über-Ich erworben hat, keinen Erfolg haben. Bei Depressionen ist das Ich deutlich hilfloser und den Attacken des Über-Ich gegenüber nachgiebiger als bei Zwangsneurosen. Seine Aufsässigkeit zeigt sich auf versteckterem Wege.

Bei der Erörterung der Unterwürfigkeit des Zwangsneurotikers haben wir gesagt, daß dessen Ich, indem es sich in sein Schicksal schickt, versucht, sich dem Über-Ich in der Hoffnung auf Vergebung anzudienen. Es wählt Unterwerfung und sogar Bestrafung als das «kleinere Übel» und kann unter besonderen Umständen aus diesen Heimsuchungen sogar eine gewisse masochistische Lust ziehen (vgl. S. 143, 241 und XX, 9b). Das Ich der Depressiven verfolgt das gleiche Ziel. Der Sadismus des Über-Ich jedoch verurteilt seine Hoffnung auf Vergebung zum Scheitern und erhöht seine Leiden über den Punkt hinaus, an dem sie noch genossen werden könnten.

Die Selbstvorwürfe der Depressiven sind nicht nur vom Standpunkt des Über-Ich aus ein Versuch, das introjizierte Objekt anzugreifen, sondern sie sind vom Standpunkt des Ich ein Werben um das Objekt, nämlich um seine Verzeihung, indem dem Über-Ich vorgeführt wird, wie sehr das Ich sich dessen Vorwürfe zu Herzen nimmt.

Mit einer solchen Einstellung wiederholt das Ich nur, was es zur Entstehungszeit des Über-Ich getan hat. So sagte ein kleiner Junge während der Ausbildung seines Über-Ich zu seinem Vater: «Du brauchst nicht wütend auf mich zu sein, ich werd' das schon selbst besorgen.» Durch die Errichtung eines Über-Ich introjizierte er die Wut seines Vaters, machte damit dessen wirkliche Wut überflüssig und konnte sich einen «lieben» Vater in der Realität erhalten. Ganz ähnlich sagt ein Melancholiker seinem Über-Ich (und ein neurotisch Depressiver seinem Objekt): «Schau mal, wie brav ich bin. Ich nehme jede Bestrafung hin. Dafür mußt du mich jetzt wieder lieben.» Bei einem Melancholiker aber scheitert dieser Versuch. Der der oralen Triebhaftigkeit eigentümliche und durch die Regression remobilisierte, übermäßige Sadismus steht hier dem Über-Ich zur Verfügung, und die ganze Wut, mit der das Ich unbewußt das Objekt anzugreifen wünschte, wird jetzt gegen das Ich losgelassen (1238).

7. *Selbstmord*

An der starken Neigung der Depressiven zum Selbstmord zeigt sich die Intensität ihrer seelischen Konflikte. Ihr Ich hatte, als es durch Unterwürfigkeit das Über-Ich befriedigen wollte, eine falsche Rechnung gemacht. Die angestrebte Verzeihung ist nicht zu erlangen, da der umworbene Teil der Persönlichkeit durch die Regression übermäßig grausam geworden ist und nichts mehr verzeihen kann.

Der Selbstmord der Depressiven ist, vom Standpunkt des Über-Ich gesehen, eine Wendung des Sadismus gegen die Person selbst und bietet

eine Bestätigung für den Satz, jeder Selbstmord entspreche einer gegen das eigene Ich rückgewendeten Mordtendenz. Vom Standpunkt des Über-Ich ist der Selbstmord vor allem ein Ausdruck der Tatsache, daß die entsetzliche Spannung, zu der der Druck des Über-Ich führt, unerträglich geworden ist. Oft scheint sich in ihm der passivische Gedanke auszudrücken, daß das aktive Kämpfen aufgegeben werden muß. Das Selbstgefühl ist so vollständig verloren, daß jede Hoffnung, es wiederzuerlangen, fahrengelassen wird. Das Ich «sieht sich von seinem Über-Ich verlassen und läßt sich sterben» (608). Denn «Lebenswille» heißt offenbar, ein gewisses Selbstgefühl zu verspüren, sich von der schützenden Macht des Über-Ich gehalten fühlen. Wo dieses Gefühl schwindet, dort ist die ganze Hilflosigkeit des alleingelassenen Säuglings wieder gegeben.
Andere Suizidhandlungen sind aktiverer Natur. Sie machen sich als verzweifelte Versuch geltend, um jeden Preis ein Ende des vom Über-Ich ausgeübten Drucks zu erzwingen. Sie sind die extremsten Unterwürfigkeitshandlungen unter die grausame Bestrafung des Über-Ich. Zugleich aber stellen sie die extremste Rebellion dar, einen Mord. Denn sie sind der Mord der ursprünglichen Objekte, deren Einverleibung das Über-Ich geschaffen hat, ein Mord von der Art, wie sie Dorian Gray an seinem Bild vollzieht. Diese Mischung von Unterwürfigkeit und Rebellion ist der Höhepunkt der anklagenden Demonstration des Elends, die zu dem Zweck inszeniert wird, eine Verzeihung zu erzwingen. Das Ich führt dem Über-Ich vor, was es an ihm getan hat, und verlangt, daß es ihm wieder gut ist.

«Neurotisch» depressive Kinder haben oft Suizidphantasien, bei denen die Tendenz offensichtlich ist, ihre Eltern um Liebe zu erpressen: «Wenn ich tot bin, wird den Eltern leid tun, was sie mit mir gemacht haben, und sie werden mich wieder lieben» (95, 135, 573, 639, 1587). Versuchen Melancholiker ihr grausames Über-Ich in ähnlicher Weise zu erpressen, sind sie schlechter dran als Kinder, die ihre Eltern umwerben, weil die ihnen tatsächlich Liebe und Verzeihung geben können.

Das bedeutet, daß der Selbstmord ausgeführt wird, weil sich mit ihm Hoffnungen und Illusionen auf eine entspannende Befriedigung verbinden. Tatsächlich zeigt sich bei der Analyse von Selbstmordversuchen häufig, daß die Vorstellung, tot zu sein oder zu sterben, mit hoffnungsvollen und lustvollen Phantasien eine Verbindung eingegangen ist.

Hoffnungen dieser Art stehen beim Selbstmord von Patienten im Vordergrund, die nicht zur Gruppe der Melancholiker gehören und bei denen die Introjektion und die Kämpfe zwischen Über-Ich und Ich keine Rolle spielen (277, 1063, 1219, 1556). Häufig wird bei Selbstmordversuchen nicht eine Destruktion des Ich, sondern irgendein anderes libidinöses Ziel angestrebt, das durch Verschiebung mit Vorstellungen verbunden worden ist, die objektiv zur Selbstzerstörung führen, obwohl sie als solche nicht intendiert sind (764). Eine solche Vorstellung kann die Hoffnung sein, mit einer toten Person wieder zusammenzutreffen, eine libidinöse Identifizierung mit einem Toten (1632, 1633), das ozeanische Verlangen nach der Vereinigung mit der Mutter (641, 664) oder schließlich sogar das Erreichen des Orgasmus, der aufgrund bestimmter historischer Ereignisse durch die Idee des Todes repräsentiert wird (1280). Die besonderen Phantasien, die mit der Vorstellung des Sterbens verbunden sind (206, 207, 284, 699, 1153, 1330, 1631), lassen sich oft daraus erschließen, wie der Selbstmord versucht oder geplant wurde (1540).

Die illusionäre Hoffnung, die der Melancholiker an den Selbstmord knüpft, möchte Vergebung und Versöhnung erlangen und will sie zugleich durch eine extreme Unterwürfigkeit und Rebellion erzwingen, indem das bestrafende Über-Ich getötet wird und sich eine Einheit mit dem schützenden Ich herstellt. Diese neue Einheit soll dem Verlust des Selbstgefühls ein Ende setzen und das ursprüngliche Paradies ozeanischer Allmacht wiederbringen (1238).

Selbstzerstörerische Handlungen, die in melancholischen Zuständen als Selbstbestrafung, als Ausdruck bestimmter Wahnbildungen oder ohne jede Rationalisierung ausgeführt werden, sind als «teilweiser Selbstmord» bezeichnet worden (204, 1124, 1131). Diese Bezeichnung ist insofern absolut korrekt, als die solchen Handlungen zugrundeliegenden unbewußten Mechanismen mit denen des Selbstmords identisch sind.

Manchmal scheinen aus unbekannten Gründen die Hoffnungen des Ich nicht vollständig vergeblich gewesen zu sein. Ein einfacher Wechsel der Besetzung befreit das Ich von den schrecklichen inneren Mächten. Denn die Hoffnungen, die im Falle des Selbstmords illusionär bleiben, werden in gewissem Umfang in der Manie tatsächlich eingelöst. Das «böse» Über-Ich wird zerstört und das Ich scheint sich in narzißtischer Liebe mit einem purifizierten schützenden Über-Ich zu vereinigen. In wieder anderen Fällen scheint eine Depression ohne jede Manie so zu enden, wie auch eine normale Trauer nach einiger Zeit aufhört. Die gewiß auch quantitativen Faktoren, die festlegen, ob oder wann das Ergebnis von Depressionen der Selbstmord, eine Manie oder die Heilung ist, sind noch unbekannt.

Der Unterschied zwischen einer neurotischen und einer psychotischen Depression, ist mit der Tiefe der narzißtischen Regression gegeben. «Narzißtische Regression» bedeutet, daß Objektbeziehungen durch Beziehungen innerhalb der Persönlichkeit ersetzt werden. Der Patient verliert die Beziehungen zu den Objekten, indem er zu einer Entwicklungsphase regrediert, in der noch keine Objekte existierten. Depressive werden sich des Rückzugs der Objektbesetzungen durch die schmerzhafte Empfindung bewußt, die ihnen die Welt und sich selbst als leer erscheinen läßt. Die Objektbesetzungen werden jedoch nicht notwendig vollständig zurückgezogen. Außer bei Fällen schwerer Melancholie gibt es stets Reste von Objekten, ebenso wie mehr oder weniger erfolgreiche Versuche, die verlorene Objektwelt wieder zu erreichen (743).

Das Ich hat sich durch das Bewußtsein von Objekten konstituiert. Seine Ausbildung ist von der eines Objektbewußtseins nicht zu trennen. Bei einer Psychose ist die Objektvorstellung und damit die Struktur des Ich durch eine Regression zu der Zeit gestört, in der das Ich noch gar nicht ausgebildet war. Die Psychose führt zu einer Wiederbelebung der Faktoren, die für den Entstehungsprozeß des archaischen Ich charakteristisch waren. Diese «Wiederholung» ist jedoch mit der ursprünglichen Entstehung des Ich nicht identisch. Alle Psychosen enthalten Elemente, die nicht einfach eine Wiederholung infantiler Regungen darstellen, sondern Reste der präpsychotischen erwachsenen Persönlichkeit sind.

Was bestimmt nun, ob die verhängnisvolle narzißtische Regression auftritt oder nicht?

Es könnte sein, daß es sich dabei um einen unbekannten organischen Faktor handelt. Tatsächlich glauben viele Psychiater, daß manisch-depressive Psychosen mit psychologischen Begriffen nicht voll verstanden werden können. Diese Auffassung ist in bezug auf die manisch-depressiven Psychosen sogar noch hartnäckiger verteidigt worden als in bezug auf die Schizophrenie. Somatische Untersuchungen haben jedoch sowohl bei der einen wie bei der anderen Krankheitsgruppe wenig positive Ergebnisse erbracht.

Es gibt indes drei Überlegungen, die ein Einwirken somatischer Faktoren nahelegen.

1. Die strenge Periodizität, die oft für die Änderungen der Gemütslage charakteristisch ist. Sie scheint von allen äußeren Ereignissen unabhängig zu sein und auf das Einwirken eines biologischen Faktors zu verweisen.
2. Selbst bei Fällen, bei denen der Zyklus nicht ausgesprochen periodisch verläuft, spricht die Spontaneität der Änderungen der Gemütslage, die oft ohne erkennbare äußere Anlässe auftreten, dagegen, daß sie rein psychogen sind.
3. Bei keiner anderen Neurose liegt eine so große Evidenz dafür vor, daß sie erblich ist; denn die gleiche Störung tritt in verschiedenen Generationen auf.

Keines von diesen Argumenten ist jedoch entscheidend. Die Periodizität scheint zwar ihrem Ursprung nach endogen zu sein, was aber periodisch erscheint, kann sehr wohl in psychologischen Begriffen erklärt werden. Daß auslösende Ursachen der Stimmungsumschwünge fehlen, wird einen Analytiker nicht allzu sehr beeindrucken, weil dieses Argument die Existenz des Unbewußten nicht in Rechnung stellt. Man hat sogenannte endogene Depressionen von reaktiven dadurch unterschieden, daß man für die einen das Vorhandensein, für die anderen das Fehlen einer auslösenden Ursache nachwies. Wie aber würde sich diese Art von Unterscheidung bewähren, wenn man sie z. B. auf hysterische Anfälle anwenden wollte? Manche dieser Anfälle scheinen unmittelbar nach auslösenden Ereignissen aufzutreten, aber andere treten spontan und offenbar ohne äußeren Anlaß auf. Dennoch unterscheidet niemand zwischen «endogenen» und «reaktiven» hysterischen Anfällen. Statt dessen nimmt man an, daß scheinbar spontane Anfälle eine unbewußte, sie auslösende Ursache haben, die der Wahrnehmung des Beobachters entgeht. Dasselbe gilt für Depressionen. Auch bei anderen neurotischen Störungen wird eine Diskrepanz zwischen einer leichten Provokation und einer intensiven Reaktion nicht einem organischen Faktor zugeschrieben, der psychologischer Untersuchung unzugänglich wäre, sondern die Diskrepanz wird als eine Wirkung der Verschiebung aufgefaßt. Darüber hinaus sollte deutlich sein, daß die reaktiven Fälle (diejenigen also, die über auslösende Faktoren verfügen) keineswegs die leichten und die endogenen Fälle die schweren sind. Häufig folgt eine schwere und deutlich psychotische Depression auf den Tod des Ehemannes oder der Ehefrau und ebenso oft treten nicht-psychotische Depressionen oder sogar bloß schlechte Launen spontan auf, ohne daß die Patienten oder ein Beobachter in der Lage wären, eine auslösende Ursache anzugeben. Nach Freud gibt es eine komplementäre Reihe von äußeren Auslösern und unbewußten Dispositionen der Krankheit (596). Dies gilt ebenso auch für die manisch-depressive Gruppe. Wer durch eine frühe orale Fixierung des Ich zur Krankheit prädisponiert ist, kann aufgrund geringfügiger Anlässe erkranken, die nicht leichthin zu beobachten sind. Es kann aber auch jemand mit relativ geringer Prädisposition erkranken, wenn offenkundig widrige Umstände eintreten.

Obwohl sie deutlicher als bei anderen Neurosen oder Psychosen hervortritt, trennt auch die Erblichkeit manisch-depressive Störungen nicht von anderen seelischen Störungen, bei denen sie nicht als Hinderungsgrund psychologischer Forschung angesehen wird. Konstitution und Erfahrung bilden als ätiologische Faktoren auch hier wieder eine komplementäre Reihe. Die manisch-depressiven Störungen bieten keinerlei Anlaß, diesen methodischen Ansatz aufzugeben. Denn der organische konstitutionelle Einfluß, der zweifelsfrei vorliegt, muß nicht die einzige Determinante sein. Nach psychoanalytischen Forschungen ist es wahrscheinlich, daß in der Konstitution Manisch-Depressiver eine relative Dominanz der Oralerotik vorliegt, während bei der Zwangsneurose eine erhöhte Analerotik vorherrscht.

Welche zufälligen Erlebnisse begünstigen die spätere Entwicklung von Depressionen?

Bei der Erörterung der differenziellen Ätiologie von Zwangsneurosen wurde gesagt, daß diejenigen Patienten dazu neigen, auf Konflikte mit analer Regression und einer Zwangsneurose zu reagieren, die unter dem Einfluß analer Fixierung als Kinder denselben Abwehrtypus verwendet haben (vgl. S. 159 f.). Dies gilt gleichermaßen für die orale Regression und die Depression. Denn es gibt keine Depression, die nicht die Wiederholung einer ersten entscheidenden Reaktion auf Schwierigkeiten in der Kindheit darstellte, die das Muster eines späteren Zusammenbruchs gebildet haben. Der Kampf um die Aufrechterhaltung ihres Selbstgefühls wird von Depressiven ähnlich geführt wie der, den sie als Kinder unter dem Einfluß oraler Fixierungen geführt haben. Abraham wies nach, daß Personen mit einer Neigung zur Depression regelmäßig in ihrer Kindheit schwersten Enttäuschungen ausgesetzt gewesen sind, die sie mit einem ähnlichen Mechanismus beantwortet haben. Diese Enttäuschungen müssen, der späteren narzißtischen Fixierung entsprechend, schwere narzißtische Kränkungen gewesen, und, der späteren prägenitalen Reaktionsweise entsprechend, sehr früh vorgefallen sein. Abraham konnte daher als ätiologische Voraussetzung für die Entwicklung späterer psychotischer Depressionen formulieren: eine «schwere Verletzung des kindlichen Narzißmus durch Zusammentreffen von Liebesenttäuschungen», den «Eintritt der ersten großen Liebesenttäuschung vor gelungener Bewältigung der Ödipuswünsche» und eine «Wiederholung der primären Enttäuschung im späteren Leben», die «den Anlaß zum Ausbruch der Krankheit bildet» (26). Die späteren Depressionen folgen dem Weg, der durch die frühkindliche «Urverstimmung» gebahnt worden ist und eine verhängnisvolle Neigung fixiert hat, bei zukünftigen Enttäuschungen in ähnlicher Weise zu reagieren.

Eine Patientin mit einer sexuellen Perversion von der Art extremer Unterwürfigkeit, deren Leben ein beständiger Kampf um narzißtische Zufuhr war, und die in ihrem Verhalten oft so impulsiv war wie ein Süchtiger, benahm sich offenbar so neurotisch, um Depressionen zu entfliehen. Das gelang ihr, und sie litt als Erwachsene nicht unter schweren Depressionen. Eines Tages hatte sie einen Alptraum, dessen Inhalt sie jedoch vergaß. Sie war nur in der Lage, die Gefühle zu beschreiben, die sie während des Traumes hatte und die entsetzlich gewesen waren. Sie beschrieb sie mit genau den gleichen Worten, die Melancholiker verwenden, um ihre schwersten Empfindungen auszudrükken. In ihrem Traum hatte die Welt für sie jeden Wert verloren. Sie fühlte sich vollkommen aufgebraucht, ohne Verbindung zu irgendeiner anderen Person und vollständig vernichtet. Zugleich fühlte sie sich, als hätte sie die schrecklichsten Sünden begangen. Während des Traums und auch nachdem sie aufgewacht war, mußte sie weinen.

Das Phänomen einer «Psychose im Traum» bei einem Menschen, der im Wachzustand nicht an einer Psychose litt, schien merkwürdig. Bei der Analyse dieses Traumes erwies sich indes, daß er so merkwürdig doch nicht war. Denn was im Traum geschah, war etwas, das in Träumen häufig vorkommt: Vergessene Erinnerungen traten manifest hervor. Die Depression im Traum war die Wiederholung einer «Urverstimmung», die der Patientin in ihrem vierten Lebensjahr widerfahren war, als ein kleiner Bruder geboren wurde. Diese Urverstimmung war vergessen worden, und ihre Neurose diente dem Zweck, eine Wiederholung dieser schrecklichen Erfahrung ihrer Kindheit zu vermeiden.

Die Kränkungen des infantilen Narzißmus, die eine Urverstimmung herbeiführen, können inhaltlich sehr unterschiedlich sein. Es kann sich bei ihnen um außergewöhnliche Erfahrungen von Verlassenheit und Einsamkeit handeln, oder sie können bei besonders dazu prädisponierten

Individuen in gewöhnlichen und unvermeidlichen Enttäuschungen bestehen wie der Geburt eines Geschwisters, den Erfahrungen geringfügiger Erniedrigungen, dem Penisneid oder den Frustrationen ödipaler Wünsche.

Abraham nannte diese, eine Urverstimmung verursachenden Kränkungen «präödipal», um deutlich zu machen, daß Enttäuschungen diesen Effekt nur haben, wenn sie als Verlust wesentlicher narzißtischer Zufuhr erfahren werden. Gewöhnlich wendet sich ein Kind, das sich vernachlässigt fühlt, einer anderen Person zu, die ihm geben kann, was die erste ihm versagt hat. Er wendet sich also von der Mutter zum Vater oder umgekehrt. Es ist schlimmer dran, wenn mehrere Liebesenttäuschungen zusammentreffen (26). Der Ödipuskomplex späterhin manisch-depressiver Patienten ist daher oft «vollständig», d. h. bisexuell, weil beide Komponenten in narzißtischen Kränkungen ihr Ende gefunden haben (844).

Wir sind jetzt endlich in der Lage, die Bedingungen anzugeben, die eine Prädisposition für spätere Depressionen bilden. Die entscheidenden narzißtischen Kränkungen müssen in der Form schwerer Enttäuschungen durch die Eltern stattgefunden haben, und zwar zu einem Zeitpunkt, als das Selbstgefühl des Kindes sich durch Teilhabe an der elterlichen Allmacht regulierte. Zu dieser Zeit bedeutet eine Entthronung der Eltern notwendig eine Entthronung des eigenen Ich des Kindes. Wahrscheinlich verlangt das Kind nach einer solchen Enttäuschung später nicht nur sein Leben lang nach einer Kompensation durch narzißtische Zufuhr von außen und stört damit die Entwicklung seines Über-Ich; vielmehr versucht es, die Unzulänglichkeiten seiner Eltern dadurch zu kompensieren, daß es selbst ein besonders «allmächtiges», d. h. strenges und rigides Über-Ich ausbildet. In der Folge braucht es dann narzißtische Zufuhr von außen, um den unerträglichen Ansprüchen dieses qualitativ verschiedenen Über-Ich Genüge zu tun.
Daß Depressive letzten Endes nach dem «ozeanischen Gefühl» (622) einer Einheit mit der «allmächtigen» Mutter streben, wird in den als Nostalgie bezeichneten Formen der Depression manifest (1170, 1488).

Ein vier oder fünf Jahre altes Kind, das eine Urverstimmung erlebt, ein Erwachsener, der an Nostalgie leidet, und jeder, der für längere Zeit schweren Entbehrungen und Enttäuschungen ausgesetzt ist – sie alle befinden sich psychologisch wieder in der Lage eines narzißtisch hungrigen Säuglings, dem die notwendige äußere Zuwendung fehlt.

Impulsives Verhalten und Drogensucht können als Mittel verwendet werden, um Depressionen zu bekämpfen, weil sie ihrerseits dazu dienen, die benötigte narzißtische Zufuhr zu verschaffen. Da sich Depressionen entwickeln, wenn diese Zufuhr fehlt, sind Süchte und Impulsneurosen, solange sie ihr Ziel noch erreichen, geeignet, Depressionen zu vermeiden.

Wir können jetzt folgendermaßen formulieren: Die Disposition zur Entwicklung von Depressionen besteht in oralen Fixierungen, die ihrerseits eine Reaktion auf narzißtische Kränkungen determinieren. Die Erlebnisse, aus denen orale Fixierungen hervorgehen, können lange vor den entscheidenden narzißtischen Kränkungen auftreten. Umgekehrt kann aber auch eine narzißtische Kränkung eine depressive Disposition hervorrufen, weil sie früh genug auftritt, um noch auf ein oral ausgerichtetes Ich zu treffen. Es kann aber auch sein, daß ein bestimmter narzißtischer Schock, der mit dem Tod verbunden ist, die entscheidende orale Fixierung hervorruft; denn die Reaktion auf den Tod ist stets die einer oralen Introjektion des «Toten».

In bezug auf die Faktoren, die orale Fixierungen hervorrufen, gilt zunächst, was auch bei anderen Fixierungen gilt: Sie werden bestimmt durch außerordentliche Befriedigungen, außerordentliche Frustrationen oder aber durch eine Verbindung beider, wobei zur oralen Befriedigung insbesondere eine beruhigende Sicherheitsgarantie hinzutritt. Traumatische Ereignisse während der Stillzeit lassen sich bei späteren Manisch-Depressiven häufiger nachweisen als bei Schizophrenen.

Neben der prägenitalen Fixierung betonte Freud die Wichtigkeit der narzißtischen Ausrichtung als einer ätiologischen Voraussetzung von Depressionen (579). Ohne diese Ausrichtung könnte eine Regression von der Objektliebe zur Identifizierung nicht mit solcher Intensität auftreten. Vor dem Beginn der Krankheit kann sich der Narzißmus im Typus der Objektwahl (585) und in der Rezeptivität sowie in der Ambivalenz der Liebe des Patienten äußern.

In der klinischen Psychiatrie werden Melancholien in der Involutionsperiode von manisch-depressiven Störungen unterschieden. In der Psychoanalyse weiß man nicht viel über Struktur und Mechanismen der Melancholien in der Involutionsperiode; sie scheinen bei Persönlichkeiten mit einem ausgesprochen zwanghaften Charakter und einem besonders rigiden Wesen aufzutreten (18, 938). Während des Klimakteriums versagen die zwanghaften Abwehrsysteme; die entscheidende orale Regression scheint dann auf körperlichen Veränderungen innerhalb der Libidoökonomie zu beruhen.

Die Zyklothymie und die Stimmungsschwankungen stellen einen Übergangszustand zwischen den manisch-depressiven Störungen und der Normalität dar. Das spricht dafür, daß wir es bei den manisch-depressiven Zuständen nur mit einer krankhaften Übersteigerung der gleichen Entwicklung zu tun haben, die jeder mitmacht. Es gibt eine Reihe normal-psychologischer Probleme – wie das des Selbstgefühls, seiner Erhöhung und Herabsetzung (also all das, was man andernorts als «Geltungstrieb» bezeichnet), die «Stimmungen» und «Launen», den Kummer und die Fröhlichkeit und schließlich die Trauer – deren Gegenstände in den Erscheinungen des manisch-depressiven Kreises ihre pathologische Entsprechung finden. All diese normalen Erscheinungen unterscheiden sich von manisch-depressiven Phänomenen vor allem durch die geringen Energiebeträge, die in sie investiert werden, und dann auch durch das Fehlen einer narzißtischen Regression.

Unter schwierigen sozialen Umständen und in unstabilen Zeiten nimmt die Zahl der Depressionen und depressiven Selbstmorde zu. Diese Tatsache ist, im Gegensatz zu dem oft erhobenen Einwand, der sich auf die Erblichkeit stützt, gegen die psychoanalytische Theorie der Depression geltend gemacht worden. Ist die Depression vielleicht nichts als eine «menschliche Art, auf Frustrationen und Elend zu reagieren»? Aber die Zusammenhänge sind hier komplizierter. Es mag der Hinweis genügen, daß eine Gesellschaft, die nicht in der Lage ist, ihren Mitgliedern notwendige Befriedigungen zu verschaffen, mit Sicherheit eine große Zahl von Personen hervorbringt, die in ihrem Charakter oral abhängig sind. Indem sie den Menschen mit ihren Befriedigungen ihre Macht, ihr Prestige und die Gewohnheit rauben, ihr Selbstgefühl zu regulieren, erhöhen ungewisse Zeiten und ökonomische Depressionen ihre narzißtischen Bedürfnisse und ihre orale Abhängigkeit. Menschen, die aufgrund ihrer Kindheitserlebnisse oral abhängig sind, sind unter solchen sozialen Bedingungen schlimmer dran, weil sie nicht in der Lage sind, Frustrationen hinzunehmen, ohne depressiv auf sie zu reagieren.

9. Die Manie

Bisher ist an den manisch-depressiven Störungen nur die Seite der Depression betrachtet worden. Sie ist analytisch weit besser erforscht als die der Manie. Das Zentrum aller manischen Phänomene bildet eine ungeheure Zunahme des Selbstgefühls. Daß das Gewissen entweder aufgegeben oder in seiner Wirksamkeit stark eingeschränkt ist, läuft auf dasselbe hinaus, weil «Gewissensbisse» und eine «Abnahme des Selbstgefühls» wesentlich identisch sind. Alle Probleme der Manie lassen sich unterm Gesichtspunkt einer solchen Zunahme des Selbstgefühls oder einer Abnahme des Gewissens angehen. Nach der Aufgabe von Hemmungen nehmen alle Handlungen an Intensität zu. Die Patienten haben einen Hunger nach Objekten, nicht so sehr, weil sie von ihnen erhalten oder versorgt werden wollen, sondern um ihre eigenen Möglichkeiten auszudrücken und sich von ungehemmten Triebregungen, die nach Abfuhr suchen, zu befreien. Die Patienten sind nicht nur hungrig nach neuen Objekten; sie fühlen sich auch befreit, weil bisher wirksame Blockierungen weggefallen sind und sie von diesem Dammbruch mehr oder weniger überwältigt werden. Die befreiten Triebregungen ebenso wie die Energien, die bisher dadurch gebunden waren, diese Triebregungen zurückzuhalten, strömen nun hervor und nehmen jede mögliche Abfuhr wahr.

Was mit anderen Worten in der Depression angestrebt wurde, scheint in der Manie erreicht zu sein. Ihr steht nicht nur narzißtische Zufuhr zu Gebote, die das Leben wieder lebenswert macht, sondern ein kompletter narzißtischer Sieg. Es ist, als wäre das gesamte Material jeder nur vorstellbaren Zufuhr dem Patienten plötzlich zur Verfügung gestellt, so daß die primäre narzißtische Allmacht mehr oder weniger wiedererlangt und das Leben unglaublich intensiviert worden wäre (869, 1367).

Freud stellte fest, daß im manischen Zustand der Unterschied von Ich und Über-Ich scheinbar verschwindet (606). Während das Ich bei der Melancholie vollkommen machtlos und das Über-Ich allmächtig ist, hat das Ich bei der Manie seine Allmacht wiedergewonnen, indem es sie im Triumph dem Über-Ich entzogen hat oder indem es sich mit dem Über-Ich in der Teilhabe an dessen Macht vereinigt hat (436). Die Tatsache der heiteren Stimmungslage des typisch Manischen läßt mit der ökonomischen Erklärung der Heiterkeit als Aufwandsersparnis erkennen (556), daß die Spannung zwischen Über-Ich und Ich vorher eine besonders große und ihre Aufhebung eine ganz plötzliche sein muß. In der Manie gelingt es dem Ich irgendwie, den schrecklichen Druck seines Über-Ich loszuwerden, den Kampf mit dem «Schatten» des verlorenen Objekts zu erledigen und gleichsam einen Triumph über dieses Gelingen zu feiern.

Wir betonten, daß der Manisch-Depressive auch seinem eigenen Ich gegenüber ambivalent eingestellt ist; aber in der Depression sehen wir fast ausschließlich die gegen das eigene Ich gerichtete Haßtendenz; die Manie führt uns nun den anderen Pol, die gleichzeitig vorhandene ungeheure Selbstliebe, vor Augen.

Was ermöglicht diesen Wechsel? Wie ein schlechtes Gewissen das normale Vorbild des Krankheitszustands der Depression ist, so besitzt die Manie innerhalb der Normalität ein Vorbild im Gefühl des Triumphes (436). Die Analyse dieses Gefühls lehrt, daß ein Triumph immer dann empfunden wird, wenn ein Aufwand überflüssig wird, der in den ambivalenten Reaktionen eines machtlosen Subjekts gegenüber einem mächtigen Objekt zuvor nötig gewesen war. Der Triumph hat die Bedeutung einer wiedererlangten Selbstmächtigkeit und wird desto intensiver empfunden, je plötzlicher der Wechsel von der Machtlosigkeit zur Macht aufgetreten ist. Triumph ist ein Abkömmling der Lust, die das Kind empfindet, wenn sich in seinem wachsenden Ich das Gefühl ausbreitet, keine Angst mehr haben zu müssen, weil es etwas zuvor als gefährlich Angesehenes bewältigen kann und darum selbst so mächtig ist wie die allmächtigen Erwachsenen (vgl. Bd. 1, S. 70). Die Methoden, vermittels derer eine Teilhabe an der Sicherheit bietenden Macht erlangt wird, variieren zwischen der (ursprünglichen) Tötung eines allmächtigen Tyrannen mit dem Ziel, seinen Platz einzunehmen, und einer liebedienerischen Unterwerfung mit dem Ziel, vom Tyrannen eine Teilhabe an dessen Macht zu erlangen. Ein Mensch ist in gehobener Stimmung, wenn er sich einer bisher bestehenden Verpflichtung, Verantwortlichkeit oder allgemeinen Abhängigkeit ledig weiß (rebellischer Triumph) oder wenn er äußere bzw. innere Vergebung erlangt, wenn er wieder geliebt wird und das Gefühl hat, etwas Rechtes getan zu haben (anbiedernder Triumph).

Wird eine wirkliche Befreiung vom Druck des Über-Ich auf ähnliche Weise in der Manie erreicht? Das klinische Bild scheint anzuzeigen, daß dies der Fall ist.

Denn ohne Zweifel ist der depressive Druck beseitigt, und der Triumph der Manie entsteht aus der Freigabe bisher in Verdrängungskämpfen gebundener Energie, die nun nach einer Abfuhr sucht. Es tritt eine Fülle, zumeist oraler Triebregungen auf, die, zusammen mit dem erhöhten Selbstgefühl, das Leben im Gegensatz zu der bedrückenden Leere während der Depression erfüllt erscheinen lassen.

Die offenbare Hypergenitalität des typisch Manischen ist oraler Natur und zielt auf die Einverleibung von allen. Abraham beschrieb diesen Zustand als er feststellte, daß bei der Manie ein erhöhter seelischer Stoffwechsel vorliege. Die Patienten sind hungrig nach neuen Objekten, trennen sich aber auch sehr schnell und ohne jede Reue wieder von ihnen (26; vgl. 153, 345).

Das Ziel «alle einzuverleiben», ist durch die Ergebnisse von Lewin bestätigt worden (1053, 1058, 1060), denenzufolge vielfältige Identifizierungen für manische Zustände charakteristisch sind. Lewin beschrieb einen Patienten, dessen manische Anfälle im Ausagieren der Urszene einer Identifizierung mit beiden Eltern gleichkamen (1053). Die typischerweise «nicht ursprünglichen» Verhaltensmuster der Manischen können auf vorübergehenden und relativ oberflächlichen Identifizierungen mit äußeren Objekten beruhen.

In allen Gesellschaften findet sich die Einrichtung von Festen, d. h. von Gelegenheiten, bei denen Verbote des Über-Ich periodisch außer Kraft gesetzt werden. Einrichtungen dieser Art beruhen gewiß auf einer sozialen Notwendigkeit. Jede Gesellschaft, die in ihren Mitgliedern eine chronische Unzufriedenheit hervorruft, benötigt Institutionen, durch die die aufgestauten Neigungen zur Rebellion kanalisiert werden. Durch solche Institutionen wird eine Abfuhr von Bestrebungen erreicht, die sich feindselig gegen alltäglich bestehende Institutionen richten, wobei diesen so wenig Schaden wie möglich zugefügt wird. Einmal im Jahr dürfen sich unter zeremoniellen Garantien, unter besonderen Bedingungen und in institutionalisierter Form aufsässige Triebregungen ausdrücken. Von Zeit zu Zeit wird das Über-Ich abgeschafft; den Machtlosen wird gestattet, sich eine Teilhabe an der Macht vorzuspielen. Das versetzt sie in Stimmung und ermöglicht es ihnen, ein weiteres Jahr nur zu gehorchen (579, 606).

Die gehobene Stimmung, die man auf Festen empfindet, ist gewiß ein Korrelat der Manie. Freud äußerte, daß der zyklothymen Periodizität letzten Endes ein biologischer Zwang entsprechen mag. Alle Differenzierungen im seelischen Apparat müssen vielleicht von Zeit zu Zeit wieder aufgegeben werden. Das gesamte Ich sinkt allnächtlich im Schlafzustand in das Es zurück, aus dem es entstand. In analoger Weise wird in der Manie das Über-Ich in das Ich eingezogen (606).
Auf die Tragödie folgt das Satyrspiel, nach dem Gottesdienst beginnt vor der Kirche die Kirmes. Tragödie und Satyrspiel, Gottesdienst und Kirmes haben den gleichen psychischen Inhalt. Aber diesem Inhalt wird mit unterschiedlichen Einstellungen des Ich begegnet. Was bei der Tragödie und beim Gottesdienst bedrohlich und ernsthaft ist, ist Spiel und Spaß bei den Saturnalien und der Kirmes (847). Zweifellos geht diese Abfolge darauf zurück, daß auf eine Unterdrückung durch eine strenge Autorität periodisch eine Überwindung dieser Unterdrückung folgte. Der ursprüngliche Wechsel von Autoritätsdruck und Rebellion wurde wahrscheinlich später durch eine Abfolge von Autoritätsdruck und institutionalisierten Festen ersetzt. Innerpsychisch stellt sich dieselbe Abfolge durch den Wechsel von Schuldgefühlen und Skrupellosigkeit, später von Schuldgefühlen und Verzeihung dar. Was sich einmal zwischen Stammesführern und den ihnen Unterworfenen abspielte, ist internalisiert worden und findet nun zwischen dem Über-Ich und dem Ich statt.

Freud entwickelte in «Totem und Tabu» (579) eine phylogenetische Hypothese dazu, wie dieser Kreislauf entstanden sein mag.

Im manisch-depressiven Zyklus lösen sich Perioden erhöhten und herabgesetzten Schuldgefühls, Gefühle der «Vernichtung» und der «Allmacht», Bestrafung und erneutes Handeln ab. Dieser Kreislauf geht letzten Endes zurück auf den biologischen Zyklus von Hunger und Sättigung beim Säugling.
Es scheint sich jedoch ein entscheidender Unterschied zu erhalten zwischen der pathologischen Erscheinung eines manischen Anfalls und deren Normalvorbild im Triumph, der entweder auf einem Sieg über äußere oder innere Tyrannei oder auf einer erfolgreichen Teilhabe an der Macht basiert.
Die Übertriebenheit einer jeden Manie vermittelt nicht den Eindruck wirklicher Freiheit. Tatsächlich erweist sich bei der Analyse der Manie,

daß die Ängste des Patienten vor seinem Über-Ich in der Regel nicht vollkommen überwunden sind. Unbewußt bleiben sie noch wirksam, und der Patient leidet in der Manie unter denselben Komplexen wie in seinen Depressionen. Es gelingt ihm aber, gegen sie den Verteidigungsmechanismus einer Verleugnung durch Überkompensierung einzusetzen. Die Verkrampftheit der Äußerungsformen der Manie beruht auf dem Umstand, daß sie eine Art Reaktionsbildung sind und dem Zweck dienen, gegenteilige Einstellungen zu verleugnen (61, 330, 597, 1053). Die Manie ist keine genuine Freiheit von der Depression, sondern eine verkrampfte Verleugnung von Abhängigkeiten.

Die Befreiung geschieht in ihr oft nur zum Schein und wiederholt Verstellungen, die das Kind in seinem Kampf gegen narzißtische Schocks ausgebildet hatte, indem es den primitiven Abwehrmechanismus der Verleugnung sowie andere Abwehrmechanismen einsetzte. Die Projektion wird von Patienten verwendet, die sich in ihrer Manie von jedermann geliebt und bewundert oder (paranoider) mißhandelt und daher berechtigt fühlen, ohne Rücksicht auf irgend jemanden alles zu tun, was ihnen Spaß macht (330). Manche manischen Patienten verfolgen an anderen eben die Züge, die sie während ihrer eigenen Depression an sich selbst gehaßt haben. In einigen Fällen läßt sich die fortdauernde Wirksamkeit des Über-Ich nachweisen. Manisches Verhalten kann rationalisiert oder idealisiert werden, als erfülle es irgendeinen idealen Zweck. Die Befreiung wird dann durch eine verleugnende Gegenbesetzung aufrechterhalten und durch die Möglichkeit des Ausbruchs einer weiteren Depression gefährdet.

In einem verkrampften Protest, der die Überflüssigkeit jeder Kontrolle betont, werden alle (oder viele) aggressiven sinnlichen und zärtlichen Triebregungen abgeführt. Das Kind wird mit dem Bade ausgeschüttet, die Vernunft zugleich mit dem Über-Ich überrannt. Es wird ein Zustand geschaffen, der dem ursprünglichen Lustprinzip ähnelt, unter dessen Herrschaft jeder Triebregung ohne Rücksicht auf die Realität nachgegeben wurde, sobald sie sich regte. Das vernünftige Ich wird wiederum überwältigt, diesmal nicht durch ein strafendes Über-Ich, sondern durch eine vollständige Aufgabe der grenzensetzenden Vernunft. In der Manie geschieht genau das, wovor sich Neurotiker in ihrer Angst vor der eigenen Erregung fürchten: ein Zusammenbruch der Organisation des Ich als Ergebnis unkontrolliert abgeführter sexueller Triebregungen. Wiederum werden die Patienten narzißtisch, obwohl sich dieser Narzißmus von dem unterscheidet, der während ihrer Depression vorherrschte. Sie inszenieren noch einmal die Allmacht des primären Narzißmus, indem sie sich nicht nur als eine Person ohne Schuldgefühle, sondern als einen Säugling darstellen, der, sobald er satt ist, den Begriff von Objekten verliert.

Daß manische Patienten nicht in friedlichen Schlaf fallen, sondern in einen Zustand unwiderstehlicher und angespannter Triebregungen, beruht wahrscheinlich auf zwei Umständen: 1. Sie haben im Gegensatz zum Säugling viele Triebregungen jahrelang aufgestaut und ihre ganze seelische Energie in «tonischen» innerpsychischen Besetzungen verbraucht, die jetzt überflüssig werden und abreagiert werden müssen. 2. Ihre Aktionen sind verkrampft und übertrieben, weil sie gegenteilige Vorstellungen, die im Unbewußten noch wirksam sind, verleugnen.

Wir haben bereits darauf hingewiesen, daß Impulshandlungen einen Schutz gegen Depressionen darstellen können, soweit sie mit verschiedenen Mitteln das gleiche Ziel erreichen. Es gibt eine enge Beziehung zwischen spezifischen Impulshandlungen und unspezifischen manischen Regungen. Viele Impulsneurosen sind tatsächlich Äquivalente der Manie.

Die Einsicht, daß der Wechsel von Manie und Depression letzten Endes auf den Wechsel von Sättigung und Hunger zurückgeführt werden kann, wirft wiederum das Problem der Periodizität auf. Sie ist ein biologisches Moment, hieß es erst, eine Ausdrucksform des Rhythmus, in dem sich alle Lebensprozesse abspielen. Sie ist, vermutet dann Freud, eine biologische Notwendigkeit, entsprechend dem Zwang, Differenzierungen des seelischen Apparates von Zeit zu Zeit wieder aufzugeben (606). Aber die Beziehung, die sich zu zeigen schien zwischen Zuständen ohne Über-Ich und dem des gesättigten Säuglings, zwischen den Qualen des Schuldgefühls und denen des Hungers, zeigte uns einen anderen biologischen Wechsel, den von Hunger und Sättigung. Dieser Wechsel, der mit naturgesetzlicher Notwendigkeit immer wieder eingetreten ist (andernfalls wäre der Säugling ja verhungert), prägt sich dem Gedächtnis unauslöschlich ein, und jede spätere Abwechslung von Lust und Unlust wird nach dem Modell dieser Erinnerung perzipiert. Nach diesem Modell wird die Lust nach jedem Schmerz, und wird Schmerz nach jeder Lust erwartet.

Es bildet sich die primitive Vorstellung, daß jedes Leiden ein Privileg auf eine spätere kompensierende Freude verleiht und daß jede Bestrafung eine spätere Sünde zuläßt. Strafe und Liebesentzug von seiten der Eltern werden als Analoga des Hungerzustandes perzipiert und die Absolution wie damals die Sättigung angestrebt. Und wie zu den Erziehern verhält sich das Ich nach erfolgter Introjektion zu seinem Über-Ich. In der Depression fühlt sich das Ich von seinem Über-Ich nicht mehr geliebt, d. h. in seiner oralen Wunschwelt im Stich gelassen, in der Manie ist die verzeihende orale Liebesvereinigung mit dem Über-Ich wieder eingetreten (1107).

Bei solcher Bezugsetzung bleibt gewiß vieles an dem Rätsel der Periodizität ungelöst, so vor allem die Hauptfrage, warum manche Fälle eines erkennbaren oder verborgenen äußeren auslösenden Anlasses bedürfen, der einen Wechsel der Phase herbeiführt, bei anderen aber dieser Wechsel einem regelmäßigen scheinbar biologisch fundierten Rhythmus entspricht. Bei menstruellen Depressionen z. B. wird man zwar regelmäßig in der Analyse nachweisen, daß die Menstruation subjektiv als eine Versagung empfunden wird und der Frau zu Bewußtsein bringt, daß sie weder ein Kind noch einen Penis besitzt (322); dennoch aber wird man den Eindruck nicht los, daß rein biologische Faktoren ebenfalls mitspielen (257).

10. Historischer Abriß der Forschungen zur Depression

Die wichtigsten Erkenntnisse zur Psychologie der manisch-depressiven Störungen sind in wenigen grundlegenden Arbeiten niedergelegt, die einander ergänzen und fortführen. Die beste Methode, sie darzustellen, ist, ihre Inhalte zu referieren. Zwei wichtigen Arbeiten von Abraham aus den Jahren 1911 und 1916 (5, 13) folgte die entscheidende Erkenntnis in Freuds Essay «Trauer und Melancholie» von 1917 (597), die wiederum von Abraham 1924 weiter ausgebaut und fruchtbar gemacht wurde (26). Eine Arbeit von Radó aus dem Jahre 1927 (1238) konnte schließlich einige weitere wichtige, noch offen gebliebene Probleme lösen.

Abrahams zuerst erwähnte Arbeit (5) brachte die Grundentdeckung,

daß der Ambivalenz im Seelenleben des Depressiven eine wesentliche Rolle zukommt. Ihr Einfluß erscheint sehr viel größer als bei der Zwangsneurose. Die gleichzeitig vorhandenen Liebes- und Haßquanten scheinen einander an Größe mehr zu entsprechen. Depressive können nicht recht lieben, weil sie immer wenn sie lieben, hassen. Abraham entdeckte darüber hinaus die prägenitale Fundierung dieser Ambivalenz und stellte fest, daß die Depressiven sich selbst mit der gleichen Ambivalenz behandeln wie die Objekte. Der Sadismus, mit dem Depressive sich selbst attackieren, entsteht aus einem ursprünglich nach außen gerichteten, jetzt aber nach innen gewendeten Sadismus.
Abrahams zweite Veröffentlichung zum Thema (13) hielt seine Entdeckung fest, daß bei Depressiven die Oralerotik ungeheuer gesteigert ist. Er wies nach, daß um die Oralerotik zentrierte Konflikte bei depressiven Hemmungen, bei Eßstörungen und in «oralen» Charakterzügen am Werk sind. Es wurde nun deutlich, daß der Narzißmus und die Ambivalenz, die in der ersten Arbeit beschrieben worden waren, einen oralen Ursprung haben.
Freuds Arbeit «Trauer und Melancholie» (597), mit der die Untersuchung der depressiven Selbstvorwürfe begann, stellte fest, daß sich Depressive nach einem Objektverlust verhalten, als hätten sie ihr Ich verloren. Freud beschrieb die pathognomische Introjektion. Er zeigte weiterhin, wie depressive Zustände die Existenz eines Über-Ich bewiesen und daß nach der Introjektion Kämpfe zwischen Über-Ich und Ich an die Stelle der Auseinandersetzungen treten, die das Ich zunächst mit einem ambivalent geliebten Objekt geführt hatte.
Abrahams Buch (26) stellte nicht nur eine Menge von überzeugendem klinischem Material zur Verfügung, das Freuds theoretische Formulierungen unterstützte, sondern es trug seinerseits zur Bildung der Theorie in einigen wesentlichen Punkten bei. Es führte die Unterteilung der Libidoorganisation in eine orale und anale Stufe ein; es wies nach, daß die Selbstvorwürfe nicht nur internalisierte Vorwürfe des Ich gegen ein Objekt, sondern auch internalisierte Vorwürfe eines Objekts gegen das Ich sind. Schließlich bot das Buch einige neue Formulierungen der ätiologischen Voraussetzungen der Depression (deren wichtigste die Entdeckung der Urverstimmung in der Kindheit darstellt) sowie eine Untersuchung der Manie, die eine Ausarbeitung von Freuds Bemerkungen

über die Manie in seiner Schrift «Massenpsychologie und Ich-Analyse» ist (606).
Die Arbeit von Radó (1238) entlarvte die Selbstvorwürfe der Depressiven als eine ambivalente Liebedienerei (dem Objekt und) dem Über-Ich gegenüber. Ferner wurden von Radó die Beziehungen zwischen Depression und Selbstgefühl geklärt. Die doppelte Introjektion des Objekts in das Ich und in das Über-Ich vermochte er zu erläutern. Zugleich differenzierte er die «guten» (d. h. schützenden) und die «bösen» (d. h. strafenden) Aspekte des Über-Ich voneinander, um zu einer Klärung der Ziele der depressiven Mechanismen zu gelangen. Daneben erklärte Radó die manisch-depressive Periodizität als einen Sonderfall einer allgemeinen Periodizität von Vergehen und Sühne und letzten Endes als das Ergebnis der fundamentalen biologischen Periodizität von Hunger und Sättigung beim Säugling. Spätere Darstellungen brachten Ausarbeitungen und klinische Illustrationen (668, 844, 1078).

11. Die therapeutischen Aussichten der Psychoanalyse bei den manisch-depressiven Störungen

Die therapeutischen Aussichten der Psychoanalyse sind unterschiedlich, je nachdem ob es sich um neurotische Depressionen oder um schwere manisch-depressive Psychosen handelt. Leichteste neurotische Depressionen brauchen keine besondere Behandlung, die Auflösung der zugrundeliegenden infantilen Sexualkonflikte in der Analyse der Hauptneurose bringt automatisch eine Auflösung der neurotischen Minderwertigkeitsgefühle und ein relativ harmonisches Verhältnis zum Über-Ich mit sich. Schwere Fälle, bei denen die Depression das Krankheitsbild bereits beherrscht, sind nach den analytischen Schwierigkeiten, die sie bieten, etwa den Zwangsneurosen gleichzusetzen, da sie auf einer ähnlichen prägenitalen Fixierung beruhen.
Die Schwierigkeiten der analytischen Behandlung manisch-depressiver Psychosen sind vollkommen anderer Natur. Je «verinnerlichter» der pathogene Prozeß ist, desto schwieriger ist es, durch die Übertragung den für die Analyse notwendigen Kontakt zum Patienten herzustellen. Bei narzißtischen Zuständen bleibt dem Analytiker kein anderes Mittel,

als nicht-narzißtische Reste der Persönlichkeit dazu zu verwenden, die Objektbeziehungen des Patienten so zu erweitern, daß mit der analytischen Arbeit begonnen werden kann. Die zu diesem Zweck erforderlichen Modifizierungen der analytischen Technik werden später in Verbindung mit der analytischen Therapie der Schizophrenie erörtert (vgl. S. 355 ff.).

Von dreierlei Art sind die Schwierigkeiten, die der Analytiker bei der Behandlung manisch-depressiver Patienten überwinden muß. Die erste ist verhältnismäßig einfacher Natur und besteht bereits bei neurotischen Depressionen. Sie liegt in der oralen Fixierung, d. h. in der frühen Zeit, in der die aufzudeckenden, ausschlaggebenden Kindheitserlebnisse («Urverstimmung») gelegen sind. Gravierender ist die zweite Schwierigkeit. Sie liegt in der narzißtischen Natur der Erkrankungen und der durch sie bedingten Unverläßlichkeit der Übertragung, die, von Anfang an in einem Grade ambivalent, wie wir das bei keiner anderen Neurosenform kennen, durch die ständige Neigung zur narzißtischen Regression immer gefährdet und in unberechenbarer Weise sprunghaft ist. Der dritte Punkt bringt die größte Schwierigkeit. Bei einer schweren Depression oder im Zustand der Manie sind die Patienten analytischem Einfluß entzogen. Ein vernünftiges Ich, das im Verlauf der Analyse lernen soll, sich seinen Konflikten zu stellen, ist in diesen Zuständen einfach nicht existent. Immerhin hat Abraham darauf aufmerksam gemacht, und vielen Psychiatern hat sich diese Erfahrung immer wieder bestätigt, daß auch unzugänglich depressive Patienten, etwa in wahnhaft ängstlicher Erregung oder monoton klagender melancholischer Depression, die scheinbar ohne Kontakt zur Objektwelt sind, für ein aufmerksames Zuhören ganz außerordentlich dankbar sind und entsprechend liebevolle Geduld ebenso wie Katatone oft mit einem plötzlichen überraschenden Kontakt belohnen. Das aber ist bei solchen Patienten keine leichte Aufgabe (26).

Bei manisch-depressiven Patienten bietet sich aus dieser Schwierigkeit ein Ausweg an. Es ist die Häufigkeit freier Intervalle, in denen sie zu Objektbeziehungen fähig sind. Das freie Intervall bietet sich von selbst als geeignetster Zeitpunkt für analytische Bemühungen dar. Aber auch in freien Intervallen sind die Objektbeziehungen durch die Ambivalenz und die narzißtische Orientierung der Kranken behindert. Daneben besteht potentiell die Gefahr, daß man gerade durch eine Analyse im freien

Intervall den Kranken wieder in einen neuen Schub hineinstoßen könnte. Abraham leugnet aber nach reicher praktischer Erfahrung die Schwere dieser Gefahr und kann berichten, daß im Gegenteil die Intervalle, wenn während ihrer Dauer analysiert wurde, immer länger wurden. Er konnte auch von wirklichen Heilerfolgen berichten, obwohl die dazu erforderlichen Zeiten unwahrscheinlich lange sind, besonders wenn die Behandlung noch durch in ihre Zeit fallende Schübe verlängert wird (26; vgl. auch die Fallstudien: 200, 246, 275, 330, 336, 386, 398, 509, 668, 844, 1053, 1060, 1094, 1217 et al.).

Bei der Ausichtslosigkeit aller anderen Therapie, der Hoffnung, durch fortschreitende praktische Erfahrungen die für die Behandlung narzißtischer Neurosen nötigen Modifikationen der Technik klarer zu erkennen, und bei Beachtung des Umstands, daß man durch die entlastenden Aussprachen dem Kranken wohl auch dann hilft, wenn die Analyse mißlingt, wird man im allgemeinen, nachdem man auf die Fraglichkeit der Prognose aufmerksam gemacht hat, bei manisch-depressiven Erkrankungen zur Analyse raten können. Aber man darf eines nicht vergessen. Der Dissimulation und der Plötzlichkeit der melancholischen Handlungen kann auch der Psychoanalytiker erliegen. Die Suizidgefahr bei schweren Depressionen ist eine ungeheuere. Auch wenn der Analytiker eine andere Art Kontakt zu seinem Kranken hat als der Psychiater, darf er in diesem Punkte die von der Psychiatrie gelehrte Vorsicht nicht außer acht lassen. Die größer angelegte psychoanalytische Erforschung der Manisch-Depressiven, die im Interesse der Kranken wie der Wissenschaft so erforderlich wäre, ist eine Sache der geschlossenen Anstalt.

Zur Schocktherapie folgen weiter unten einige Bemerkungen (vgl. XXIII, 2).

Kapitel XVIII: Die Schizophrenie

1. Einleitende Bemerkungen

Die Vielfalt der Erscheinungsformen der Schizophrenie bereitet einer zusammenhängenden Darstellung größere Schwierigkeiten als jede andere Art seelischer Störungen. Man hat gelegentlich bezweifelt, ob eine zusammenhängende Darstellung überhaupt möglich ist und ob die vielfältigen Erscheinungsformen der Schizophrenie irgend etwas gemeinsam haben. Denn die Bezeichnung «Schizophrenie» wird auf so viele unterschiedliche Krankheitszustände angewandt, daß sie nicht einmal zu Zwecken der Prognose von Wert ist. So gibt es vorübergehende «schizophrene Episoden» bei Personen, die sowohl vorher wie nachher offenbar gesund sind. Und es gibt schwere Psychosen, die in einer dauernden Demenz enden. Man hat daher gelegentlich «schizophrene Episoden» von bösartigen «Prozeßpsychosen» unterschieden (vgl. S. 348). Die «Schizophrenie» ist gewiß keine bestimmte nosologische Einheit, sondern umfaßt eher eine ganze Gruppe von Krankheiten.

Obwohl es schwierig ist, sie auf eine exakte Formel zu bringen, ist diese Gruppe doch durch bestimmte gemeinsame Kennzeichen charakterisiert. Die gemeinsamen Aspekte umfassen die befremdliche und bizarre Natur der Symptome, die Absurdität und Unvorhersagbarkeit der Affekte und intellektuellen Ideen sowie die offenbar inadäquate Verbindung zwischen beiden. Die Frage ist nun, ob diese gemeinsamen Charakteristika ihrerseits auf gemeinsamen, spezifischen seelischen Mechanismen beruhen.

Freud gelang es, die Mechanismen der Schizophrenie mit seiner Theorie der neurotischen Symptombildung dadurch in Einklang zu bringen, daß er alle ihre Erscheinungsformen um das grundlegende Konzept der Regression gruppierte. Diese theoretische Einordnung stellt keine Entscheidung darüber dar, ob die Regression ihrem Ursprung nach somatisch oder psychisch ist. Bei unterschiedlichen Fällen kann die Regression unterschiedliche Ursachen und eine je verschiedene Reichweite haben, sie hat aber immer die gleiche Tiefe. Sie führt auf sehr viel frühere Zeiten zurück als jede Regression, die bei Neurosen auftritt; insbesondere führt sie in die Zeit der Ich-Bildung zurück.

Zu Beginn seines Lebens befindet sich der Säugling in einem Zustand des Primärnarzißmus, in dem die Systeme des seelischen Apparats noch nicht voneinander unterschieden sind und in dem noch keine Objekte existieren. Die Herausbildung des Ich fällt mit der Entdeckung von Objekten zusammen. Ein Ich existiert insofern, als es von Objekten, die nicht Ich sind, unterschieden wird. Die folgenden Formeln meinen daher unter je verschiedenem Gesichtspunkt ein und dasselbe: der Schizophrene ist zum Narzißmus regrediert; der Schizophrene hat seine Objekte verloren; der Schizophrene hat einen Bruch mit der Realität vollzogen; das Ich des Schizophrenen ist zusammengebrochen (vgl. Bd. 1, S. 56).

Vieles weist darauf hin, daß eine Schizophrenie sich von einer Neurose grundlegend unterscheidet. Beide haben jedoch vieles gemeinsam. Es bleibt noch zu erforschen, ob die Unterschiede zwischen beiden die Tiefe und Schwere der Krankheit betreffen, während der Krankheitsprozeß bei beiden im Grunde ähnlich verläuft, oder ob Neurose und Schizophrenie eine vollständig verschiedene Ätiologie besitzen. Wenn auch die Irrationalität des schizophrenen Verhaltens es unmöglich zu machen scheint, sich in die Patienten einzufühlen, so kann man doch den legitimen Versuch unternehmen, die Kluft zwischen schizophrener und normaler oder neurotischer Mentalität psychologisch zu verstehen. Selbst wenn nachgewiesen worden wäre, daß die Ätiologie der Schizophrenie im wesentlichen somatisch ist, wäre es wichtig, die psychologischen Aspekte dieses heterogen entstandenen seelischen Zerfalls zu untersuchen (193, 705). Der psychoanalytische Beitrag zur Forschung auf diesem Gebiet kann trotz seiner Bedeutung nur ein Teil einer allgemeinen Theorie der Schizophrenie sein (vgl. 149, 200, 238, 596, 786, 1096, 1138, 1229, 1241, 1359, 1467, 1557). Daneben bleiben bedeutende somatische Probleme zu lösen. Außerdem müssen von seiten der Psychologie deskriptive Untersuchungen in Angriff genommen werden. Die «mikroskopischen» Untersuchungen der Psychoanalyse setzen die «makroskopischen» Forschungen der Psychiatrie in derselben Weise voraus, wie die Histologie die Anatomie voraussetzt. Die folgenden Bemerkungen erfordern einige Kenntnis der «makroskopischen» Beschreibungen und befassen sich nur mit den «mikroskopischen» Ergebnissen.

Die Schizophrenie ist heute in ihrem Unterschied zu den Neurosen psychoanalytisch genügend erforscht, um es als wahrscheinlich erscheinen zu lassen, daß die möglicherweise entscheidenden ätiologischen, somatischen Faktoren sich bei ihr von denen der Neurose im Prinzip nicht unterscheiden. Bei Neurosen liegt ein komplementäres Verhältnis zwischen einer Veranlagung und den die Krankheit auslösenden Erlebnissen vor. Die körperliche Konstitution ist ein Teil der Veranlagung, der sich in manchen Fällen entscheidend, in anderen weniger bemerkbar macht.

An verschiedenen Stellen in diesem Buch sind bei der Darstellung von Neurosen Sachverhalte berührt worden, die mit der Schizophrenie verwandt sind. Bei manchen hypochondrischen Zuständen und bei prägenitalen Konversionen haben, wie gezeigt wurde, innerpsychische Objektrepräsentanzen ihre Besetzungen verloren. An ihrer Stelle wurden Organrepräsentanzen besetzt. Narzißmus trat an die Stelle von Objektbeziehungen. Fälle mit verbreiteten allgemeinen Hemmungen waren durch einen Interesseverlust an der Außenwelt und durch eine fast vollständige Aufgabe von Objektbeziehungen charakterisiert (vgl. Bd. 1, S. 264 f.). Bei bestimmten Formen von psychogenem Tic entstand der Eindruck, daß eine aufgestaute Organbesetzung sich in dem Symptom ausdrückte (vgl. S. 183). Bei depressiven Zuständen hatten wir angemerkt, daß Konflikte, die ursprünglich zwischen dem Patienten und einem äußeren Objekt ausgetragen wurden, sich nach einer Introjektion dieses Objekts in der Seele des Patienten fortsetzten (vgl. S. 285).

Alle diese Zustände haben gemein, daß in ihnen eine Regression vorliegt, die, zumindest teilweise, auf die frühe narzißtische Stufe zurückführt. Der Zusammenbruch der Realitätsprüfung, dieser fundamentalen Funktion des Ich, und die Symptome eines Ich-Zerfalls, die einer schweren Störung der Kontinuität der Persönlichkeit gleichkommen, können als eine Rückkehr zu der Zeit aufgefaßt werden, in der sich das Ich noch nicht oder kaum herausgebildet hatte. Man wird daher erwarten dürfen, daß die Untersuchung der Schizophrenie die Prozesse der frühesten Periode im Leben des Säuglings in der gleichen Weise erhellt, wie die Untersuchung der Zwangsneurose die Rolle des Analsadismus erhellt hat.

Manche schizophrenen Symptome sind ein direkter Ausdruck eines regressiven Zusammenbruchs des Ich und ein Ungeschehenmachen von Differenzierungen, die sich während der Entwicklung der Seele herausgebildet haben (Primitivisierung). Andere Symptome stellen verschiedene Restitutionsversuche dar. Die erste Kategorie von Symptomen umfaßt Phänomene wie Weltuntergangsphantasien, körperliche Sensationen, Depersonalisation, Größenwahn, archaische Arten des Denkens und Sprechens, hebephrene und bestimmte katatone Symptome. Die zweite Kategorie umfaßt Halluzinationen, Wahnbildungen, die meisten der schizophrenen Eigenarten in bezug auf Sprache und soziale Umgebung sowie andere katatone Symptome.

2. Symptome der Regression in der Schizophrenie

a) Weltuntergangsphantasien

Die innere Wahrnehmung eines Verlusts der Objektbeziehungen ruft nach Freud die in den Frühstadien der Schizophrenie häufig anzutreffende Phantasie hervor, daß die Welt untergeht (574). Die Patienten, die dieses Gefühl erleben, haben in einem gewissen Sinne recht; denn soweit sie selbst betroffen sind, ist die objektive Außenwelt tatsächlich zusammengebrochen (709, 974). Gelegentlich gibt es aber auch einen «partiellen Weltuntergang». So spricht z. B. der Wahn, jemand sei gestorben, die richtige Selbstwahrnehmung aus, der Kranke habe seine Libido von ihm zurückgezogen (142). Erst durch die Libidobesetzung wird uns die Welt lebendig und inhalterfüllt. Wenn Schizophrene darüber klagen, die Welt sei so «leer», so «inhaltslos» geworden, es hätte sich etwas verändert, die Menschen seien nur «flüchtig hingemacht», und wenn sie sich in dieser veränderten Welt verlassen fühlen, so spiegelt das auch den Rückzug der Libido von den Objektbesetzungen (1462). Dasselbe in schwachem – nämlich lokalisiertem – Sinne ist die besprochene Depersonalisation, dasselbe in starkem – nämlich totalem – Sinne der katatone Stupor.
Man wird einwenden, daß es einen Rückzug der Libido von der Wirklichkeit nach enttäuschenden Ergebnissen überall, auch beim Normalen und beim Neurotiker, gebe, daß also unmöglich dieser Rückzug charakteristisch für die Schizophrenie sein könne. Man muß zunächst einmal feststellen, daß der Rückzug bei Normalen und Neurotikern sich von dem der Schizophrenen unterscheidet. Es ist eine Zuwendung zur Phantasie, also der Prozeß, den wir «Introversion» nennen. Die Stelle der Realobjekte, von denen man sich enttäuscht abwendet, nehmen Phantasieobjekte der Kinderzeit ein. Der Schizophrene dagegen gibt sein Interesse an Objekten vollkommen auf. Abraham hat in seiner ersten diesbezüglichen Veröffentlichung (1) deutlich gemacht, daß die Unterscheidung von Neurosen und Psychosen davon abhängt, ob beim Rückzug von der Realität Objektrepräsentanzen erhalten bleiben oder nicht. Während bei depressiven Psychosen die Objektrepräsentanzen irgendwo in das Subjekt hineingenommen werden, bleibt bei der Schizophrenie trotz der besonderen Betonung bestimmter erogener Zonen der Rückzug der Libido diffus.

Offensichtlich jedoch gibt es viele Tatsachen, die dieser Feststellung widersprechen. Jeder Besuch in einer psychiatrischen Klinik beweist ja auf den ersten Blick das Gegenteil. Die objektstrebigen Tendenzen der Schizophrenen sind ja oft ganz außerordentlich ausgeprägt, so daß der Besucher einer Abteilung Gegenstand heftigster zärtlicher, sinnlicher und aggressiver Übertragungstendenzen der Patienten wird. Aber gerade die Ungeordnetheit und Heftigkeit dieser Äußerungen können den scheinbaren Widerspruch gegen die analytische Theorie aufheben. Der flüchtige und unverläßliche Charakter der Übertragungsaktion läßt den Eindruck entstehen, als ob die Patienten, von einem narzißtischen Zustand ausgehend, sich der Objektwelt zu bemächtigen suchen, es aber nur in abrupten Ausbrüchen und für kurze Zeit zustande bringen. Diese Arten des Verhaltens Objekten gegenüber sind ein Teil der Restitutionssymptome.
Gewisse schizophrene Symptome zeigen die absichtsvolle Natur des Objektverlusts. Eine Stummheit mag nicht nur die Tatsache ausdrücken, daß der Patient kein Interesse an der Außenwelt mehr hat, sie kann ebensogut ein Moment antagonistischer Feindseligkeit enthalten. In den Symptomen des Negativismus findet der Haß gegen die Außenwelt offen Ausdruck.

b) Körperliche Sensationen und Depersonalisation

Viele Schizophrenien beginnen mit charakteristischen hypochondrischen Sensationen. Die Theorie der Hypochondrie, die besagt, daß die Organbesetzungen auf Kosten der Objektbesetzungen angewachsen sind, macht diese frühe Symptomatologie einsichtig. Am Beginn des schizophrenen Prozesses steht eine Regression auf den Narzißmus. Das bringt ein Anwachsen des «Libido-Tonus» des Körpers oder (je nach der individuellen Lebensgeschichte) besonderer Organe mit sich. Dieses Anwachsen macht sich in hypochondrischen Sensationen bemerkbar. Die Entdeckung des Ich und der Außenwelt wird vom Kleinkind zugleich mit der Entdeckung seines eigenen Körpers gemacht, der sich von allen anderen Dingen der Welt durch die bemerkenswerte Tatsache unterscheidet, über zwei Arten von Wahrnehmung zugleich zugänglich zu sein: über eine äußere taktile und über eine innere der Tiefensensibilität (1231) (vgl. Bd. 1, S. 57). Freud formulierte, «das Ich ist vor allem ein körperliches» (608), d. h. die Perzeption des eigenen Körpers, das «Körperschema» ist sein Kern (134, 1372). In den hypochondrischen Sensationen, die die Schizophrenie einleiten, scheint dieser Kern und seine Entstehungsgeschichte wieder hervorzutreten und mit der regressiven Veränderung des Ich seinerseits verändert zu werden (68, 1531).

Körperliche Symptome haben bei beginnender Schizophrenie nicht notwendig den Charakter intensiver Sensationen. Fast ebenso oft bestehen sie in einem Mangel an Empfindungen. Bestimmte Organe, Körpergegenden oder der ganze Körper werden wahrgenommen, als gehörten sie nicht zur Person oder stellten zumindest nicht deren normale Verfassung dar. Auch diese läßt sich aus Veränderungen der libidinösen Besetzung erklären. Schwindet das normale Körpergefühl aus dem Bewußtsein, so bedeutet das nicht notwendig, daß der entsprechende Libidobetrag von den fraglichen Organen abgezogen worden ist (387). Es kann auch bedeuten, daß dieses Organ mit einem hohen Libidobetrag besetzt worden ist, der durch eine Gegenbesetzung verborgen bleibt (1291, 1366). Tausk hat darauf hingewiesen, daß eine Entfremdungsperiode gegenüber dem Körper gewöhnlich auf eine hypochondrische Periode folgt. Der Rückzug der Objektbesetzung intensivierte dabei die Organbesetzung, die sich zunächst anhand von hypochondrischen Sensationen bemerkbar machte. Dem Ich ist es jedoch inzwischen gelungen, die hypochondrischen Sensationen durch eine Gegenbesetzung abzuwehren, deren Ergebnis dann die Entfremdung ist (410, 1531). Sowohl eine Zunahme wie auch eine Abnahme des Körpergefühls verändert notwendig das Körperbild eines Patienten und läßt ihn sich selbst als fremd empfinden. Die eigentümlichen Veränderungen des Körperbilds werden durch seelische Konflikte bestimmt und können zum Ausgangspunkt für deren Analyse genommen werden (233, 387, 389, 391, 395, 746, 1366, 1418, 1605).

Eine schizophrene Episode begann damit, daß ein Patient darüber verzweifelt war, daß ein neuer Hut ihm nicht paßte. In der Analyse wurde deutlich, daß der Patient sich vollkommen verändert fühlte, wenn er diesen Hut trug. Er glaubte, daß durch ihn seine Kopfform verändert werde. Entsprechend veränderte sich auch sein Körperbild. Die übertriebene Reaktion auf den Hut, war ein verzerrter Ausdruck der Angst des Patienten, daß etwas mit seinem Kopf nicht stimme. Allgemein hat eine übertriebene Reaktion auf Kleidung die Bedeutung einer hypersensiblen Körperwahrnehmung (521) (vgl. S. 101 und Bd. 1, S. 57). Oberndorf hat einige Fälle beschrieben, bei denen sich eine

Unsicherheit der Patienten in bezug auf ihre Körperwahrnehmung auf eine Unsicherheit in bezug auf ihr eigenes Geschlecht zurückführen ließ (1186, 1187, 1188, 1189, 1191).

In Entfremdungszuständen treten einer erhöhten narzißtischen Körperbesetzung Abwehrreaktionen entgegen. Bei der Depersonalisation geschieht das gleiche mit einer erhöhten narzißtischen Besetzung der seelischen Vorgänge. Überbesetzte Gefühle oder Vorstellungen werden bei ihr verdrängt. Ein Patient, der sich selbst beobachtet, ist sich des Fehlens seiner wirklichen Gefühle in der gleichen Weise bewußt wie jemand, dem ein Name auf der Zunge liegt, der ihm nicht einfallen will. Die Erfahrungen von Entfremdung und Depersonalisation beruhen auf einer besonderen Art von Abwehr, der Gegenbesetzung gegen die eigenen Gefühle, die durch eine vorausgegangene Zunahme des Narzißmus verändert und intensiviert worden ist (402, 410, 1173, 1291, 1531). Das Ergebnis dieser Zunahme wird vom Ich als unangenehm empfunden, und es ergreift daher Abwehrmaßnahmen gegen sie. Diese Abwehrmaßnahmen können gelegentlich in einem reaktiven Rückzug der Libido bestehen (1173), in der Regel aber bestehen sie aus Gegenbesetzungen. Die erhöhte Selbstbeobachtung und das Gefühl, daß die fehlenden Empfindungen wie ein vergessener Name noch vorhanden sind, sind der klinische Ausdruck dieser Gegenbesetzungen (410).

Schilder hebt ausdrücklich hervor, daß «dem Depersonalisierten die Gefühle nicht fehlen, daß die Kranken nur von innen her einen Widerspruch gegen ihr eigenes Erleben erheben», daß «die Selbstbeobachtung» einen inneren Widerspruch vertritt, so daß «wir in der Depersonalisation zwei einander widerstreitende Richtungen haben», die nach der Empfindung von Körpersensationen streben oder ihr widerstreiten, wobei das «narzißtisch besetzte Organ am stärksten der Depersonalisation verfällt» (1379).

Nicht bei allen Fällen von Depersonalisation ist die Zunahme des Narzißmus zu Beginn so groß wie bei der Schizophrenie. Als Symptome eines Versuchs, verpönte Gefühle und Empfindungen abzuwehren, treten Depersonalisationen auch außerhalb des Bereichs der Schizophrenie auf. Sie können eine Abwehr von Gefühlen der Erregung zum Ausdruck bringen, insbesondere aber von ausgesprochener Neugierde (107, 1347) oder von einem eigentümlichen Denkstil (1186, 1187, 1188, 1189, 1191).

Wie Entfremdung und Depersonalisation die Reaktion des Ich auf die innere Wahrnehmung des erhöhten Narzißmus darstellen, so stellt die allgemeine Ratlosigkeit, das Gefühl, alles sei verändert, eine weitere Reaktion der Schizophrenen dar. Diese anfänglichen Symptome beruhen auf der inneren Wahrnehmung der narzißtischen Regression und der sie begleitenden libidinösen Verschiebungen.

c) Größenwahn

Ein Rückzug der Objektbesetzungen auf das Ich tritt nicht notwendig als Depersonalisation auf. Nicht immer wird der zunehmende Narzißmus abgewehrt; unter bestimmten Bedingungen macht er sich als große und angenehme Aufblähung des Ich eines Patienten bemerkbar. Eine plötzliche Vereinigung der Besetzungen der Objektrepräsentanzen und des Ich kann eine Art von manischem Zustand und ekstatischem Erleben hervorrufen (574).

Es ist wiederholt darauf hingewiesen worden, daß das Kind nach dem Verlust seiner Allmachtgefühle glaubt, die Erwachsenen seien allmächtig, und daß es daher nach einer Vereinigung mit ihnen strebt. Psychotischen Individuen mag es gelingen, den Verlust ihrer Allmacht einfach zu leugnen und sich ein «ozeanisches Gefühl» zu erhalten oder es wiederzuerlangen, wobei dann für sie die objektive Außenwelt, nachdem sie ihnen die notwendige Befriedigung zur Verfügung gestellt hat, ganz ebenso wieder verschwindet, wie sie dem satten Säugling entschwindet, der einschläft (324) (vgl. Bd. 1, S. 56). Individuen dieser Art reagieren auf jede narzißtische Kränkung im späteren Leben in derselben Weise, in der sie auf die erste narzißtische Kränkung reagiert haben, durch die ihnen klar wurde, daß sie nicht allmächtig sind. Sie verleugnen diese Kränkung und erhöhen ihr Selbstgefühl durch Überkompensierung. Für solche Menschen ist eine Regression zum Narzißmus zugleich eine Regression zur primären narzißtischen Allmacht, die bei ihnen in der Form eines Größenwahns auftritt.

Bei der Erörterung der Abwehrmechanismen wurde dargestellt, wie die normale Entwicklung des Ich und seiner Realitätsprüfung einen übermäßigen Gebrauch des Mechanismus der Verleugnung unmöglich macht.

Gelegentlich kann jedoch eine außergewöhnliche Umgebung, die ein Kind verwöhnt und seine Isolierung fördert, es veranlassen, jede narzißtische Kränkung durch eine noch höhere Meinung von sich selbst überzukompensieren. Bei anderen Fällen sind die Ursachen einer narzißtischen Fixierung, die für solch eine Überkompensierung verantwortlich ist, weniger offensichtlich.

Ein überkompensierender Narzißmus dieser Art kann in manchen Fällen zum Ausgangspunkt asketischer und masochistischer Einstellungen werden. In anderen Fällen wird er jedoch nicht weiter ausgearbeitet, und die Patienten kompensieren den Liebesverlust durch erhöhte Selbstliebe. Wir haben bereits darauf hingewiesen, daß bei Normalen oder Neurotikern ein verlorenes Objekt durch eine Identifizierung mit eben diesem Objekt ersetzt werden kann, wobei sich das Ich dem Es in der Weise anbietet, daß es dem geliebten Objekt ähnlich wird (608) (vgl. S. 281). Bei Personen, die über die Möglichkeit verfügen, zum Stadium narzißtischer Allmacht zu regredieren, ersetzt das Gefühl, herrlicher als jedes Objekt zu sein, die Ähnlichkeit mit einem Objekt. Selbstliebe tritt bei ihnen an die Stelle von Objektliebe, und die Überschätzung, die gewöhnlich einem geliebten Menschen entgegengebracht wird, richtet sich jetzt auf das eigene Ich. Die Patienten neigen nicht nur dazu, an ihre eigene Allmacht zu glauben, sondern verlieren sich in leidenschaftlicher Selbstliebe und bilden sich sogar ein, mit sich selbst Geschlechtsverkehr zu haben. Eine Selbstliebe dieses Typus entspricht deutlich nicht dem Primärzustand, der vor der Existenz eines jeden Objekts vorhanden war. Eine Regression zu diesem Zustand drückt sich eher in einem katatonen Stupor als im Größenwahn aus (924). Die Selbstliebe bezieht sich hier eher auf den Sekundärnarzißmus (585, 608), bei dem die Objekte durch das Ich ersetzt worden sind.

Der Allmachtglaube, der in narzißtischen Regressionen wieder zutage tritt, ist eine Teilerscheinung des magisch-animistischen Weltbildes (vgl. 1250).

Daß narzißtische Tagträume tatsächlich geglaubt werden und zum Wahn werden, daß die Patienten sich für einen König, den Präsidenten oder Gott halten, beruht auf einem Verlust der Fähigkeit zur Realitätsprüfung. Der Inhalt der Wahnbildungen läßt sich ganz ebenso analysieren wie die Tagträume von Neurotikern oder Normalen. Daß «Größe» empfunden wird, ist ein direkter Ausdruck des reaktivierten Narzißmus. Die Wahnbildungen, die dieses Gefühl mit sich bringt, sind in ihrer Struktur anderen Wahnbildungen analog (70) (vgl. S. 327 ff.).

d) Das schizophrene Denken

Die Art, in der Schizophrene Wörter und Begriffe verwenden, ist keineswegs immer unordentlich. Ihr Denken ist tatsächlich in bestimmter Weise geordnet, aber es gehorcht nicht den Gesetzen einer «normalen» Logik. Die schizophrene Logik ist identisch mit einem primitiven magischen Denken, d. h. mit einer Form des Denkens, die sich auch bei Primitiven (1047) sowie im Unbewußten von Neurotikern, bei kleinen Kindern, in den Ermüdungszuständen der Normalen als «Vorform» des Denkens (1363) findet. Es ist die *archaische* Art des Denkens (166, 234, 235, 236, 732, 930, 1042, 1550). Was sich bei der Zwangsneurose nur andeutet, ist in der Schizophrenie voll ausgeprägt: das schizophrene Denken fällt vom logischen zu einem prälogischen Denken zurück.

Die regressive Natur des schizophrenen Denkens wird durch den Umstand bestätigt, daß es sich einer näheren Untersuchung als identisch mit den angenommenen archaischen Vorläufern des logischen Denkens erweist (vgl. Bd. 1, S. 72). Das schizophrene Denken ist relativ konkreter und aktiver als das normale; es ist noch nicht zu realistischen Abstraktionen fähig, dient weniger der Vorbereitung von Handlungen und ist eher selbst ein symbolisches Äquivalent des Handelns. Sein konkreter Charakter ist «relativ» nur insofern, als seine konkreten Bilder nicht einer objektiven Realität entsprechen, sondern durch die magischen Wunscherfüllungsbestimmungen des primitiven Denkens geformt oder beeinflußt werden. Sein aktiver Charakter beruht darauf, daß die Wahrnehmung von Reizen und die Reaktion auf sie (als ihre subjektive Ausarbeitung) sich wieder miteinander vermischen (vgl. Bd. 1, S. 58).

Bei nichtpsychotischen Personen ist dieser Denkstil im Unbewußten wirksam. Daher kann der Eindruck entstehen, daß bei der Schizophrenie «das Unbewußte bewußt geworden ist». Weil der Primärprozeß und die archaischen Arten des Denkens wieder in den Vordergrund treten, sind Schizophrene durch diese Mechanismen nicht mehr befremdet. So zeigen sie z. B. ein intuitives Verständnis für Symbolisierungen. Symbolinterpretationen, die Neurotiker in der Analyse nur schwer akzeptieren, werden von Schizophrenen spontan und wie selbstverständlich vorgenommen. Das symbolische Denken ist für sie nicht nur eine Methode der Verzerrung, sondern es stellt tatsächlich ihre archaische Art des Denkens dar (982) (vgl. Bd. 1, S. 74).

Schizophrene drücken auch oft Vorstellungsinhalte aus, die, wie etwa der Ödipuskomplex, von anderen verdrängt werden (181, 228, 806, 808, 973, 1506, 1625). Dies vermittelt den Eindruck, daß das Ich des Schizophrenen durch intensive Triebansprüche, die zum Bewußtsein vorgedrungen sind, überwältigt worden ist. Dieses überwältigte Ich kann jedoch auch durch eine Abwehrregression hervorgerufen werden. Gelegentlich scheint es, als habe diese Regression einen Patienten aus einer verpönten und gefährlichen Welt in eine angenehme Welt der Wunscherfüllung versetzt. Häufiger aber dauert der Konflikt fort. Es gelingt dem Patienten nicht, sich aus einer gefährlichen Realität zu flüchten und sich seinen infantilen Sexualphantasien zu überlassen. Die Gefahren, denen er zu entfliehen hoffte, kehren mit der Flut infantiler Triebregungen zurück.

Die Frage, wie ein Schizophrener analysiert werden kann, da die Analyse darin besteht, den Patienten mit seinem unbewußten Wünschen zu konfrontieren, während beim Schizophrenen diese Wünsche bereits bewußt sind – diese Frage läßt sich recht leicht beantworten, wenn man die Regression als Abwehr betrachtet. Die erste Deutung, die gegeben werden muß, ist nicht die, daß der Patient einen Ödipuskomplex hat, sondern daß er sich vor bestimmten Aspekten der Realität ängstigt. Ist die Analyse erfolgreich, so wird die nähere Untersuchung dieser Ängste von einer anderen Seite zum Problem des Ödipuskomplexes führen. Die Analyse muß hier wie bei den Neurosen versuchen, den Patienten mit den Ängsten zu konfrontieren, denen er zu entfliehen versucht; sie darf sich nicht an seinem Fluchtversuch beteiligen (vgl. S. 357).

e) Die Hebephrenie

Bei der Hebephrenie läßt sich der Verlust der objektiven Außenwelt oder eines jeden Interesses an ihr ohne weiteres beobachten. Überaus deutlich tritt bei ihr das Passive des Abwehrmechanismus der Regression hervor. Das Ich unternimmt keinerlei Anstrengung, um sich zu verteidigen, sondern läßt sich, von Konflikten bedrängt, einfach gehen. Ist die Gegenwart unangenehm, so fällt das Ich einfach auf die Vergangenheit zurück. Versagen neue Techniken, mit der Realität fertig zu werden, so nimmt es zu älteren seine Zuflucht, etwa zu den infantilen einer passiven Rezeptivität und vielleicht sogar zu intrauterinen. Wird eine differenziertere Lebensführung zu schwierig, so wird sie zugunsten einer mehr oder weniger vegetativen Existenz aufgegeben. Campbell nannte dies eine schizophrene Kapitulation (239).

Das Fehlen auffälliger Restitutionsversuche charakterisiert die Hebephrenie als den rein regressiven Typus der Schizophrenie. Häufig geschieht der Verlust der Objektbeziehungen nur sehr allmählich, aber er kann unerbittlich fortschreiten. Unter allgemein Gehemmten gibt es Übergangsbilder zur Hebephrenie. Oft verhalten sich Personen dieses Typus mit einem prägenital getönten Ödipuskomplex und einer Bereitschaft, etwas neu Errungenes wieder aufzugeben, während der Latenzperiode normal, sind aber dann nicht in der Lage, mit der somatisch erhöhten Triebregung fertigzuwerden, die die Pubertät mit sich bringt («Dementia praecox»). Es treten gelegentlich explosionsartig übertriebene destruktive Wutausbrüche auf. Die destruktiven Triebregungen sind nämlich zuvor durch «Friedfertigkeit» abgewehrt worden.

Ein Patient war als Kind häufig Zeuge der Urszene gewesen. Er hatte eine sadistische Auffassung vom Geschlechtsakt entwickelt sowie eine Identifizierung mit seiner Mutter und eine ungeheure Sexualangst. Die ursprüngliche Reaktion auf die Urszenen, eine Feindseligkeit gegenüber beiden Eltern, insbesondere aber dem Vater gegenüber, wurde in einer zunehmenden Vergleichgültigung der Welt abgewehrt. Die Identifizierung mit der Mutter und seine passiv-homosexuellen Neigungen fanden in dieser Gleichgültigkeit einen verzerrten Ausdruck.

f) Katatone Symptome als Regressionserscheinungen

Tausk zeigte, daß zahlreiche schizophrene Symptome Erlebnisse aus der Zeit wiederbeleben, in der das sich entwickelnde Ich sich selbst und seine Umgebung entdeckte (1531). Die passive Einstellung, mit der die Patienten ihre eigenen Handlungen erleben, als handelten sie überhaupt nicht, sondern würden nur veranlaßt, bestimmte Bewegungen auszuführen oder bestimmte Gedanken zu denken, bei denen sie das Gefühl haben, sie würden ihnen in den Kopf «gelegt», diese passive Einstellung also hängt mit einem primitiven Entwicklungsstadium des Ich zusammen. Zu ihm gehört auch der Glaube an die Allmacht von Worten und Gesten.

Andere typische schizophrene Verhaltensmuster, die wie der Negativismus und der automatische Gehorsam (Echolalie und Echopraxie) nicht unmittelbar als Manifestationen des Säuglingsalters erkennbar sind, sind ihrer Natur nach nichtsdestoweniger archaisch und primitiv und verraten eine unscharfe Wahrnehmung von Objekten, unscharfe Ich-Grenzen sowie eine tiefsitzende (orale) Ambivalenz der Objektwelt gegenüber. Automatischer Gehorsam entspricht der imitativen Faszination bei Säuglingen (130) (vgl. Bd. 1, S. 57f.). Mit dem Verlust einer emotionalen Kommunikation mit den Objekten sind auch die Verknüpfungen zwischen einzelnen emotionalen Einstellungen verlorengegangen, und die individuellen Emotionen sind automatisiert und rigide geworden. Bestimmte Symptome, wie z. B. katatone Haltungen und Bewegungen, legen die Vermutung nahe, daß es sich bei ihnen um eine Wiederkehr von Triebregungen aus der Zeit der intrauterinen Existenz handelt (1531). Nachdem die Regression die normalerweise vorhandenen Hemmungen überwunden hat, treten archaische Bewegungstypen in der katatonen Bewegungsart wieder hervor (1460).

Die Antwort auf viele Fragen in bezug auf diese Bewegungen liegt noch im Dunkeln. Es scheint sich bei ihnen um Manifestationen der tieferen Schichten des motorischen Apparats zu handeln, die nach der Desintegration des Ich eine Art unabhängiger Wirksamkeit gewonnen haben. Bei der Erörterung des psychogenen Tics wurden «narzißtische Erinnerungsspuren» erwähnt (492) (vgl. S. 182), die relativ unabhängig von der Gesamtpersönlichkeit eine Abfuhr suchen. Dieses Streben nach einer Abfuhr liegt im Kampf mit einer zur Stauung führenden entgegengesetzten Tendenz, die nichtsdestoweniger «kurzschlußartig» überwunden wird. Katatone Handlungen verdanken sich ohne Zweifel einem analogen Kurzschluß. Manche Stereotypien und Bizarrerien lassen noch die ursprünglich zweckvolle Absicht erkennen, die gescheitert ist und aufgrund der Desintegration der Persönlichkeit sowie der tiefen motorischen Regression automatisiert worden ist. So ist es bei Zwangscharakteren häufig, daß sie bei Anlässen, die etwa an unbewußte Angstsituationen erinnern, aus Abwehrgründen freundlich lächeln. In ähnlicher Weise enthält gewiß manches «blöde Lächeln» des Katatonen, manche «Spaltung zwischen Affekt und Vorstellungsinhalt» die Absicht, unliebsame, traurige oder angsterregende Gefühle, vielleicht manchmal die der eigenen Geisteskrankheit, zu leugnen oder ihrer Gefühlsbedeutung zu berauben. Die Desintegration des abwehrenden Ich läßt jedoch diese Absicht bloß schattenhaft erkennen, isoliert sie von der Gesamtpersönlichkeit und verursacht das «Blöde» des Lächelns. Bei Normalen und Neurotikern ist der Gesichtsausdruck entscheidend dafür, wie Gefühle Objekten gegenüber repräsentiert werden. Sind jedoch die Objektbeziehungen verlorengegangen, so verliert auch der Gesichtsausdruck seinen Zweck und seine Charakteristik. Er wird rätselhaft «leer» und stellt bloß noch einen schalen Rest dar. Sehr häufig aber sind Stereotypien und Bizarrerien nicht bloß ein Rest verlorener Gefühle, sondern stellen eher einen erfolglosen Versuch dar, solche Gefühle wiederzuerlangen. Ihre weitere Erörterung wird daher unter der Kategorie der Restitutionssymptome wieder aufgenommen (vgl. S. 340 f.).

3. *Restitutionssymptome bei der Schizophrenie*

a) Weltaufbauphantasien

Sind Weltuntergangsphantasien für die Frühstadien der Schizophrenie charakteristisch, so treten in späteren Stadien häufig Rekonstruktionsphantasien auf. Sie bestehen entweder in dem Wahn, daß der Patient die Aufgabe hat, die Welt zu retten und vielleicht von Gott dazu auserwählt worden ist, wieder Ordnung in die Welt zu bringen, oder einfach in dem Gefühl, daß eine Art von Erlösung oder Wiedergeburt zu erwarten ist (974). Die Welt erscheint nicht länger leer und bedeutungslos, sondern besonders reich und voll von neuen und unbeschreiblich großen Bedeutungen. Alles was wahrgenommen wird, hat eine zuweilen verborgene, zuweilen klare, fast stets aber eine prophetische und symbolische Bedeutung. Der Patient kann zum Adressaten aller Arten von Offenbarung werden. Solche Erlebnisse werden von einigen Patienten als ekstatisch, von anderen als sehr beängstigend empfunden. Sie stellen eine innere Verarbeitung der Bestrebungen dar, das Verlorene durch pathogenen Narzißmus wiederzuerlangen, wobei die vielversprechende oder beängstigende Natur der Erlebnisse ein Bild der hoffnungsvollen oder hoffnungslosen Einstellung des Patienten dieser Aufgabe gegenüber darstellt. Die versuchten Restitutionen sind jedoch nicht notwendig sehr «progressiv». Häufig wird die Erlösung passiv-rezeptiv erfahren und weist Anzeichen einer narzißtischen *unio mystica* auf, die die tiefste orale Vereinigung des Subjekts mit dem Universum und eine Wiederherstellung des ursprünglichen «ozeanischen Gefühls» darstellt (622).

Ein religiöser Wahn wurzelt in der Regel ebenso in einem Erlösungsverlangen dieser Art wie in Versuchen, mit den überwältigenden, unbeschreiblichen schizophrenen Empfindungen dadurch fertigzuwerden, daß sie verbalisiert werden (939). Die zu dieser Verbalisierung verwendeten Wörter werden der religiösen Tradition entnommen. Da diese in unserer Kultur patriarchalisch ist, bietet eine solche Verbalisierung eine besondere Gelegenheit, die miteinander in Konflikt liegenden Antriebe des Vaterkomplexes der Patienten zum Ausdruck zu bringen. Besonders bedeutsam ist dies für Männer, bei denen die ganze Entwicklung einer Psychose durch die Abwehr ambivalenter homosexueller Gefühle dem Vater gegenüber ausgelöst wurde (574) (vgl. S. 327f.).

Größer als die Abhängigkeit des modernen Menschen vom patriarchalischen Vater (und von Vatergottheiten) ist seine biologisch bestimmte Abhängigkeit von der Mutter, die ihn als Säugling in seiner passiven Abhängigkeit versorgte. Daher treten nicht selten in den religiösen Wahnbildungen von Schizophrenen Züge des Matriarchats auf, die den alten Mutterreligionen ähneln (1559).

b) Halluzinationen

Halluzinationen sind ein Ersatz der Wahrnehmungen nach dem Verlust oder der Beeinträchtigung einer objektiven Realitätsprüfung. Innere Triebkräfte werden projiziert und erlebt, als handle es sich bei ihnen um äußere Wahrnehmungen. Daß sie ein «Ersatz von Wahrnehmungen» sind, bedeutet nicht, daß keine wirklichen Wahrnehmungen mehr gemacht werden. Halluzinationen treten vielmehr zugleich mit Wahrnehmungen auf und sind in «Illusionen» mit ihnen vermischt.

Das wirft zwei Fragen auf: 1. Was ist dafür verantwortlich, daß bestimmte Eindrücke die charakteristischen Züge einer Wahrnehmung haben, so daß ihre objektive Realität nicht in Zweifel gezogen wird? 2. Was ist der Inhalt von Halluzinationen, d. h. wodurch wird bestimmt, *was* die Patienten wahrzunehmen glauben?

Die erste Frage, warum überhaupt Halluzinationen auftreten, ist bisher nicht eindeutig zu beantworten. Zu einer Antwort wird auch die Physiologie ihr Teil beizutragen haben. Bevor sich eine Realitätsprüfung entwickelt, gibt es einen Zustand primärer halluzinatorischer Wunscherfüllung (457). Die Bedingungen dieses Zustands und seiner Wiederkehr in Psychosen und Träumen hat Freud untersucht (552). Wahrscheinlich wird der Teil der Seele, dessen Reizung Wahrnehmungen produziert, auf innere Reize reagieren, wenn die Aufnahme weiterer äußerer Reize blockiert ist. Eine Blockierung dieser Art kann auf verschiedenen Wegen erfolgen. Im Schlafzustand sind die Türen zur Außenwelt aus biologischen Gründen geschlossen und Gedanken werden daher in Halluzinationen umgeformt (595). Bei der Schizophrenie hat der pathogene Rückzug der Objektbesetzungen den gleichen Effekt (590, 611, 614).

Die zweite Frage, nämlich die nach dem Inhalt der Halluzinationen, läßt sich für einen bestimmten Typ der akuten Halluzinose, der gewöhnlich nicht zur Schizophrenie gerechnet wird, unmittelbar beantworten. Akute halluzinatorische Zustände, die häufig nach bestimmten Traumen wie z. B. Operationen oder Geburten auftreten (404, 1628), sind oft leicht als Wunscherfüllung zu erkennen (62, 1368). So kann z. B. ein Mann, dessen Bein amputiert worden ist, eine akute Psychose entwickeln, in der er die Amputation verleugnet und sich einbildet, noch über ein gesundes Bein zu verfügen (1612). Kann er unangenehme Wahrnehmungen oder Empfindungen nicht loswerden, so kann ein Patient sie projizieren und seine eigenen Defekte in seinen Halluzinationen Personen seiner Umgebung anhängen (1045, 1362). Eine Psychose dieser Art ist eine Wunscherfüllung durch Aufgabe der Realitätsprüfung. Eine unangenehme Realität wird zurückgewiesen und eine angenehmere statt ihrer erschaffen, wie dies auch in den Träumen von Normalen geschieht (552, 595). Solch ein psychotischer Patient entflieht seinem Konflikt mit der Realität, indem er sie verleugnet. Er «verdrängt» nicht die Triebregung, die zum Konflikt geführt hat, sondern eher die Wahrnehmungen, die seinen Wünschen im Wege stehen. Auch der Bruch mit der Realität folgt dem Muster der Regression, so daß der Patient in das Stadium der halluzinatorischen Wunscherfüllung zurücksinkt, in dem er lebte, bevor er die Fähigkeit der Realitätsprüfung erwarb (611).

Obwohl sich die Halluzinationen bei der Schizophrenie von denen einer akuten halluzinatorischen Psychose unterscheiden, haben beide bestimmte Züge gemein: Nachdem das Ich mit der Realität gebrochen hat, bemüht es sich, eine neue, ihm besser passende Realität zu schaffen. Die normalen Beziehungen zur Realität hängen nie allein von Bildern der Erinnerung ab, sondern erfordern eine stete Zufuhr neuer Wahrnehmungen. Beim Schizophrenen treten Halluzinationen als Ersatz an die Stelle solcher Wahrnehmungen, wo die Fähigkeit blockiert ist, neue konkrete Wahrnehmungen zu akzeptieren. Damit wird dann ein Verhältnis zu einem neugeschaffenen Realitätsersatz möglich (611, 614).
Die meisten schizophrenen Halluzinationen sind jedoch nicht angenehm und scheinen nicht einfache Wunscherfüllungen darzustellen. Häufig sind sie extrem schmerzhaft oder ängstigend. Freud meinte, daß die oft im Gefolge von Halluzinationen auftretende Angst darauf zurückzuführen ist, daß der Teil der Realität wieder auftaucht, der zurückgewiesen worden ist. Dies wäre ein analoger Vorgang zu den Neurosen, bei denen die Angst darauf beruht, daß zurückgewiesene Teile des Es wieder auftauchen (611).
Es kehrt jedoch nicht nur ein zurückgewiesener Teil der Realität in Form von Halluzinationen wieder, sondern auch ein zurückgewiesenes Es oder Über-Ich. Denn die Halluzinationen sind nicht nur ein Ausdruck der Flucht des Ich, sondern auch ein Ausdruck des Versagens dieser Flucht, eine entstellte Wiederkehr abgewehrter Triebregungen in Form von Projektionen (663). Besonders deutlich wird das an dem Typus der schizophrenen Halluzination, der die Drohungen oder Bestrafungen des Über-Ich darstellt, die das Ich zu bekämpfen versucht hat. Zu ihm gehören, da das Über-Ich einen auditiven Ursprung besitzt, die meisten der «Stimmen», die die Patienten hören (585).
Halluzinationen sind also komplizierte Erscheinungen, die Elemente von Wahrnehmungen ebenso enthalten wie Elemente von Gedanken, die in Empfindungen übersetzt worden sind, und Elemente von bildhaften Erinnerungen (dem «historischen Kern der Halluzinationen»). Die Gedanken und Erinnerungen sind Anspielungen auf abgewehrte Triebwünsche und auf Drohungen des Über-Ich. Halluzinationen können in gleicher Weise wie Träume gedeutet werden (141, 262, 294, 1365).

c) Wahnbildungen

Wahnbildungen haben eine Struktur, die der von Halluzinationen ähnlich ist. Sie sind Fehlurteile über die Realität, die auf Projektionen beruhen. Während die Elemente von Halluzinationen auf Wahrnehmungsempfindungen begrenzt sind, sind Wahnbildungen aus komplizierteren und zuweilen systematisierten Vorstellungen aufgebaut. Wie bei den Halluzinationen handelt es sich bei ihnen gelegentlich um Wunscherfüllungen, häufiger aber sind sie schmerzhaft und beängstigend. Da sie einen Versuch darstellen, die verlorenen Teile der Realität zu ersetzen, enthalten sie oft Elemente dieser zurückgewiesenen Realität, die nichtsdestoweniger wiederkehren, sowie Anteile abgewehrter Triebregungen und projizierte Ansprüche des Über-Ich.

Das läßt sich am Beispiel des Verfolgungswahns zeigen, der kompliziertesten Wahnbildung, die zugleich aber auch am gründlichsten erforscht worden ist.

Die Bedeutung dieser Wahnbildung hat Freud zuerst am Fall Schreber enthüllt (574). Zahlreiche Untersuchungen haben sie seitdem bestätigt (143, 319, 401, 452, 464, 587, 854, 1017, 1203, 1260, 1358, 1379, 1398, 1421, 1465, 1470, 1531). Schrebers Wahnsystem war durch sein ambivalentes Verhalten zu Gott und durch seinen Entmannungswahn charakterisiert. Freud deutete dies überzeugend dahin, daß der wesentliche unbewußte Inhalt, den die Psychose zu bewältigen suchte, der Vaterkomplex war, besonders dessen passiv-homosexuelle Komponente. Schreber suchte auf alle mögliche Weise passiv-homosexuelle Versuchungen, die seiner kindlichen Einstellung zum Vater entsprachen, abzuwehren. Der Fund, daß in diesem Falle nicht der normale Ödipuskomplex, sondern der negative, die Homosexualität, der wesentliche Inhalt der abzuwehrenden infantilen Sexualität war, hat allgemeinere Bedeutung, da um die Homosexualität zentrierte Konflikte sich in den meisten Fällen paranoider Schizophrenie finden. Man kann sagen, die Homosexualität sei ein Mittelding zwischen heterosexueller Objektliebe und Ichliebe, so daß es sowohl denkbar ist, daß eine Regression zum Narzißmus intermediär bei der Homosexualität Halt macht, als auch, daß ein zum Narzißmus Regredierter, dessen Heilungstendenz zur Objektwelt zurückstrebt, nicht über die Homosexualität hinausgelangt.

Schreber wehrte seine homosexuellen Tendenzen mit Hilfe von Verleugnung und Projektion ab. «Ich liebe ihn nicht, ich hasse ihn», sagt nach Freud das abwehrende Ich zunächst (574). Dann verkehrt die Projektion das «Ich hasse ihn» in ein «Er haßt mich». Dadurch erscheint dann der eigene Haß rationalisiert: «Ich liebe ihn nicht, ich hasse ihn, weil er mich verfolgt.» Die Verfolgung stellt die homosexuelle Versuchung dar, die sich unabhängig vom Willen des Patienten in eine beängstigende Drohung verwandelt hat. Der Zerfall der Funktion der Realitätsprüfung verleiht dieser unzureichenden Abwehr der homosexuellen Versuchung ihren Wahncharakter. Form und Inhalt des Wahns weisen in Übereinstimmung mit der tiefen Regression des Ich alle Züge der magischen und archaischen Schichten des Ich auf.

Interessant ist dabei, daß die Projektion des Hasses sozusagen nicht «ins Blaue hinein» erfolgt, sondern dorthin, wo die Realität einen Ansatzpunkt dafür bietet. Patienten mit Verfolgungsideen sind der Kritik gegenüber sehr sensibel; sie verwenden eine tatsächlich unbedeutende Kritik als konkreten Ausgangspunkt ihrer Wahnbildungen. Diese Kritik muß natürlich zu diesem Zweck unglaublich übersteigert und verzerrt werden. Wie das «Ungeheuer» eines Traumes sich irgendwo als «Infusionstierchen» im Tageserleben findet (1328), so auch die Ungeheuer des paranoiden Wahns als fehlinterpretierte Mikroben in der Realität. Ein Paranoiker ist dem Unbewußten anderer gegenüber besonders sensibilisiert, weil er dessen Wahrnehmung dazu verwendet, seine eigene Neigung zur Projektion zu rationalisieren. Dem Unbewußten anderer gegenüber ist er sensibel, weil ihn dies in die Lage versetzt, seinem eigenen Unbewußten gegenüber taub zu sein (607).

Die scheinbare Umwandlung von Liebe in Haß, die bei der Entwicklung des Verfolgungswahns die grundlegende Rolle spielt, ist nur möglich bei einer zuvor besonders erhöhten Ambivalenz, also bei einer archaischen Art der Beziehung zu den Objekten (608). Die latente Homosexualität der Paranoiker ist gewöhnlich von dem ambivalent-aggressiven Typus, den Nunberg beschrieben hat (1181) (vgl. S. 200). Der Haß in der Wahnbildung ist eine Manifestation dieser ursprünglichen Aggressivität (968). Tatsächlich sind die prägenitalen Objektziele, bei denen Liebe und Haß noch nicht klar differenziert sind, also die Ziele der Einverleibung, gerade beim Verfolgungswahn deutlich nachzuweisen. Die Projektion als solche beruht auf der Vagheit der Grenzlinie von Ich und Nicht-Ich. Auch die Einverleibungsvorstellungen entsprechen dieser Vagheit. Das einverleibte Objekt ist zu einem Stück Ich geworden, und behält eine gewisse «Ich-Qualität», auch wenn es wieder in die Außenwelt projiziert wird. Auch der Verfolger ist – wie der von ihm bediente Apparat – oft nicht nur ein ehemals ambivalent geliebtes Objekt, sondern auch als Projektion bestimmter Züge des Patienten, sei es des eigenen Körpers oder seiner Teile, sei es bestimmter seelischer Anteile, nachzuweisen. Was die Körpernatur der Verfolger betrifft, so haben Stärcke (1465) und van Ophuijsen (1203) gezeigt, daß der ein reales Objekt repräsentierende Verfolger im Unbewußten in merkwürdiger Weise als der eigene Kot, die Verfolgung als Projektion der infolge der narzißtischen Regression erhöht empfundenen Darmsensationen perzipiert werden (49, 94, 119). Bibring berichtete von einer Frau, die sich von einem Mann, der «der Hintere» hieß, verfolgt glaubte, und der eine Reihe von Merkmalen an sich hatte, die in Wahrheit ihrem Gesäß zukamen (143).

Die Vorstellung, den eigenen Körper oder dessen Teile in der Außenwelt anzutreffen, stimmt mit der narzißtischen Orientierung der Patienten überein, die die in sich selbst Verliebten dazu treibt, mit dem eigenen Ich, das als Objekt personifiziert wird, zusammentreffen zu wollen.

Auch außerhalb des Verfolgungswahns wird ein Organ als Ergebnis einer narzißtischen Regression und in Verbindung mit Introjektionsphantasien zum Stellvertreter eines äußeren Objekts, z. B. bei der Hypochondrie, bei prägenitalen Konversionsneurosen und bei Depressionen (1171, 1436). Beim Verfolgungswahn wird jedoch das introjizierte Objekt, anders als bei den anderen Zuständen, wieder nach außen projiziert. Freuds erste Entdeckung, daß der Verfolger ein homosexuelles Objekt darstellt, bleibt gewiß richtig; der Umstand aber, daß der Verfolger Züge des Subjekts selbst trägt, zeigt, daß dieses Objekt in der Phantasie des Patienten einverleibt und wieder nach außen projiziert worden ist.

In geringem Umfang kann der «Durchgang eines Objekts durch das Ich» (1567), der dem Objekt Züge des Ich verleiht, auch bei der normalen Objektwahl eine gewisse Rolle spielen (1565).

Daß unter den projizierten Organen Kot und Gesäß eine besondere

Rolle spielen, ist ebenfalls bemerkenswert. Dies ist nach Abraham darauf zurückzuführen, daß die Einverleibung des Paranoiden anal gedacht ist. Offenbar ist die anale Einverleibung die Objektstrebung einer tiefen analsadistischen Einstellung der Libido, die, als objektzerstörend, archaischer ist als die analsadistische Organisationsstufe, auf die die Zwangsneurose regrediert ist, und die das Objekt konserviert.

Die Einverleibungsphantasien sind bei paranoiden Schizophrenien jedoch nicht auf die anale Zone beschränkt. Es finden sich daneben Phantasien von oraler (57, 230), epidermaler oder respiratorischer Einverleibung. Das läßt sich an dem Motiv vom Fressen oder Gefressenwerden sowie an dem vom Einatmen oder Eingeatmetwerden zeigen (1172).

So war ein Initialsymptom einer Hebephrenie eine neben einer starken Hundeangst auftretende Unfähigkeit eines jungen Mannes, in Gegenwart seiner Mutter zu essen. Die Analyse ergab, daß es sich um die Abwehr des Wunsches handelte, die Mutter zu beißen bzw. aufzuessen.

Die Analyse des bei Schizophrenen so häufigen Beeinflussungsapparates, dessen sich die Verfolger der Kranken angeblich bedienen, ergibt, daß dieser unbewußt eine Dublette des Körpers der Kranken bedeutet (1531). Oft wird der Apparat zur Repräsentanz des einen oder anderen vom Patienten besonders hoch geschätzten eigenen Organs. Sehr häufig ist seine genital-symbolische Natur nachweisbar, andere Male sein Charakter als Gesäß.

Dasselbe gilt auch für die Erfindungen Schizophrener, die ebenso als Organprojektion erkennbar werden (945, 1077). Der Drang, eine Erfindung zu machen, ist eine Projektion des Drangs, sich von allen inneren Schwierigkeiten zu befreien.

Das Merkwürdigste an den Maschinen Schizophrener ist, daß sie als Nachbildungen des Körpers des Patienten nicht in lustvollen Phantasien Verwendung finden, sondern als grausame Objekte in der Hand eines Verfolgers, in gewissen Fällen auch als Dublette dieses Verfolgers. Die Abwehr hat die intendierte erogene Lust in bedrohliche schreckliche Schmerzen verkehrt.

Aber auch eigene seelische Anteile werden in den Verfolger projiziert. Dies geschieht nicht nur in dem Sinne, daß der eigene Haß, der die Grundlage des Wahns bildet, projiziert wird, sondern Benehmen und Äußerungen, die dem Verfolger im Wahn zugeschrieben werden, ent-

sprechen häufig eindeutigerweise Regungen des Patienten und oft insbesondere den Forderungen seines Über-Ich. Der Verfolger beobachtet und kritisiert den Kranken; die von ihm ausgehenden Verfolgungen sind häufig Projektionen von Gewissensbissen. Aber gerade dieser Umstand, der zunächst wieder das Bild zu komplizieren scheint, bestätigt die Theorie, daß etwas Introjiziertes wieder nach außen projiziert worden ist. Denn auch das Über-Ich ist das Ergebnis einer Introjektion äußerer Objekte, und von hypochondrischen Konflikten befallene Organe stellen häufig das Gewissen dar. Die obigen Äußerungen lassen sich in der folgenden symbolischen Gleichung zusammenfassen:
Verfolger = (homosexuell) geliebtes Objekt = narzißtisch überbesetztes und nach außen projiziertes Organ (Kot, Gesäß) = nach außen projiziertes Über-Ich.
Die Projektion des Über-Ich zeigt sich besonders deutlich beim Beziehungs- und Beeinflussungswahn (585). Der Kranke fühlt sich fortwährend kontrolliert und beobachtet, beeinflußt, kritisiert, zur Rechenschaft gezogen und bestraft. Die Stimmen, die er hört, äußern häufig Kritik, die sich meist auf das Sexualleben des Patienten bezieht, das als schmutzig oder homosexuell hingestellt wird. Der Kranke sieht sich Vorwürfen über seine Homosexualität und über seine prägenitalen Neigungen ausgesetzt, die genauso klingen, wie strenge Eltern mit einem ungezogenen Kind sprechen. Oder die Stimmen beweisen, daß der Patient beobachtet wird, indem sie das, was er tut, noch während er es tut, kommentieren: «Jetzt ißt er, jetzt setzt er sich hin, jetzt steht er wieder auf.» Oft äußern die Stimmen Projektionen unangenehmer Ergebnisse der Selbstbeobachtung: «Er ist verrückt, er ist geisteskrank!»

Ein Patient mit einer extremen Sozialangst des erythrophoben Typus fürchtete, daß jeder über ihn lachen und ihn als «feminin» bezeichnen würde. Er war nicht in der Lage, genau anzugeben, worin diese Femininität bestand. Die Leute jedenfalls, die ihn anschauten, äußerten gelegentlich, er sei homosexuell. Derselbe Patient pflegte in den Spiegel zu gucken und sich vorzustellen, in sich selbst verliebt zu sein, wobei er sich zuerst als einen hübschen Mann, dann als eine schöne Frau phantasierte.
Der «Physiognomist» in einem von Schilder berichteten Fall konnte mit einem komplizierten Instrument alle Sünden des Kranken aufzählen. Dies bestätigte Tausks Deutung solcher Apparate als Dubletten des Körpers der Kranken (1379).

Wahnbildungen dieser Art tragen dem Patienten nur das von außen zu, was eigentlich sein eigenes Gewissen, seine Selbstbeobachtung und Selbstkritik ihm sagen (69, 936, 1369). Da das Über-Ich seinem Ursprung nach auditiv ist (608), werden Vorwürfe von außen gewöhnlich als Stimmen *gehört* (11, 838). Gelegentlich werden Wahnbildungen entwickelt, die die Vorstellung zum Ausdruck bringen, bestraft zu werden. Sie vermögen Schuldgefühle zu erleichtern und die Aggressivität des Patienten zu rechtfertigen. Sie sind den Wahnbildungen von Melancholikern ähnlich. Es handelt sich bei ihnen um die Vorstellung, ruiniert, krank, häßlich oder übelriechend zu sein. In den meisten Fällen gibt es jedoch einen wichtigen Unterschied zwischen den Selbstvorwürfen Depressiver und den Vorwürfen, die den Patienten durch Stimmen und Verfolger entgegengeschleudert werden. Bei der Schizophrenie kommen dank der Projektion die Vorwürfe von außen und werden deshalb meist als ungerecht empfunden.

Das normale Über-Ich ist in der Regel ein introjiziertes Objekt gleichen Geschlechts. Die besondere Verstärkung der Homosexualität bei der Schizophrenie ist entweder darauf zurückzuführen, daß sie, als zwischen Heterosexualität und Narzißmus gelegen, während des Rückzugs der Libido eintritt, oder aber darauf, daß der Restitutionsversuch nach vollendeter narzißtischer Regression bei dem Begehren, der Objektwelt wieder habhaft zu werden, die Homosexualität zuerst erreicht. Die verstärkte Homosexualität verursacht auch eine Resexualisierung der desexualisierten Libido der sozialen Besetzungen und des Über-Ich. «Der Beobachtungswahn», schrieb Freud schon lange bevor er den Begriff des Über-Ich einführte, stellt die Gewissensinstanz «in regressiver Form dar, enthüllt dabei ihre Genese und den Grund, weshalb sich der Erkrankte gegen sie auflehnt» (585). Das Sträuben gegen das Über-Ich stellt also ein Sträuben gegen die eigene Homosexualität des Subjekts dar. «Es rührt daher», schrieb Freud, «daß die Person ... sich von allen diesen Einflüssen, vom elterlichen angefangen, ablösen will, die homosexuelle Libido von ihnen zurückzieht» (585). Wahnbildungen des Über-Ich werden jedoch nicht nur durch die Abwehr homosexueller Versuchungen bestimmt. Das Über-Ich, dieser Teil der Seele, der nach der Form äußerer Objekte gestaltet ist, stellt gleichsam den objektnächsten Anteil des seelischen Apparates dar. Das Über-Ich ist, könnte man fast sagen, ein Mittelding zwischen Ich und Außenwelt. Deshalb sind es seine Funktionen, die am ehesten zum Vorschein kommen können, wenn ein Patient nach einer narzißtischen Regression seine Sehnsucht wieder der Objektwelt zuwendet, ohne sie wirklich erreichen zu können.

Ein Patient mit einer sich rapide entwickelnden Schizophrenie zeigte ganz besonders stark das Phänomen des Sich-Anklammerns aus Angst vor einem Objektverlust. Er suchte jeden, auch den gleichgültigsten Menschen, in stundenlange Gespräche zu verwickeln, nur um sich das Gefühl zu verschaffen, er hätte innerlich mit den Menschen noch etwas zu tun. Und dabei ergab sich, daß, während alle anderen Objektbeziehungen schon geschwunden waren, die soziale Angst (eine Projektion des Über-Ich) um so deutlicher hervortrat. Er wollte von den Menschen nurmehr wissen, was sie über ihn dachten, wie sie ihn beurteilten, ob er es ihnen auch recht mache, – und entwickelte schließlich einen Beziehungswahn. In seiner Sehnsucht nach Objektbeziehungen war er unfähig, mehr zu erreichen, als bloß «Über-Ich-Beziehungen».

In diesem Sinne sind auch Über-Ich-Funktionen Schatten der Außenwelt, die verlorengegangen sind. Das Gefühl, von jedem angeschaut zu werden, ist Ausdruck der Bestrebung, zu jedem wieder eine Beziehung zu gewinnen.

Die Erotisierung von Über-Ich-Funktionen findet sich nicht bloß im Beziehungswahn, sondern auch bei anderen schizophrenen Symptomen. Freud sah in ihr den Ansatzpunkt zur Systematisierung der paranoiden Züge (574).

Wahnbildungen bedrohen und bestrafen den Patienten jedoch nicht nur; häufig treten sie auch als Versucher auf, die den Kranken zur «Sünde» verführen oder seine Sexualkraft schwächen. Das erklärt sich daraus, daß sie – wie wir es für den Verfolger zeigten – ja gleichzeitig das (ambivalent) geliebte Objekt repräsentieren; das sexuelle Verlangen nach ihm wird als von ihm ausgehender verderblicher Einfluß perzipiert.

Dem Schema: «Ich liebe ihn nicht, ich hasse ihn – weil er mich verfolgt», ganz analog gebaut sind auch andere paranoide Wahnbildungen. So folgt nach Freud die Erotomanie der Formel: «Ich liebe ihn nicht, ich liebe ja sie – weil sie mich liebt» (574). Den Ansatz dieses Mechanismus kann man häufig bei Schizophrenen beobachten, auch wenn sie nicht eine ausgesprochene Erotomanie entwickeln. Man sieht oft, wie der Kranke sich krampfhaft an Frauen anhängt, geliebt zu werden vermeint oder sich übertrieben darum bemüht, sich zu verlieben. Die Analyse weist dann in der Regel nach, daß die so überbetonte Liebe zur Frau oder die Sehnsucht nach ihr die unbewußte Liebe zu Männern abwehren soll. Die Wahnbildung ist dann eine übertreibende Fortsetzung eines Mechanismus, den man auch bei latent Homosexuellen beobachten kann, die von einer Psychose weit entfernt sind. So gibt es viele Männer, die in größter bewußter Sehnsucht fast ihre ganze Zeit darauf verwenden, sich weibliche Liebesobjekte zu suchen, aber nie zum Ziel gelangen können. Sie suchen damit unbewußt ihre Homosexualität zu verleugnen. Ohne Wissen der Patienten verschiebt sich ihre vermeintlich den Frauen geltende Neugierde auf die erotischen Abenteuer mit anderen Männern und schließlich auf die Frage, wie andere Männer Frauen gewinnen, wobei sie sich in ihrer Phantasie den Frauen gleichsetzen. Andere, schon der Schizophrenie näher stehende Formen wieder machen bei ihren krampfhaften Versuchen, sich an Objekte anzuschließen, den Eindruck, als ob das Geschlecht dieser Objekte keine so große Rolle spiele. Es handelt sich dann bei ihnen darum, daß sie den ihnen drohenden Objektverlust intrapsychisch wahrnehmen und sich ihm durch das krampfhafte Anklammern an das Objekt entziehen wollen.

Zum ausgesprochen paranoiden Symptom wird dieser Mechanismus erst mit der Wahnbildung, d. h. mit der Projektion dieser überbetonten Sehnsucht nach Objekten in die Frau. Bekanntlich ist die entsprechende Wahnbildung bei Frauen häufiger als bei Männern; insbesondere tritt sie oft als gefühlsbetonte Paranoia bei Frauen auf, die außerhalb ihres Wahns relativ normal scheinen.

Der Eifersuchtswahn dient dem gleichen psychischen Zweck. Er folgt der Formel: «Ich liebe ihn nicht – sie liebt ihn ja» (574). Der Eifersuchtswahn unterscheidet sich von der normalen oder neurotischen Eifersucht dadurch, daß er fast ohne jeden objektiven Anlaß auftritt. Die Analyse läßt verstehen, daß der Patient, wenn er seine Frau verdächtigt, in Wirklichkeit selbst an dem anderen Mann interessiert ist. Auch dieser Kranke hat also seine Homosexualität durch Projektion abzuwehren versucht (607, 1089). Auf dem Gebiet der Eifersucht gibt es Übergänge von psychotischem zu normalem Verhalten, und ein kleines Stück solcher Projektion der eigenen Homosexualität scheint in jeder Eifersucht zu liegen (vgl. XX, 10d). In der Analyse läßt sich gewöhnlich feststellen, daß der Eifersüchtige sich nicht nur darüber kränkt, daß seine Geliebte mit einem anderen Mann zusammen ist, sondern auch darüber, daß dieser ihr und nicht ihm sein Interesse schenkt. Quälende Eifersuchtsgedanken pflegen den Eifersüchtigen in der Phantasie die Liebesszene seines Partners mit dem Dritten miterleben zu lassen, wobei der Eifersüchtige sich in diesen Phantasien unbewußt an die Stelle der Frau setzt (607, 897, 1035, 1207). Sterba hat darauf aufmerksam gemacht, daß dieser Umstand schon im Doppelsinn der sprachlichen Wendung seinen Ausdruck findet: «eifersüchtig sein auf ....», was sowohl anzuwenden ist auf die untreue Geliebte als auch auf den Rivalen (1494). Wer das narzißtische Gefühl des Geliebtwerdens unbedingt braucht, um sein seelisches Gleichgewicht aufrechtzuerhalten, der wehrt oft unbewußt homosexuelle Tendenzen ab (113, 426, 1314). Aber auch bei solchen Neurotikern, bei denen dieses homosexuelle Moment keine über die Norm hinausgehende Rolle zu spielen scheint, kann die Eifersucht das Ergebnis einer Projektion sein. Ihr liegen dann unbewußte eigene Untreuetendenzen zugrunde, die in den Partner projiziert werden (607).

Der Querulantenwahn ist bis jetzt noch nicht Gegenstand einer speziellen psychoanalytischen Untersuchung geworden. Er trägt seine narzißtische Natur sehr offen zur Schau, indem er die äußere Betonung der eigenen Integrität und Unschuld für die wichtigste Angelegenheit der Welt hält. Da diese Betonung im Kampf mit Gericht, Behörden usw. angestrebt wird, wird man von vornherein vermuten, daß diese Wahnbildung dem Beziehungswahn nahe verwandt sei, daß auch hier eine Projektion des Über-Ich in die kritischen und strafenden Instanzen der Außenwelt vorliegt. Das hervorstechendste Merkmal dieser Fälle ist eine feindselige Einstellung einer Autorität gegenüber, die das Über-Ich darstellt. Diese Feindseligkeit beruht auf einer angenommenen Selbstsicherheit und Überschätzung der eigenen Person des Patienten, die aus der narzißtischen Regression entsteht. Die feindselige Haltung ist dabei rationalisiert, wie es der Neigung der Paranoiker zur Systembildung entspricht. In dieser Rationalisierung bestätigt sich auch wieder, daß nicht «ins Blaue» projiziert wird, sondern dahin, wo die Realität etwas entgegenkommt. Der Querulant sieht den «Splitter im Auge des Nächsten». Die Abwehr einer «Verschiebung auf ein Kleinstes» ist nirgends so klar zu erkennen wie bei dem Querulanten. Diese Erscheinung ist schon lange vor der Psychoanalyse beschrieben worden. Nur hat man das «Größte», das da auf ein Kleinstes verschoben wurde, ohne die Hilfe der Psychoanalyse nicht erkannt. Das immer wiederkehrende Gefühl, von jedermann ins Unrecht gesetzt zu werden, ist eine projektive Abwehr des gegenteiligen Gefühls, schuldig zu sein. Es ist der Versuch eines Ich, das auf die «Unschuld» eines primitiven narzißtischen Stadiums regrediert ist, die Reste des Schuldgefühls zu bekämpfen, das die Regression als eine Abwehr ausgelöst hat. Die Konflikte wegen des Schuldgefühls können letzten Endes ältere Konflikte mit dem Vater repräsentieren. Autoritäten werden dann in derselben Weise bekämpft, wie der Vater in der Kindheit bekämpft (oder nicht bekämpft) wurde. Wie beim Beziehungswahn, so findet auch hier eine Sexualisierung (eine «Homosexualisierung») von Schuld und Bestrafung statt. In diesem Sinne ist das Bedürfnis nach einer äußeren Besiegelung der eigenen Unschuld ein Versuch zur Abwehr homosexueller Regungen, während der Kampf um diesen Triumph eine aus der Verdrängung wiederkehrende regressive Belebung alter homosexueller Konflikte ist. Der Kampf um die Homosexualität kann dabei, wie beim Beziehungswahn, sowohl intermediär auf dem Weg zur weiteren Regression zum Narzißmus als auch als Restitutionsversuch auftreten.

Die fragmentarische Analyse eines solchen Falles ließ erkennen, daß alle Kämpfe des Patienten mit Behörden das einzige Ziel hatten zu beweisen: der Vater tut mir unrecht. Die Eltern des Patienten hatten sich in seinem 5. Lebensjahr scheiden lassen, und er war allein mit dem Vater aufgewachsen. Was er durch das Gericht bestätigt erhalten wollte, war also die Festlegung: Der Vater hat mir schweres Unrecht angetan, indem er mir die Mutter geraubt hat. Wenn man aber hört, daß die Mutter des Patienten mit dem Vater während seiner Kindheit lange Prozesse führte, so wird man verstehen, daß in der Prozeßsucht des Patienten eine Identifizierung mit der Mutter vorlag, also eine unbewußte homosexuelle Schicht, die dem Vater nicht so sehr vorwarf «Du hast mir die Mutter geraubt» als vielmehr «Du hast mich, obwohl wir nach Vertreibung der Mutter zu zweit waren, nicht zu ihrem Ersatz genommen; du hast mir das gleiche Unrecht der Unbefriedigung zugefügt wie der Mutter.»

Der aktuelle Anlaß der Scheidung der Eltern war ein Streit darüber gewesen, wie man den Patienten erziehen solle. Vater und Mutter buhlten um die Gunst des Kindes und jeder von beiden hetzte es gegen den anderen Elternteil auf. Das Kind hatte an verschiedenen dieser Intrigen aktiv Anteil genommen. Das Schuldgefühl fehlte im manifesten Bild des Patienten ganz. Die ungeheure Verwöhnung, die er bekam, und die es ihm ermöglichte, den primitiven Narzißmus beizubehalten und an die Welt mit der Erwartung heranzugehen, daß er die wichtigste Person sei, ermöglichte ihm auch die projektive Erledigung dieses Schuldgefühls. Nur unter der Bedingung bekam er es nicht zu spüren, daß er in seinem querulatorischen Verhalten sich fortwährend von äußeren Autoritäten seine Unschuld bestätigen ließ. Diese Bestätigung bewies ihm, daß es nicht wahr sei, daß er daran schuld sei, daß die Mutter aus dem Hause mußte. Schuld daran sei allein der Vater. Unbewußt bat er um eine Bestätigung dafür, daß er durch keine Sünde der Zuneigung seines Vaters unwürdig geworden sei; denn schuld sei nur die Willkür seines Vaters, die mit ihm ebenso umsprang wie seinerzeit mit der Mutter. Daß er sich in immer mehr Prozesse verstrickte, bewies, daß er die verlangte Bestätigung nicht zu erhalten vermochte.

Das Geschlecht des Patienten scheint auf die Struktur der Wahnbildungen keinen wesentlichen Einfluß zu haben. Verfolgungs-, Eifersuchts- und erotischer Wahn sind bei Frauen analog gebaut wie bei Männern; wir müßten in unseren Formeln nur «er» und «sie» vertauschen, um sie auf das weibliche Geschlecht anzuwenden. So erwies sich in einem von Ruth Mack-Brunswick ausführlich analysierten Fall von weiblichem Eifersuchtswahn die Auseinandersetzung mit der Homosexualität ebenso als das treibende Motiv, wie es von Freud für die männlichen Fälle angegeben wurde. Die Patientin war eine infantile Persönlichkeit, deren Konflikte um ihre präödipale Beziehung zur Mutter zentriert waren und die nie einen normalen Ödipuskomplex ausgebildet hatte (1089). Für den Verfolgungs- und Beziehungswahn ist eine volle Analogie ebenfalls recht wahrscheinlich. Einen der Theorie scheinbar widersprechenden Fall eines weiblichen Paranoids, bei dem die Kranke von einem Mann verfolgt wurde, hat Freud dahingehend erklären können, daß dieser Mann nur eine Deckfigur für eine Frau (die Mutter) war (587). Der Umstand, daß die weibliche Homosexualität in der frühesten präödipalen Bindung an die Mutter wurzelt und dazu tendiert, alle archaischen Konflikte der frühesten prägenitalen Zeit wiederzubeleben, wird in der paranoiden Art spürbar, in der Frauen homosexuelle Bestrebungen bekämpfen.

Einige Autoren haben jedoch den Standpunkt vertreten, daß die Analogie in der Ätiologie der Wahnbildungen nicht vollständig sei und daß sich die Homosexualität als Grundlage paranoider Wahnbildungen bei Frauen nicht mit der gleichen Regelmäßigkeit wie bei Männern findet (142, 1358).

Die psychoanalytische Literatur hat nicht im gleichen Umfang wie die psychiatrischen Lehrbücher die Paranoia von der paranoiden Schizophrenie unterschieden (vgl. 968). Man wird annehmen dürfen, daß im wesentlichen dieselben Mechanismen in beiden Zuständen wirksam sind. Bei der eigentlichen Paranoia erlaubt eine günstigere Konstellation der psychologischen Kräfte eine bestimmte Abgrenzung des pathologischen Prozesses. Die Beziehung des Patienten zur Realität scheint nur an einem Punkt unterbrochen, und der Bruch ist durch das Wahnsystem ausgefüllt. Die Systematisierung, die intensiver als die Abwehr bei der Zwangsneurose auftritt (vgl. S. 132 ff.), ist das Mittel, durch das es dem Ich des Paranoikers gelingt, die Wahnbildung einzugrenzen. Der Bruch mit der Realität geschieht keineswegs plötzlich und in vollem Umfang, sondern trägt sehr häufig partiellen Charakter. Das ist besonders deutlich bei jenen schleichend beginnenden Erkrankungen, bei denen, wie Freud sagte, bei sonst intakter Persönlichkeit der Wahn nur wie ein Fleck dort aufgesetzt erscheint, wo das Verhältnis zur Realität eine Einbuße erlitten hat (611).

Es gibt einen allmählichen Übergang von klassischen Paranoikern zu den «Exzentrikern», deren Ich es möglich ist, «den Bruch nach irgendeiner Seite dadurch zu vermeiden, daß es sich selbst deformiert, sich Einbußen an seiner Einheitlichkeit gefallen läßt, eventuell sogar sich zerklüftet oder zerteilt» (611) (vgl. XX, 2).

Häufig finden sich bei Schizophrenen Wahnvorstellungen von geringer Wichtigkeit, die weniger typisch und systematisiert sind. Sie stellen Fehlinterpertationen konkreter Ereignisse als Ergebnis der narzißtischen Orientierung des Patienten dar. Alles was passiert, hat eine «besondere Bedeutung» für ihn und wird in einem subjektiven und irrationalen Bezugsrahmen erlebt. Die Projektion gefürchteter Erregung auf die Natur oder auf besondere Situationen in seiner Umgebung, die bereits in Verbindung mit der Angsthysterie erörtert worden ist (vgl. S. 20 ff.), tritt bei der Schizophrenie deutlicher und offensichtlicher hervor.

Cohn berichtet von einem schizoiden Patienten, der an schwerer Verstopfung litt und sich sehr nach heftigem Stuhlgang sehnte. Er wurde durch den Anblick einer mächtigen Lawine ungeheuer beeindruckt (283).

Insgesamt sind Wahnbildungen wie Halluzinationen ein verdichtetes Gemisch von Wahrnehmungselementen, Gedanken und Erinnerungen, die, bestimmten Tendenzen entsprechend, systematisch verzerrt werden. Diese Tendenzen stellen abgewehrte Triebwünsche ebenso dar wie Drohungen des Über-Ich. Auch Wahnbildungen können wie Träume interpretiert werden (905). Sie enthüllen in der Analyse ihren «historischen» Kern», der durch den Wahn verzerrt worden ist (630).

Der Wahn einer Patientin, ihre Kinder getötet zu haben, enthüllte sich als eine Ausarbeitung der häufigen Angst, daß sie durch ihre Masturbation sich der Fähigkeit beraubt haben könnte, Kinder zu kriegen. Der «historische Kern» dieses Wahns lag in ihrer infantilen Masturbation.

d) Objektbeziehungen und Sexualität bei Schizophrenen

In dem Kapitel über zwanghaftes Verhalten wurden «Liebessüchtige» beschrieben (vgl. S. 266 f.). Es gibt auch «Objektsüchtige», die nicht eigentlich Liebe brauchen, sondern eher einen allgemeineren Beweis ihrer Verbindung mit der Objektwelt. Menschen dieser Art klammern sich an alles und jeden. Sie kleben an ihren Objekten, leben mit der extremen Angst, sie zu verlieren, sind stets übellaunig und für die Menschen ihrer Umgebung äußerst anstrengend. Es ist unschwer zu erkennen, daß diese Menschen entweder potentielle Schizophrene sind, die einen bevorstehenden Objektverlust bekämpfen, oder wirklich Schizophrene, bei denen dieses Symptom einen Restitutionsversuch darstellt. Andere Patienten klammern sich mit derselben Hartnäckigkeit nicht an Objekte, sondern an einen Objektersatz, an Vorstellungen aller Art, an Zwänge und Monomanien, an Erfindungen, kurz an alles, was ihnen eine Verbindung mit der Objektwelt darstellt. Da diese Dinge häufig ihren konkreten und realen Bezug verloren haben, betreffen ihre Darstellungen oft Abstraktionen. Viele Schizophrene sind von der Vorstellung erfüllt, die Menschheit erlösen zu müssen; es handelt sich dabei um Projektionen ihres Bewußtseins, daß sie selbst einer Erlösung aus ihrem Objektverlust bedürfen.

Viele schizophrene Patienten sind zu sehr plötzlichen und intensiven, zärtlichen und sinnlichen Übertragungsreaktionen ebenso fähig wie zu feindlichen. Die flüchtige und unverläßliche Natur dieser Reaktionen beweist, daß die Patienten ihren narzißtischen Zustand verlassen und erneut Kontakt mit der Objektwelt suchen, dies aber nur in plötzlichen Anfällen und für kurze Zeit tun können. Die auffällige Gewaltsamkeit ihrer Anstrengungen beruht auf ihrer Angst, die Objekte wieder zu verlieren. Die zahllosen und mannigfachen sexuellen Ausdrucksweisen von Schizophrenen, die eine Mischung aller Entwicklungsstufen der Libido darstellen, erscheinen als solche Restitutionsversuche. Die besondere Na-

tur dieser Ausdrucksweisen wird durch sekundäre Fixpunkte bestimmt, die zwischen der frühen, entscheidenden narzißtischen Fixierung und dem Genitalprimat liegen. Es treten autoerotische Betätigungen jeder Art auf, Nahrungsschwierigkeiten von der Nahrungsverweigerung bis zum Heißhunger (230, 1578), primitive analerotische Äußerungen, Inkontinenz, Kotschmieren und Koprophilie, primitive Formen der Objektbeziehung, z. B. Einverleibungstendenzen (57, 68, 1172) und eine magische Überschätzung der Ausscheidungsfunktionen (19). Vor allem treten immer wieder grobe Äußerungen des Ödipuskomplexes auf, die zuerst die Aufmerksamkeit der Psychoanalytiker, die sich mit Schizophrenen befaßten, auf sich zogen (181, 228, 806, 808, 973, 1506, 1584). Allerdings erscheinen genitale Regungen regelmäßig in Konkurrenz mit prägenitalen (1625), so daß der Genitalprimat bei Personen, die zur Schizophrenie prädisponiert sind, nie sehr stark gewesen ist.
Alle diese aus der Entwicklungsgeschichte stammenden Äußerungen können sowohl bei dem zum Narzißmus tendierenden Regressionszug als auch bei den wieder zum Genitalprimat hinstrebenden Restitutionsversuchen mobilisiert werden.

e) Schizophrene Spracheigentümlichkeiten

Freud zeigte, daß die eigentümliche Verwendung von Wörtern bei Schizophrenen als eine auf die Restitution zielende Erscheinung verstanden werden muß. «Die Ausdrucksweise wird oft Gegenstand einer besonderen Sorgfalt, sie wird ‹gewählt›, ‹geziert›. Die Sätze erfahren eine besondere Desorganisation des Aufbaus, durch welche sie uns unverständlich werden, so daß wir die Äußerungen der Kranken für unsinnig halten. Im Inhalt dieser Äußerungen wird oft eine Beziehung zu Körperorganen oder Körperinnervationen in den Vordergrund gerückt. Bei der Schizophrenie werden die Worte demselben Prozeß unterworfen, der aus den latenten Traumgedanken die Traumbilder macht, den wir den psychischen Primärprozeß geheißen haben» (590). Freud erklärt nun das merkwürdige sprachliche Verhalten der Schizophrenen durch die Annahme, ein solches Streben nach Wiedergewinnung der Objektwelt hätte bei ihnen zwar einen kleinen, aber nicht den gewünschten Erfolg gehabt.

Anstelle der verlorengegangenen Objektvorstellungen sei es den Kranken nur gelungen, deren «Schatten», die Wortvorstellungen, einzufangen, und der Objektverlust zwinge sie, diese nun als Ersatz zu nehmen, und so zu behandeln, wie in der Neurose die unbewußten Sachvorstellungen behandelt werden (590). Diese Annahme ist seither von verschiedenen Autoren bestätigt und ausgearbeitet worden (931, 932, 1146, 1168, 1377, 1583).

Der Schizophrene behandelt die übersteigerten Über-Ich-Funktionen der Beobachtung und Kritik, wie er Worte behandelt. Auch diese Funktionen sind ein «Schatten» der verlorengegangenen Objektwelt.
Nicht alle Eigentümlichkeiten der schizophrenen Sprache sind von dieser Art. Bizarrerien, Stereotypien, archaische Denkmuster (vgl. S. 319 f.) und nicht zuletzt das subjektive Bezugssystem des Patienten, das ihn Wörter verwenden läßt, deren Bedeutung einem Zuhörer unbekannt ist, komplizieren seine Sprache.

f) Katatone Symptome als Restitutionsphänomene

Ein Restitutionsstreben nach der verlorenen Objektwelt ist die Wurzel vieler katatoner Symptome. In seinem ersten Werk über die Schizophrenie hat Jung deren Stereotypien und Manierismen als krankhafte Versuche erkannt, an entgleitenden Objektbeziehungen festzuhalten oder sie wiederzuerlangen (905, 906). In der Literatur wurde dies verschiedentlich bestätigt und ausgearbeitet (1016, 1171, 1558). Im Kapitel über den Tic haben wir erwähnt, daß Gesten und mimetische Ausdrücke eine überaus wichtige archaische Form der Kommunikation mit Objekten sind. Psychoanalytisch ist ihre Pathologie (Pathognomie) bisher nur unzureichend untersucht worden (986). Die schweren Störungen der Katatonen zeigen nicht nur, daß ihre Gefühle den Objekten gegenüber miteinander im Konflikt liegen, sondern auch, daß sie zu vollständigen Gefühlen nicht mehr fähig sind. An deren Stelle sind Stereotypien und Manierismen getreten, Anspielungen auf Gefühle, die nicht mehr auf eine Kommunikation abzielen. Diese «emotionalen Reste» haben ihre Verbindung sowohl untereinander wie auch mit der Gesamtpersönlichkeit verloren. Das gerade soll der Begriff der Schizophrenie ausdrücken. Viele Stereotypien, Manierismen und Bizarrerien sind jedoch weniger bloße Symptome des Objektverlusts als aktive Versuche, Objektbeziehungen wiederherzustellen. Ganz ebenso wie sie sich an Worte oder an eine Kritik halten statt an bestimmte Liebesobjekte, halten sich die Schizophrenen an merkwürdige magische Ausdrucksformen, die einem Beobachter uneinsichtig sind, statt an vollständige, objektgerichtete Emotionen. Das oft zitierte «blöde Lächeln» der Schizophrenen ist charakteristisch für einen erfolglosen Versuch, wieder Kontakt zu finden. In manchen mimetischen Ausdrucksformen oder bizarren Handlungen sind die ursprünglichen sinnlichen oder (häufiger) feindseligen Triebregungen noch erkennbar, die nicht zu vollem Ausdruck gelangt sind (70). Erwähnt wurde bereits die magische Bedeutung des «Grimassenschneidens» bei Kindern (vgl. S. 180). Manche katatone mimetische Ausdrucksform scheint eine Karikatur dieses Spiels zu sein (981). Fromm-Reichmann sieht in den Stereotypien einen Kompromiß zwischen einer Tendenz, bestimmte (zärtliche oder feindselige) Objektstrebungen auszudrücken und einer Tendenz, diese aus Angst vor Zurückweisung zu unterdrücken (660). Die Desintegration der Persönlichkeit verkehrt den vollständigen Ausdruck von Gefühlen in die bloßen Anspielungen von Stereotypien.

Echolalie, Echopraxie und automatischer Gehorsam können ebenfalls als primitive Versuche angesehen werden, wieder Kontakt zu finden. Der Säugling erwarb die Fähigkeit zu mimetischen Ausdrucksformen, um mit ihrer Hilfe durch die Imitation der ihn umgebenden Personen und über den Mechanismus der primären Identifizierung Kontakt mit anderen herzustellen. Katatone Patienten versuchen, ihren Verlust auszugleichen, indem sie auf diesen primitiven Mechanismus zurückgreifen. Sehr oft haben ihre Gesten den Sinn von Imitationen der Gesten anderer. Da dieser Mechanismus aber seiner Intention nach versagt, bleiben die Gesten «leer» und «bedeutungslos». Ein weiterer Umstand trägt dazu bei, daß die Imitation von Gesten sich in deren Karikatur verkehrt: die noch (oder wieder) wirksamen abgewehrten feindseligen Triebregungen, die in der Art der Imitation zum Ausdruck gelangen. Bizarre Manierismen imitieren nicht nur, was in der Vergangenheit gesehen wurde, sie antizipieren als «magische Gesten» das gewünschte Verhalten in der Zukunft (983, 985).

In der katatonen Starre sieht man den Kampf zwischen dem Willen zur Bewegung und seiner Abwehr. Ferenczi hat das Wort geprägt, die Katatonie sei eigentlich eine Kataklonie, ein in rascher Frequenz folgendes Wechseln von zur Bewegung treibenden und hemmenden Innervierungsimpulsen (492).

Im hysterischen Muskelkrampf oder bei dystonischen Erscheinungen Normaler ringen ja ebenfalls Bewegungs- und Hemmungsimpulse miteinander, nur daß sie in beiden Fällen einer unbewußten Objektbeziehung Ausdruck geben. Bei der Katatonie aber sind sie rein narzißtisch oder gehen in dem Kampf auf, Objekte wiederzuerlangen. Ein dystonischer Hypertonus steht im gleichen Verhältnis zur katatonen Muskelstarre wie die Introversion der Neurotiker zur narzißtischen Ausrichtung der Schizophrenen.

Andere katatone Einstellungen scheinen weniger darauf gerichtet, wieder zu den Objekten vorzudringen, als darauf, unangenehme Gefühle oder das Krankheitsbewußtsein zu verleugnen. Viele mimetische Ausdrucksformen der Katatonie scheinen erfolglos sagen zu wollen: «Wie Sie sehen, bin ich nicht irre!» In tieferen Regressionszuständen werden Ausdrücke dieser Art immer unspezifischer, bis sie schließlich im Raptus nichts anderes als unkoordinierte Abfuhrbewegungen zu sein scheinen, die eine übergroße Spannung lösen sollen, welche sich gewöhnlich in einer «kataleptischen» allgemeinen Muskelstarre ausdrückt. Die Neigung, sich, koste es, was es wolle, von inneren Spannungen zu befreien, kann zu Extremen führen, die jeden Gedanken an Selbsterhaltung aufgegeben zu haben scheinen (vgl. 204). Wiederholt sind bei Fällen von Schizophrenie Selbstkastrationen berichtet worden. Wahrscheinlich sind sie psychologisch den Selbstkastrationen religiöser Fanatiker vergleichbar, die durch eine radikale Verleugnung ihres aktiven sexuellen Verlangens zu einer «friedlichen Einheit mit Gott» zu gelangen suchen. In diesen Fällen liegt eine extreme passive Unterwürfigkeit vor, die ihrer Natur nach weniger feminin ist als vielmehr dem frühkindlichen «ozeanischen» Gefühl zustrebt (1127, 1131). Da Handlungen dieser Art in Zuständen einer tiefen Regression ausgeführt werden, erinnern sie an den archaischen biologischen Reflex der Autotomie, in dem Triebbefriedigung und Triebabwehr noch ein und dasselbe sind. In Regressionszuständen treten solche archaischen Ziele leichter wieder auf, wenn das Über-Ich sexualisiert worden ist.

4. *Der Bruch mit der Realität*

Daß der Kern der Schizophrenie im Bruch des Patienten mit der Realität liegt, läßt sich von zwei Seiten aus darstellen. Einmal ist die Ähnlichkeit von Schizophrenie und Neurosen zu betonen. Beide beruhen darauf, daß der Organismus auf Konflikte mit einer Regression reagiert. Die Tiefe der Regression ist jedoch bei beiden verschieden. In der frühen Kindheit gibt es keine «Realität». Ein späterer «Realitätsverlust» ist eine Regression auf diese frühe Zeit. Das Ich kehrt zu einem ursprünglichen, undifferenzierten Zustand zurück, d. h. es löst sich ganz oder teilweise in das Es auf, das über kein Wissen von der Realität oder den Objekten verfügt. Das andere Mal ist der Gegensatz von Psychosen und Neurosen zu betonen. Nach Freud (611) kann man den Vergleich wie folgt formulieren: Bei beiden tritt ein grundlegender Konflikt zwischen dem Es (einer Triebregung) und der Außenwelt auf. Das Ich des Neurotikers wendet sich in einem solchen Konflikt gegen das Es, indem es der Außenwelt gehorcht und eine Verdrängung vornimmt. Das Ich des Psychotikers dagegen bricht mit der seine Triebfreiheit einschränkenden Außenwelt. Dieser Gegensatz aber führt nicht weiter. Während das Ich des Neurotikers, das sich gegen das Es wendet, die Ansprüche der Außenwelt erfüllt, kann man nicht einfach sagen, daß das psychotische Ich, das sich gegen die Außenwelt wendet, sich auf die Seite des Es stellt. Das mag für eine Minderheit von halluzinatorischen Psychosen gelten (62); bei der Mehrzahl der Fälle von Schizophrenie scheint es, als diene der Bruch mit der Realität weniger dazu, größere Lust zu gewinnen, als objektgerichtete Triebregungen zu bekämpfen. Die Realität wird weniger zurückgewiesen, weil sie im Endeffekt frustrierend ist, sondern weil sie Versuchungen bereithält (663).

Das folgende Zitat von Freud zeigt, daß der Bruch mit der Realität bei Schizophrenen weniger die verbietenden und strafenden, sondern eher die versuchenden Aspekte der Realität betrifft: «Ich will zum Beispiel auf einen vor langen Jahren analysierten Fall zurückgreifen, in dem das in ihren Schwager verliebte Mädchen am Totenbett der Schwester durch die Idee erschüttert wird: Nun ist er frei und kann dich heiraten. Diese Szene wird sofort vergessen und damit der Regressionsvorgang eingeleitet, der zu den hysterischen Schmerzen führt ... Die psychotische Reaktion wäre gewesen, die Tatsache des Todes der Schwester zu verleugnen» (614). Der Tod der Schwester ist jedoch keine strafende Drohung, sondern eher eine Versuchung.»

Besonders deutlich wird das an der Analyse von Verfolgungsideen. Freud betonte später, daß dieser Gegensatz nicht schematisch aufzufassen ist; denn auch bei Psychotikern finden sich gegen das Es gerichtete Gegenbesetzungen, und auch bei Neurotikern liegen Spuren eines Bruchs mit der Realität vor, wenn sie sich, wie z. B. bei der Verleugnung der weiblichen Penislosigkeit, unbewußt weigern, unangenehme Fakten hinzunehmen (621, 633, 635).

Bei Neurosen müssen zwei Schritte voneinander unterschieden werden: a) die Verdrängung des verpönten Anspruchs des Es und b) seine Wiederkehr in entstellter Form. Bei der Entwicklung von Psychosen lassen sich zwei analoge Schritte aufweisen: a) ein Bruch mit der Realität und b) die Versuche, die verlorene Realität wiederzuerlangen (614).

Freud hat darauf aufmerksam gemacht, daß allerdings trotz dieser Analogie bedeutsame Unterschiede bestehen (614). Bei der Neurose ist der zweite Schritt, die Wiederkehr des Verdrängten aus der Verdrängung der für den pathologischen Erfolg bedeutsamere; bei der Psychose dagegen führt der Realitätsverlust zur Krankheit. Bei der Neurose ist es das abgewehrte Es, das sich im zweiten Schritt dem Ich dennoch aufdrängt; aber auch bei der Psychose scheint es vielfach so zu sein, daß das abgewiesene Stück Realität gegen den Willen des Ich wiederkehrt. Wichtiger jedoch ist auch hier wieder das Es (und gelegentlich das Über-Ich), das mit seinen Versuchen, die frustrierende Realität zu bekämpfen und Befriedigung zu erlangen, den zweiten Schritt bestimmt.

Gemäß der Unterscheidung von regressiven Symptomen und Restitutionssymptomen sollte man erwarten dürfen, daß jede Psychose mit regressiven Symptomen beginnt, d. h. mit Weltuntergangsphantasien, Hypochondrie, Depersonalisation, Größenwahn und bestimmten katatonen Symptomen, während Symptome wie Welterlösungsphantasien, Halluzinationen, Wahnbildungen, schizophrene Spracheigentümlichkeiten, Stereotypien und infantile Sexualsymptome nur im späteren Verlauf des schizophrenen Prozesses auftreten müßten. Dies ist bei vielen Schizophrenien tatsächlich der Fall. Weltuntergangsphantasien, Hypochondrie und Depersonalisation werden zumeist als Anfangssymptome beschrieben, während sich systematisierte Wahnbildungen erst späterhin entwickeln. Die selteneren Fälle, bei denen die Symptome in anderer Reihenfolge auftreten, widersprechen nicht notwendig dieser Theorie. Denn der Objektverlust muß nicht unbedingt plötzlich und vollständig sein. Es gibt Intensitätsschwankungen zwischen einem Verzicht auf die Objektwelt und Ansätzen zur Restitution. Besonders deutlich ist dies bei Fällen von Paranoia mit heimtückischem Ausbruch und Verlauf. Bei ihnen können in der Tat die ersten auffälligen Symptome Restitutionsversuche sein, wenn eine vorausgehende Periode des Realitätsverlusts unbemerkt blieb.

Die auslösenden Faktoren der Psychose (403, 830, 1086, 1628) unterscheiden sich nicht grundlegend von den auslösenden Faktoren der Neurose. Es handelt sich bei ihnen entweder um einen quantitativen Zuwachs an Triebspannung, was sich etwa darin zeigt, daß Schizophrenie häufig in der Pubertät beginnt («Dementia praecox»), um Umstände, die die verdrängte infantile Sexualität, insbesondere die Homosexualität und Analerotik, stimulieren (452, 790) oder um Erlebnisse, die infantile Ängste und Schuldgefühle scheinbar rechtfertigen oder erhöhen (vgl. XIX, 2).

Disposition und auslösende Faktoren verhalten sich auch hier wieder komplementär zueinander (596). Oft beginnen Psychosen während einer Krise, d. h. wenn irgendein Erlebnis das zuvor vorhandene psychische Gleichgewicht zerstört hat und die gewohnten Abwehrmethoden des Ich unzureichend geworden sind. French und Kasanin beschrieben verschiedene Fälle, bei denen der Zusammenbruch auftrat, nachdem sich aufgrund äußerer Vorkommnisse die Adaptation des Ich als ungenügend erwiesen hatte (533).

Die auf diesem Weg ausgelöste Psychose ist jedoch weniger eine neue und pathologische Adaptation an die Realität als vielmehr ein Zusammenbruch jeder Form von Adaptation. Die Restitutionssymptome können als erster Versuch angesehen werden, so etwas wie eine Adaptation wiederherzustellen. Ist sie erreicht, so ist die Psychose geheilt. Eine solche Heilung kann insofern unvollständig bleiben, als sie aufgrund pathologischer Charakterzüge zustande kommt. Darüber hinaus besteht die Möglichkeit, daß sich andere Narben in der Persönlichkeit erhalten.

Nicht nur die auslösenden Faktoren, sondern auch die ersten Reaktionen auf sie sind bei Psychosen und Neurosen dieselben. Sie bestehen aus einer Wiederbelebung und Intensivierung infantiler Triebregungen. Der Ödipuskomplex ist hier von entscheidender Bedeutung. Denn es scheint in der Tat, als schaffe eine besonders intensive Fixierung an den Ödipuskomplex die Voraussetzung für eine Psychose. Abnorme ödipale Befriedigungen finden sich recht häufig in der Lebensgeschichte von Schizophrenen (1411). Die Genitalität scheint jedoch in diesen Fällen schwach zu sein, und der Ödipuskomplex ruht bei ihnen auf einer prägenitalen Grundlage.

Entscheidend für den Unterschied von Psychose und Neurose ist die Art, in der ein Patient das Wiedererwachen seiner infantilen Triebkonflikte abwehrt. Ein Psychotiker «bricht mit der Realität».

Dieser «Bruch» kann als ein überaus archaischer Abwehrmechanismus beschrieben werden, der einer Ohnmacht als Antwort auf ein Trauma durchaus analog ist (vgl. Bd. 1, S. 172). Wenn das Ich Entsetzliches erlebt, so wird es wieder aufgegeben. Eine Neigung zu diesem archaischen Abwehrmechanismus ist vielleicht der Kern dessen, was «narzißtische Fixierung» genannt wird.

Die Annahme, daß der Bruch mit der Realität zurückführbar ist auf eine Fixierung an die Zeit vor der Ausbildung des Realitätssinns reduziert das Problem der Ätiologie der Schizophrenie auf die Frage nach Art und Ursprung der narzißtischen Fixierung. Man muß zugeben, daß bisher wenig Genaues über die konstitutionellen Faktoren und persönlichen Erlebnisse bekannt ist, die eine bösartige narzißtische Fixierung zur Folge haben. Die narzißtische Veranlagung ist gewiß, ohne mit ihr identisch zu sein, der oralen Konstitution verwandt, die in Verbindung mit den manisch-depressiven Psychosen beschrieben worden ist. Wichtige pathogene Erlebnisse in der frühen Kindheit, die theoretisch vorausgesetzt werden können, sind durch konkrete Forschungsergebnisse als weniger wahrscheinlich bei der Schizophrenie als bei manisch-depressiven Störungen nachgewiesen. Die pathogenen Fixierungen bei der Schizophrenie wird man wohl mit einer noch früheren Entwicklungsstufe in Verbindung bringen müssen als mit derjenigen, deren Störung späterhin Depressionen zur Folge hat. Es ist dies in Abrahams Klassifizierung (26) die frühe, objektlose orale Periode, die einer oral-sadistischen Phase vorausgeht. Man wird annehmen dürfen, daß unbekannte organische Faktoren die bösartige Tiefe der Regression bestimmen oder zumindest zu ihr beitragen. Vielleicht zeigt sich in der typischen infantilen Anamnese der Schizophrenie weniger ein einziges Trauma in sehr früher Zeit als eine ganze Serie von Behinderungen aller Lebensfunktionen, insbesondere der objektstrebigen Tätigkeiten. Sehr wahrscheinlich liegt in den meisten Fällen eine je verschiedene Mischung von organischer Disposition, frühen Traumen und vielfältigen Beeinträchtigungen vor.

Manche Autoren haben versucht, zwischen der «Verwendung schizoider Mechanismen auf psychogener Basis» und «wirklichen schizophrenen Prozessen» zu unterscheiden. Sie haben unter die erste Kategorie Fälle subsumiert, bei denen Traumen und Behinderungen eine narzißtische Regression verursachen, und den Namen «schizophrene Prozesse» Fällen vorbehalten, bei denen (unbekannte) organische Faktoren entscheidend sind (362, 670). Wäre diese Unterscheidung tatsächlich anwendbar, so könnte sie bei der problematischen Frage der Prognose von großem Nutzen sein. Gelegentlich ist ein sonst intaktes Ich fähig, sich in «schizophrenen Episoden» von kurzer Dauer, die in der älteren psychiatrischen Terminologie als «hysterische Psychosen» oder «Amentia» bezeichnet wurden, vorübergehend von einer unangenehmen Realität abzuwenden. In der Mehrzahl der Fälle liegen jedoch sowohl psychogene Einflüsse wie organische Dispositionen vor; beide sind einander komplementär.

Gero erörterte die Kriterien, die Verwendung finden müssen, wenn das Konzept der Psychogeneität auf Psychosen angewandt wird (670).

Was nach einer Regression tatsächlich geschieht, läßt sich am ehesten am Ergebnis des Restitutionskampfes ablesen. Spätere Fixierungspunkte scheinen für den Vorstellungsinhalt der Symptome von großer Bedeutung zu sein. Ihre psychoökonomischen Beziehungen bestimmen das klinische Bild und seine Veränderung.

Schizophrenie bei Kindern ist umstritten (185, 186, 266, 310, 734, 1487). Unter psychoanalytischem Aspekt kann allgemein festgestellt werden, daß infantile Psychosen weniger Regressionen darstellen, als vielmehr schwere Entwicklungsstörungen eines Ich, das aufgrund dieser Störungen mehr oder weniger archaisch bleibt (1487).

Psychoanalytischer Einblick in den psychischen Hintergrund schizophrener Erscheinungen verweist auf eine enge Verwandtschaft von Schizophrenie und manisch-depressiven Störungen. Beide beruhen auf einer narzißtischen Regression, einem darauf aufbauenden Objektverlust, einer Beschädigung der Struktur des Ich und einer Beeinträchtigung der Realitätsprüfung. Diese dynamische Ähnlichkeit spiegelt sich in einer gewissen Ähnlichkeit der klinischen Bilder wider. Es gibt Fälle, in denen sich die Züge beider Krankheiten vermischen wie z. B. die periodischen katatonen Zustände oder der Verfolgungswahn bei der Melancholie. Diese

Verwandtschaft liefert ein wichtiges Argument gegen eine Klassifizierung von Charaktertypen, die vom Unterschied zwischen Schizophrenie und manisch-depressiven Erscheinungsbildern ausgeht (vgl. XX, 13).

5. Borderline-Fälle

Schizophrene Mechanismen unterscheiden sich von denen der Neurose. Es ist gewiß nicht richtig, Psychosen als einen höheren Grad von Neurosen anzusehen. Ein und dieselbe Person kann zugleich neurotische und psychotische Mechanismen entwickeln. Es gibt Neurotiker, die, ohne eine volle Psychose auszubilden, bestimmte psychotische Züge haben oder dazu neigen, auf Enttäuschungen schizophren zu reagieren. Gelegentlich sind dies Personen, die man als potentiell schizophren bezeichnen könnte, d. h. sie haben noch nicht «mit der Realität gebrochen», obwohl sie bestimmte Anzeichen eines beginnenden Bruchs mit der Realität aufweisen und sich unter ungünstigen Lebensbedingungen zu Psychotikern entwickeln könnten. Zuweilen sind es auch Menschen, die ihre schizophrene Disposition «kanalisiert» haben, Exzentriker sozusagen, die auf einem mehr oder weniger eng begrenztem Gebiet verrückt sind und sich im übrigen einen normalen Kontakt zur Realität erhalten haben.

Personen, die, ohne wirklich eine Psychose zu haben, einzelne Anzeichen oder Mechanismen der Schizophrenie aufweisen, sind als «Schizoide», als Fälle von «Schizophrenia mitis» oder von «ambulanter Schizophrenie» bezeichnet worden. Begriffe dieser Art deuten nicht darauf hin, daß ein Psychiater nicht in der Lage ist, zu erkennen, ob er einen Neurotiker oder Psychotiker vor sich hat. Vielmehr liegen hier die bei beiden wirksamen pathogenen Mechanismen vor. Nicht der Verlauf des Krankheitsprozesses, sondern äußere Umstände sind schließlich dafür verantwortlich, ob die psychotische Disposition zur Krankheit führt oder abgeschwächt wird.

Zu den Borderline-Fällen gehören die «verschrobenen Psychopathen» und «abortiven Paranoiker», die vielen «apathischen» Individuen, die man als hebephrenoide Persönlichkeiten bezeichnen könnte, all die, die als Erwachsene einen großen Teil ihres primitiven Narzißmus erhalten oder wiedergewonnen haben. Narzißtische Kränkungen beantworten sie mit einfacher Verleugnung und mit erhöhtem Schutz ihres Narzißmus. Sie neigen dazu, auf Enttäuschungen mit einem häufig nur teilweisen und vorübergehenden Verlust von Objektbeziehungen zu reagieren. Symptome des Objektverlusts können zusammen mit Depressionen oder Manien auftreten, mit hypochondrischen Empfindungen und Entfremdungsgefühlen in den Organen, mit begrenzten Stereotypien, bizarren Verhaltensmustern oder andern Anzeichen von erhöhtem Narzißmus (203, 1635).

Entgegen der Behauptung mancher Psychiater gibt es sogar Übergänge von Pseudohalluzinationen zu wirklichen Halluzinationen und von Tagträumen zu Wahnbildungen (1373, 1382). Häufig werden Vorstellungen mit typisch wahnhaftem Inhalt entwickelt, während ein Patient noch zur vollen Realitätsprüfung in der Lage ist. Er glaubt dann nicht an diese Vorstellungen und nennt sie «verrückt». Sie sind daher der Definition nach keine Wahnbildungen, sondern «Tagträume» mit dem gleichen Vorstellungsinhalt wie typische Wahnbildungen. Unter ungünstigen Umständen kann durch eine minimale ökonomische Veränderung die Realitätsprüfung verlorengehen, und Tagträume dieser Art werden zu Wahngebilden (607).

Ein abortiver Beziehungswahn kann zu Beginn seiner Entwicklung und bei schizoiden Persönlichkeiten während seines ganzen Verlaufs Gegenstand der Kritik der Patienten bleiben. «Ich habe das Gefühl, daß mich jeder anschaut, als wüßte er, was ich denke; das ist natürlich falsch.» Oder: «Ich hatte die verrückte Idee, daß jemand ein Mikrophon in das Zimmer stellen könnte, um herauszufinden, was ich denke.» Ein hypochondrischer Patient sagte einmal während der Analyse: «Es fällt mir gerade ein, daß mir die Gedanken von Ihnen in den Kopf gelegt werden. Das ist natürlich Unsinn, aber es ist genau das, was ich empfinde.»

Sehr häufig ist es unmöglich, eine Sozialangst, d. h. eine Angst, von anderen in Zukunft kritisiert zu werden, von Wahnvorstellungen zu unterscheiden, deren Gegenstand eine Kritik ist. Freud erörterte das bei Gelegenheit der Untersuchung des kritischen Urteils, das zuvor bereits vorhandene paranoide Vorstellungen in Schach halten kann (607).

Zwangsneurotiker leiden bekanntlich oft an der Zwangsvorstellung, jemanden ermordet zu haben, und müssen, obgleich sie volle Einsicht in die Realität haben, sich in Zeremoniells von der Unrichtigkeit der Zwangsvorstellung überzeugen. Obwohl die ausgesprochene Wahnbildung, einen Menschen ermordet zu haben, sich schon im Erleben einer solchen Zwangsvorstellung deutlich unterscheidet, gibt es doch «schizoide Zwangsneurotiker», bei denen eine Phantasie gelegentlich in der einen, gelegentlich in der anderen Form erlebt wird, z. B. überwiegend als Zwangsvorstellung, aber in einzelnen Affektmomenten als Wahn.

Ein Patient, bei dem zweifellos weit eher Zwangsneurose als Schizophrenie zu diagnostizieren war, obwohl sein Symptomenbild in manchen Punkten schizoid war, ging einmal nach einem Streit mit der Mutter in heftigster Erregung vom Hause fort und zweifelte, ob er die Mutter nicht erschlagen hätte. Er hatte diese Zwangsvorstellung häufiger, war aber diesmal überzeugt, die Tat wirklich ausgeführt zu haben. Er ging zur Polizei, stellte sich selbst mit der Angabe, er hätte seine Mutter getötet, und war von der objektiven Richtigkeit dieser Angabe überzeugt. Erst als Schutzleute aus seiner Wohnung auf die Polizeiwache zurückkehrten und ihm mitteilten, es sei doch nicht wahr, die Mutter lebe ja, «erinnerte» sich der Patient, daß er den angeblichen Mord nicht wirklich begangen hatte.

Auch manche Formen des Glaubens an die Allmacht der Gedanken und das, was Freud «zwangsneurotisches Delir» genannt hat, gehören zu diesen Übergangserscheinungen. Gelegentlich sind zwanghafte Bewegungen und Tics nicht sauber von Stereotypien zu trennen, besonders wenn sie vollkommen automatisiert sind (1018).

Fälle, bei denen die Realitätsprüfung während einiger Zeit zusammengebrochen ist und danach wiederhergestellt wird, sollten von Fällen wirklicher Schizophrenie unterschieden werden, bei denen die Patienten gelernt haben, das zu verbergen, was sie wirklich glauben, weil sie begriffen haben, daß andere ihre Wahnbildungen nicht teilen und der Umgang mit ihnen für sie leichter wird, wenn sie so tun, als glaubten sie selbst nicht an ihren Wahn. Ein Arzt, der versucht, einen Patienten von der Irrigkeit seiner Vorstellungen zu überzeugen, kann einen «Übertragungserfolg» erringen, indem er den Patienten dazu bringt, ohne wirkliche Einsicht in seine Krankheit das zu sagen, was von ihm erwartet wird. Perioden von vorgeblicher Einsicht und von Wahnvorstellungen können dann miteinander abwechseln und die Übertragungsbeziehung zum Arzt oder den Objektverlust bzw. eine negative Übertragung widerspiegeln.

Häufiger als Fälle mit partiellen Wahnbildungen, Halluzinationen oder Stereotypien sind schizoide Patienten, bei denen die Symptome nur im emotionalen Verhalten auftreten. Generell scheinen die Emotionen dieser Personen der jeweiligen Situation unangemessen zu sein. Häufig treten Emotionen da nicht auf, wo sie zu erwarten gewesen wären. Das Fehlen von Emotionen, das nicht auf bloßer Verdrängung, sondern auf einem Kontaktverlust zur Außenwelt beruht, macht auf einen Beobachter den Eindruck besonderer «Verschrobenheit». Oft werden gefühllose Zustände von plötzlichen und unvorhersehbaren Gefühlsausbrüchen abgelöst. In anderen Fällen scheinen die Emotionen relativ normal, solange gewisse Bedingungen erfüllt sind, solange z. B. ein Patient das Gefühl hat, daß «es nicht ernst wird». Die Patienten scheinen normal, weil es ihnen gelungen ist, «Pseudokontakte» verschiedener Art an die Stelle eines wirklichen Gefühlskontakts mit anderen zu setzen. Sie verhalten sich, «als ob» sie gefühlsmäßige Beziehungen zu anderen hätten (331, 333). Sie können von vielen Leuten umgeben sein und vielerlei Dinge tun, ohne wirkliche Freunde zu haben. Häufig verhalten sich schizoide Persönlichkeiten relativ normal, solange bestimmte Sicherheitsbedingungen erfüllt sind, brechen aber zusammen, sobald diese Bedingungen nicht mehr einzuhalten sind. Derlei Bedingungen dienen dazu, den Kontakt mit der Objektwelt aufrechtzuerhalten. Die häufigste Sicherheitsbedingung für paranoide Persönlichkeiten besteht darin, «Jünger» zu haben. Solange andere an sie und ihre Mission glauben, halten die Patienten noch an der Realität fest. Sagen die Jünger aber, «Der Mann ist verrückt», so brechen sie zusammen. Die Schwierigkeit im Kontakt mit schizoiden Personen besteht in dem Umstand, daß für sie Wörter nicht dieselbe Bedeutung haben wie für die Normalen, obwohl sie vom schizophrenen Sprachgebrauch noch weit entfernt sind. Wortbedeutungen werden von ihnen aufgrund einer autistischen Orientierung festgelegt, die dem Hörer unbekannt ist.

Die Unmöglichkeit einer adäquaten emotionalen Abfuhr zeigt sich auch auf anderem Wege. Gewöhnlich macht sich eine extreme innere Spannung durch Hypermotilität oder durch eine hypertone Rigidität hinter der Maske äußerer Ruhe bemerkbar. Zu anderen Zeiten geschieht das Gegenteil. Es tritt eine extreme hypotone Apathie ein. Die Gefühlsreste oder der Gefühlsersatz sind entweder aus Wut, Aggressivität oder Homosexualität abzuleiten.

Eine sehr gute Beschreibung dieser Typen hat Zilboorg vorgelegt (1635).

Das klinische Bild schizoider Persönlichkeiten ist vielfältig. Auf dem einen Extrem finden sich Wunderkinder mit bestimmten einseitigen (autistischen) Talenten, bei denen ein zuweilen befremdliches Verhalten großzügig übersehen wird, weil sie durch ihre Nähe zum Unbewußten ihr Publikum, an dem sie emotional kaum Anteil nehmen, zu faszinieren vermögen. Auf dem anderen Extrem finden sich hebephrenoide Personen, die einen ziemlich stupiden Eindruck machen und ein leeres und unauffälliges, fast schon pflanzenhaftes Leben führen, das emotional total verarmt ist.

Unter einem praktischen Gesichtspunkt besteht die Hauptaufgabe eines Analytikers darin zu entscheiden, welche Patienten in der Gefahr stehen, psychotisch zu werden und einer prophylaktischen Behandlung bedürfen, und welche Patienten dadurch, daß sie exzentrisch werden, von schweren psychotischen Zusammenbrüchen verschont bleiben. Die Entscheidung zwischen beiden ist ähnlich dem Unterschied von paranoider Schizophrenie und genuiner Paranoia. Gewiß wird der Unterschied beider durch psychoökonomische Zustände bestimmt; dennoch ist ein großes Maß an Intuition erforderlich, um zu entscheiden, ob ein Patient der einen oder anderen Kategorie zugehört.

6. Fragen der Prognose

Die prognostische Unsicherheit bei der Schizophrenie entspricht der Schwierigkeit, in das feinere ökonomische Kräftespiel der Krankheit genauen Einblick zu gewinnen. Ist eine Wiederherstellung der Objektbeziehungen geglückt, so scheint es jedenfalls begreiflich, daß dieselben Menschen dazu neigen, bei neuerlichen Anlässen wiederum zu erkranken, da sie ja trotz ihrer Heilung die Disposition, auf Enttäuschungen mit Objektverlust zu antworten, beibehalten haben. Man kann sich vorstellen, daß, wie tief die dispositionelle Neigung zum Objektverlust auch sein mag, alles, was an aus der Außenwelt stammenden Reizen angenehm und verlockend erscheint, die Krankheit günstig, alles, was an ihr enttäuscht oder auch Versuchungen bringt, sie ungünstig beeinflussen muß. Schwieriger aber ist es festzulegen, welche konkreten Faktoren für einen Patienten angenehm und attraktiv sind, da viele Patienten Erfahrungen als eine Bedrohung empfinden, die für Normale als attraktiv gelten würden. Man braucht daher eine dynamische und ökonomische Diagnose über Art und Tiefe des Objektverlusts und über die Intensität der (organischen) Dispositionen zur Krankheit um eine Prognose stellen zu können. Zunächst kann die Lebensgeschichte eines Patienten die notwendige Information liefern. Aus ihr muß hervorgehen, wann er emotional unangemessen reagiert hat. Im allgemeinen haben Fälle mit akuten Erkrankungen eine bessere Prognose als chronische Fälle, die sich langsam entwickelt haben. Das gilt besonders für reaktive Erkrankungen, bei denen die psychotische Reaktion eine unmittelbare Antwort auf eine akute und schwere Enttäuschung oder eine narzißtische Kränkung ist. Fälle, bei denen am Beginn der Erkrankung intensive Angst auftritt, scheinen einfacher zu heilen als Fälle, die sich dem schizophrenen Prozeß ohne Gegenwehr überantworten. Zuweilen treten plötzlich schizophrene Episoden auf, die den Eindruck einer schweren Erkrankung machen, weil sie als Antwort auf eine akute Enttäuschung oder Belastung einen vollständigen Bruch mit der Realität darstellen. Gerade sie aber können relativ schnell und vollständig geheilt werden (1213). Wahrscheinlich reagieren manche Verwirrte auf exzessive Belastungen mit dieser Art von akuter schizophrener Episode, die eine gute Prognose hat. Weil bei akuten Fällen die Heilungsaussichten größer sind, ist es paradoxerweise möglich, daß Fälle, die viel schlimmer scheinen, eine bessere Prognose haben als solche mit einer sich langsam entwickelnden Apathie. Nicht bei jedem psychotischen Krankheitsausbruch ist jedoch die Prognose günstig. Häufig stellt sich nämlich heraus, daß ein scheinbar akuter Ausbruch der Krankheit durch eine sehr lange präpsychotische Entwicklung vorbereitet wurde, die der Aufmerksamkeit von Beobachtern entgangen ist. Periodische Katatonien, die gelegentlich als eine Mischung von Schizophrenie und manisch-depressiven Zuständen diagnostiziert werden, haben insofern eine günstige Prognose, als die einzelnen Anfälle spontan vorübergehen. Neben einer Kenntnis der gesamten Lebensgeschichte sind daher Informationen über Art und Verlauf des ersten psychotischen Anfalls das beste Mittel, um den weiteren Verlauf kommender Anfälle zu prognostizieren. Von seiten der beschreibenden Psychiatrie sind viele statistische Versuche gemacht worden, um Kriterien der Prognose zu entwickeln. Von seiten der Analyse kann kein einzelnes Kriterium als entscheidend angesehen werden. Entscheidend ist viel eher das Zusammenspiel aller Faktoren, die psychische Ökonomie eines Patienten (152, 184, 258, 259, 279, 1433).

7. *Die therapeutischen Möglichkeiten der Psychoanalyse bei Schizophrenie*

Es ist noch nicht lange her, da hieß es ganz apodiktisch: Die analytische Betrachtung der Schizophrenie sei zwar wissenschaftlich von größter Bedeutung, therapeutisch käme die Analyse aber nicht in Betracht. Dieser Auffassung verlieh Freud durch seine Gegenüberstellung von «Übertragungsneurosen» und «narzißtischen Neurosen» Ausdruck (596). Dieselbe Auffassung hatte er in dem posthumen «Abriß» vertreten (633). Durch diese Skepsis sollte betont werden, daß die Analyse auf der Einflußnahme des Analytikers auf den Patienten beruht, also bei diesem ein gewisses Maß von Objektzugewendetheit erfordert.

Obwohl das zweifellos richtig ist und eine Analyse ohne Realitätskontakt, d. h. ohne Kontakt mit dem Analytiker, ein Unding wäre, wird man diese absolut pessimistische Auffassung heute nicht mehr vertreten können. Eine analytische Beeinflussung Schizophrener und Schizoider muß davon ausgehen, daß die Regression zum Narzißmus selten vollständig ist. Die Analyse kann die verbleibenden Realitätsbeziehungen ebenso in ihren Dienst stellen wie die spontanen Heilungsversuche der Patienten. Daß man mit einem Stupor nichts anderes anfangen kann als in unendlicher Geduld durch liebevolles Benehmen einen wenn auch noch so flüchtigen Kontakt zu suchen, und daß alle Bemühungen umsonst sind, wenn dieser Kontakt nicht gefunden werden kann, ist selbstverständlich. Psychiatern, die über die nötige Geduld und Freundlichkeit verfügen, ist es gelungen, sogar mit Langzeitpatienten mit katatonem Stupor in Kontakt zu treten. Der Versuch, ein Teil der Welt des Patienten zu werden, indem man sich als Arzt der autistischen Einstellung anschließt, kann erfolgreich sein. Ist es einem gelungen, sich in die Welt eines Patienten einzufügen, so kann man ihn allmählich wieder an die Objektwelt heranführen (363, 657, 809, 924).

Glücklicherweise sind nicht alle Fälle Stuporen. Jeder von ihnen hat irgendeine Art von Kontakt oder Kontaktersatz zur Außenwelt. Jeder gangbare Weg über diesen Kontakt sollte beschritten werden.

Wer die Mechanismen der Schizophrenie versteht, wird sich der außerordentlichen Schwierigkeiten bewußt sein, die die Analyse von Schizophrenen im Vergleich zu der von Neurotikern mit sich bringt. Wir haben betont, daß, im Gegensatz zur Hysterie, bei der Zwangsneurose nicht mehr das wesentliche Stück des Ichs, sondern nur ein gewisser Anteil desselben in Verbindung mit dem Arzt gegen die Krankheit zu kämpfen vermag. Bei der Schizophrenie nun ist dieser Rest verschwindend klein und – was das Schlimmste ist – völlig unverläßlich geworden. Es wäre, wie wir schon betonten, ein Irrtum, zu glauben, narzißtische Neurosen übertrügen ihre infantilen Konflikte nicht auf den Analytiker. Sie übertragen oft in stürmischster, gelegentlich zu wilden Aktionen führender Weise. Aber diese Übertragungserscheinungen sind sämtlich unverläßlich. Die Patienten neigen zum Objektverlust, d. h. kleinste, keineswegs voraussehbare ökonomische Veränderungen (nicht nur im Verhalten des Analytikers, sondern irgendwo im Tageserleben begründet) können eine Übertragung von heute auf morgen vollkommen verschwinden lassen. Man weiß nie, wie lange ein bestehender Kontakt halten wird.

Die Neigung des Patienten, gefährlich werdende Versuchungen, die eine gesteigerte Übertragung mit sich bringt, durch narzißtische Regression abzuwehren, zeigt sich praktisch vielleicht am deutlichsten bei der Paranoia, deren Analyse scheitert, sobald der Analytiker selbst zum Verfolger wird. Das Vorgehen des Analytikers muß sich also danach richten, welche Rolle ein Wahn in der gesamten Psychodynamik und Ökonomie des Seelenlebens spielt. Braucht ein Patient seinen Wahn zu Abwehrzwecken, so muß der Analytiker diesen Umstand respektieren. Tut er es nicht, provoziert er als Repräsentant der Realität die Kritik des Patienten. Durch jeden Fehler kann der Analytiker Teil der Wahnvorstellungen eines Patienten werden.

Man kann gelegentlich bei Fällen, die zwischen Übertragungsfähigkeit und narzißtischem Verhalten wechseln, nur im jeweiligen Übertragungsstadium analysieren. Manche Analytiker haben in ihrer Arbeit mit Katatonen gezeigt, daß ein periodisches Vorgehen dieser Art erfolgreich sein kann (1172).

Alle genannten Anforderungen an die Analyse setzen Modifikationen der klassischen Technik voraus. Bisher sind die therapeutischen Erfolge weniger einer systematischen, wissenschaftlich abgesicherten Veränderung der Technik zu verdanken als vielmehr dem intuitiven therapeutischen Geschick des jeweiligen Analytikers (87, 151, 218, 288, 397, 399, 661, 785, 914, 943, 964, 966, 990, 1009, 1088, 1089, 1093, 1172, 1260,

1451, 1477, 1541, 1549). Es gibt jedoch eine breite Diskussion über die notwendigen Änderungen der Technik (82, 87, 217, 274, 278, 283, 363, 394, 397, 399, 657, 659, 661, 674, 688, 785, 913, 1016, 1017, 1390, 1504, 1542, 1549, 1562). Sie bestehen im Schutz oder Ausbau des Kontakts mit der Realität und mit dem eigenen Verstandesgebrauch.

Wo sich wenig spontaner Kontakt erhalten hat, wird es notwendig sein, daß der Analytiker einen Patienten dadurch «verführt», daß er sich selbst attraktiv macht. Wenn nötig, muß der Analytiker sich auf das Niveau des Patienten begeben. Da nun aber eine bloße Teilnahme an der Phantasiewelt eines Patienten diesen niemals heilen wird, muß der Analytiker ihn langsam dazu bringen, die phantastische Natur seiner Welt einzusehen und sich der wirklichen Welt wieder bewußt zu werden.

Abraham pflegte den allgemeinen Rat zu geben, man müsse bei Narzißten die Übertragung aktiv herstellen und festhalten. Darüber hinaus muß man zunächst vor allem Repräsentant der Realität sein, den Patienten mit allen Mitteln auf sie und auf seine Versuche, ihr zu entfliehen, aufmerksam machen. Man muß jeden Kontakt, den er zur Realität hat, aufgreifen und stärken und sogar winzige Details des Alltagslebens mit ihm diskutieren. In Übereinstimmung damit muß man es vermeiden, die Übertragung durch allzu frühzeitige Analyse zu stören, wie man es bei Neurotikern gewohnt ist. Solcher Rat ist leichter theoretisch gegeben als praktisch durchgeführt. Denn u. U. können die die Übertragung störenden Faktoren in ihrer objektiven Geringfügigkeit vom Analytiker unmöglich vorhergesehen und abgeschätzt werden. Ferner darf man nicht vergessen, daß auch eine intensiver werdende Übertragungsbindung, insofern sie als eine Versuchung perzipiert wird, Anlaß zum Objektverlust werden kann. Zudem ist die Übertragung als Übertragung noch keine Realität. Der Rat, die Übertragung nicht zu analysieren, kann nicht absolut genommen werden, wenn man sich wirklich als Repräsentanten der Realität begreift. Denn eine Analyse ohne Übertragungsanalyse wäre ein Unding. Immerhin ist zuzugeben, daß viele Triebeinstellungen, die sowohl im Verhältnis zum Analytiker als auch im sonstigen Lebensverhalten ihren Ausdruck finden, an letzterer Stelle analysiert werden können. Im ganzen ist aber wohl am ehesten gemeint: Die Analyse dieser Fälle sollte sich in zwei Stadien abspielen, einem ersten, nichtanalytischen, psychagogischen, für das die Regel gilt, um jeden Preis

Übertragung herzustellen und festzuhalten, das also darauf abzielt, die Psychose möglichst neurose-ähnlich zu machen und einem zweiten, in dem dann erst regelrecht analysiert wird. In der Praxis werden diese zwei Phasen freilich vielfach ineinander übergreifen. Die «objektbindende» Einleitungszeit, die u. U. gleichzeitig auf nicht-analytischem Wege auf Erweckung von Krankheitseinsicht und Heilungswillen gerichtet sein kann, wird nie völlig ausgeschaltet werden können. Umgekehrt wird man vielleicht an einzelnen Stellen schon vom ersten Tage an analysieren können. Die Erweckung und Stärkung der Realitätsbeziehungen braucht sich nicht auf das Verhalten des Analytikers zu beschränken. Oft kann in der Erörterung laufender Konflikte, Beziehungen und Einstellungen des Patienten dessen Verhältnis zur Realität diskutiert werden. Die Möglichkeit, die psychischen Vorgänge im Patienten nicht nur während einer Stunde täglich zu beobachten, sondern von seinem Gesamtverhalten Kenntnis zu nehmen, ebenso die Möglichkeiten, dieses Gesamtverhalten durch äußere Maßnahmen zu beeinflussen – Möglichkeiten, die die Klinik vor der Privatpraxis voraus hat – sind in der ersten Phase der Psychosebehandlung von ausschlaggebender Wichtigkeit (219, 397, 657, 661, 966, 1440). Aber auch die zweite Phase wird sich von der Analyse einer Neurose unterscheiden, da die Bereitschaft des Patienten zum Objektverlust immer wieder berücksichtigt werden muß. Es wäre ein Kunstfehler, wenn man den Begriff der Deutung in der Weise auslegen wollte, daß man einem Schizophrenen durch Symbol- und Komplexdeutungen Gedankenmaterial geben würde, solange kein Real-Ich vorhanden ist, das diese Deutungen zu beurteilen und zu verwenden versteht. Ziel der Therapie ist es nicht, an den irrealen Phantasien einfach teilzunehmen, sondern den Patienten mit seiner inneren und äußeren Realität zu konfrontieren. Es mag jedoch während einiger Zeit nötig sein, an der Phantasiewelt eines Patienten teilzunehmen, um ihm zu zeigen, daß man ihn versteht, und um sein Vertrauen und seine Kooperationsbereitschaft zu wecken. Man hat gefragt, wie bei Schizophrenen eine Deutung überhaupt möglich sei, da in der Schizophrenie «das Unbewußte bewußt» sei. Denn schizophrene Patienten fassen ihre Symbolik bewußt auf und präsentieren unumwunden Material zum Ödipuskomplex oder zur prägenitalen Sexualität. Die Antwort ist einfach. Eine Deutung läuft darauf hinaus, einem Patienten die Triebregungen zu zeigen, die er abwehrt, die er jedoch zum Zug kommen lassen kann, wenn er ihnen seine Aufmerksamkeit widmet. Bei einem Schizophrenen, der sich von einer drohenden oder versuchenden Realität abwendet und Zustände aufsucht, in denen der Primärprozeß ohne Rücksicht auf die Realität ödipale Phantasien entwickelt, sind die «abgewehrten Impulse», auf die er aufmerksam gemacht werden muß, nicht seine ödipalen Phantasien, sondern die Realität, von der er sich abgewendet hat.

Gelegentlich mag es gelingen, eine «artifizielle Paranoia» zu entwickeln, d. h. die narzißtische Einstellung eines Patienten auf ein bestimmtes eng umschriebenes Gebiet zu begrenzen. Wälder hat am Fall eines Mathematikers gezeigt, daß es gelegentlich möglich ist, das narzißtische Verhalten eines Menschen sozusagen realitätsgerecht unterzubringen, indem es auf die Mathematik begrenzt wurde, so daß das Verhalten des Patienten außerhalb dieses Bereichs relativ ungestört blieb (1549).

Zusammengefaßt könnte man alle diese Versuche theoretisch in der Formel wiedergeben, es käme darauf an, in einer Einleitungsphase der Behandlung die Übertragungsfähigkeit des Patienten soweit zu sichern, daß man die Übertragung analytisch wieder abbauen kann, ohne daß dies zur narzißtischen Regression führt.

Das Schwierige dabei ist, diese «Übertragungsstärkung» ökonomisch richtig zu dosieren. Man darf nicht vergessen, daß ein allzu freundliches Verhalten des Analytikers vom Unbewußten des Patienten natürlich auch wieder als Versuchung zu einer (evtl. homosexuellen) Objektbindung perzipiert wird, die er ja gerade fürchtet und die er durch die narzißtische Regression abwehren will. Der Analytiker des Schizophrenen und Schizoiden muß zwischen der Skylla des zu unpersönlichen Verhaltens, das den Patienten in seinem Narzißmus alleinläßt und ihm keinen Anreiz bringt, die Objektwelt zu erstreben, und der Charybdis des zu freundlichen Benehmens, das den Patienten erschreckt und gerade dadurch in den Narzißmus treibt, hindurchsegeln. Bei kleinen, durchaus nicht immer voraussehbaren Schwankungen kann passager eine Steigerung des Objektverlusts provoziert werden. Aus diesem Grund sollte die analytische Behandlung Schizophrener in Anstalten durchgeführt werden.

Es wäre naheliegend, bei in Schüben verlaufenden Schizophrenien die Analyse in den freien Intervallen abzuhalten, in denen ein Real-Ich

vorhanden ist. Aber da erhebt sich wieder ein neues Bedenken: Es gibt Fälle, die im Intervall relativ so gesund erscheinen, daß man, in der Unmöglichkeit vorauszusehen, ob die Gesundheit nicht vielleicht nun spontan anhalten wird, sich scheut, die Gefahr einer neuen Provokation einer Psychose auf sich zu nehmen.
Dieselbe Überlegung gilt bei der Beurteilung einer Indikation der Psychoanalyse in Borderline-Fällen. Stets besteht hier die Gefahr, daß das analytische Vorgehen durch eine Überspitzung der Konflikte des Patienten zu einer psychotischen Episode führt. Nur die Einschätzung der ökonomischen Faktoren und das therapeutische Geschick eines Analytikers, der sorgfältig darüber wacht, daß er den Patienten nicht übermäßig beansprucht, können diese Möglichkeit verhindern. Bei bestimmten schizoiden Persönlichkeiten kann ein Analyseversuch zu dem Ergebnis führen, daß sie in ihrem gegenwärtigen Krankheitszustand besser dran sind, da jeder Versuch einer Änderung einen psychotischen Zusammenbruch herbeiführen kann. Daneben gibt es aber andere Schizoide, die aufgrund einer rechtzeitigen Analyse vor einer Psychose bewahrt werden können. Gelegentlich reagieren schizoide Persönlichkeiten günstiger auf die Analyse, als zu erwarten stand. Ihre narzißtische Regression ist eine Reaktion auf narzißtische Kränkungen. Weist man sie auf diesen Umstand hin und läßt ihnen genügend Zeit, sich den wirklichen Kränkungen zu stellen, sowie andere Reaktionsmuster zu entwickeln, so kann ihnen außerordentlich geholfen werden. Es gibt auch Persönlichkeiten, die einen ausreichenden Kontakt mit der Realität nur aufrecht erhalten können, wenn dieser Kontakt künstlich unterstützt wird. Sie sind wie Invalide, die einer ständigen Fürsorge bedürfen.

Ein Kollege stellte einmal in einem solchen Fall die korrekte Diagnose: «Eine Schizophrenie, die aufgrund einer jahrzehntelangen analytischen Behandlung künstlich auf dem Niveau einer Zwangsneurose gehalten worden ist.»

Ein weiteres Problem besteht darin, Patienten zu analysieren, die nach schizophrenen Episoden Spontanheilungen hinter sich haben, welche Narben zurückgelassen haben. Auch bei Fällen dieser Art besteht, wenn sie analysiert werden, das Risiko eines Rückfalls in die Psychose. Zuweilen aber sind die psychoökonomischen Umstände so günstig, daß das Ich trotz einer Narbe in der Lage ist, sich seinen Konflikten zu stellen und sie mit Hilfe der Psychoanalyse besser zu lösen. Man sieht: Eine

Analyse hier ist doch ein anderes Unternehmen als die Analyse einer Neurose. Aber wir meinen, daß die Schwierigkeit einer Unternehmung uns nicht davon abhalten darf, sie in die Wege zu leiten. Die zunehmende Literatur über die Analyse von Schizophrenie beweist, daß das auch nicht geschieht.

Die Überzeugung, daß es sich bei den Hindernissen um bloße technische Schwierigkeiten handelt, und die zunehmende Zahl berichteter Erfolge sollten einem Mut machen, Schizophrene analytisch zu behandeln. Jeder einzelne, der Psychosen analysiert, leistet Pionierarbeit. Man darf nicht erwarten, daß eine neue hoffnungsvolle Sache mit hundertprozentigen Erfolgen beginnt. Wer eine solche Behandlung unternimmt, muß wissen, was er tut. Er wird die Indikation nach genauen Erwägungen der ökonomischen Verhältnisse gerade dieses einen Patienten stellen, und wird die nötige äußere Vorsicht walten lassen. Die Angehörigen des Patienten sollten über die Zweifelhaftigkeit der Prognose und über die Möglichkeit eines psychotischen Schubes aufgeklärt werden. Wenn möglich sollte der Analytiker die Behandlung in eine Anstalt verlegen. Er sollte darüber hinaus darauf bedacht sein, daß er mit der klassischen Technik der Analyse allein sein Auskommen nicht finden wird, sondern unter Benutzung der bereits vorliegenden prinzipiellen Modifikationsvorschläge, seine Methode den Verhältnissen des Falles anpassen. Aber unter allen diesen Kautelen wird er die Behandlung tatsächlich beginnen, in manchen Fällen auch einen guten Erfolg erreichen und jedenfalls, auch in den restlichen Fällen, viel lernen.

Denn eine wissenschaftliche Bedeutung der Schizophrenie-Analyse soll zum Schluß noch eine besondere Hervorhebung finden: Wie die Neurosen, die unbewußt eine Regression in die infantile Sexualität darstellen, uns diese erkennen ließen, so wird die Analyse der Schizophrenie, die eine Regression in die primitiven Ich-Phasen ist, uns über die Entstehungsgeschichte des Ich belehren.